U0632470

国家出版基金项目
NATIONAL PUBLICATION FOUNDATION

分卷主编　王建朗

中华民国时期
外交文献汇编

1911—1949

第七卷

下

中 华 书 局

2. 中美桐油借款

顾维钧致孔祥熙

巴黎,1938 年 7 月 27 日

孔院长:密。极密。23 日洋文电计达。顷访晤美财长毛根,德、美大使亦在座。钧谓我国决心继续抗战,惟财政与物质上深盼友邦援助,现在欧洲多故,英、法等国甚盼美出领导,俾能追随合作,固知美国对内亦有困难,但究宜如何进商,美可于财政上切实援助。美财长谓,美大使知钧访问用意,已商榷一度,现在中国情势严重,愿屏除形式,倾心一谈,并告钧以此次与我续订购银合同内容,谓使我可支持至年底,惟后如何,自须注意。彼在离美前,王使曾以能否续用前订棉麦借款余款,已复此事结束在前,未便再提。彼意如我欲利用进出口信用贷款,可以在美购办面粉与棉纱布等为理由,较易商办,因此二货均须在美经过一番工业手续,美国工业易为舆论所赞成。钧询以是否能促进此项贷款,彼谓如我国能再派陈光甫君赴美与彼亲自商议,彼虽不能先期许诺定有结果,然必尽其财长能力促成其事。并谓陈君系纯粹商人,性情发言,颇重信义,商谈机密审慎,彼对陈君异常钦羡信任。彼定 8 月杪回美,9 月初即可与陈君密商一切。并谓如我允派陈君,彼仍当电令美财部驻华代表倪可尔生①随同陈君赴美,以便沿途照料。又谓美国实业界颇有对我深表同情而愿设法助我者,如葛拉司拉汽车厂主语彼,谓我如愿购军用载重车,该厂除工料成本外,余价可收国库券。美财长又谓,闻我在美订购货品及贷款等事,往往托中间人居间接洽,不特事被垄断,且抬高价格,靡费不赀,值此战时,尤为可憾。最近某国借口代表中国往商借款,尤为诧异。彼盼我政府能将我国在美购买货物,亦一并托陈君乘便调查,俾能建议集中改善办法,即如上述汽车厂事,亦可由

---

① M. R. Nicholson,又作倪可生。

陈君直接与大厂商谈,不必假手他人,以资捷省。进出口货贷款成立,我国即可以所省平时购买棉、面等物之款,移在欧洲购买他项急用货品。钧询棉、麦一起可否并包括糖类,彼谓届时尽可提商。美大使又谓,美财长与彼均以为英、法此时对华均口惠而实不至,意欲观美国态度如何,在美国援助未有办法以先,英、法无意助我,而欲美与英、法联合共同援助,亦属难能。彼拟一俟美国与我先行商定后,即与钧接洽如何助我向英、法商榷一致援助,但此时在我不宜以美援助之意一层,先告英、法。盖如英、法此时向美询问,美不能确切答复,反滋疑虑。又谓今日所谈,目前宜绝对秘密。陈君能否遣美,何日启程,盼兄速复,俾彼可密电华盛顿接洽,并与钧商第二步办法云。查美财长态度恳挚,似有援助诚意,美大使对我热诚同情,而与美总统交情密切,一周之间,往往亲用电话与罗斯福商谈,其与财长亦属至交,今日所谈,大为可感。再,美财长又谓,最近阅禁烟报告内谓,日本运至澳门之鸦片,其数量足敷我国全国人民每人一针之用,其用心险恶,实堪惊异。此种材料,最足引起英、美人民之注意,世界对华之同情,宜以我各使领馆尽量公开宣传,以示侵略政策之险毒云。所言甚是,现由此间函告各使馆接洽办理矣。顾维钧。

《战时外交》第 1 卷,234—236 页

王正廷致孔祥熙

华盛顿,1938 年 8 月 3 日

孔院长:密。先电敬悉。美总统现在太平洋上,8 月中旬始克返京,财长赴欧。今日晤外长,讨论中日问题,彼答维持中国领土及行政完整为先决条件,此点中美观点相同,日本如能同样看法,美政府极愿调停。嗣谈及棉麦借款,彼允予同情考虑,一俟财长回美,弟拟正式提出。后询及日俄冲突,彼谓确实消息不知,外交手续颇难表示意见。一般观察,日俄冲突当能与我有利,但欧洲各国深恐引起纠纷,必设法劝阻。美国痛恨日本,但亦不愿助我,美当局必严守中立。特闻。乞转

陈。廷。讲。

赫尔谈话备忘录

华盛顿,1938 年 8 月 11 日

中国大使请求会晤,询问几天前请求进一步扩大向中国政府信贷 3000 万美元,用于购买面粉和棉布的事情,考虑的结果怎样? 我回答, 对于这一问题我已经予以充分的关注。此次信贷与上次信贷情况不 同,有较大的困难……我说,我已通知我的助手对此予以同情及关注, 当然我很高兴把大使的来访及请求告诉总统。我最后说,在我们作出 决定之前还需要几天时间,下周我们可能作出决定。大使的语气和举 止十分急迫。

蒋介石致孔祥熙

鸡公山,1938 年 8 月 22 日

孔院长勋鉴:借款问题应对美积极进行,前请光甫赴美事究竟如 何? 应促其早日成行,如须由弟敦促,则可由弟电催也。借款方案请多 拟几种具体方式,嘱光甫带去,否则请适之先行回国,托其带去亦可。 适之大使事务,请即日发表,究有征美同意否? 盼复。中正叩。养。 申机。

赫尔、王正廷谈话备忘录

华盛顿,1938 年 9 月 7 日

在与大使会晤时,大使询问向中国出售面粉、棉布等一些供应品之 事进展如何。我回答,这几天一直在考虑此事。此事还有些麻烦,政府 的许多部门正在考虑这个提议的各个方面。大使表示殷切希望在他离美之前得到一个有利的结论,并恳切要我就可能的结果给他一些暗示。我说在目前阶段,我无法做到。

FRUS,1938,Vol. 3,p. 557

陈光甫致孔祥熙

华盛顿,1938 年 9 月 20 日

孔院长勋鉴:密。弟今晨借席、任二兄晋谒美财长毛根韬氏,转致尊意,并递尊函。毛氏表示欢迎,嘱代向吾兄致意,并声称此次接谈,虽不敢预料有何结果,但美总统罗斯福、国务卿霍尔及本人等,对于贵国均深表同情,愿为相助。并知我国财政困难,究应以如何方式协助,当尽力从速讨论云云。情势似觉佳美。嗣又与其指定参加专员怀德及劳克海二人作初席谈话,怀、劳二人对于我国主权、财政、金融现状,及继续购买白银问题,询问甚详,弟等慎重作答。二人又问假定有谈论借款之可能,我方有何押品可以提出,当即提出桐油作为研究资料,彼方亦注意锡及钨、锑。现急需材料与彼方研究借款方案,拟请饬资源委员会查明钨、锑之能作抵押品者,究有现货若干吨? 存在何处? 如何运去? 今后所产每年能交若干吨? 平均价值几何? 迅即电知。又锡一项,美方尤其注意,拟请与滇、桂两省府磋商,由中央按年全年收买,并请查明现货有若干吨? 存在何处? 如何运出? 以后每年两省产额及价值各若干? 即行电示为感。弟辉德叩。哿。

《战时外交》第 1 卷,第 237—238 页

菲斯致赫尔备忘录

华盛顿,1938 年 9 月 22 日

国务卿阁下:财政部长今天向我通报了与陈先生及其代表团举行的会谈,这些会谈是为了确定对中国有益的且在美国政府允许范围之内的任何可能的行动。到目前为止,我认为已讨论了白银及加速购买的可能性问题。部长问我是否认为赫尔先生愿意接待陈先生纯礼节性

的访问。我的看法是（不一定准确），由于没有什么特殊的事情要告诉赫尔，而各项外交事件的压力又很紧张，因此赫尔目前恐怕不打算见陈。我建议，等到双方会商对此项行动的可能性有了确切说法，那时也许是更合适接见的时候。

财政部长说，陈对他相当坦诚，中国局势日益严峻。他认为这是我们帮助中国坚持下去的最后机会。他提到西太平洋完全处在日本控制之下的后果。

他说一旦讨论有了明确的结果，将立即请汉密尔顿先生和我本人去领取报告。

FRUS,1938,Vol. 3,pp. 562–563

孔祥熙致陈光甫

重庆,1938 年 9 月 23 日

陈光甫先生:密。得哿电知兄与美财长及怀、劳二君接谈情形，至为快慰。可提供抵押之货品，每年产量及价格如下：(甲)桐油合川、黔、湘、桂及其他各地年产 8 万吨以上，值美金 2400 万以上；(乙)钨砂年产 1. 2 万吨，值美金 1200 万以上；(丙)纯锑年产 1 万吨，又生锑5000 吨，值美金 260 万元；(丁)锡年产 1 万吨，值美金 1000 万以上；四种共值美金 4860 万。现存者桐油 3 万余吨、钨砂 3000 余吨、纯锑 2000余吨。锡即由经济部与滇、桂两省接洽全数收买，现存若干容续电告。弟意猪鬃、生丝亦为大宗出口货品，请一并提作押品，连同上列四种年值总在 7000 万美金以上。其出口集中地目前大部分均由香港，即或大局变化，其大部分可由滇缅出口，可无顾虑。拟请兄以上述押品，洽借美金 3 亿元，本息分 10 年匀还，即以上述货品按年运美抵付，其借款并可分期交付，不必一次全交。至棉、麦及其他货品，如铜、电料、汽车、汽油等，如能另由出口银行供借尤佳，否则请增加借款总额共合 4 亿。分批交货，办法请兄酌定。弟孔祥熙。漾。

穆尔①谈话备忘录

华盛顿,1938 年 9 月 24 日

今天上午中国大使由其参赞陪同与我会谈,讨论从美国政府接受任何形式的援助的问题,应我要求菲斯博士也在座。

大使提到总统及财政部长均明确对他表示安排提供某种形式的援助。他说,他晓得事情的成功与否取决于国务院是否赞同。在他启程前,他想得到一个明确的答复。

在提及我们购买中国白银的计划对中国的重要性之后,我将有关目前形势的一份概要说明交给大使。我告诉他前次失败的原因之一是美国政府对确定各种提议的可行性和合宜性的基本事实缺乏了解。现在,中国委员会和财政部正在进行系统的讨论,以努力弄清有关的各种事实。我们期待财政部考察了整个真实情况,并考虑了各种可能性之后,这一问题将再次提交到国务院。

大使表示,他认为像"救济援助"这类援助可以首先进行讨论或分开讨论。他重申他从总统及财政部长那里得出的感觉是所有关于救济行动所必需的和重要的资料就在手边,剩下的只是做出决定。他特别希望恢复早先的棉麦借款,以促使该项借款项下的粮食、纺织品(或原棉)、医药用品以及用于运输这些物资的卡车等物资的运送得以实现。他表示,这些物资可以先运往香港,然后分配给中国政府管理下的各地区。不过,他在回答一项直截了当的询问时补充说,中国政府也将考虑把这些物资通过天津和上海发往华北地区,只要有关的军事当局同意的话。

大使再次强调鉴于冬季即将来临,情况紧迫,若得不到援助,数千万中国人民在今冬将遭受寒冷和饥饿之苦。因此,他希望对这一问题的任何研究不要过分拖延。

FRUS,1938,Vol.3,pp.563-564

---

①　Moore,美国务院顾问。

蒋介石致孔祥熙

汉口,1938 年 10 月 11 日

重庆。孔院长并转王部长勋鉴:请以中正名义致电罗斯福总统,托胡大使转请其为中国仗义协助,更希望其对于中国经济借款,能早日成功之意。其词意多着意于对彼个人主张公道与反对侵略之宗旨,表示感佩,并谢其屡次对于中国精神道义与购买白银之协助,表示感激之意,总须不亢不卑,着重其能感动,努力促成其借款之决心与实施为妥。弟中正手启。真未。机鄂。

《战时外交》第 1 卷,第 240 页

陈光甫致蒋介石

华盛顿,1938 年 10 月 12 日

孔院长:密。请转蒋委员长钧鉴:蒸电敬悉。借款事自辉抵美以来,旦夕积极进行,迄未稍懈。美总统、财长、国务卿等均诚意热心协助,只以法律、外交、内政环境关系.不能以现金借我,必须寻求一妥善变相方式,故我方早已提出桐油抵借现款之请求,美方亦有以小麦借我售现。而每一问题之解决,必需相当之时间,明知国内需要急若星火,辉德焦虑不能成寐,但钱在他人手中,告求良非易易,只得兢兢业业,以求各种问题之早日解决。幸美方协助确具诚心,方式研究妥帖,借款应易成立。既承钧嘱,更当用力设法推进,以期不负钧望也。专复。陈辉德叩。12 日。

《战时外交》第 1 卷,第 240—241 页

孔祥熙致蒋介石

重庆,1938 年 10 月 27 日

即到衡阳。蒋委员长钧鉴:迪密。顷据适之、光甫有电称,今夜财长约谈,面告辉、适云,桐油借款 2060 万元手续,始于今晚面陈总统请示。总统稍加思考,即云不幸广州、武汉相继陷落,倘我今日批准,明日

中国忽换政府,忽变政策,我定遭非议,但若在少日内,蒋介石将军能用明白表示,中国政府安定,而政策不变,则我可立即批准此借款云云。辉,适当即致谢财长与总统救弱扶倾之高晖,并云即将此意电告政府。财长又问粤汉铁路阻塞后,桐油等货品此后如何运输出入,倘有具体计划,甚愿详告。今夜谈话大意如此,至盼政府日内即明示政府安定,而政策不变,并乞即电复,以便转达,目前请暂守秘密等语。除已电复政局金融情形均称平稳,只要友邦能予我有力之援助,决仍照原定计划,继续抗战,决不以一二城市之得失,而有所变更,深望美方多予援助,以达持久抗战胜利之目的。务请我兄以谈话之方式,或用专电致美总统,表示政局安定,政策不变,庶能顺利进行,如何?盼复。弟熙叩。感。机渝。印。

　　蒋委员长批示:复。感电敬悉。请将弟告国民书[1]托岳军兄从速发表可也。中正。

《战时外交》第1卷,第241—242页

陈光甫致孔祥熙

华盛顿,1938年10月27日

　　孔院长勋鉴:密。桐油借款为数甚微,不足解我困难,诚如尊电所言。惟美国论利害与我非唇齿之依,论交情亦无共患难之谊,全国舆论虽同情于我,终不敌其畏战之心,执政者揣摹民意,不敢毅然拂逆。辉等详查实情,深知环境困难,决意专恃财长,以应用环境,兢兢业业与之研究。幸财长禀承总统意旨,亦肯负责,热心奔走,部中要员亦极力协助。借款方式已研究多种,数目亦甚可观,终以环境复杂,困难丛生,未能实现。即小麦一项,为数亦不甚小,提出时极其乐观,中忽发生变故,至今未能解决。桐油一项,我方提出以1亿元为额,美方并未嫌巨,只以运输困难为虑,近以华南噩耗传来,辉等恐其变更态度,亟力催其决

---

① 即《为武汉撤退告全国同胞书》,10月31日发表。

定。财长乃以桐油借款一项，请总统批示，结果如有电所陈，而数目之微小，亦为辉等所诧异。但彼方并未声明其他借款无望，推测美方意旨，或因我广州陷落，武汉撤退，外传政府改组，调停和议，谣言纷起，故暂事观望，亦属情理之常。我方在此恶劣环境之下，只宜先行接受，赶组公司，购办器材，以应急需。一面将桐油、锡、钨等，由新路源源运来，证明运输确有办法；一面应用外交、政治方法，消除他方困难；一面相机续谈，只要我方情形相当稳定，美方继续援助似有可能，但不可专恃此方援助为惟一出路，至要云云。上述策略，胡大使均同意，如承赞同，即祈电示，以便遵办。辉。感。

《战时外交》第 1 卷，第 242—243 页

赫尔备忘录

华盛顿，1938 年 11 月 14 日

　　财政部向中国的易货贸易和信贷建议几乎是纯政治性的。日本肯定会认为这不仅仅是一种商业交易，而是一种以在军事上帮助中国抵抗日本为主要目的的交易。

　　当然，所有美国政府官员既愿意售出过剩的产品，也同样愿意见到拒不接受也不理睬《九国公约》的日本人使用武力以达到统治远东的目的遭到失败。在此情况下，所有美国政府官员也同样希望政府能根据形势放手行动或发表言论，这些言论和行动既能阻碍日本的军事目的、鼓励中国人的军事抵抗，又不致使美国有卷入中日军事冲突成为其中之一方的危险。

　　日本人毫无疑义将把此项提议中的交易视为对中国抗日的直接援助，并将责备美国已使其自身成为中日冲突中中国一侧的一方。掌权的军人集团必将策划回击的行动，极可能采取伤害美国在华公民和损害美国在华利益的行动以及其他一些报复方式。这项交易及相关事项加上可能随之而来的某些日本方面的伤害及报复行为，其结果极可能把我国卷入如前所述的战争之中。

如果已认识到上述的可能发展而仍愿意向前迈进的话,则如何使美国人民和议会愿意支持这项新政策就十分重要,这一新政策将要把美国海军派往远离夏威夷的地方去,其距离之远将超过近年来在类似局势下的任何一次。

英国和法国在目前和近一时期以内将全神贯注于西欧危机无力他顾。中国则据情报说其军火在今后六至十或十二个月内尚有充足供应。在此时期内时局尚有更多的进展,与此同时,这些国家还有时间作充分的考虑。

鉴于以上所述以及我无法列举的许多其他有关事实和情况,我对目前此项提议的进程实不能作任何建议或表示赞同。

FRUS,1938,Vol.3,pp.574–575

陈光甫致孔祥熙

华盛顿,1938 年 12 月 8 日

孔院长:密。今闻美外部召詹森大使回美,供政府咨询远东问题,准 12 日起程,经由滇缅公路至仰光,乘飞机转道伦敦,有数日耽搁,表面上不与英政府官员见面,即乘轮回美,约正月初旬可到。在美不多勾留,事毕即回华供职。离华期间,职务由使馆要员代理,不另派人,驻日美大使并不召回咨询云。弟意日来与财部中人谈话,据云桐油借款本拟作为商业借款,由财部主办,不料牵动美国外交政策,实非始料所及,但因此亦须外部决定外交方针。弟等观察美大使回国,由滇缅公路而回,具有深意,与我抗战前途及英、美合作制日有重大关系。事关外交,弟无从揣度。但依大使返国途径而言,亦与我借款有深切关系。路中派员妥为布置招待,不使其有任何阻塞,耽延行程等事,兄必有充分筹备,勿待赘言。桐油运美及军火运华,可由该路充分输运一节,亦应就此机会使其亲眼目睹,确切证明,俾其回美善为报告,于借款及抗战前途关系极巨,千祈注意。辉。齐。

《战时外交》第 1 卷,第 243 页

陈光甫致孔祥熙

华盛顿,1938 年 12 月 8 日

孔院长:密。桐油借款美外部提出三点:(一)不能有统制办法,致违背 1844 年《中美商约》第十五条之规定及《九国公约》第三条。(二)中国政府在任何文件上,不能出面,须用商业借款方式,避免他国指摘。因美国自认为国际条约监察人,若自己有错误被人批评,则无法对破坏条约国家抗议。(三)借款表面上不能用以购买军火。今午后在财部开会,欲求避免以上各点,研究结果,中国方面组织一复兴商业公司,表面上完全独立之商业机构,与美新公司订立售油合同,新公司即以之向进出银行做押款。担保人原为中国政府,现拟改为中国银行。若能照此办到,外部可以赞同。弟等连夜着手起草新公司与复兴商业公司之售油合同,名称系临时议定,用之于新合同以省时间,如兄以为然,请即饬贸易委员会速即组织复兴商业公司,董、监会均请用商界中具有信用者。弟现正与美方谈判借款,贱名勿列入为妥。其组织章程、资本、董监人名等择要电示。又中行担保有无问题,均请分别电复为盼。辉。庚。

《战时外交》第 1 卷,第 244 页

韦尔斯[①]致格鲁

华盛顿,1938 年 12 月 15 日下午 7 时

1. 今天下午复兴金融公司向报界发表声明如下:

杰西·琼斯今天宣布进出口银行已批准向纽约世界贸易公司提供总额为 2500 万美元的信贷,用于向中国出口农产品和工业制成品,及从中国进口桐油。此项贷款由中国银行担保,为期 5 年。贷款视需要拨付。

---

① Sumner Welles,美副国务卿。

琼斯先生进一步宣布,1934年获准给予中国的5000万美元贷款只用去17105385.80元。1937年4月获准用于在美购机车的160万美元对华贷款,为期5年,逐月结算。1931年,谷物平准公司售给中国1500万蒲式耳小麦,共值9212826.56美元。

上述各宗贷款现均由进出口银行经管。

自1931年以来各项对华贷款实际拨付总额为27051412.36美元。已归还14419892.36美元,其差额将继续按期归还。自1937年9月30日以来共归还了3801055.62美元,其中包括利息在内,最近的一笔是在1938年9月30日归还的。

2.任何人如对此项交易提出询问或意见,你应向他们宣读上述复兴金融公司对报界的声明,并说明此项交易已在该声明中准确说明,并确系一宗真正合法的商业交易。如果有任何日本人以任何方式对你形容此项交易性质属于不友好行动时,你应向他声明你坚决不同意任何此种性质的形容。你并应进一步说,对这样一项主要为了服务于美国工商企业和消费者的商业交易,一位日本人竟会形容它属于如此的性质,实在感到惊讶。

FRUS,1938,Vol.3,pp.586–587

蒋介石致胡适

1938年12月18日

胡大使并转陈光甫先生:借款成功,全国兴奋。从此抗战精神必益坚强,民族前途实利赖之。

《胡适电稿》,第5页

孔祥熙答记者问

1938年12月24日

此项贷款,虽系商业性质,但不无政治之含义。日本向来以为目前世界纠纷正繁,英、美决无暇顾及远东之事,是以肆无忌惮。今英、美贷款给予中国,即所以明白表示支持中国抗战之决心。此举实为日本意料所不及,而无异予以当头一棒也。

《抗日战争》第 4 卷(上),第 346 页

中美购售桐油合同
纽约,1938 年 12 月 30 日

立合同人:中华民国注册之复兴商业公司、美国纽约州注册之世界贸易公司(以下简称售主、购主)。

兹为购售桐油起见,双方洽商同意签订合同条件如次:

第一条　购售　购主与售主双方同意:依据本合同之左列条款,由售方售运桐油,由购方价收桐油。

第二条　油质　寻常中国 Fhq 桐油,保证经华司脱试验及格,并符合左列标准者:

	状态	微混浊	
比重(摄氏一五·五度时)		最低〇·九四〇	最高〇·九四四
水分及挥发物		——	〇·二
杂物		——	〇·二
酸价			八
折光系数(摄氏二十五度时)		一·五一六五	一·五二〇〇
碘码(韦氏法)		一六三	一七〇
碱化码		一九〇	一九五

华司脱热度试验(由线凝成固体三十五秒钟)(七分半钟凝成固体)凝结体特性综色硬而易粉碎

第三条　数量　总数二十二万吨(每吨为二千磅)。分年交售如下:

第一年　二万五千吨

第二年　三万五千吨

第三年　　四万五千吨

第四年　　五万五千吨

第五年　　六万吨

总额　　　二十二万吨

按上项规定，每年应交桐油应以售主在该年份所能合法收得之出口数量为限，不得超过之。

第四条　交货

甲、地点　桐油之装运地点为香港、海防或其他最便利于售主之港口或铁道终点，此项地点完全由售主自由决定。凡所装运之桐油应由售主以购主名义为购主利益而保险，其保额至少须照本合同规定交货价额（包括货本、保险费、运费在内）再加百分之十保费，归售主负担。一俟该货运抵购主指定之美国港口码头时，其所有权即移归购主。

乙、时期　货物运交数量应尽力求其终年匀称、继续不断，大体每季交货应以约定当年应交总额四分之一为标准。

丙、战事及运输风险　货物之运交，视当时之战事及运输情形如何为转移。购主应尽力与售主合作，并协助售主解决运输上之困难，俾得于当时环境之下尽量依照合同规定办理交货事宜。

丁、不可抗力　货物运交，应以战事、罢工、政变、天灾、政府命令及其他售主所无力控制之因素为例外。

第五条　买价　除照左例规定者外，桐油买价定为每磅美金一角四分，在纽约交货。在本合同有效期内，每逢一月、四月、七月或十月一号（一九三九年一月除外）得重订桐油之买价。假使在已往三个月中，任何八周之平均世界市价较之该日以前最近一期内之有效买价每磅有美金一分以上之差别时，则是后三个月之买价，应照前三个月世界市场之平均市价重新订定。

"世界市场平均市价"当照左列方法核算规定：

（1）以每星期内纽约、旧金山、伦敦市场每日最低公开售价为计算依据。

（2）上项售价须确为正式经纪人或独立商号所报告之实际批发价格。

（3）上项旧金山及伦敦售价须照各市场间普通售价差额加以适当调整，使相当于同日纽约之交货价格（包括货本、保险费、运费在内），其在伦敦售价并应照当日英镑与美金之汇兑率修正之。

（4）将上项售价如法修正并求其每星期平均数，即为世界市场该星期中之平均市价。

第六条　付款条件与方式　每次运交桐油之买价，购主应于将该货在美国售出三十日后，以美金照付。

桐油买价应付各款，应由购主在其账册中列为售主应收账项，并由购主于美国代为保管，除以冲还购主按照下列规定所为售主代垫各款及拨付售主按照本合同规定应付各项费用外，该款只可用于购运美国农产品出口，不得移作别用。

购主如因经办各项赊货或放款条件之需要，得将每次运交桐油买价之一部分另行提出，以作归还为售主垫付款项及代售主偿还债额之用。所余每批价款，除拨充售主依照合同应付各货外，如再有余数，乃可作为售主续购美国农工产品之用。

第七条　购主垫款　购主得随时预计应付售主之桐油价款，据以对售主垫付现款，或于售主购货时代负财务上之责任。凡关于资助购货所有费用，概由售主负担。购主每次垫款，自垫付日起，应以购主借款代付之利率由售主负担利息。如购货系赊欠性质，其未付部分货款之利息则照出赊人所定利率算付。此外，售主并同意，购主得依照本合同规定，在应付售主到期油款中提拨相当款数，归还所付垫款及其他款项，或给付为采购代理人所应得之酬报。

第八条　购主为售主采购代理人　售主欲将照约售油所得价款，无论到期或将到期者，如数购买美国农工产品输往中国，因委托购主为其在美国之采购代理人，并授权购主用其自己名义为之办理采购事宜，或用现购,或用赊购,或用半现半赊办法,俱由购主酌定。购主为采购代理人,得收受其应得之报酬,如代付各项杂费及从事采购之职员薪金,暨一部分比例摊任之业务费用外,并须加付以上各项总和百分之十手续费,唯其每年所得酬报总数,不得超于售主所购货价总额百分之一。

第九条　内地运输设备　为鼓励购主依照本合同规定资助售主购货起见,售主允以后开各项列为本合同之条件:

甲、由购主为代理人在美订购载重汽车壹千辆。

乙、上项车辆须时加补充。

丙、在本合同有效期内,应有售主常备完善运货汽车至少壹千辆,每辆至少能载重二吨半,专供运销购主桐油自中国内地至出口铁路终点或航运港口常川运输之用。

上项汽车专运桐油出口之规定,于该项汽车在铁路终点或航运港口卸货回程时之如何使用,并不加以限制,售主得自由决定,惟其取道不得过分迂回,以免回程愆期。

第十条　合同期限　本合同有效期限定为五年,自一九三九年一月一日起至一九四三年十二月三十一日止。期满后仍得继续有效,至购主与售主双方均认为已经充分履行合同之义务为止。

第十一条　适用法律　本合同之各项规定完全受纽约州法律之约束与制裁。

兹为证明双方同意执行上开各条起见,爰由两造正式代表于公历一九三八年十二月三十日分别签字于左:

复兴商业公司董事陈光甫

世界贸易公司总理席德懋

见证人秘书任嗣达

公历一九三八年十二月三十日订立

陈光甫致孔祥熙

华盛顿,1939 年 1 月 3 日

　　孔院长:密。敬电奉悉。美国外交政策确已好转,据弟平日观察所得,觉其对内最大问题,为救济失业及维持工商。此次借款成立,此间舆论一致赞同,虽云助我,实际为增进其工商,解决一部分失业问题,故合同最要点为购买美货。美国此次买回新银币,为数虽只美金 120 余万元,亦可见美方自动推爱之诚。将来我国对于此款用途,不外乎购买外货,倘能即将此款留存美国,说明将来直接在美购货,仿前次卡车办法。若在国内订购美货,本属相同,惟以毛财长之意,最好集中于世界贸易公司,此点前已电陈在案。在兄对毛值此新年多表一份好感,在毛对国人亦得乐道其增进工商之成绩,彼此交好,确为开源接济之门之捷径。即弟此来西方参观宣传,亦为毛所示意,藉多联络,扫除万一之障碍。前日美政府再提抗议,反日情绪更形明显,倘我方能加紧周旋,当更有益。如何?即请电复。辉。江。

孔祥熙致陈光甫

重庆,1939 年 1 月 5 日

　　陈光甫先生:密。江电悉。借款购买美货,弟本有此意,故于 12 月 19 日电告在案,美财长既请集中于世界贸易公司,自可照办。现在美国会开幕,正是最要关头,应请尽力运用,以广宣传。并查照 12 月号电所告办法,择其有关之工商,分头接洽购买需要各货,务使美方工商空气顿形热闹,俾能推动外交之急进。又 12 月皓电所请洽购军衣布匹及北美训练机、兵工材料等项,待用甚急,接洽情形如何?请即电复。又卅电所传委座外交运用目的,并汇费用美金 2 万元,不知已否收到?进展情形盼复。熙。歌。

胡适致陈布雷(节选)

华盛顿,1939 年 1 月 21 日

美之借款助我,亦是其整个远东政策之一部分。此款成于我国力最倒霉之时,其富于政治意义至显。

《胡适电稿》,第 8 页

陈光甫致孔祥熙

华盛顿,1939 年 3 月 7 日

孔院长:密。俭电敬悉。弟此次来美商洽借款,各方视察,深觉借款本身之意义,与其如何利用,实为同等重要。诚以此次借款本为试探美方合作之门,现借款既已确定,一方可增强我国际地位,一方即为将来再借之先河,而欲完成此意义,对于如何利用,自不能不适合对方之环境。美方所属望于我者,一在确定桐油之源源运出,在保障器材之陆续输入。运输畅通,庶几对内则增强抗战,对外则还款有着。至于目前情势,以国会空气欠佳,及我方运输尚在初办,似惟有将兵工材料如铜、钢、锌、铅利用借款,由世界公司办理,飞机、军火等口头说明利用白银售款者,在世界公司管理之下,另用名义办理,并托由美财部物色熟习飞机、军械人员帮忙,一方保持集中购办精神,一方不妨碍借款合同,进行方可顺利。又前奉尊电,借款不能利用购买飞机、军械为虑,弟甚感同情,惟桐油借款合同规定不能用以购买军火、飞机,均经先后电达,当荷明察。查尊处开来清单及电嘱购办各物,均为抗战之用,虽经分别酌减,适合借款数额,已无余额可供采办大批飞机、军械之用。王、韩两君即可来美,甚感,俟其到此. 当嘱克日工作。欧洲风云日亟,一旦有变,运输停滞,货积于途,不能应用,至为忧虑,故一切均在赶办中。海防、仰光为英、法属地,我方呼应不灵,应即中枢中、英、法统一合作办法,俾运输各问题得随时解决,不令美、英常接报告,致有不良印象,如何? 请斟酌办理。闻罗杰士正在研究此问题,想有电奉达也。辉。虞。

《战时外交》第 1 卷,第 249—250 页

3. 中立法的修改之争

王世杰致胡适

1939 年 3 月 20 日

胡大使: 灰电悉。外电传毕特门拟有新中立法案五点, 其内容似侧重欧洲, 仍于中国不利, 盼示真相。兄曾与毕氏谈过否? 杰。

《胡适电稿》, 第 14 页

毕德门说明修正中立法动机

(中央社华盛顿 27 日电) 参议院外交委员会主席毕德门, 本月 20 日向参院提出议决案草案一则, 规定美国过去之中立法案应一律作废, 另制新中立法案。毕氏于 19 日午为此招待记者, 发表谈话谓: 余所提之议决案草案, 建议总统于外国发生武装冲突之时, 不论其已经宣战或未经宣战, 应于冲突爆发以后 30 日以内, 发布命令, 指明参加作战之国家, 并应随时于他国有卷入冲突可能之时, 以命令之方式, 明白指明之, 参加冲突之国家, 经总统指明, 则任何美轮不得直接或间接装运前往被指定之国家。旧中立法案内之"现购自运"办法, 新法案内仍予保留, 所不同者, 新法案内规定一切货物, 一律适用"现购自运"之办法。同时旧法案内关于牵涉国内纠纷之规定, 业经新法案一律取消。旧法案内关于美洲各民主国家搭乘外轮游历、商轮实行武装、国家军火统制局之职权等各节, 决仍予保留。议决案内另有新规定一则, 授权总统, 发布命令, 规定美国侨民或悬挂美国国旗之船只, 如前往作战区域, 则属非法举动。至于作战区域范围, 总统得随时发布命令规定之, 惟此项规定之适用, 总统得规定例外或限制办法。余此次所以主张新的中立法案, 其动机可得而言者有五:

(一) 美国如拒绝以军器军火军械对并无兵工厂或兵工厂较少之国家出口, 而拥有多数兵工厂之国家反可自吾国取得各种必需之材料,以制造军器军火军械，此实有失公正，前者可以中国为例，后者可以日本为例。

（二）现各方自美国购买军器军火军械之要求，日益增加，美国私家军火商有扩充生产量机械设备之必要。

（三）政府兵工厂纵欲增加生产力，亦难于适应当前之迫切要求，此种办法，即或并非不可能，亦并不切于实际。

（四）现行中立法，仅禁止军器军火军械出口，若非制造军器军火军械之材料，同时禁止出口，则即不违反自然法则，亦有失公道。

（五）美国出口货之剩余品，日益增加，同时美国国内之经济情形如此，制造军火军器军械之材料，国会自不应禁止出口。

余拟定此项议决案，费时共历一年，起草之时，并未着眼于任何一国之特殊情形，亦并未与政府当局磋商云云。又另悉此项议决案，业已交参院外委会审议。外委会定于22日将该案会同所有修正中立法案之建议案，一并审议，众院议长彭海德称：众院大致当于参院有所决定以后，始行着手审议新中立法案。又毕德门昨晚曾发表广播演讲：谓际此全能国家不断向前迈进之时，美国与世界其他各国已同陷入于非常时期，若欲制止全能国家之进逼，除由爱好和平之欧洲各国，立即联合一致采取行动以外，余未见有其他有效之方法，目前之非常时期，迫使美国努力扩军，此非可仅赖政府之兵工厂，而必须有赖于私人军火商之提高其生产量，而欲求私人军火商生产量之增加，则非准军火出口不可云。

《中央日报》1939年3月28日

胡适来电

华盛顿，1939年3月22日

极密。廿电悉。毕特门提案今晚尚未见全文。昨晚弟访外部友人，亦指出毕案似于我国不利，友谓毕君实只欲乘机推动此问题，毕对华素同情，当请其注意云。参院所提修正案有五件，毕案只其中之一,参院外交股 22 日开会讨论,7 日来美政府领袖充分利用欧局为促进外交形势打破孤立主义之利器,同时反战孤立分子亦将用全力维持中立法,以为孤立论之最后壁垒,故此时所争乃在根本原则,而不在细目,弟正日夕注意,当续报告,此电乞抄送庸、亮及布雷诸兄。适。哿。

《封锁与禁运》,第 182 页

王世杰致胡适

1939 年 3 月 23 日

来电已分送,并陈介公。介公意:毕案无侵略与被侵略之分,美国将不易与他国或国联采平行行动,且使被侵略国不能在美借款。故嘱弟电兄接洽斡旋。并请转托国钦、彭春两兄量为侧面活动。杰。梗。

《胡适电稿》,第 14 页

胡适致外交部

华盛顿,1939 年 3 月 24 日

重庆外交部,880 号,22 日。

国会参院外交股今日开始讨论中立法,提案共五件,最详尽者为毕特门案,全文昨印出,其中于我国最不利者有四条:(一)此案包括不宣之战,故可适用于中日之战。(二)此案偏重欧局,故凡用现金,而自有船舶装运之国家皆可在美买军械及原料,原意在援助英、法,而亦可有利日本,而大不利于我。(三)禁止美国船及美国人往战争区域,若严格解释,美国须召回在远东之炮舰、巡洋舰等。(四)交战国完全不能在美国发售价券及借款。以上各点,均于昨日向外交部友人说明,并拟即向提案人说明。舆论对毕案不甚热心,《纽约论坛报》社论直说修正不如废止。今日下午得密报,政府示意不愿毕案成立,而愿鲁威斯修正案成立。鲁案共两点:(一)1935 年以来之各种中立法规。(二)外国战争与美国无关时一切中立政策,应由总统签证,以命令施行。上电乞

抄送陈布雷、王雪艇二兄,至感。适。

《封锁与禁运》,第182—183页

外交部致驻美大使馆

重庆,1939年3月25日

驻美大使馆,1306号,25日。

880号电昨晚始到。毕案之对我不利果如此间所预想,此案通过后,我方舆论必大哗,现各报已表示极度不满,务望立即亲向或转向提案人剀切说明对我不利各点,以期达到撤回原案目的,同时向罗总统或赫尔为同样之说明。总之,不论何种提案倘不分侵略者与被侵略者,不如废止现有法规或任其存在。又修改案不应仅以未来之欧战为对象,而对太平洋局面不予顾及,现在讨论中之其他提案四件亦盼电告内容,并应本上开意旨予以研究,并采取必要行动。来电所述鲁案第一点中立法规下有无漏字,第二点亦不明了,希再电告。外交部。

《封锁与禁运》,第183页

胡适致外交部

华盛顿,1939年3月31日

重庆外交部,787号,31日。

极密:顷得毕特门君电话,彼已自行修正其所提案要旨,在将本法仅适用于正式宣战之战争,故中日战事可以不受其限制,此种修正虽未尽满意,然确系进一步,敬先奉闻。并乞抄送蒋、孔二公。适。

《封锁与禁运》,第186页

外交部致胡适

1939年4月1日

886号电悉。参院外交股原案征询意见时,如属可能,似可密觅适当美国人士列席,详细说明毕案对中国不利之点;并指明公正之中立法,其实行之结果应有利于被侵略者如中国,而不利于侵略者如日本;俾各参议员明了真相,并收宣传效果。希就近与专家商酌。又前与毕特门及外交部之谈话与通信,外交部与毕氏如何表示? 并希电复。外交部。

《胡适电稿》,第 14 页

胡适致外交部
华盛顿,1939 年 4 月 20 日

重庆外交部,897 号,19 日。极密。今午谒罗总统谈二事:(一)中立法案彼谓据现在形势,众议院可望通过直截废止中立法,但参议院形势稍复杂,惟毕特门最同情中国,彼必不忽视中国之利害云。(二)本日东京《朝日新闻》载美总统将有同样牒文致日本,总统笑云,此全是捏造。据彼观察世界形势,有两种可能:若世界大战爆发,日本即不攻俄亦必加意防俄,中国形势可以好转;若万一世界大战可免,而欧洲各国听彼劝告,和平协商经济政治各问题,则彼可断言日本亦必要求参加此和平协商之局面,故无论世界形势如何转变,彼信中国必须撑持到底云,上电敬乞抄呈蒋委员长、孔院长及王世杰先生。胡适。

《封锁与禁运》,第 198 页

胡适致外交部
华盛顿,1939 年 6 月 8 日

重庆外交部,933 号,8 日。

众议院外交组连日讨论中立法案,以 Bloom 提案为根据,逐条研究,反对派提出禁运军火及限制总统划定争斗区域权限等修正案,均被打消。惟因英皇今日来美京,此案将于下星期一继续讨论,届时或可通过外交组,提交众议院全体讨论。据现时趋势,此案通过众议院,似有可能性。适。

《封锁与禁运》,第 203—204 页

张彭春[①]致外交部

纽约,1939 年 6 月 9 日

重庆外交部。

关于修改中立法案,两星期来因美外长表示及下议院代理外交委员长提议,空气略为转佳,修正通过可能性以下议院较上议院为多,但闭会期迫可否通过不无疑问。至于有关中日特殊立法,现以 Schwellenbach[②] 上议院议员 6 月 1 日提案最堪注意,该提案经 Price 暗中活动襄助颇多,全文日昨飞邮寄出,内容要点为国家如违反与美签订之条约而侵略第三国之独立及领土行政完整,美国除农产品外自动限制本国任何出产物供给该违约国。此提案经上议院数议员赞助,有与毕德门特殊提案水乳合并趋势。毕氏示意与 Price 此两星期内应致全力于特殊争端之舆论活动。彭本日飞往芝加哥坡特仑金山,罗安琪在商会等重要机关讲演及与该处史汀生委员会工作人员密洽,6 月 20 日返纽约。彭春。

《卢事前后》,第 456—457 页

胡适致外交部

华盛顿,1939 年 6 月 14 日

重庆外交部,935 号,14 日。

众议院外交委员会昨日以 12 对 8 票通过中立法案,其要点与美外长建议相同,闻将于二星期后提交众议院全体讨论。此次外交委员会投票,民主党议员均赞成,共和党议员则反对。现众议院内民主党议员占多数,故一般推测此案通过似无困难云。参议院尚无举动。适。

《封锁与禁运》,第 204 页

---

① 国民参政会参政员,时在美进行国民外交工作。
② 施威伦巴奇。

众议院通过了中立法修正案

（中央社华盛顿 1 日哈瓦斯电）关于中立法问题，众议院 30 日晚以 200 票对 188 票之多数对外委会主席白鲁姆提案，暨共和党议员伏利斯所提修正案，表决通过。其主要条款如下：（一）总统或国会，若果确定某二国之间，业已发生战争，即当加以宣布，自宣布之日起，美国公民商众即应：（甲）不得以军火军械（军用品除外）售与各交战国。但此项军火军械业已移交他国人者不在此例。（乙）不得以借款贷予各交战国。但普通短期商业放款，其期限不超过 90 日者，不在此例。（丙）不得为各交战国募集捐款。（二）美国公民倘欲搭乘各交战国轮船者，应自负责任。（三）总统有权禁止各交战国军舰暨武装商船，驶入美国各港口或领海。（四）此项中立法对于南美各国并不通用。

（中央社华盛顿 30 日路透电）众院今以 200 票对 188 票通过中立法修正案，其中关于禁止军火输出一款，亦经修正通过，现该案已送交参院讨论。当众院讨论时，多数议员反对将原中立法案中之统（治）〔制〕军火输出一条取消，其后且以 180 票对 176 票之多数，将修正之关于军火输出条款列入。政府方面虽三次企图将中立法案中关于军火输出一条撤销，众院议长毅克德赫虽亦极力说明折衷之禁运军火办法亦可防阻"军械"对交战国之输出，但仍属无效。按该修正案若能照原文通过，则对交战国军火输出之限制，均可取消，而一切输出之军火，均可按照现购自运办法处理云。

《重庆各报联合版》1939 年 7 月 2 日

罗斯福对记者谈话

1939 年 7 月 4 日

（中央社海德公园城 5 日路透电）罗斯福总统昨在此接见记者，发表谈话：谓余所以希望本届国会，能通过中立法案者，其目的在于事前防止战争之爆发。政府之政策，其目的在于事前防止世界任何一处发生战争，此项政策，为政府最主要之政策。盖凡属政府力所能尽之处，其目的在于防止战争之爆发者,政府无不乐为之也。罗斯福总统于此复明白表示其态度,谓余仍支持国务卿赫尔之主张,即中立法案内禁止军火出口之规定,务必删去也。就四个重要国家之报纸评论观之,可知众议院修正禁运军火规定之一举,深为法西斯及国社主义国家所欢迎。据国务院所接报告观之,均足以证实此说之不谬,众院此举,确将对于现行欧洲局势有不利之影响,其结果,徒然足以引起战争,而使美国避不卷入战祸之努力,更见困难云。

《重庆各报联合版》1939 年 7 月 6 日

胡适致外交部

华盛顿,1939 年 7 月 12 日

重庆外交部,958 号,12 日。

参议院外交委员会以 12 对 11 票表决暂行搁置中立法案,俟下届国会再行讨论,美总统及外长均公开表示不满,现政府方面正在研究重提此案之方式。又两院外交委员会均定 14 日讨论对日禁运军用品,各提案众议院并定 18 日开始,公开征询意见。适。

《封锁与禁运》,第 207 页

胡适致外交部

华盛顿,1939 年 7 月 19 日

重庆外交部,963 号,19 日。

关于中立法案,总统与外长曾用大力劝告国会于本届通过修正新案,但昨夜参议院两党领袖在白宫作三小时之详细讨论,结果各方均承认本届国会不能再提此案,但国会领袖允于明年 1 月国会重开时首先讨论中立法问题。今晨白宫有宣言,谓总统与外长均认此时参议院不能修正中立法,实足减低美国之国际领袖地位,使其不能充分运用其力量为世界维持和平云。适。

《封锁与禁运》,第 208 页

胡适致陈布雷

1939 年 7 月 24 日

陈布雷先生。密。关于中立法之争,前夜白宫召集参议院两党领袖会商半夜,终于决定暂时搁置。美政府头脑,此外对立法问题着眼在废除禁运披露军火一项,故不惜迁就其他各项,如不借款与交战国等……故美政府与舆论领袖均以为倘侵略国能明知美国之经济力量、工业生产,皆将用作民主国家之后盾,则必更畏忌而不敢开衅。此是最近中立法之争的主要理论。此次政府主张在众议院、参议院皆告失败,其故亦因孤立和平论者尚占势力。盖政府以为军火解禁足以帮助欧洲和平,而反对者则以为军火解禁是存心偏袒英、法,是违反中立原则,大可使美国牵入战争。现时欧局未即刻爆发,美政府无法使孤立派心服,故此案遂搁置。此次中立法之争,虽无结果,然亦不无进步。毕特门原案之打消,实为一大幸事。6 月底众议院通过之新案,不但禁止借款与交战国,且阻止商业信用短期借款不得过 90 日,又不得转期,于我国最不利,此案之被参议院搁置,亦是幸事。外长赫尔 5 月 27 日之长函,与 7 月 14 日之意见书,均是心平气和之文字,使国人明了此案争点所在,使全国舆论渐趋一致。前夜半夜之白宫会议,使全国明了中立法之搁置应由参议院负慎重责任。万一数月内欧亚局势突然恶化,则行政领袖将更得国人信仰,临时国会召集时,此问题应可得较满意之解决。总之,此次争论最可表示美国政制之特殊情形;又可见中立、孤立论之势力尚未可侮视。其摧破必须靠国际事实之演变,而非言语文字所能转移。吾人对此正不必悲观,22 年前德国军人深信美国不致参战,故决定以潜水艇政策欲制英国之死命。然不出 3 日,美政府即对德绝交,不出两月即宣战矣。倘德、日等国见此次罗斯福之失败,遂以为美国决心孤立不致干预外事,而彼等可以横行无忌,则今日中立法案之失败,正是世界局势之绝大转机之开始也。上电乞陈介公并转庸之、亮畴、咏霓、雪艇诸兄,至感。适。

美参议院外委会通过中立法修正案

1939 年 9 月 28 日

（中央社华盛顿 28 日路透电）参院外交委员会,今日通过政府提出之取消禁止军火出口限制之中立法修正案,讨论时间达三小时,始付表决,参院定 10 月 2 日起,开始辩论修正案。

（中央社华盛顿 29 日合众电）参院外委会,昨日通过美总统之修正中立法案,并决定将原案送交参院讨论,参院定下星期一日开会,辩论此案。当昨日外委会讨论修正案时,辩论之中心,集于美国商船之航行问题,孤立派参议员波拉称,"现购自运"之办法实行后,美商船损失,必将极大云,但结果外委会仍以 16 票对 7 票通过修正案。惟在技术方面,对于便利美航运各点,略加补充。按修正案中规定,现行之禁停军火输出限制、应立即取消,而代以"现购自运"条款。该条内规定,交战国在美购买之军火,应先行过户,然后再由非美国之商轮运出,交战国人民在政府严密之监督下,在美可成立商务信用贷款,但期限不得愈 90 日。外委会唯一修改之处,即将禁止美国航机不得飞越西半球及太平洋之交战国领土上空一条中,注明美运输公司不受此限制云。

《中央日报》1939 年 9 月 30 日

美参议院辩论中立法修正案

1939 年 10 月 2 日

（中央社华盛顿 2 日路透电）参院今日下午 5 时（标准时间）开始辩论修正中立法问题,警方戒备极严。政府人员谓参议员中当有 76% 拥护总统之提议;主张取消军火禁运案者,亦谓九十六名参议员中决有五十七八人对政府提案投赞成票,态度未明者 8 票:反对派之估计,亦与此大略相同。

《中央日报》1939 年 10 月 4 日

国务院军品管制司声明

华盛顿,1939 年 10 月 9 日

目前除去在技术上被确定为武器、弹药及战争装备的物资以外,现存的法令并未限制向任何国家出口其他的物资。在决定禁止向任何国家出口其他工业产品或原材料(诸如废铁)之前,需要新的立法。

1937 年 5 月 1 日的"中立法"禁止向总统认为处于战争状态的国家出口武器、弹药以及战争装备。根据这一法案,任何禁运令必须同等地应用于交战的所有各方。总统应用立法赋予他的处理权,决意不从这一角度出发处理远东的局势,其基本目的是为了保护美国及美国公民的利益。像近来多次建议的那样,依据这一法案单独对日本实施出口的禁止令是不可能的。根据"中立法"的禁运令,对中、日双方都必须禁止出口武器、弹药以及战争装备。值得注意的是,自 1937 年 7 月 1 日以来,国务院批准向中国出口的武器、弹药及战争装备价值为 15531778.68 美元,向日本出口的武器、弹药及战争装备价值为 11388484.78 美元。

FRUS,1939,Vol.3,p.548

胡适致外交部

华盛顿,1939 年 10 月 27 日

重庆外交部,1020 号。27 日。

中立法修正案本日通过,参议院票数为 63 对 30。本案要点为:废止军械、军火、军用品之禁运,而一律改用现购自运原则;美国船只不准往欧洲战争区域,但亚洲不在禁域之内。余俟全文印出后续陈。此案现交众议院,恐仍有修改,预计下月中旬可通过云。适。

《封锁与禁运》,第 217 页

美参众两院通过中立法新案

(中央社华盛顿 4 日合众电)参众两议院业于昨日通过两院联席

委员会所拟之新中立法案最后草案,该案当即送交总统签字,罗斯福总统之外交政策,至是获得胜利。新中立法案通过后,国会即将休会,至明年 1 月再行召集……参院外交委员会主席毕德门称:联席委员会所拟之草案,与原来所拟之法案,有三点不同。(一)中立国船只运载购得之美货,驶往非战区,如太平洋及大西洋南部时,其货物之所有权,仍属于美国,至运抵目的地为止。(二)在新中立法实施之前,驶往欧洲战区之美轮,美政府应加保护。(三)无线电、电话、电报、海底电线各交通机关,可免受禁止借款与交战国之限制。

《中央日报》1939 年 11 月 5 日

4. 美国宣布中止美日商约

詹森致罗斯福

华盛顿,1939 年 2 月 27 日

总统先生:中国人民在暂居重庆的中国政府与蒋介石委员长的领导下,打算继续抵抗日本对中国的入侵。我坚信中国人将会无限期地继续这种抵抗。去年 12 月,我离开重庆的前一天,蒋委员长曾告诉我,他的军队仍完好无损,以目前游击战的花费估计,他们有足够的军需品继续坚持两年,我没有理由怀疑这种说法。他们期望从外部世界得到经济方面的援助。中国政府的白银储备实际上已经耗尽,他们仍将依赖这一储备维持中国的货币对外币的兑换。

日本人没有能像英国人 1842 年那样,在南京城下以日本的条件为基础达成停火协议,这就输掉了这场战争。当日军攻占南京,发现中国政府与中国军队已经撤离时,他们面临着选择:一是巩固它在上海与中国北部的地位,以图控制远离沿海在内地成立的中国政府;或者是继续征服中国。我确信日军选择了后者。日本不时地反复声明,除非他们粉碎中国国民政府与蒋介石,否则停火是不可能的。日本宣布的立场和日军在内地施行的暴行,比任何其他事情更能促使中国人民更进一步团结在国民政府与蒋介石的周围,该政府和蒋介石是中国人民要求国家独立存在的象征。我觉得日军陷入到一种无法完成的事情之中。我认为,不管怎样,要使日军首脑认识到这一点,还需要很长的时间,因为,中国人还没有能力在战场上使日军遭到决定性的失败。战争只能像目前这样继续下去,中国人用游击战术进行的抵抗顶多只能延长这场战争,直到日本人在经济上、文化上及人力上精疲力竭。我有时感到惊奇,东方人是否不会为一种文明的崩溃感到恐惧,而我们有时听说,如果类似的欧洲战争爆发时,欧洲人会有这种恐惧感。东方一直处于交战状况。在中国,没有哪个领导人能与日本讲和,并能获得民众的支持;在日本,没有哪个领导人能与中国讲和,除非日本军方要求,并获得军队的支持。日本人目前唯一的希望是与一个或几个日本在中国扶植的政权媾和,但是,为了这样的和平,日本人必须承担解除中国人民武装的责任,从而使扶植傀儡政权的法令能够在政权所在的城市以外执行。

历史将记录下的这10年中的非凡事件是,大英帝国作为一个整体已不复存在。“威斯敏斯特法案”标志着它的结束。现在,伦敦对做出任何决策都无能为力,因为英国不能在假设加拿大、澳大利亚以及南非将毫无问题地支持它的决策的基础上做出这种重大决定。美国的边疆在全世界。作为旧大英帝国最大的儿子(是的,的确是它的儿子,在帝国发展时,它从家里逃出并独立地创下自己的家业),美国必须从现在起与加拿大、澳大利亚、南非和英国一道承担这一责任,即维护大英帝国主宰世界事务的年代里所确立的处理国际关系的观念,否则,我们将坐视这种理想落空。不论我们是否喜欢,我们是强大的,有能力的,人们怀着极大的敬意期望并聆听我们的决定。我们必须带领世界从它目前的战乱中走出来。我认为,殖民帝国的时代已经过去,日本也必须逐渐认识到这一点。在着手建立一个亚洲帝国时,日本人已经付出了比英国初建大英帝国时更大的代价。如果文明不应遭到毁灭,那么,为了保护文明,美国应该也能够发挥更大的作用,比我们现在意识到必须起的作用要大得多。现在控制日本的独裁者们懂得武力,并且只对更大的力量低头。现在的问题不是我们是否要投入战争,而是我们是否准备为了我们迄今奉为和平生存所必需的理想而战斗。如果全世界尤其是独裁者们知道我们正在备战,他们便会更加谨慎地处理与我们及世界其他国家的关系。你不能指望一个提着警棍的警察去对付一个手持机关枪的匪徒。

作为世界上最强大的国家,形势要求我们必须立即开始考虑我们将要承担的义务。我们现在如果不显示愤怒和实力,并向世界尤其是向日本表明我们说到做到,那么,我们就会发现,我们将永远处于无能为力的被动状态。我们也许就会发现,我们面临着日本把 180 度子午线以西的一切视为它的势力和利益范围,在那里我们既不能增进和加强我们的利益,也不能未经日本允许而擅入。时间对中国抵抗日本有利,但时间也有利于独裁国家和民主国家调整关系。我们应该尽全力援助和鼓励中国为国家的独立生存而进行战争。对我们和世界来讲,太平洋地区存在着三个国家,即中国、日本和美国,要比仅有日本和美国两个国家存在更为安全。没有美的经济援助,日本人不可能实现他在中国的冒险,因此,我国政府应采取必要的措施,劝阻向日本和它在中国试图建立的伪政权提供经济援助。我们不能坐等其他国家来过问此事,这不是顾全英国人的利益问题,而是关系到我们自己的利益。

FRUS,1939,Vol.3,pp.512-514

胡适致外交部

华盛顿,1939 年 6 月 16 日

重庆外交部,939 号,16 日。

对中、日事件,美国民众意见测验结果今日发表:同情中国者 74%,同情日本者 2%,中立者 24%;赞同不买日货者 66%,反对者 34%;赞同禁运军用品与日本者 72%,反对者 28%;赞同禁运军用品与中国者 40%,反对者 60%。又国会现有禁运军用品与日本提案数起,惟因国会闭幕近，恐不及讨论，故提议人拟作为中立法修正案提出，但两院外交总所主张分别讨论，结果如何？尚难预测。适。

《封锁与禁运》，第 204 页

张彭春致外交部

纽约，1939 年 7 月 5 日

重庆外交部。

密。顷 Price 面称：今午谒史汀生拟促其赴华府婉劝当局，推进经济制裁日本法案。据史氏称，政府当局因中立法修正案未经下议院照原案通过，有碍已定暗助英、法方案，昨日外交部长赫尔由电话征询史氏意见。史氏答复大致谓，在此中立法修正案进行不利之时，政府当局应在远东问题中寻一出路，如对日采取经济制裁步骤，即可使俄、英、法在欧多得行动自由，影响德之强硬态度，或可减少欧战之可能，且下议院外交委员会中共和党员之少数会员报告，曾斥民主党会员不顾现有已侵害美国利益之远东战争，而专眷尚未实现欧洲战争，甚属非策。此时远东问题如有相当办法，对于其他国际问题之解决，相助甚多等语。查共和党会员既有是项表示，如政府当局能得民主党国会议员谅解，制裁日本方案所遇阻碍必较少于修正现时中立法。总统既关心欧洲时局，颇愿暗助和平阵线国家，对德表示威胁，通过中立法修正案，又已感困难，何以不乘此良机走远东路程。以上史氏所谈，再三嘱 Price 严守秘密，请勿宣布。按史氏与赫尔交谊颇笃，传闻史氏对赫尔商战政案，赫氏对史氏不承认主义互助甚多，此次谈话似有相当价值。又按今日上议院外交委员会决定展期讨论中立法修正案，该案前途似不甚光明，在此情形之下，某种对日经济制裁方案在最近将来或有提出可能。不参加日本侵略委员会现正积极工作，促其实现。余续闻。彭春。5 日。

《封锁与禁运》，第 219—220 页

赫尔、堀内谦介①谈话备忘录

1939 年 7 月 10 日

日本大使应我的邀请来访。

他当时提到格鲁大使最近在离开东京返回美国之前同外相有田八郎的谈话。在那次谈话中，有田先生曾提到：(1)我们两国应施展影响使欧洲免于战争的想法；(2)据报道，我国政府得知日本占领海南岛是长期军事征服计划的一部分；(3)由于日本的对华控制政策可能是长期的，我国政府关心美国在华利益，其中包括对华贸易可能遭受损失的程度。日本大使说，我对以上几点可能要讲的任何话，他都感兴趣。

关于第三点。我说先谈谈最后一点。我没有必要提醒他，六年来我热切恳求并极力主张他的政府接受这样的意见：在这个星球上，有足够的地方供 12 个或 18 个像他的国家和我的国家那样的大国所用；如依照进步而又合乎共同意愿的方针进行合作，整个世界人口的巨大发展将会逐步实现等等。

关于第二点。我说另一方面，由于当前美国在远东的利益和权力至关重要，美国极其关心这样的问题：整个中国及其边缘的太平洋岛屿是否会被日本满洲化，从而使国际法遭到破坏，条约得不到遵守，不准许所有其他的国家进入世界的那一半——日本除了让自己的公民享有优惠权利外，这个区都被日本关闭封锁了。我又说，如果某一国家在世界的一半部分这样做，世界另一半的其他国家很可能会同样仿效，那么对于全世界人民的未来发展，包括采取这种统治方法的国家本身来说，再没有比试图这样去做的行动更为荒谬的了。我接着进一步说，大使不妨假设有一项宣言，声明要阻止他的国家对本半球和欧洲的一部分实行满洲化；我又补充说，我不必猜测他的国家将会有些什么想法，将会有什么样的感觉。我说，为了统治付出这样的力量，对财政与发展均无所益；而且这样大规模地向前推进，其结果只能给一切有关方面带来

---

① 日本驻美大使。

灾难。当然,这是从我的立场出发讲的话,但是六年来我一直向日本政治家力陈这样一种观念。

关于第一点。至于外相有田向格鲁大使提出的有关我们两国是否能合作以调停欧洲面临的危险的问题,我说,我国政府同其他政府打交道的唯一标准是关系到和平的问题。我们认为维护和平对所有国家的未来是如此至高无上的重要,所以我们把国家划分为两类:一类是不论其政府采取什么形式,它们是诚实、守法、和平的国家与人民;另一类是藐视法律和秩序的国家,不论何时何地都公然以军事征服为威胁。我们愿意本着友好的精神,与所有爱好和平的国家一起工作,促进和维护和平,并不计较它们是什么样的国家。由于我们与世界上任何国家没有丝毫同盟关系,没有什么秘密协定或协议,并且也不准备去这样做,因此我们将保持全面武装,准备保护我们自己的利益和权力。我们本着刚才所说的那种精神,向欧洲国家作出过各种各样的呼吁,表示和平解决与调解他们的经济和其他关系的意愿,并表明自己准备为恢复国际贸易和国际金融正常基础的每一个切实可行的计划进行合作。尽管有这样恳切的请求(日本政府本身也可能提出这样的请求,假如它过去不曾这样做,那不妨现在这样做,并坚持到将来),也许有些国家不能不注意到日本本身出于征服的目的正在从事军事活动。假如日本愿和美国以及世界其他国家一起,为努力调停威胁世界其他地区的军事征服而充分施展其影响,最好结束它自己的这种军事征服局面。

大使没有给予任何特殊评论,只是指出,在美国曾有过许多报道,大意说日本可能与德国以及意大利缔结军事条约,而事实上他的国家无意这样做。日本由于邻近俄国并存在一些困难,所以对某些欧洲国家的反共产国际政策感兴趣,并和它们一起从事反对布尔什维主义。我回答说。这当然主要是他的国家自己的事;而我的国家⋯⋯则避免卷入欧洲国家的任何纠纷或牵连。如果日本希望将自己同非常复杂的欧洲争端联系在一起,使自己立即卷入任何欧洲战争,这当然仍是日本自己的事。我可以再一次重申,我国政府将保持公正的立场,以和平作为最高目标,并为了国家安全而拥有足够的军备。

《和平与战争》,第 465—467 页

胡适致外交部

华盛顿,1939 年 7 月 11 日

重庆外交部,965 号,11 日。

国会参议院现有三个制裁日本之单独法案:一为 Pittman 案,欲对违反《九国公约》之门户开放原则者加以经济制裁。二为 Schwellenbach 案,欲对违反《九国公约》之尊重中国主权领土完整原则者加以经济制裁。三为 Vandenberg[1] 案,因日本违反《九国公约》,故主张废止 1911 年之日美通商友好条约,并请美政府重召集比京会议。众议院亦有与前两案略同之提案。两院皆在外交委员会审查时期,众议院外交委员会三日前开始公开征求意见,前北平协和医校校长 Rogergrene[2] 昨出席陈述意见,据彼观察,诸案在本届国会恐均将搁置,甚少通过希望。昨日《纽约时报》亦作同样观察。胡。

《封锁与禁运》,第 220—221 页

翁文灏致胡适

1939 年 7 月 26 日

胡大使亲译。英对日迁就,法恐不免从同。万一英、法对我金融及进口运输均不协助,势殊可虑。美国向主条约有效,英、法亦曾仿效行之。美在此时宜有正当表示,俾申正义。近来商洽如何? 盼能见示。文灏。宥。

《胡适电稿》,第 18 页

---

① 范登堡,参议员。

② 罗杰格雷恩。

赫尔致堀内谦介

1939 年 7 月 26 日

阁下:在最近几年中,美国政府一直在审查美国与外国签订的通商通航的有效条约,以便决定进行哪些必要的改变,更好地为订立条约的目的服务。在这一调查过程中,美国政府认为,美国和日本于 1911 年 2 月 21 日在华盛顿签订的通商通航条约中的某些条款需要重新考虑。为有助于重新考虑,以及为更好地保卫和促进美国利益以符合新的形势发展的需要,美国政府根据该条约第十七条规定的程序,特此通知要求终止此项条约,并予以公告,该条约及其所附议定书自即日起 6 个月后失效。

《和平与战争》,第 475 页

日本外务省发言人声明

1939 年 7 月 27 日

美国政府通过我国驻华盛顿使馆已正式通知我国政府,他们意欲终止日美通商通航条约。由于美国政府突然采取这一步骤,而且所提的理由又非常简略,令人很难理解美国政府这一行动背后的真正动机。

美国政府宣称,近年来他们一直在审查所有美国与外国缔结的现有条约,以决定应作哪些更改,并由此得出结论:日美条约中某些条款需要重新加以考虑。随着新形势发展的需要,为了维护和促进美国利益,他们要求终止这项条约。

然而,美国政府的上述理由同样可以作为修改该条约的理由,它完全不能充分解释为什么美国政府必须以如此仓促的方式通知废除该条约。虽然美国政府声称,所谈的这项通知与参议院外交委员会对参议员范登堡的废除日美通商通航条约议案的审议毫无关系,但是美国政府目前的行动恰好发生在英日对话正在进展之时,很容易被一般地理解为具有政治意义。

目前一种新形势正在东亚迅速发展。日本政府长期以来一直希望世界其他国家能明确承认这一事实。一旦美国政府愿意与日本政府缔结一项与东亚新形势一致的新条约,日本政府当然乐意如此去做。

《第二次世界大战起源历史文件资料集》,第 767 页

胡适致外交部

华盛顿,1939 年 7 月 27 日

重庆外交部,971 号,27 日。

昨晚美政府照会日本,废止美日商约。据闻系白宫、外部与参议院领袖协商之结果,主要原因约有三:(一)为连日汉口、芜湖、北平各地美人受敌军强暴待遇。(二)为江海各埠之美国商业,在两年来受敌军种种限制、歧视、打击。(三)为政府中立法案之失败与国会制裁日本诸案之搁置,均足使侵略国误解美国立场,故行政首领毅然作此表示,使欧、亚之强暴知美政府实有制裁暴行之权力,但不轻易行使耳。参议院两党领袖对此举均表示赞同,国内舆论之一致赞同似可预测。容续陈。上电乞抄送蒋总裁、孔院长及翁咏霓、王雪艇诸兄为感。适。

《封锁与禁运》,第 221 页

王宠惠对外国记者发表谈话

1939 年 7 月 29 日

美国素以富于正义观念著称,中国对于美国人民,尤素富有坚决不摇之信仰。美国务卿赫尔,现已以 1911 年美日商约中含有条款,须予以重新之考虑,照会日本,于 6 个月期满后,将该约废止。美国政府之为此种决定,予知其必已将日本军阀在政治、商务各方面,所造成之"东亚大紊乱"予以充分考虑。该约之宣告废止,实可视为美国愿意维持其太平洋区域之地位与威望之一种表现,美国政府如能由此进而采取更确实更积极之态度,于其权力范围内,尽其能事,以遏止国际间之凌乱无法,以恢复国际间之和平、互信及好感,则尤为吾人所馨香祷祝者也。实在美国对于远东及世界其他部分之和平,均能实施其决定的

威权,而无须从事战事,美国之力量威望及其舆论,苟能以明白之举动,为确切之表示,则足使国际间之正义、法律与秩序,均获有裨益也。

战时首都自接美国政府宣告废止 1911 年美日商约后,我政府当局及人民咸认为此乃美国政府表示极端关心远东局势之初步。自日寇实行侵华以来,各友邦皆以最大忍耐,静观其推移,美、英各国对日寇屡为友谊之忠告,彼不但置若罔闻,而侵略各友邦在华利益之行动,变本加厉,益趋积极,推其用心,非根本推翻美、英各国之远东地位不可。最近寇军在侵占区域内,侮辱迫害各国侨民之事,更举不胜举,罗斯福总统似已痛切感觉日寇行动,决非空言所能晓喻,不得已乃采取废止商约之举,促其反省。日寇出口贸易以美洲为最大主顾,几占全出口额 70%,若美、日两国变成无条约状态,则日寇出口贸易所受影响之大,诚非数字所可计算,其经济基础之崩溃,仅为时间问题。且日寇所需要之棉花、生铁、钢、汽油、木材等,皆将断绝来源,其军事行动,必受重大打击,尽无疑义,东京、大阪证券市场,已发生暴跌风潮,可以窥见其人心之动摇矣。废约生效期间,虽在 6 个月以后,但在未生效力之前,美国总统亦有权提高日货入口税率,或禁止日货入口,故罗斯福总统于废约后采取之第二、第三步骤,更为举世所注视,我国朝野对于罗斯福总统采取此种断然措置,莫不钦佩其高迈之认识与果敢之决心,日寇在过去两年间所受打击,以此次为最重大,其将成为致命之打击,盖有充分之可能性,观日寇各大新闻所表示之态度,劝告其国民须力持镇静,足见其内心之恐慌,迥非寻常事件所可比拟矣。

《重庆各报联合版》1939 年 7 月 29 日

詹森致赫尔

重庆,1939 年 7 月 31 日

昨天下午我应邀拜会了蒋介石委员长,寒暄之后,他转而提起美日商约的废除是总统和国务卿伟大而辉煌的举动。他就这一话题接着谈到,美国这一行动的时机非常恰当,选择在"英日东京协议"达成之际,从而减轻了中国自卷入冲突以来所面临的极严峻的危机。他说,中国人民不会忘记美国方面这一重要的、正确的行动,他希望我向总统和国务卿转达他个人及中国人民对这一行动的高度赞赏。我说,我会转达的。然后,他敦促美国应对未来的发展有所准备,但是,他没有明确指出这种发展的实质,他声称这种发展在将来任何时候都可能到来。

蒋委员长接着转向英—日东京会谈问题,他说,他理解这一会谈的结局,他已看出中国人几乎不能依赖英国的政策。对此,他认为需要美国的促进与支持。就这一问题他问我对东京会谈前景的看法,我回答说对这样困难的问题我不能作出预见。

之后,蒋介石委员长提及为达成欧洲共同防务谅解的英—苏会谈,他强调会谈成功的重要性是对世界和平具有稳定作用。他要求我代他向总统和国务卿表达他希望他们向英国政府指出迅速达成这一协议的重要性,并表示希望美国促成此事的愿望。

从蒋委员长的谈话可以明显地看出,美国废除美日条约的行动缓解了英—日会谈带来的严重局势。他对英国人的方案极为怀疑,并极大地寄希望于美国能使英国的政策强硬起来。蒋委员长的健康状况和精神状态看上去都很好。在回答我提出的问题时,他说军事形势是令人满意的。

FRUS,1939,Vol.3,pp.562-563

胡适致外交部

华盛顿,1939 年 8 月 30 日

重庆外交部,989 号,30 日。

本日发表之民意测验,关于美政府废止日、美商约事,赞成者 81%,不赞成者 19%。又关于 6 个月后商约期满,美国应否禁售军火原料与日本,赞成禁售者 82%,不赞成者 18%。以上测验最足证明美国行政首领之具体作为最能领导人民意志,而立法机关对行政领袖外交权力之怀疑,实不代表民意也。此电乞转陈蒋、孔二公,并抄送翁、王、陈诸兄。适。

《封锁与禁运》,第223页

(三)争取美国财政援助

　　说明:由于日本占领了长江中下游和东南沿海物产富饶地区,国民政府岁入锐减。继续坚持抵抗战争,美国的财政援助就显得十分重要。中国政府官员坚持不懈地向美国争取援助。欧战爆发后,随着美国援华制日政策的不断明朗化,美国政府内部反对贷款的势力趋于削弱,国民政府的努力不断取得成功。此后两年中,美国政府先后四次向中国提供贷款,总额达14500万美元。1940年4月,中美签订数额为2000万美元的华锡借款合同;1940年10月,中美签订数额为2500万美元的钨砂借款合同;1940年11月30日,美国宣布向中国提供1亿美元的援助,其后,中美于1941年2月订立数额为5000万美元的金属借款,1941年4月订立数额为5000万美元的平准基金协定。

1. 华锡借款

孔祥熙致胡适陈光甫
重庆,1940年1月30日

　　纽约。适之、光甫两兄:密。极密。俭电奉悉。运用办法甚佩荩筹,为国贤劳,公私均感。自抗战以来,美当局迭次热诚,助我购银及桐油借款,获益尤多,我政府及蒋委员长并弟均极感激,务请代申谢悃。二次借款环顾各方环境,最好能在2月底以前完成,收效更大。至此次借款,除用作向美购买抗战急需器材外,尚拟划出一部分偿还美国债款,总额如能7500万最佳,否则支配势必为难。缘我方曾因美财长特别照顾,以存金向美银行抵借美元,为数不少,到期后曾还一半,其余一半仍押存美银行,此项现金为我发行准备,倘得保存,定使法币基础更固,信用益坚,对内对外诸多受益。我方借款可还美债,曾于去年去电请兄奉商美财长,得兄复电认可,现时机已到,务请切实商洽。此事极为秘密,进商诸盼妥慎。至借额运用方面,总统、财长、外长既允力为协助,则国会方面务托有力友人多方活动,想在美方希望我国胜利及借款购美货可协助美方工商两原则下,必能博得多数同情,而加赞助也。如何? 请密复。弟祥熙。卅亥。

《战时外交》第 1 卷,第 263 页

陈光甫致孔祥熙

1940 年 3 月 5 日

孔副院长勋鉴:极密。弟今午与庇亚生同见简士·琼斯详谈借款。彼对于我方运输极感不满,谓购货堆积海防,无异浪费资金,不如少购,先清存货为妥。且目下旧借款亦尚有 200 万元未用,可否先用 500 万元,余俟用完后再给云云。弟当根据最近来电,将我方努力运输事实详细解释,告以今后运输必可较前通畅,并说明旧借款所以未能用尽,乃因借款尚未确定,款项既微,益须慎用。我国抗战所需极巨,即 2000 万元亦相差极远。如汽油一项,即须购买达 500 万元。且我方尚须利用借款改进生产,如滇锡为美需要,此次亦拟提出 200 万元,供改良锡产之用。应请照原额支用。琼斯旋询问最近战事及世界公司办货情形,经一一答复,认为满意。最后彼正式表示,可照 2000 万元金额着手办货,分期支用。至于借款宣言,俟合同签订时再行研究发表。尊处办货清单,务请查照敝 2 月齐电,通盘筹划,迅即电示,以便着手进行。此次借约要点,经与进出口银行商洽,大致如下:(一)押品为滇锡 4 万吨,以 2000 磅为 1 吨,合长吨不足 3.6 万吨,约为六五折押款。尊铣电办法,系十足押款,殊难通过。(二)交货第一年 3000 吨,以后按年 4000、5000、6000、7000 吨,最后二年各 7500 吨。(三)还本:第一、第二年滇锡售价 50%,第三、第四年 60%,第五、第六年 70%,第七年 80%。售锡余款除付息外,悉听我方支配,并不限于购买美货,适合灵活运用原则。惟如锡价过低,原定成数不敷还本,自须在余款内补足。迫于初数年或在抗战期内,故交货还本特别减轻,俾便履行合同,巩固信用。(四)利率商减至年息 3.6 厘。(五)借款由中国银行担保。(六)借款内提出 200 万元,作为改进滇锡生产之用。(七)借约谈妥由世界公司出面与进出口银行订约借款,更由世界公司与复兴公司订约购锡,作为合同附件,另由国内管理滇锡机关与复兴公司订约交锡。以上各项办法,与桐油借款条件比较,一、利率较轻;二、年限较长;三、还本交货初期极轻;四、售锡余款自由运用,均较桐油借款为优。惟尚须庇君征求琼斯同意。又以上各项尚未至发表时期,务请秘密为荷。辉。歌。

《民国外债档案史料》第 11 卷,第 260—261 页

孔祥熙致胡适

1940 年 3 月 7 日

华盛顿中国大使馆胡大使、陈顾问鉴:密。(一)我政府探望美政府能对此次美金 2000 万元借款免除提供抵押,其理由为:(1)美国与中国在抵抗日本侵略及维护中国财政经济机构之健全具有共同利益。(2)此次美国国会曾经讨论对华贷款,继是通过之新法案,对于贷款并无必须指定押品之规定,与 1938 年对华借款未经于法案由特别审议之情形自属不同,此实给予吾人以商订新办法以求自由运用之机会。(3)并悉美国此次对于芬兰及其他国家贷款,亦未考虑指定特种押品,吾人仅求与他国享受平等待遇。我国对于上次借款不避一切困难,竭力维持债信,琼斯君曾盛加赞誉。(4)前次贷款指定以桐油为抵押,并由中国银行保证一事,已引起英政府对我信用贷款作同样要求。苏联对我贷款本可援例办理,但并未要求任何押品。尤其进者,英政府上年对我平准基金贷款,亦未要求抵押。(5)锡产原拟提抵美金 7500 万元之借款,现在借款既已减为美金 2000 万元,情形自属完全不同。且目前除锡产以外,所余可提供特种抵押之品已属无多,自不宜悉予指为专

用抵押,而应留备将来可能之需要。(二)中国银行现负保证责任已过一般商业银行通常业务能力以外,能否将银行保证一节设法取消。目前显应设法酌定限度,否则政府将来向外借款势必概须提供银行保证。(三)1939 年 2 月 8 日世界公司与美进出口银行所订合约第五款规定,以桐油售价得款半数偿债,半数向美购料,此不啻将我出口货物通常可以挹注外汇市场之头寸移作别用。当我正作殊死奋斗之际,而限我利用自己之物资,谅亦非美国之利。尚希设法提商改善,将此项条文自原合约中删除,并于洽商新借款合约时,除以美款购买美料而外,竭力避免以售货价款购买货之拘束是幸。弟祥○。印。

《民国外债档案史料》第 11 卷,第 261—262 页

售购华锡合同

纽约,1940 年 3 月 15 日

立合同人:中华民国注册之复兴商业公司、美国纽约州注册之世界贸易公司(以下简称售方、购方)。

兹为售购华锡起见,经双方洽商,同意签订合同条款如次:

第一条　售购　购主与售主双方同意,依据本合同之左列条款,由售方售交华锡,由购方购收华锡。

第二条　品质　本合同所指之锡,应为头等华锡,且须保证百分之九九之净度。

第三条　数量　本合同应交华锡总额为四万吨(每吨三千磅),按照下列年限分批交付:

第一年　三千吨

第二年　四千吨

第三年　五千吨

第四年　六千吨

第五年　七千吨

第六年　七千五百吨

第七年　　七千五百吨

总计　　　四万吨

第四条　交货　甲、地点　华锡之装运地点为海防、仰光、香港或其他中国境内境外之海口或铁路终点,一以装运时最便于售方为准,售方有选择此项装运地点之全权。

每批装运之锡,应由售方任费保险,以购方位赔偿受益人,其保额至少须照本合同所定交货价格(即[i.b.]价格,包括货本,保费及运费)另加百分之十。

该货抵达购方指定之美国码头仓库时,其所有权即移归购方。

乙、时期　货物运交数量,在约定交货年度内,应力求其继续不断,大体每季交货须相当于约定当年应交最低额四分之一。

丙、不可抗力　关于应交货物之规定,应以战事、罢工、政变、天灾、政府命令及其他售方所无力控制之因素为例外,并应视交货时之运输情形为转移。

第五条　买价　每批华锡买价之规定,应照该批锡货抵达美国口岸一周之前、两周之间"纽约平均市价",每磅减低美金一分计算,倘当时纽约市场无华锡之市价,则应依照当时海峡殖民地锡品之平均市价计算,惟须减去(甲)当时华锡与峡锡通行价差,及(乙)每磅美金一分。

第六条　付款条件与方式　每批运交锡货之买价,购方应以美金支付之,并应于该货在美转售收到货款时立即支付。

华锡买价应付各款,应由购方立账,列为售方应收款项。所有照本合同规定应还购方垫付各款,或由购方代还售方依合同应付之款,即在售方上项收入账内划拨。购方如何收还代垫款项或清还代负债务,应按其所订赊货条件之需要,于售方每次运交华锡价款中划出一部分款额,另行存储备用。所余每批价款,除拨充售方依约应付各款外,再有盈余,可任凭售方通知支配。

第七条　购方垫款　购方得随时预计应付售方之锡价,据以对售方垫付现款或为售方购货代付债务。凡关于购方经办购货所有费用,概由售方负担。购方垫付款项，如系转借性质，应自垫付日起并其转借利率扣算。购方代付债务，如系赊货性质，则照所欠部分货价之应付利息扣算。此外，售方并同意，凡购方收归垫款及代理债务所应支之款项，或因经办购货所应取之酬金，均得由购方按照合同，在其到期或未到期应付售方锡价内扣还或支付之。

第八条　购方为售方之采购代理人　售方委托购方为其在美之采购代理人，并授权购方用其自己名义代办采购事宜，或用现购，或用赊购，或用部分付现、部分赊账办法，俱由购方决定。

购方既为采购代理人，得收受应得之酬金，以抵各项缴用，包括担任采购人员之薪金，暨照比例应摊之业务管理费用，及杂项支出，此外并须按以上各项总和，加付百分之十之手续费。惟购方每年所得酬金总数，不得超过于经办购货价值总额百分之一。

第九条　合同期限　本合同有效期限定为七年，自一九四〇年五月一日起，至一九四七年五月一日止，期满后仍得继续有效，至购售双方均认为已经充分履行合同之义务为止。

第十条　适用法律　本合同之各项规定完全受纽约州法律之约束与制裁。

兹为证明双方同意执行上开条文起见，爰由两造正式代表于公历一九四〇年三月十五日分别签字如左：

> 复兴商业公司董事陈光甫
>
> 世界贸易公司副总理任嗣达
>
> 见证人　秘书李
>
> 公历一九四〇年三月十五日

《中外旧约章汇编》第 3 册，第 1151—1153 页

胡适致孔祥熙

华盛顿，1940 年 3 月 25 日

庸之吾兄：极密。廿电敬悉。国家之困难情形，适等均极明了，此

间之特殊困难,均已详于 14 日英文电中。此次借款用锡作抵,此意实由政府发之,自 9 月至 3 月,兄与光甫兄往来电报盈寸,均无异议,改期谈判始依原议进行。今借款 7 日始发表,而 8 日尊电忽令尽变卦,光甫兄与适此时实难如此翻覆,即向美当局开口,非但无益,定使毛财长及琼斯诸人为难,势必因彼等已送向国会及报界宣称我国按期付款,此次借款以锡作抵,全系商业性质,彼等实亦无法翻覆也。尊电所云中美友人云云,当系局外人不明实情,轻易主张,未可轻信。适与光甫兄事事合作,深知此中困难,故特电陈,务乞复核 14 日英文电,速电光甫兄依原议进行,商订合同,以免贻误事机。此事至关重要,故敢直陈胸臆,千乞垂听。弟适。径。

《战时外交》第 1 卷,第 268 页

孔祥熙致胡适

重庆,1940 年 3 月 27 日

华盛顿。胡大使:密。径电悉。查美借款初议希望能有 7500 万元之数,预计抗战所需或可勉图匡计,因纯系商业行为,故允以仅有之巨数滇锡担保抵偿。但自欧洲战争发生,美方增援中、芬热烈。借款同出增资议案,中、芬同为抵抗侵略,美方对芬并无担保,显已脱离商业性质而超于政治援助之途径,此种情况,内外皆知,国内诸人,对此极为注意。近日迭接与美当局有关美友之表示,意亦如此,此弟 8 日电之由来也。吾辈负人民之重托,谋国家之福利,就政治言,应因时制宜,利用机会,并非变卦。即兄等奉令磋商,亦不得认为翻覆也。公忠如两兄,想亦有此同感。弟个人对两兄贤劳困难实情,极为深悉,情形如此,倘不有所磋商,势必惹起各方误会,参政会开会在即,更恐引起质询,势将无以为对。倘若言而无效,则我等责任已尽,亦属问心无愧,迭电奉商,实缘于此。滇锡抵偿,当然照办,按照目前市价,7 年偿清本息,每年运交 3000 吨已足敷用,期限如能改为 10 年,与我方尤为有利,万一以磋商为难,亦不必勉强。至于中国银行担保,虽云系属形式,然过去因美方开例,其他各国均欲照例,屡经交涉,俄、法始允放弃,惟英方仍坚请援用美例,现该行担负已重,深恐此后再加负担,致摇人心。因现正又与英、法洽借,如美允放弃,英亦可照办,此节关系颇大,如能设法洽免最好,率直奉复,并请转达光甫兄为荷。情形如何? 仍希电复。弟祥熙。感。

《战时外交》第 1 卷,第 268—269 页

孔祥熙致蒋介石

重庆,1940 年 3 月 28 日

介兄总裁赐鉴:谨陈者。关于美借款磋商改善条件一事,迭经电达胡大使及陈光甫兄洽办,并经先后面陈尊察在案。兹据胡大使复电,陈述难以磋商,请求仍照原议进行,早日成约等情。弟深恐有所变,故已将实情先复一电,谨将来往两电缮呈垂察。此事究应如何决定? 仍乞赐示祗遵。肃颂崇绥。弟祥熙谨上。

《战时外交》第 1 卷,第 270 页

詹森致赫尔

重庆,1940 年 4 月 4 日

呈上 4 月 3 日杨格交给我的非正式备忘录。杨格称,他本人强烈赞同备忘录中所持的正确立场及在最后一句中所表示的希望:

孔祥熙博士务请詹森大使协助将下列各点非正式地转请有关当局惠予考虑:

1. 中国银行对美国 1938 年 12 月的贷款 2500 万美元提供了担保。在去年夏天谈判 300 万英镑贷款的过程中,英国方面坚持并取得了类似的担保。英国提出如美国采取相同的行动,他们可以免除此项担保,但中国政府感到不应对美国贷款的现存协议提出变更的要求。现在的建议是,中国银行对美国 2000 万美元的贷款再予担保。

2. 在提供 2500 万美元及 300 万英镑的担保时,中国银行已经承担了极大的附随义务,显然若再承担此种性质的巨大义务,势将对中国银

行造成严重压力,使其今后处于困难境地。此外,对连续若干年的巨额支付进行担保亦属超越商业银行的通常职能。

3. 对美国 2000 万美元的贷款提供此项担保将被视为造成前例,会为中国引起将来的困难,因为其他国家,如英国、法国或俄国可能亦将在将来的信贷中要求同样的担保。这种担保的范围很可能大大超出合理的总额。无论如何,这种义务的银行担保对中国政府的信用是不利的。对于有关当局乐于提供 2000 万美元的贷款我们非常感谢。然而我们诚恳地希望能够取消对此项担保的建议。

只呈送国务院。

FRUS,1940,Vol.4,p.650

2. 钨砂借款

蒋介石致罗斯福

重庆,1940 年 6 月 14 日

因世界局势之剧变,余觉有与阁下交换意见并请畀予援助之迫切需要。因余不能亲来承教,特派宋子文先生为代表,前来华府晋谒,彼固为阁下素所熟悉者。

余已授予宋先生代表中国政府在美商洽一切之全权,彼受余完全之信任,且其对国内之情形与对外之关系完全明了。敬请阁下惠予亲切之洽谈,一如与余私人接触者然,不胜企盼。

《战时外交》第 1 卷,第 274 页

宋子文致蒋介石

华盛顿,1940 年 7 月 8 日

密呈委座钧鉴:顷接翁咏霓兄来电略称,据李国钦①电,美国需要

_____

① 时任华昌贸易公司总经理。

钨砂,并能设法助我转运等语,拟在三个月内承允供美国防委员会军备部钨砂 9000 吨。查弟对美借款渐有头绪,钨砂为主要抵押品,现如脱售现货,深恐影响巨额借款。顷已电复翁咏霓兄,再请电令李国钦先与弟妥商,再定进行方针,谨闻。文。庚。

《战时外交》第 1 卷,第 276 页

蒋介石致宋子文
重庆,1940 年 8 月 11 日

宋子文先生:密。各电均悉。此时我国抗战最大难关为经济,而武器尚在其次。此时米价比去年已贵至 8 倍以上,通货膨胀不能再发,若不能在金融上设法调济,则民生饥冻,加之共党必从此捣乱,则抗战必难久持。如美能真正援华,请再告其当局:一、此时必须以行动上阻止倭寇侵略安南,或尚有效。否则不久倭必假道安南占领云南,如云南果为倭占领,则英、美虽固守新加坡,亦不能援华矣。二、美国若不在金融上从速援我救济,则中国内外情势实难久持。务望美当局能于最近期内能于以上二事见之于行动,以助我一臂之力也。中正。真。

《战时外交》第 1 卷,第 277 页

亨贝克谈话备忘录
华盛顿,1940 年 8 月 15 日

参加人员:财政部长
宋子文先生
财政部科克伦先生及怀特先生
亨贝克先生

今日早些时候与宋子文先生谈话后(见另一份备忘录),我于 11 日才按照摩根索先生昨天与副国务卿韦尔斯先生的安排往见财政部长。我见到摩根索先生,在座的有科克伦与怀特先生。

谈话开始,摩根索先生声称,他不知道应该如何对待可能对华提供

财政援助一事及如何对宋子文先生解说。他表示他仍感到无法对支持中国货币一事采取步骤。他说,他曾有过一种想法,即通过一种涉及美国、苏联及中国的三角安排,或许能有所作为,但对于这一来自国务院的建议,至少目前他还毫无根据。他提出了一些有关滇缅公路、印度支那、从中国出口钨等等方面的情况的问题,有些问题由科克伦先生作了答复,有些由怀特先生及我作了答复。他提到为进出口银行提供资金的新法案,那是科克伦和怀特两位先生所说由国会委员会昨天报道的。他表示他看不出复兴金融公司在该法案一旦批准后如何能通过与中国达成的安排使用这笔款项,因这笔资金原本是要用于有关拉丁美洲方面的。

谈话进行了几分钟之后,并没有得出建设性的意见,摩根索先生即向他的秘书询及宋子文先生是否已到,并要求请宋先生进来。摩根索先生问宋先生,他是否已在"他的探索中取得成就"。宋先生对此一问题表现得有些不知所措,但镇定了一下之后答道,他已与一些高级官员谈过,总统也对他说了些鼓励的话,他发现陆军部长和海军部长对远东局势都很感兴趣,杰西·琼斯也持赞同态度,他并已与怀特先生谈过几次,希望财政部将提供帮助。摩根索说,他已对问题作过不少研究,他认为最好不要引起不切实际的希望或遐想,他发现问题的解决是困难的;接着他重复了几分钟以前他对科克伦和怀特两位先生及我说过的话,最后建议宋先生最好和琼斯先生一谈。他问了宋先生一些问题。宋先生说,中国现仍能经由滇缅公路及法属印度支那出口,事实上出口并未发生实际困难,中国每年仍能运出钨 12000 至 13000 吨。摩根索先生转身问我是否能提出什么意见。我答道,从摩根索先生所谈到的一切看来,我认为潜在的解决办法似乎主要是通过进出口银行来进行。摩根索先生问宋最近一周是否与琼斯谈过,宋先生答称,他没有谈过。摩根索先生说他本人要外出几个星期,很愿意在回来后与宋先生再次见面。宋说他将考虑一下拜访琼斯先生的问题,希望在财政部长回来后能再与他会谈。他感谢摩根索先生对他的接待和坦诚的谈话。

伯利①谈话备忘录

华盛顿,1940 年 9 月 5 日

今天上午杰西·琼斯先生给我打来电话,我们一起到市中心去。

他说昨天宋子文来看他,想为中国政府借些钱。宋称,通过沃伦·皮尔逊,他已与总统谈过,总统要他找摩根索,而摩根索看起来是让他"四处奔跑"。宋还未到谈金额或细节的地步,虽然曾提到过 500 万美元的数目。

同时,上海的报纸提到美国正在安排贷给中国 1 亿美元。记者向杰西问过此事。杰西既不承认也不否认这种说法,只说他们还未得到申请。他这样作是因为他弄不准政策到底如何;鉴于印度支那局势的发展,他感到让这个说法作为一项未经证实的谣言传播开来未尝不可。

他接着说,他想的是现在向宋子文提供一笔小额贷款——也许是 500 万美元——作为我们在此时关心中国的证明,他希望知道国务院对此的政策如何。我说我会在问清楚后再告诉他。

FRUS,1940,Vol. 4,pp. 667–668

伯利谈话备忘录

华盛顿,1940 年 9 月 13 日

今天往见摩根索先生时,我向他简单谈到了有关对华贷款的问题。

我指出据我所知宋子文已先向财政部要求这笔贷款,已按财政部指示去复兴金融公司。复兴金融公司已问过我们的意见,并且按照国务卿的指示(他原则上同意贷给比如说 2000 万美元),我已向总统简单谈过此事。总统也同样赞成这个意见但建议我与摩根索先生谈,并说他(总统)本人也将与摩根索讨论这个问题。

部长表示总统尚未与他讨论,但他完全了解这一局势。他赞成对

---

① A. A. Berle,美助理国务卿。

华贷款。他对宋子文在中国政府中的地位并不清楚,听说他离开上海是因为那个地方"麻烦太多"。宋曾向他要求一笔出自平准基金的贷款,这看起来不可能,因为这也几乎是等于"赠予"。但如复兴金融公司认为它能在这方面作些什么,财政部是赞同的。

我问,这样一来复兴金融公司与国务院是否即可认为他愿促成此事而着手进行,不再去麻烦他。他对这点很友善地表示同意。

随后我又与杰西·琼斯先生讨论了此事。杰西说,宋又来看过他一次。他提议给他们贷款,问题是我们该一点点分批给还是一次给。我说,我认为这里的想法是如果贷款的话,那就最好一次贷给;并又建议 2000 万的金额,这是赫尔国务卿向我说过的。

FRUS,1940,Vol.4,p.668

孔祥熙致宋子文

重庆,1940 年 9 月 25 日

华盛顿。宋委员子文弟鉴:密。自弟赴美,时闻为国努力,甚佩贤劳,此间切盼佳音。昨接美方来息,知进出口银行已增加款额 15 亿,而卫立克①候选总统,亦已公然发表应以经济援华,是则罗总统前所顾虑者业已解除。光甫返国时,曾报告如我方履行合同,美方必能源源援助。现在我方对于履行合同义务,无不排除万难,竭力以赴,毛财长亦曾表示满意。现在时机已至,日方进占越南,势必乘机南进,与美之国防为害实大。美为友为己,亦应予我助力,藉以儆戒暴日。美方对我同情之友甚多,前后为我助力不少,国钦兄在美多年,结识颇多,必能为吾弟臂助也。务希乘机努力图之,事必大有希望。王承黻因中美机厂问题,需其助理甚急,请促即日返国。盼复。兄熙。有。

《战时外交》第 1 卷,第 278 页

---

① 即威尔基(Wendell L. Wilkie),1940 年大选共和党总统候选人。

孔祥熙致蒋介石

重庆,1940 年 9 月 26 日

介兄钧鉴:午间接奉电话,知得子文电告,美国借款 5000 万美金成立,以钨砂作抵,分五年或七年清偿,该借款可一半付现。又光甫所借之款,其未用部分可支用现金,嘱核复等因。查光甫二次借款成立之时,弟即嘱光甫转商毛财长,除购货外可以一部分在美为偿债之用,已早得同意,因弟前在美曾以美金 5000 万元购存生金,后因抗战需用外汇,由中央银行以该项生金向美联合准备银行押借 4800 余万美金,弟为减轻利息负担计,已陆续偿还 2000 余万,其余生金仍押存在美。今以光甫所借款未用部分偿付,即可赎出所押部分生金为我所用,此事早有洽商,可不必与此次借款牵连。至钨砂一项,顷商之翁部长,知年产最高额仍仅为 1.2 万吨,而本年应交苏联之钨砂照合同规定为 4800吨,现合同虽将于下月届满,苏联恐仍须继续要求照数交付,是所余者每年不过 7200 吨,每吨目前市价约值 1000 美金,以七年计之,仅敷还本而付息无着,故偿还本息年限最好展至十年为妥。又钨砂之重要产地为江西、湖南、广西及广东之一部,若军事稍有变动,则上述年产 1.2万吨尚恐难以达到。而自滇越路生阻碍以后,钨砂须经由仰光出口,在前月每吨需运费已达 5000 余元之多,若油价再涨,运费更巨,似应转告子文弟事前先向美方说明事实,以免将来烦言。此次借款之成自属于我有益,弟极赞同,惟数额似感不足,值此美国扩充军备,需用钨砂最切之时,而民主、共和两党之政纲又均有经济积极援华之表示,可否请转知子文弟,能增加借款数额,尤所盼望,至其详细办法俟奉交到后,再为核复。专此。敬颂钧祺。弟祥熙敬上。

《战时外交》第 1 卷,第 279—280 页

宋子文致蒋介石

华盛顿,1940 年 9 月 26 日

密呈委座钧鉴:宥电奉悉。借款数目弟嫌太少,不愿接受,并表示

准备回国,惟国务卿、总统亲信及抗日派海军部长等,力劝弟务须接受。其理由为:(一)进出口银行增资5亿,名义上完全为借予南美各国,以完成两洲联防,今增资案方通过,第一次借款即用巧妙方法借予中国,实已破格优待。(二)财政部有巨款平衡基金,惟财长认为借款中国风险太大,以前光甫先生两次货物借款,亦与进出口银行琼斯接洽,目前除该银行外,实难另辟途径。(三)前电所谓过相当时期再行商洽其余2500万借款,系指11月大选后而言。美国行动每多迟缓,总统亦以内政关系,不能畅所欲为,观其对日经济制裁之犹豫,颇有心余力绌之感,此种无谓之郑重,于大选后应可摒除。弟深信大选后进行第二次借款有把握。(四)越南发生战事,总统以借款中国表示抗日态度之一种,如我斤斤于数目之多少,时机一失,易生变化,且恐引起反感。因此种种理由,弟对美借款条件,勉予接受,惟将抵押品数目由5000万减至3000万,俾留第二次借款地步。本项借款由中央银行担保,其大体条件,由弟同意后,业经进出口银行宣布,弟意此次借款对外宣传,尽可谓进行数项借款,一部分成功,其余仍在进行,此与事实亦相去不远。庸兄谓只要钨砂抵押品能按期付足,保持信用,即可承借,理论上容属如此,惟颇有人谓敌占越南飞机场,此后滇缅路交通,殊难可靠,此于将来抵押品能否按期交货,不无问题。总之,弟亦明知杯水车薪,不能济急,惟环境所限,只能嗣后仍当继续努力,以副殷望也。文。宥。

《战时外交》第1卷,第281页

胡适致赫尔

华盛顿,1940年10月15日

我荣幸地通知您,中国政府已授权中国的中央银行向华盛顿的进出口银行借款2500万美元,由中国政府担保。作为此项贷款安排的一部分,中国政府又授权资源委员会与金属储备公司订立出售钨矿合同一份,总计售价为3000万美元,所得货款指定作可偿还进出口银行对中央银行贷款的保证。

　　兹奉命声明,下述人员,作为拟议中的贷款协议及销售合同的各方代表,已被授予相应权力,谈判各项条款,签署有关上述贷款协议及销售合同之一切必要或适用文件使之生效。代表中华民国人员为国民政府委员宋子文博士;代表中央银行人员为全国税务委员会委员李幹博士;代表资源委员会人员为资源委员会对外贸易局秘书吴志翔。上述人员根据此项授权签署之一切文件均按中华民国法律具有法律效力。

　　请将上述情况转告华盛顿的进出口银行与金属储备公司及有关当局为感。

FRUS,1940,Vol.4,pp.670–671

宋子文致蒋介石

华盛顿,1940 年 10 月 2 日

　　密呈蒋委员长、孔部长、翁部长:还款期弟要求至少分七年,惟当局意,此次所借款为现款,与前两次货物贷款性质不同,且钨砂为购备国防急需材料,其交货不能超过五年,以免外间烦言,并秘密表示中国抗战关键在此一二年,故对各项条件,不必过于注意。最后决定,第一年还8%,第二年10%,第三年15%,第四年17%,第五年50%,惟声明必要时可延长年限,息4厘,特闻。弟子文。萧。

《战时外交》第 1 卷,第 283 页

钨砂借款合约

华盛顿,1940 年 10 月 22 日

　　公历一九四〇年十月二十二日。立合约人:

1. 中国国民政府(以下简称中国政府)由宋子文博士代表;

2. 中国中央银行(以下简称中央银行)由李幹博士代表;

3. 中国政府资源委员会(以下简称资委会)由吴志翔代表;

4. 美国华盛顿进出口银行(以下简称进出口银行)总经理皮尔逊与金库副主任华利芬代表;

兹因资委会于一九四〇年十月二十二日与美国金属准备公司订立合同（以下简称钨砂合同），同意输运钨砂售给美国金属准备公司——即美国政府之代理机关，其总售价达美金三千万元。该"钨砂合同"，即标为附件甲，附于本约之后，以资佐证。复因中国政府、资委会及中央银行三方请求进出口银行贷与中央银行以美金二千五百万元之借款，即按"钨砂合同"条款规定，将钨砂运销美国所得之"净收益"作为担保，又因该项借款之成立足以便利并增进中美两国间进出口货物之交易，兹双方鉴于上述情形及相互约定，爰经同意签订合约条文如次：

第一条　进出口银行允于一九四〇年十二月三十一日以前，借给中央银行以美金二千五百万元之贷款。

第二条　中央银行为证明其因本借款所发生之债务起见，将按照贷款数额发行该行流通期票，交给进出口银行，并由中国政府无条件担保偿付。该项期票应以美金发行，载明利息周年四厘，自立票之日起，按照未偿部分，每半年付息一次，其全部本金并应按左列期限及成数，分期清还：

子、本金总额百分之八，自立票日起一年内清还。

丑、本金总额百分之十，自立票日起二年内清还。

寅、本金总额百分之十五，自立票日起三年内清还。

卯、本金总额百分之十七，自立票日起四年内清还。

辰、本金总额百分之五十，自立票日起五年内清还。

此项期票格式，大体应与附件乙之格式相同。

第三条　资委会于不限制或影响中央银行出立期票及中国政府担保期票之责任范围内，为保证上项期票之如期清偿起见，兹予同意并经中国政府核准：凡该会依照"钨砂合同"运售每批钨砂所得价款之收益，应划作下列之用：（一）偿付期票到期时累积之利息；（二）备付到期或未到期之本金。倘期票全部本息均经清偿而上项收益尚有余额时，应以归还资委会。为使上述规定发生效力起见，资委会经中国政府之核准，对于金属准备公司按照"钨砂合同"所有应付及代付该会之贷款,在保证清偿期票之必需程限内,允许该会指拨并转付于进出口银行。资委会并同意:倘经进出口银行要求或认为必要时,该会当即采取必需行动,并确切训令金属准备公司,将上项货款拨付进出口银行,以备上述规定,偿付期票本息。

第四条 双方承认并同意:中国在美国订购货品,如照一九三九年中立法案经美大总统指定为军械、军火或军用品者(纯粹商用飞机除外),不得动用本约贷款支付。双方并同意:本约贷款如须用以购买农工产品及原料,则所需程限内,应在美国境内采购原料或成品。所购美国料品并应悉数交由美国注册之船只装运。惟任何一批或各批货物,如经进出口银行放弃美船之装运权时,不在此限。

兹为证实各方同意执行上列条款起见,爰由各方指定左列代表签订合约一式四份。并均经进出口银行主管秘书于本约前载年月日在美京华盛顿盖用印信。

中国国民政府代表宋子文

中国政府中央银行代表李幹

资源委员会代表吴志翔

华盛顿进出口银行代表总经理皮尔逊

金库副主任革利芬

公元一九四〇年十月二十二日

附件甲:钨砂合同(略)

附件乙:还款期票式样

数额美金二千五百万元 一九四〇年十一月十九日于华盛顿。立期票人:中央银行,兹应允照贷用款额,偿付美国华盛顿进出口银行或持票人以美国之合法钱币,或听任持有人之意见以"华盛顿证券交易所"通用之贷款二千五百万元,按照左列成数,分期清还。

本金总额百分之八自立票日起一年内清还。

本金总额百分之十自立票日起二年内清还。

本金总额百分之十五自立票日起三年内清还。

本金总额百分之十七自立票日起四年内清还。

本金总额百分之五十自立票日起五年内清还。

除偿还本息办法按照上述规定外，其未偿还之本息部分，自立票之日起，应照年息四厘每半年付给一次。

偿还本金虽如上列规定，惟中央银行保留在未到期前偿还本约所载金额之全部或一部之权，并得将提偿部分利息结付至清还之日为止，嗣后即不再计利息。

立期票人、保证人、背署人，将赞同本票到期后，得为任何之续订或展期，并放弃所有警告、递状、抗议、要求及其他任何形式之通知、根据。本票倘有任何到期之本金或息金不能偿付时，应随即转期备付，无经由递状、要求、抗议通知或不荣誉之通知等项手续，且此项手续，兹均明文予以放弃。

倘领款人未能行使其主权，不得即构成放弃者之行为。

中央银行代表李幹

保证书

为偿付收到款额起见，兹无条件担保本期票及其所载利息一如规定条件，签保证书人兹同意任何付款之展期或本期票之续订，并放弃所有要求、抗议或未付之通知等手续。

中国政府代表宋子文

一九四〇年十一月十九日

《中外旧约章汇编》第3册，第1164—1167页

钨砂合同

华盛顿，1940年10月22日

资源委员会（为中国国民政府机关，其总会在重庆，以下简称卖方）与金属准备公司（在美国注册之公司，其总公司在华盛顿城，以下简称买方），为就已往相互约定及彼此利益设想，经双方商得同意，订立合同如下：

一、买卖之同意——卖方同意依照本约条款售交中国之钨砂,买方同意依照本约条款收购付价。

二、数量——依照后列条款议价运交砂量,约共值美金三千万元。

三、装运

甲、地点——卖方得视其方便,将钨砂自国内或国外之海口或铁路车站办理装运,钨砂装运应尽量利用美旗船只,每年由美船装运之吨位,不得少于百分之五十,惟如买方自动放弃此项权利,则可不受限制。钨砂应运至纽约或其他买方自由指定之美国本部口岸,惟所指定之口岸须以海运方便为限。

乙、时期及量额——钨砂应照左表分批装运,每批不得少于二千吨(每吨二千磅):

约值美金货价

从订约日期之第一年	三,〇〇〇,〇〇〇元
从订约日期之第二年	三,四二〇,〇〇〇元
从订约日期之第三年	四,五七〇,〇〇〇元
从订约日期之第四年	四,九二〇,〇〇〇元
从订约日期之第五年	一四,〇九〇,〇〇〇元
钨砂购价总值	三〇,〇〇〇,〇〇〇元

在每一订约年度中,额定钨砂应尽量常川装用,每季所装至指定口岸之砂量,不得少于该年度订交数量四分之一。在船只到达美口岸目的地之五日前,应由卖方将此项预计日期,书面通知买方。

双方同意:倘任何一年度中,由卖方运交并由买方接受之钨砂,其数量超过约载该年度之定额时,则次年度卖方交砂数量,得照上年度或前数年度溢交之数剔减。倘在任何一年度中,卖方因无法控制之情形,致不能交足该年度应交定额时,卖方同意并负责于次年度或下数年度中补足其差额。惟卖方倘于本约以外订约以钨砂售交买方或他人,或买方于本约以外订约从卖方或他人购买钨砂时,上述关于本约交砂数量之条款均不得适用或限制之。

丙、风险及保险——各批钨砂装运均应使用卖方名义,并由卖方担负风险及费用。钨砂并非经买方照下列规定接受并十足付价时,其主权不得转移买方,所有战时兵险并应由买方担负纳费。

丁、关税及报关——钨砂运美进口,在买方接收以前,应由卖方办理报关手续,惟进口一切关税均由买方负担。

四、交货

甲、包装及标记——所有运交之钨砂应装入适宜袋囊并加紧扎,或依买方之意,装入坚实橡木桶或铁鼓。倘买方于接收时愿用桶装或鼓装,得通知卖方以桶装或鼓装交货,或径由买方自行改装。倘卖方照买方之要求将钨砂装桶或鼓时,买方于砂价外,应将由袋囊改装桶鼓之例给费用,增付卖方。

乙、重量——照美国海关之衡量,或买方认可之注册评量人所证明之衡量,再照下述化验方法,确定温度从原重量中减去,即为货物之确实数量。所有秤量费用应由卖方及买方平均分担。

丙、选样及化验——每批运交之货,在秤量时,应由纽约市利达公司办理选验事宜,于每二十五吨内选样化验。倘该化验人不能执行此项任务,则由卖方及买方同意,另约化验人,担任选验。

选样之化验人应于每批货样内取三件混合样,再就其中选定一件,施用分析分法,分析结果即为最后决定之根据。选样及化验费用应由卖方及买方平均分担。

丁、买方之接收——当卖方出具货物发票并附送秤量证暨化验单,经买方查对与下列规格要求相符时,双方应即约定地点办理交收手续,并照下列规定,偿付货价,一经收货付价,是项钨砂之主权即自行归于买方。

五、购买价格

甲、价格——装砂船只到达美国口岸前两个月期间内,美国工矿杂志之矿市周报所发表中国产含三氧化钨净度百分之六十五之钨砂,其纽约交货之平均市价,减去美国关税(倘所指之价包括关税时),即为所交钨砂之基本价格。

六、规格及品质

甲、合度之规格——钨砂品质应合下列成分之规定：

三氧化钨	最低百分之六十五·〇〇
锡	最高百分之一·五〇
砒	最高百分之〇·二〇
铜	最高百分之〇·一二
磷	最高百分之〇·〇五
锑	最高百分之〇·〇五
铋	最高百分之〇·四〇
钼	最高百分之〇·四〇
硫	最高百分之一·〇〇

关于铜磷及硫之含量，除上列最高成分之规定外，从本约签订日起每六个月内运交钨砂，其所含铜质之平均成分不得超过百分之〇·〇六，磷质不得超过百分之〇·三五，硫质不得超过百分之〇·五〇。

乙、价格折减——下列折减办法经双方议定：

三氧化钨之含量——倘三氧化钨之含量在百分之六五以下，但在百分之六〇以上时，在此百分率限度内所含三氧化钨每降低一度（每百分之一），则每吨（二千磅）钨砂应按干时净量所含三氧化钨之比例，每单位减价美金六分计算，减低其价格。

锡之含量——倘锡之含量超过百分之一·五〇，但未超过百分之二·二〇，则在百分之一·五〇以上，每超过百分之〇·一〇时，每吨（二千磅）钨砂应按干时净重所含三氧化钨之比例，每单位减价美金四分（〇·〇四元）计算，减低其价格。

砒之含量——倘砒之含量超过百分之〇·二〇，但未超过百分之〇·五〇，则应从规定价格内减去下列之数：

倘砒含量超过百分之〇・二〇至包括百分之〇・二五,减价美金六分(〇・〇六元)。

倘砒含量超过百分之〇・二五至包括百分之〇・三〇,减价美金一角二分(〇・一二元)。

倘砒含量超过百分之〇・三〇至包括百分之〇・五〇,减价美金一角八分(〇・一八元)。

每吨(二千磅)钨砂应减价格,按干时净重所含每单位三氧化钨,照上列减率计算。

丙、拒收——不合下列规格之钨砂,不予接收:

三氧化钨	最低百分之六〇・〇〇
锡	最高百分之二・二〇
砒	最高百分之〇・五〇
铜	最高百分之〇・一二
磷	最高百分之〇・〇五
锑	最高百分之〇・〇五
铋	最高百分之〇・四〇
钼	最高百分之〇・四〇
硫	最高百分之一・〇〇

倘杂质超过上列之百分数,而买方出于绝对自由判断,愿意接受该项钨砂时,其应减价格由双方另行议定。

七、(附)〔付〕款条件及方式——每批钨砂购价应以美金支付。卖方所出每批发票及所附化验单、秤量证,由买方验收后,立即照下列规定支付之。中国中央银行既与华盛顿进出口银行订约借款二千五百万美元,在央行对于进出口银行所负债务尚未清了期间,买方对于上项货款,应以支票偿付。该项支票并须列卖方及进出口银行之抬头,由卖方加以背书,作为偿付或备付央行所负进出口银行债务之到期本息。

倘中央银行所负进出口银行之上项债务,已由本约货款或其他来源全部清偿,并由央行及进出口银行会同所具清偿之证明时,嗣后买方按约应付货款,即应直接付给卖方。

八、钨砂之处理——买方同意,本约所订钨砂,应依照美国国防计划之规定保管、处理。在可能范围内,其处理办法并须勿使钨砂价格发生不利影响,致悖订购钨砂之本旨。

九、不可抗力——倘因罢工、闭厂或任何意外事件,凡为卖方所无力控制者,无论其为全部原因或部分原因,致卖方无法装运约定钨砂,而使本约不能履行时,卖方不负误约之责任,但遇此类情事发生,卖方应通知买方,其货物装运亦应在本约所订五年期内尽力办理。

十、卖方代理人——在本约条件全部履行以前,卖方同意派遣合法代表驻在美国,并授权签署支票暨其他文件,办理钨砂交货以及与本约有关之其他事件。

十一、合约时期——本约所订钨砂交货时期,从签订日起定为五年。

十二、适用之法律——凡与本约有关事项应受纽约州法律之制裁。

为实证上列条款,双方爰于一九四零年十月二十二日,各派合法代表,签订本合约,共同遵守。本合约正本共签订四份。

资源委员会指派代表吴志翔

金属准备公司总经理韩德生

核认:

中华民国国民政府指派代表宋子文

中国中央银行指派代表李幹

《中外旧约章汇编》第3册,第1167—1172页

3. 金属借款

宋子文致蒋介石

华盛顿,1940年11月9日

密呈委座钧鉴:顷海长密告,昨日大选后首次阁议,由其提出援助

中国方案:(一)借款 1 亿元;(二)飞机 500 架;(三)其他武器之供给。结果原则通过,交各部办理等语。此项援助,政治方面似已无问题,惟照历次经验,原则虽已通过,而手续繁多,稽延时日。供给现货飞机及借款之实现,仍为最大问题。钧座见美使时,务乞重申我方之急需。再美国阁议绝对不外泄,敬请钧座守密,当续闻。未闻有此议决案,至祷。弟子文叩。佳。

《战时外交》第 1 卷,第 113 页

宋子文致蒋介石

华盛顿,1940 年 11 月 30 日

密呈委座钧鉴:顷电计蒙钧察。此次 1 亿元借款,由进出口银行及财部两机关担承。(一)进出口银行琼斯本允续借 5000 万,分作两批,经屡次解说政治关系,始允一次借给,以价值 6000 万钨、锑与锡为抵押品,条件与上次钨砂借款同。(二)自文来美后,不断与财部要求借款,维持法币,惟财部款项皆有指定用途,只有 20 亿平衡基金可以挪用,但财长每谓此项基金由其屡次向议会声明,只用于平衡美国本身币制,不能借予我用,此次国务卿、海长及总统亲信多方向总统陈说,故由其发表。财长一面与文磋商条件,一面报告议会财政组,总统因今日敌已承认汪伪组织,且其定期日内须出巡,故不待条件商妥,即行宣布,并嘱文于宣布前暂勿电告政府。弟子文叩。卅酉。

《战时外交》第 1 卷,第 285 页

蒋介石致罗斯福

重庆,1940 年 12 月 1 日

罗斯福大总统:当此日本承认伪组织与日伪签订条约,正在敝国危急之秋,幸蒙贵大总统适于此时宣布贷与我国以币制与信用之巨款,所以增强敝国对侵略者抗战力量,提高我军民自信心理与安定社会经济基础者,裨益实无限量。阁下此种扶弱抑强维护正义之精神,实与侵略

者以最大之打击,已辟太平洋上和平光明之大道,望风遐想,敬佩何如。深信远东局势之澄清与永久和平之确立,必由阁下贤明之政策与伟大之精神而完成。此为余五年以来一贯不变之认识,亦即敝国全体军民所一致信赖而至今更日益坚强者也。此后关于远东和平与建设问题,更待吾人共同之努力,尚盼阁下随时赐示,俾作南针。兹因另有密件托宋子文先生面陈,如有公暇,务盼早日召见是为至幸。特电致谢,并祝康健。蒋中正。

《战时外交》第 1 卷,第 286 页

宋子文胡适致蒋介石

华盛顿,1940 年 12 月 4 日

　　重庆。委员长蒋:CHIEF。密。今日外部政治顾问与远东司长约文、适,作转致外长意见云:蒋公前由詹生大使转商各事,前已由詹生大使分别奉复。旬日以来,凡此间政府所能为力均已尽力做去,其不能为力之处,皆因美国并未参加战争,亦不愿卷入战争,想中国领袖定能谅解。兹分别言之:(一)借款 1 亿元为数甚巨,美国政府深盼此款于中国抗战前途有所补助;(二)飞机已订购一部分,其他经主管机关研究决定后,政府当给予订购上之便利;(三)中国政府拟雇用美国飞机师事如系专为教练员,在不抵触本国法令与新颁之兵役法范围以内,其出国护照等事,当可给予便利;(四)美国政制不容与他国缔结同盟,或作他军事上之承诺,故亦不能促成他国之同盟,且中国、英国皆在战争状态中,尤不便干预;(五)在日承认汪伪组织之前夕,美外部本曾草一宣言,倘当时未能赶办借款事,则或先考虑发表宣言,后来大借款竟赶成,故决定不发宣言,因事实远胜于空言也。次日,外长答报界询问,亦仅重申 3 月 30 日之宣言,亦欲表示日本承认汪伪之举实不值得特发宣言也。以上外长致意之要点,敬闻。子文、适。支。

《战时外交》第 1 卷,第 125—126 页

金属借款合约

华盛顿,1941 年 2 月 4 日

公历一九四一年二月四日。立合约人:

1. 中国国民政府(以下简称中国政府)

2. 中国中央银行(以下简称中央银行)

3. 中国政府资源委员会(以下简称资委会)

4. 华盛顿进出口银行(以下简称进出口银行)

兹因资委会于一九四一年一月三十一日与美国政府代理机关金属准备公司订立合同:同意输运价值美金六千万元之华锡及其他军用原料,售给金属公司,该合同以后简称"金属合同",即标为附件甲,附于本合约之后,以资佐证。

复因中国政府、资委会及中央银行三方请求进出口银行贷与中央银行美金五千万元之借款,其目的:(一)为资助输美华锡及其他军用原料,以履行"金属合同"条款之规定;(二)为供给输华美国农工产品之购价。

又因该项借款之成立,足以便利并增进中美两国间进出口货物之交易。

兹双方鉴于上述情形及相互约定,爰经同意签订合约条文如次:

第一条　进出口银行将一次或分批以美金五千万元为度,贷款予中央银行,其中最多以美金二千五百万元用于资助输运华锡及其他军用原料往美,以履行"金属合同"条款之规定,其余款额则用以供给输华美国农工产品之购价,但至一九四一年十二月三十一日以后,该项借款即将停止付给中央银行。

第二条　在本借款第一批尚未划拨以前,中央银行应按照贷款总额,发行美金五千万元之期票,交给进出口银行,并由中国政府无条件担保偿付。该项期票应以美金发行,载明利息周年四厘,自立票之日起,按照未偿部份每半年付息一次,其全部本金并应按左列期限及成数,分期清还。

（子）本金总额百分之五自立票日起一年内清还。

（丑）本金总额百分之十自立票日起二年内清还。

（寅）本金总额百分之十自立票日起三年内清还。

（卯）本金总额百分之十二半自立票日起四年内清还。

（辰）本金总额百分之十二半自立票日起五年内清还。

（巳）本金总额百分之二十自立票日起六年内清还。

（午）本金总额百分之三十自立票日起七年内清还。

此项期票格式，大体应与附件乙格式相同。

第三条　资委会于不限制或影响中央银行出立期票及中国政府担保期票之责任范围内，为保证上项期票之如期清偿起见，兹予同意并经中国政府核准，凡该会依照"金属合同"运售华锡及其他军用原料，每批所得价款之收益应划作下列之用：（一）偿付期票到期时累积之利息；（二）备付到期或未到期之本金。倘期票全部本息均经清偿而上项收益尚有余额时，应以归还资委会。

为使上述规定发生效力起见，资委会经中国政府之核准，对于金属准备公司按照"金属合同"所有应付该会之货款，在保证清偿期票之必需程限内，允许由该会指拨并转付于进出口银行。资委会并同意：倘经进出口银行要求或认为必要时，该会当即依照采取必需行动，并确切通知金属准备公司，将上项贷款拨付进出口银行，以备照上述规定偿付期票本息。

第四条　凡备购华锡及其他军用原料输美以履行"金属合同"所需之款项，将依据中央银行、中国政府及资委会三方连署之书面请求而拨交中央银行。

第五条　凡备购美国农工产品输华所需之款项，将随时依据中国政府及中央银行连署之书面请求而拨交中央银行，同时并应检送会衔之证书，声明所需之款系付相等金额之货品购价，而该项货品并未包括一九三九年中立法案经美大总统指定为军械、军火或军用品之项目（纯粹商用飞机除外）。该证书后更须附表说明：（一）所购货品之制造厂或出口商之名称;(二)货品项目;(三)购货价格,该款价格不得超过起岸地点之总价,或经由铁路、轮船输入中国卸货地点之总价。

倘中国政府及中央银行合派代表在美办理采购并函知进出口银行时,进出口银行应即接受该代表之请求书及证书,以代替上节所述之连署请求及证明文件。

第六条　凡动用本借款所购买之美国一切产品,应悉数交由美国注册之船只装运,惟任何一批或各批货物,如经进出口银行放弃美船之装运权时,不在此限。

第七条　进出口银行保留其随时停止信用放款之权,但欲停止时,须于事前十五日通知中央银行。至中央银行在未接到该通知以前业经依约订购之美货,其应得货款之权利并不受任何影响,同时,中央银行、中国政府及资委会对于过去依约所负之债务亦不因此变更。该项通知得凭进出口银行之选择,或付邮寄、或用电报送达华盛顿中国大使馆,转交中央银行。倘中国政府及中央银行曾合派代表在美办理采购事宜,并照本约第五条规定业经函知进出口银行在案时,则进出口银行得将停付通知送达该代表;与送达中央银行有同等效力。

兹为证实各方同意上列条款起见,爰由各方指定左列代表签订本合约一式四份,均经进出口银行主管秘书于本约前载年月日在美京华盛顿哥伦比亚区盖用印信。

签署人:中国国民政府代表宋子文

中国政府中央银行代表李幹

资源委员会代表吴志翔

华盛顿进出口银行代表总经理皮尔逊

证明人:进出口银行秘书奥普利

附件甲:金属合同(略)

附件乙:还款期票

日期　一九四一年二月七日

数额　美金五千万元

地点　美京华盛顿

立期票人中国中央银行,为偿还收到贷款起见,兹允以美国合法钱币美金五千万元偿付美国哥伦比亚区华盛顿进出口银行,或凭持票人之意,以"华盛顿票据交换所"通用款项偿付其未偿部份本金,应自每批贷付之日起,按周年四厘计算利息,贷款本金应按照左列成数,分期清还:

本金总额百分之五自立票日起一年内清还。

本金总额百分之十自立票日起二年内清还。

本金总额百分之十自立票日起三年内清还。

本金总额百分之十二半自立票日起四年内清还。

本金总额百分之十二半自立票日起五年内清还。

本金总额百分之二十自立票日起六年内清还。

本金总额百分之三十自立票日起七年内清还。

上项规定之利息,应自立票日起,每半年偿付一次。至偿还本金虽如上列规定,惟中央银行保留在未到期以前,有偿还期票所载金额全部或一部之权。其提(清)〔前〕偿还部分之利息,并应结至付还之日为止,嗣后即不再计息。

立期票人、保证人、背署人,兹均赞同本期票于到期时或到期后并得为任何之续订或展期,并放弃一切警告、递状、抗议、要求及其他任何形式之通知。

本期票倘遇到期不能偿付本金或息金时,应随即转为待偿债务,无须经由递状、要求、抗议通知或不荣誉之通知等项手续。上述各项手续,兹均明定予以放弃。

倘本期票受款人未能行使其应有之权,不得即构成放弃所有行为。

中央银行代表李幹

证明书

为偿付收到贷款起见,兹无条件担保本期票及其所载利息均依照规定条例偿还,下署签字人并同意本期票之任何付款展期或续订,放弃所有要求、抗议或未付通知等项手续。

中国政府代表宋子文

一九四一年二月七日

《中外旧约章汇编》第 3 册，第 1183—1187 页

4. 平准基金协定

宋子文致蒋介石

华盛顿，1940 年 12 月 3 日

密呈委座钧鉴：11 月 30 日中午总统宣布借款 1 亿元，在未宣布前二小时，财政部长问文可否稍缓数日公布云云。其用意欲条件商妥后，再行公布。文答称，我国经济状况，本已竭蹶，加以本日敌已承认汪伪组织，势非大借款无以挽此危局。1 日晚 8 时半，财长又邀文谈话，财部各司长均参与，无意中露出平衡借款 2 日向议会财政组报告时，实拟借我 3000 万，其余 2000 万，拟由孔部长 26 年 7 月所订有名无实以黄金作抵之借款补足之。查此项所谓借款原额 5000 万，今尚存 1900 余万，12 月底到期，财长拟即以此展期。文当即声称，孔部长前订黄金作抵借款，毫无实惠，目的在宣传，以为美国借款维持我法币，惟路人皆知此系搪塞手段，故宣传亦已失效，且此类向美、法、瑞借款利息，已耗百余万美金。至此次借款，即 5000 万，尚嫌太少，我中国人对外交涉，每牵就，文乃粗汉，兹郑重声明，此次平衡借款如非实借我 5000 万元，政府公开接受，即文个人亦不愿接受，遂不欢而散。本日财部电话告以彼方已愿接受文之主张，实借 5000 万元，并邀文开始商洽条件，敬将经过电陈钧察。弟子文。江。

《战时外交》第 1 卷，第 287 页

宋子文致孔祥熙电

1940 年 12 月 5 日

孔部长庸之兄勋鉴：维持法币借款五千万元已决定，现正与财政部

开始讨论详细条件,请将尊意电告。文。微。

宋子文致孔祥熙电

1940 年 12 月 7 日

孔部长庸之兄勋鉴:维持法币款,美国提出组织平衡基金委员会,原则似可赞成,兹先讨论下列四项:(一)(二)两项为文所提出,(三)(四)两项为美国提出。(一)中美、中英平衡基金应合并为一。(二)原有中英委员会,其职能为维持法币之英镑价值,用意太狭,应改为维持法币对内对外之价值。(三)中国各银行应再拨出一千二百五十万元为增加基金。(四)首先用尽中英基金,再动用美国基金。文谓须请示钧座,及转商英国。以文管见,第三项无所谓,此后如运用得当,借款可源源而来,美政府最近屡有此表示。再,毛财长欲文参加委员会,文表示深感厚意,惟既不能长驻香港、岷尼剌,不能参加。彼谓光甫如何?文谓如阁下有所建议,我政府必乐于考虑。至美方代表,毛拟派其前荐之现任世界公司总理洛海君。以上各节,乞速电示。文叩。虞。

孔祥熙致宋子文密电稿

1940 年 12 月 9 日

宋董事长勋鉴:密。微电奉悉。维持法币借款已有成议,至深忻慰。自应严防敌伪套取及投机者之利用,方不至浪费实力,而副美方协助之盛意。此后办法拟从三方面着手,严格管理,俾收实效:(甲)政府方面:(一)厉行严格审核管理办法,凡属正当必需之用途,而不致被敌伪套取及投机利用者,以简便手续发给外汇,以坚人民信心。(二)国库支付预算,现已确立做到节省开支。(三)力谋发行数额之紧缩,加紧收集金银,从事现金物资准备之充实。(乙)银行方面:充实外汇头寸,努力吸收侨汇,并将现行牌价硬性规定,俾能长期稳定,于中美贸易亦多裨益；一面多方奖励储蓄，吸收游资，紧缩筹码。（丙）切商外商银行合作：对于远期买卖及套汇停止交易，庶市面更形稳定。似此标本兼施之政策，节省实力，谅为美方所同情，法币得此新增实力，内外观感佳，如能酌增借款数额，收效当更宏远。至偿还条件，尊电未经叙及，并请详示，以供研讨为荷。祥。佳。

中国第二历史档案馆藏财政部档案

孔祥熙致宋子文

1940 年 12 月 11 日

华盛顿。宋董事长子文弟：密。虞电悉。所示商洽情形，中英、中美平衡基金合而为一，自无不可。我方各银行增拨基金，亦可照办，动用基金次序当可勉办。美方所提委员人选，亦甚适当。至政府维持法币，关系整个币制，自应注重对内对外信用，同时注意防止敌伪套取。大体办法已于前电详告，而委座对此项办法尤表赞同，此与美方要人以前迭次表示，亦属相符。此次英政府在商洽借款时所表示之意见，又复相合。现基金既已增加，只须运用得当，必可达到目的，惟应如何而始运用得当，应与有关委员详为商讨，以为嗣后进行方针。特复。兄祥熙。真。

中国第二历史档案馆藏财政部档案

蒋介石致孔祥熙

1940 年 12 月 26 日

国民政府军事委员会代电侍秘渝字第 5305 号

孔副院长庸兄勋鉴：顷接子文兄漾电称：（一）财政部如有表示不放弃沪法币，则市面或可得一安定，仍请钧裁。（二）因借款关系，外汇政策在未与英美商妥前，不宜突减。（三）进出口银行五千万，琼斯提议不必一次交款，随用随拨，以省利息。文欲其一次交足，免生枝节，利息可不计较。钧意如何？等语。特此转达，请兄速予核办为盼。中正。

亥宥,侍秘渝。

中国第二历史档案馆藏财政部档案

宋子文致孔祥熙

1940 年 12 月 31 日

孔部长庸之兄勋鉴:(甲)平衡基金借款合约,因鉴于伪中央银行开幕在即,故催财政部赶年假期内进行,其条件除虞(七日)电所陈外,兹粗洽如下:(一)借款目的为维持法币对美金及其他外汇之价值。(二)所有中英美新旧平衡基金合并于一个平衡基金委员会。(三)该会委员五人,中三,英、美各一,会长由中国委员任之。(四)美金五千万,用途分六个月,但如有特别需要时,可随时请美财长提早拨给。以上各条件应请注意者两点:(一)美借款自美国平衡基金款拨,故限于维持法币对外价值。(二)英方尚未同意,正在接洽中。(乙)除合约外,另由文代表政府致函美财政部,我政府拟组织外汇机关,直隶委员长,凡关于政府统治区域外汇管理,及上海外汇平衡制度之权限,及他日或须扩充之权限,一律秉承此机关施行。此项组织为纯粹中国机关,其人员皆中国籍,由我政府派定。惟为与平衡基金委员会联络起见,平衡会中国委员均得为该机关当然委员,此外并无特别条件。以上各节,如蒙同意,乞即电示,俾或能赶于本星期五六签字也。弟文。世申。

中国第二历史档案馆藏财政部档案

宋子文致孔祥熙

1941 年 1 月 1 日

庸兄勋鉴:卅日电奉悉。顷正赶办借款合约,冀于六日前订定,此时如提出沪外汇采取审核办法,恐阻碍时间,俟合约签订后,各种问题尽可从长讨论,且以文观察,敌伪决不因英美表示采取审核办法而畏缩打消进行。弟文。东。〔祥熙批:抄送委座。〕

中国第二历史档案馆藏财政部档案

孔祥熙致宋子文
1941 年 1 月 3 日

华盛顿。宋董事长子文弟：密。世电悉。借款即可签字，至佩贤劳。所商事项，分复于次：(甲)维持法币，应从整个法币着眼，平衡工作仅系一部分作用，必须如兄佳电从三方面着手，则法币对内对外之信用，均可顾到，且可防止投机逃避及敌伪套取。此节非但委座与兄政见如是，即英美方面对我此次借款亦有此默契。据弟另电，美方不允一次交款，英方又不同意，似均与此有关，望弟注意。(乙)外汇关系财政金融，应与财部及银行密切联系，方可收指臂之效。前年四联总处充实以后，所有外汇事项即由该处审核，送由财部执行，一年以来，颇为顺利。四联主席系由院座兼任，原可监督指挥，但必如弟电将外汇机关直隶委员长，不特系统不明，且脱离财政金融机关，似于币信不无影响，仍应保持现行系统，加入平衡会中国籍之委员，充实组织，秉承四联理事会及财政部之命，办理外汇管理及指挥平衡工作事宜，其精神仍与弟电相同。特复。兄祥熙。江。

中国第二历史档案馆藏财政部档案

孔祥熙致宋子文
1941 年 1 月 4 日

宋董事长子文弟：密。东电奉悉。吾弟主张赶办借款合约，其余俟签约后从长讨论，兄极表赞同。惟对美方表示，必须维持政府决定之管理政策，此节非惟兄一向之主张如是，近院座对此亦甚坚决。至伪方上海成立伪银行，再加研究，似无多大影响，日军人并不赞同，日商家公然反对，且我方已筹有对付办法。知弟锦注，特为奉闻。兄祥熙。支。

中国第二历史档案馆藏财政部档案

孔祥熙致蒋介石

1941 年 1 月 4 日

代电　39796

蒋委员长钧鉴:亥宥侍秘渝字第五三零五号代电敬悉。兹谨分复于次:(一)关于财政部表示不放手沪法币一节,查法币政策关系抗战至为重要,数年以来,财政对于整个法币,始终维持,并无放弃某地法币之说。月前以敌伪及投机分子造谣,希图扰乱金融,乘机牟利,即经财部声明,政府对于法币政策并无变更,自友邦巨额借款成立,准备金益加雄厚,基础更为巩固,劝令全国人民切勿轻信谣言,堕其术中,用英文以谈话方式发表,以息谣诼而安人心,并以十二月俭代电复在案,谅蒙察及。(二)外汇政策,目前并无变更。(三)为免生枝节起见,该项借款自以全数一次交足为是。奉电前因,谨电复鉴核。孔○○叩。

中国第二历史档案馆藏财政部档案

孔祥熙致宋子文

1941 年 1 月 5 日

宋董事长子文弟:密。江、支两电谅达。此次英美两方币制借款成功,至为不易。我方运用办法应审慎,以期友邦源源协助。英方接洽之初,极度怀疑,颇感困难,嗣以我方切实表示厉行管理审核法,始得顺利进行。英大使来渝,兄亦详告办法,既美方过去亦深以我过去办法之失策,罗总统见颜骏人亦言及之。我方此次为巩固法币信用,坚决实行管理审核办法,既与英美当局原意相符,又复履行诺;所关匪细,务请特予注意为荷。盼复。祥熙。歌。

中国第二历史档案馆藏财政部档案

胡适致赫尔

华盛顿,1941 年 1 月 6 日

兹奉告,中国政府已核准总计 1 亿美元之贷款,半数由美国财政部提供,用于稳定中国货币,另一半由进出口银行向中央银行提供,由中国政府担保。作为后项贷款安排的一部分,中国政府又授权资源委员会与金属储备公司签订购售锡、钨及锑的合同,总计销价为 6000 万美元,货款收入备作向进出口银行偿还贷款的保证。

我奉命告知,下述人员作为建议中的贷款协议有关各部门的代表,业经授予相当权力谈判各项条件,并签署与上述贷款各项协议及购售合同或其完成有关之所有必要或适合的文件,其名单如下:国民政府委员宋子文博士,代表中华民国;中国大使馆商务参赞李幹博士,代表中央银行;资源委员会对外贸易处秘书吴先生[①],代表资源委员会。他们根据此项授权所签署的所有文件按中华民国法律均属有效。

请将以上所述转达包括财政部、华盛顿的进出口银行及金属储备公司等在内的各有关当局为荷。

FRUS,1941,Vol.5,pp.593-594

平准基金协定

华盛顿,1941 年 4 月 1 日

本协定成立于一九四一年四月一日,由中华民国国民政府(以下简称中国)、中国中央银行(以下简称中央银行)与美国联邦政府财政部长(以下简称财政部长)三方会同签订于美京华盛顿。

因鉴于中美货币与财政上之合作及美金与华元汇率之稳定,为促进两国贸易、福利及友好之要素,并为促成此项目的暨订立之盟约,以资互守起见,特议定如下:

第一条

第一款　中国应设立一中美平准基金(以下简称基金),用以稳定华元对美金之兑换价格。中国应由政府银行拨与基金至少美金两千万元并其他资产,由财政部长依照本协定认为中国与(或)中央银行所需

---

① 吴志翔。

要者。此外,中国与(或)中央银行并得随时以其他资产拨与基金。基金之一切资产应绝对用以平稳华元对美金之兑换价格。本协定所称之"华元"及"元"系指中华民国国民政府法币之标准单位。

第二款　中国应设一平准基金委员会(以下简称委员会),授以经理与统制本基金之全权,以稳定华元对美金之兑换价格。委员会有权经理并统制与中国或中央银行有关之一切平准基金。委员会应设委员五人,由中国任命之,其中至少三人应为华籍,并得由中国指定其中一人为主席,其余委员至少应有一人为美籍,由中国依财政部长推荐任命之。美籍委员之任期久暂,应由财政部长决定,但得由中国依财政部长之声请罢免之。美籍委员应将委员会业已实施或计划中之一切活动随时呈报财政部长。美籍委员如死亡、辞职、罢免或由其他原因出缺时,中国应依财政部长之推荐另行任命继任人员,继任人员之供职条件与其前任相同。委员会每一委员不在职时,得由其任命同国籍之人一人为代理人。代理委员于原任委员缺席时,得参加委员会会议,并有投票权及代行原任委员之职权。但如原任委员本身去职或将其罢免时,该代理委员即须去职。委员会得自行决定其办事程序、工作地方及开会时之法定人数,但至少不得少于四人。委员会对于主席交议事项,得只用投票决议,勿庸召集会议,但有效之投票人数仍不得少于法定之开会人数。委员会遇有人员出缺时,中国应即予递补,但委员会工作不得因此停顿。中国与中央银行应促使委员会与基金履行其义务并清偿其债务,并应依照本协定规定条件执行一切工作。

第三款　为实现本基金设立之目的起见,委员会有权为此项基金经营黄金、外汇及认为必要之其他信托、保险等交易。此种交易应由委员会直接或由其指定之某种人员或机构办理之。在对美国政府直接义务之下,委员会得随时利用基金中之美金经营投资或再放款,而此项美金则系委员会认为并不即需充平准之用者。所有此项投资之担保品应交存美国财务经理人之纽约联邦准备银行(在财务经理人身份之下,该银行以下简称联邦),并专开"中美平准基金特别担保品账目"。

所有此种投资及再放款,包括担保品之售卖在内,非经过并获得财政部长或联邦之准许,不得办理。所有担保品售卖与投资之所得及所有酬金与由此酬金所产生或由基金运用所获得之增加利息,皆应归入基金账内,以充完成基金目的之需。除经委员会法定出席人数之批准外,基金中之华元应以现行之中国法币为准,不得为其他任何种之货币。此项华元应另立账目,存放于经委员会指定之地方,以供平稳基金时之出售及偿付管理费用之需,此外不作他用。

第四款　委员会应于每月月底将本月基金之管理情形及其地位编制说明书,并应于每三个月编造决算表及报告书,叙明委员会之方针与基金管理情形。此种说明书、报告书、决算表及委员会所经营他种基金之说明书、报告书、决算表,应送中国及财政部长各一份。关于基金暨其资产及由委员会经营之他种基金暨其资产以及委员会已实施或计划中之一切活动情形,中国、中央银行及委员会应尽力协助美国籍委员搜集完善资料,供财政部长参考。关于此点,中国、中央银行及委员会应供给此美籍委员一切必需之便利与资料。

第五款　委员会得由基金之资产中支付职工薪给、银行佣金、经纪人中费、电报费及基金管理之其他费用。

第六款　除本协定特有规定外,基金内所有资产,非俟中国与中央银行或二者之一,按照第五条规定对于财政部长依照本协定规定条件所买进或获致之一切华元(包括利息在内)业已买回或买进时,概不得提销。

第二条　当基金终止或清偿时,基金所有资产应依照下列次序运用之(售卖资产换取美金,以能完成本条第一款之目的为准)。

第一款　对于财政部长依照本协定规定条件所购买之华元,按照其购买时之兑换率买回之,并对于第四条特殊账目中之华元存款或利息,按照第五条第一款第二目所规定之兑换率买进之。此种买回与买进均须用美金,并须向纽约联邦准备银行行之。

第二款　依照中国、中央银行及其他捐赠或认购本基金各部分之同意分配之。

第三条

第一款　财政部长应依据中央银行之请求,如下文规定者,委由联邦向中国与(或)中央银行购买华元,其所付出之美金,应如本协定规定由基金完全用以稳定华元对美金之兑换价格。此项华元之总数(增加之利息及买回之华元在外),无论何时不得超过美金伍千万元之等值,其折算率则照财政部长购买华元时办理。财政部长购买华元后,中央银行应将其列入联邦名下之贷方,并应开一"美国财务经理人纽约联邦准备银行账目第二号"。前项购买之华元达一定数时,中央银行即电知联邦,联邦即依照委员会购买美金之折合率在"中国中美基金特别账目"下拨付等数之美金。中央银行拟请购买华元时,应将委员会之美金购买率告知联邦。

第二款　基金中之美金应存于联邦之"中美平准基金特别账目"下。

第三款　如财政部长或联邦发出本协定第五条第一款或第九条所规定之通知时,除征得财政部长同意外,无论"中美平准基金特别账目"或"中美平准基金特别担保品账目"之下,皆不得有支付、转拨或提销之情事。

第四条　自本协定签字之日起,中央银行应于每月月底将特殊华元账目下之利息记入联邦名下。此项利息应于特殊华元账目每月决算表中以年息一厘半计算之。

第五条

第一款　在收到财政部长或联邦通知三十天之内,中国与中央银行或二者之一,应向纽约联邦准备银行以美金或基金将下列华元买回或购买之。

第一目　对于财政部长委由联邦买去之一切华元,依照其买去时之兑换率买回之;并

第二目　依照财政部长委由联邦买去时之平均兑换率,将中央银

行特殊华元账目中所获利息之华元购买之。

第二款　除前条规定外，如无财政部长或联邦之通知，中国与中央银行或二者之一，自本协定签字之日起至有效期满之日止，应于每三个月月底向纽约联邦准备银行按照第五条第一款第二目所规定兑换率将基金所获利息之华元以美金购买之。

第三款　在足以影响财政部长或联邦之权利、权力与特权之下，凡记入前述特殊账之华元(利息在内)、基金中之资产及中国、中央银行、委员会与基金所负之任务等，对于中国法律下或其他下层政治组织之任何性质税捐、征收、限制、管束及统制等应予免除。

第四款　财政部长或联邦所发之通知，不论其系通知中国、中央银行或委员会，均应视为对于中国、中央银行或委员会之全面通知。此项通知得由财政部长或联邦送致在中国之中央银行总行及其他由中央银行指定之处所，或送致中国中央政府所在地之中国财政部或中国在华盛顿驻美大使馆，或送致由中国或委员会所指定之某一地方之委员会。除本协定别有明文规定外，中国、中央银行及委员会对于一切种类之提示、抗议、通知或要求等皆放弃之。

第六条　中国、中央银行及基金如对于第五条所规定之华元买回(或利息之买进)未予实施或有未依本协定规定之任何其他行为时，经财政部长直接或经由联邦通知中国与(或)中央银行后，中国、中央银行及基金应立即依照第五条规定将所有华元及基金所获利息向纽约联邦准备银行以美金全部买回或买进之，本基金应即行终止。"中美平准基金特别担保品账目"下之担保品应由财政部长或联邦出售之，售卖所得即记入"中美平准基金特别账目"下，由联邦保留并由财政部长或联邦用以应付本协定第二条第一款账目之需。财政部长对于其任何权利、权力或特权或本协定所授予之任何其他权利、权力或特权全部或一部未曾执行或延迟执行者，概不得视为弃权。纽约联邦准备银行仅系美国财务经理人，其任务在实施本协定并办理与本协定有关之财政部会办事项，本身不负任何债务责任。关于华元购买或"中美平准基金特别账目"或"中美平准基金特别担保品账目"之书面文件,联邦应予接受并执行,上项文件可由联邦以中央银行或委员会名义收之并认为真确无误。又关于上述事项之一切海底电信、无线电信或普通电报,联邦亦应予以接受或执行,上项电信亦可由联邦以中央银行或委员会名义收之,并须与中央银行与纽约联邦准备银行之现行协定办法相适合,或与中央银行与联邦或委员会与联邦此后之协定办法相适合。至此种海底电信、无线电信、普通电报可用特种数码拍发,以资真确。所有此种书面文件、海底电信、无线电信、普通电报对于中国、中央银行、委员会以及基金皆有拘束力。

第七条　订约人之每一方面皆应以一切必要方法实施本协定之目的与意旨。

第八条　本协定中财政部长之一切义务应视中国、中央银行、委员会及基金之一切义务或责任是否业已履行或清了暨本协定中有关之一切协议、办法是否业已完成为先决条件。

第九条　财政部长在本协定下之华元购买义务应于一九四一年六月卅日终止(在美国),但中国或中央银行如接到财政部长或联邦此种通知三十天以后,此项义务得随时提前终止。财政部长此项义务之终止,对于财政部长或联邦之一切权利、权力或特权暨中国、中央银行、委员会或基金之一切责任、债务或义务均不发生影响,此种权利与义务等应继续有效,直至中国、中央银行、委员会与基金已完全履行其责任与义务或偿清其债务为止。本协定如经订约人同意延长,在延长期间应继续完全有效。如中国与中央银行希望本协定之有效期间延长,应于期满前至少三十天内,以书面或电信通知财政部长。

第十条　中国与中央银行及代表中国与中央银行签订合同之人员,个别并相互同意对于本协定之签订与呈递业已获得全权,又在本协定签订以前应举行及完成或在使本协定对于中国与中央银行发生拘束力起见应举行及完成之一切行为、条件与法律上之仪式,皆已遵照中国与中央银行之现行法律、命令、条例与规章办理并完成之。

本协定应遵照美国哥伦比亚区法律施行。

本协定一式三份。

连署人：

美国联邦政府财政部长摩根索

中国国民政府代表宋子文

中国中央银行代表李幹

附件（一）

美国财政部长摩根索先生阁下：关于本年四月一日中国政府、中央银行与美国财政部成立中美平准基金协定规定以美金购买华元一节，谨呈我国政府意见如下：

我国政府研究此项协定之目的，深信与中国福利至关紧要，特建议应再取其他措置，以补充此项协定之实施。我国政府准备将全权付与一中国政府所组织之机构，使其遵照现有对美国政府及其附属机关之各种合同，专司管理我国所有外汇之责。此处所谓我国外汇，包括我国政府与中央银行已有之外汇与今后行将获得之外汇，凡我国政府与中央银行今后由美国政府或其附属机关获得之外汇，均在其内，惟有应存放于本协定所载之基金或同日所定中英平准基金中之外汇则除外。

我国政府又准备将全权付与此中国政府之机构，使其监督现行外汇管理之法则，至外汇管理之系统扩大时，亦将畀以一切必需之权力。如是，则该机构将有下列各种权力：（a）用适当方法对中国国民得查究、统制或禁止其各种外汇之交易，以及金银、钱币、证券等物之进出口与储积；（b）凡中国国民所有之外汇，包括金银、钱币、证券以及国外存款在内，得付以公允之价格，使其让与我国政府；（c）得使中国国民供给一切有关上述外汇管理之报告。

现在我国政府拟设立一统一平准基金委员会，由华方三人、美方一人、英方一人组成，执掌管理外汇之事。至上述中国政府之机构，即以此三位华方委员为当然委员。如此则我国政府建议采取之步骤，即经此转达于平准基金委员会，而平准基金委员会认为我国政府在其权限内应取之步骤,亦可经此转达于该机构。中国政府对此双方所决定之步骤,当以适当方法使其实行。

我国政府及其附属各有关机关,对该机构与平准基金委员会,自当充分合作,以期切实达到中美平准基金协定之目的。在该协定有效期内,我国政府在财政、银行、经济、货币各方面,均当采取一种政策,最利于达成此目的。凡此各种政策,只要有实益时,亦必充分通知该机构与平准基金委员会。至中国国家银行,亦当充分与该机构与平准基金委员会合作,决不参加任何足以妨碍其工作之举动。

我国政府、中央银行与该机构,亦当用一切方法辅助平准基金委员会之美籍委员,对上述各种外汇管理之实情,包括该机构与平准基金委员会之工作实情在内,获得全部情报。

余谨向阁下表示,我国政府今后愿取一切适当措置,以达成此次拟定之目的,并希望经由中美两国之继续合作,此种目的可圆满成功也。

宋子文

一九四一年四月二十五日

附件(二)

宋子文先生阁下:台端本日来函,敬悉。关于本年四月一日中国政府、中央银行与美国财政部成立中美平准基金协定规定以美金购买华元所示各节,已经阅悉矣。

摩根索

一九四一年四月二十五日

《中外旧约章汇编》第 3 册,第 1187—1195 页

平准基金补充协定

华盛顿,1941 年 6 月 30 日

本协定于一九四一年六月三十日由中华民国国民政府(以下简称中国政府)、中央银行、美国财政部(以下简称财政部)签订于美京华盛顿。

第一条 一九四一年四月一日中国政府、中央银行、财政部所签订之协定第九条中"一九四一年六月三十日"字句,由中国政府、中央银行、财政部同意修改为"一九四二年六月三十日"。一九四一年四月一日协定中所有条款应依照规定条件继续完全有效。

第二条 中国政府、中央银行与代表中国政府、中央银行签订本协定之官员共同保证对于本协定之执行与呈递,业已全权授命并已遵照中国政府、中央银行法令履行应于本协定签订以前所须完成之一切法律手续,使本协定及由本协定所延展之一九四一年四月一日协定对中国政府及中央银行绝对有效。

本协定应遵照美国哥伦比亚区法律执行。

连署人:

美国财政部长摩根索
中国政府代表宋子文
中央银行代表李幹

《中外旧约章汇编》第 3 册,第 1220—1221 页

宋子文致孔祥熙

1941 年 4 月 15 日

密。孔部长庸之兄勋鉴:英财政部以汇丰银行现既不容参加平衡基金委员会,而原有之平衡基金"A"已归并新委员会管理,主张汇丰在基金"B"合约下之付款责任,应予解除,文意似为平允。顷已电中中交三行与汇丰交换文件,结束未经动用之平衡基金"B"。查年十二月兄真电对于中英中美基金合并办法及我方各银行增拨基金,均荷赞同。现时与英美新基金之讨论将告一段落,所有平衡基金"B"我国各行担负之部及各行新提之美金一千二百五十万元,实有同时归并新基金之必要。拟请(一)令饬中央席德懋兄会同中国、交通两行代表与汇丰交换文件,取消汇丰担任基金"B"之付款责任。(二)令饬三行对于新担任美金一千二百五十万元部分,分配数量,克日决定,统希裁夺,速复。

弟文。删。

中国第二历史档案馆藏财政部档案

宋子文致孔祥熙

1941年4月17日

密。孔部长庸之兄勋鉴:平衡基金 A 归并新基金委员会统一管理,中交两行与汇丰、麦加利须签订合约,此项合约草案已经拟定,务请电饬中交两行准予签字为荷。盼复。弟文。洽。

中国第二历史档案馆藏财政部档案

宋子文致孔祥熙

1941年4月17日

密。孔部长庸之兄勋鉴:删日电计达,祈速电席德懋兄,会同中交代表与汇丰签订换文,并盼电复。弟文。条。

中国第二历史档案馆藏财政部档案

钱永铭致孔祥熙

1941年4月18日

孔院长钧鉴:密。昨由贝淞荪君交阅宋董事长自美来电两则,一称中英美平准基金新协定即将签字,此协定将修正银行间之合约,俾新平准会得管理1939年之平准基金。其接洽情形,业经中英美三国财部通过,请晤告钱新之君。中交两行可否授权李德○君与伦敦汇丰银行及麦加利银行签订银行间之合约,盼复。一称上电所有未经动用之乙种基金,应即结束,已电请孔院长派席德懋君代表中央行签串,中交两行盼即签字,候复。等语。查乙种基金结束当无问题,其所称新协定之经过内容一切详情,均未得知。特电请示详情及办法,以便电托伦敦中行李经理代表签字为荷。钱永铭。巧。交行。

中国第二历史档案馆藏财政部档案

孔祥熙致宋子文

1941 年 4 月 19 日

华盛顿。宋董事长:密。删、筱电均悉。英财部以汇丰银行不容参加平衡基金委员会,主张汇丰在基金 B 合约下之付款责任应予能解除一节,此间未据接洽。是否此次新增基金五百万镑,系英政府拨付,其处理与该行无关所致,仍乞电告。至换文取消汇丰担任基金 B 之付款责任及基金 A 归并新基金委员会统一管理各节,顷接新之电,以 B 种基金结束尚无问题,惟新协定之经过内容一切详情,均未得知请示前来。所有磋商经过及换文合约草案内容,此间亦不明晰,除电港查询换文草案内容,俟复到即当饬办外,希将接洽经过及基金 A 归并合同草案内容电复,以凭核办。我国各行新担之美金一千二百五十万元,其分担成分,并经电港商拟报核。再基金 B 汇丰既经退出,中中交三行担负之部,似应同样取消,以资划一。弟意如何,仍盼电复。祥〇。皓。

中国第二历史档案馆藏财政部档案

宋子文致孔祥熙

1941 年 4 月 19 日

密。孔部长庸之兄勋鉴:删、有电计达,务请速电席德懋兄会同中交两行代表与汇丰签订换文为祷。并乞电复。弟文。皓

中国第二历史档案馆藏财政部档案

孔祥熙致贝祖诒钱新之等

1941 年 4 月 19 日

急。香港贝淞荪兄并转新之、德懋两兄:密。新之兄巧电悉。并按宋董事长来电(一)中英美平衡基金合并,解除汇丰基金"B"付款责任及基金"A"归并新基金委员会统一管理,请电中中交三行与汇丰换文,及中交两行与汇丰、麦加利签订合约各节,该项换文合约草案内容及磋商经过,未据呈报,无从核办。除电宋董事长将接洽经过及基金"A"归并

合同草案内容电复再行电达外,仰将港方接洽情形及换文草案内容,即日详报备核。(二)中英美基金,我方三行应担美金一千二百五十万元分配数量,亦希先行会商拟具比例,以凭核夺。孔〇〇。效。机渝。印。

中国第二历史档案馆藏财政部档案

宋子文致孔祥熙

1941 年 4 月 21 日

密。孔部长庸之兄勋鉴:皓电悉。A 及 B 基金加入新基金,系美方所要求,承去年十二月真电所应允。至汇丰解除 B 合约之责任,为英政府所主张,因此后汇丰不得参加基金委员会,美政府关于此点甚谅解。至汇丰退出而中中交同样取消一层,文难于启齿,因中中交系中国籍银行,非如汇丰居外客地位。至新增五百万镑为英政府直接拨付,与汇丰、麦加利无关。再,(一)关于基金 B,中中交与汇丰换文内容,声原合约应予取消,惟我国各银行基金 B 负担部分,仍应作为新基金之一部分。(二)关于基金 A,中交与汇丰、麦加利换文规定,此后基金 A 之管理,应归于新基金委员会。两草案之要点,仅此而已。弟文。马。

中国第二历史档案馆藏财政部档案

席德懋等致孔祥熙

1941 年 4 月 22 日

孔兼部长钧鉴:效机渝电奉悉。中英美平衡基金解除汇丰银行部分,系在华盛顿洽定,至港,方仅向汇丰接洽同意解除。又,新基金三行应如何分配,容俟会商另电陈核。席德懋、钱永铭、贝祖诒。

中国第二历史档案馆藏财政部档案

孔祥熙致宋子文

1941 年 4 月 24 日

华盛顿。宋董事长:密。马电悉。基金 B 为数无多,我方银行对新基金又已担任美金一千二百五十万元,兹既取消汇丰付款责任,我方银行亦应一律取消,划一办理,俾了旧案,以资统一。将来如有需要,自可再商增加,仍盼电复。兄祥○。敬。

中国第二历史档案馆藏财政部档案

宋子文致孔祥熙

1941 年 4 月 24 日

密。孔部长庸之兄勋鉴:平衡事现正与英美积极磋商中。弟电淞荪最好不动用"B"基金,以免影响此间洽商。仍以"A"基金少数余款维持上海市场,如何?盼复。弟文。敬。

中国第二历史档案馆藏财政部档案

孔祥熙致宋子文

1941 年 4 月 28 日

华盛顿。宋董事长:密。敬电悉。查新基金既经签字,此后对于平衡汇市事宜,自应统筹办理。所称仍以基金"A"少数余款维持上海市场一节,在新委员会开始工作以前,暂准照办。此间为维持整体法币,已于上月由部授权中央银行在渝公开买卖外汇,情形颇佳,汽油已由最高价之四十元落至廿八元。最近委座复有扩大之命,详细办法,正在规划。在渝卖出之外汇,拟即以基金 B 暂时应付。此系兼筹并顾办法,想美方亦必赞同也。特复。祥○。俭。

中国第二历史档案馆藏财政部档案

钱永铭致孔祥熙

1941 年 2 月 28 日

孔副院长钧鉴:密。效机渝电奉悉。基金"B"解除之合约,今已由中中交三行会同汇丰签字,其英美新协定内容经过,迄尚未接洽,将来是否须会同中行电托伦敦李德○君签字之处,并请电示遵。钱永铭叩。俭。

孔祥熙致钱永铭

1941 年 4 月 28 日

香港。交通银行钱董事长：密。敬电悉。至基金 A 之规定要点，据子文电转，仅为此后基金 A 之管理，应归于新基金委员会等语，详情仍未电知。为迅赴事机起见，所有应由中交两行签字之处，即希会同淞荪兄办理，并见复。孔○○。俭。

宋子文致孔祥熙

1941 年 4 月 30 日

密。孔部长庸之兄勋鉴：俭电敬悉。平衡基金美方代表财政部派定福克斯(A. Manual Fox)，日内发表。此君系关税委员会委员，极称能干稳健。在开始动用"B"基金前，文意最好俟其发表后，先与洽商为妥。盼复。弟文。卅。

孔祥熙致宋子文

1941 年 5 月 3 日

电　第 2337 号

华盛顿。宋董事长：密。卅电悉。在渝公开买卖外汇，对于后方物价及转移心理，均有裨益。A 基金既仍定维持申汇，渝方汇市亦须有基金维持。B 基金自汇市退出来，纯成我方之基金，用作维持渝汇，本极合理，为免惹起问题起见，此时可不提出洽商，俟将来委员会成立后，再报告商洽可也。之。江。

钱永铭致孔祥熙

1941 年 5 月 8 日

孔院长钧鉴:密。俭电敬悉。关于基金(A)之管理,应归新委员会一点,如何规定,敝行绝无所知。近日传闻该项合约,业由宋董事长在美代表敝行会同签字,但未得宋董事长知照。查敝行外汇头寸,向极支绌,目前资负两抵,已轧缺外汇约美金三百七十余万元,均曾密报在案。前年组织中英平准基金,承钧命勉力参加,至第二次摊增基金,即因款无从出,不得已向中国银行洽商,相约于动用(B)项基金时,由中行代垫,即以敝行顾客所存之外汇原存国外英美银行者,改存中行海外分行,遥为相抵。所有敝行参加平准基金之筹措困难情形,前已迭次详陈,计荷明察。此次中英美新组织平准基金会,敝行限于实力,不得不缅陈始末,仰恳俯准免予参加,无任幸祷。钱永铭叩。齐。

中国第二历史档案馆藏财政部档案

孔祥熙致钱新之

1941 年 5 月 17 日

香港。财政部办事处:密。译转钱董事长新之兄:齐电悉。中英美平衡基金,我方银行既已洽定参加,关系对外信用,仍应勉力照办。如交行外汇头寸不允,可援照参加(B)基金例,商由中国银行酌垫。特复。孔○○。洽。机秘渝。

中国第二历史档案馆藏财政部档案

(四)争取美国军事援助

说明:美国政府于 1941 年 2 月派遣总统行政助理居里访华。国民政府对居里访华高度重视,仅蒋介石与居里的谈话,累计就达 27 小时之多,谈话内容十分广泛。中国希望美国能够提供更多的财政和军事援助。居里的访华报告对罗斯福此后的对华政策产生了一定的影响。1941 年 3 月,美国《租借法》成立。不久罗斯福即宣布,中国将得到租借援助。随后,国民政府开始向美国提出租借援助要求,允获 4500 万美元的租借物资。8 月,马格鲁德将军率领的美国军事使团来华。马格鲁德使团的任务为协助中国政府按照租借法的要求取得相应的军事援助,并保证这些物资得到最有效的利用,以达到增强中国抵抗力量的目的。居里访华期间,中方提出了要求美国允许美国志愿人员在中国空军服务等要求。罗斯福总统接受了这一要求,同意美国军人辞职后赴华加入志愿航空队。8 月,美国志愿航空队正式建立。这一被称为"飞虎队"的志愿部队日后在中国抗战中发挥了令人瞩目的作用。

1. 居里访华

宋子文致蒋介石
1941 年 1 月 20 日

　　密呈委座钧鉴:钧座欲英、美派遣经济、军事专家组织远东合作团来华,其整个办法此时尚难实现,惟我国经济状况不能久待,文遂代钧座聘请总统府经济主任卡雷君①来华,作短期考察经济币制情形。此君年少力强,总统八年任内大刀阔斧之经济政策及颁布经济法律,皆经其手,因其任务重要,总统再三考虑后,始允其请假来华两个月。其来华意义有二:(甲)学识经验宏富,胆大心细,定能助钧座决定方针;(乙)回总统府原任后,日常在总统旁,此后美国经济财政上或能加强援我,且可在钧座及总统间作一私人联络线。此事大致可决定,惟请钧座暂守秘密。弟子文叩。廿。

《战时外交》第 1 卷,第 533 页

---

① 即居里,Lauchlin Currie。

蒋介石居里谈话记录

重庆,1941年2月26日

委座备有备忘录一份,内述要点十项,计关于经济者五,关于政治者五。谈话开始之时,即将该备忘录向居里先生宣读后交请携美,并声明此中第八项最为重要,是即关岛设防与中国空军同时袭击日本之配合行动。此后讨论集中于十项中之二项,一为经济与政治顾问及经济使节之派遣,一为委派外籍交通顾问之建议。关于第一点,委座最初之意见如下:(一)政治顾问应为能深知罗斯福总统意向之人,俾得于罗斯福总统及委座间传达意见,毫无隔阂。(二)经济顾问之主要任务,为筹划战后建设事宜,惟对于当前各项问题,亦应予部分之注意。(三)经济使节则为具有永久性之机构,专任战后建设事宜。经与居里先生交换意见后,上述原意略加修改。对于政治顾问问题,经商定该顾问或可有少数外国助手,为敷行内政之专家,使得负责计划改善中国内政机构。至经济顾问,亦经商定其职责应集中注意立即措施之当前问题,惟同时可有助手若干人研究战后建设问题。另一办法则为另组一绝无联系之经济使节以研究战后问题,此项使节当为临时性而非永久性的。上述各项问题,当俟居里先生返美调查有否胜任顾问之后再作最后决定。

当讨论美国交通顾问之时,居里先生询倍克尔先生外,是否应另觅他人。委座以为任命倍克尔后,交通顾问之延聘,似已非十分迫切,惟仍感倍克尔之外,仍须另聘一美国顾问。居里先生当提及此顾问之人选时,力主审慎物色,宁缺毋滥,此点居里先生于讨论延聘政治及经济顾问时,亦再三申述。据称,美国在此非常时期,能者皆居要津,欲网罗上选人材,洵非易事。然宁多费时间,忍耐物色,切勿匆迫招请次等而不称职者。观于中国延聘外国顾问过去之成绩,实未能完全满意也。

谈话复涉及滇缅铁路问题。居里先生以为该路能迅速完成,实为至要,故交通部某专家所提与滇缅公路平行敷设轻便铁道之建议,实有考量之价值。盖轻便铁道完成期间既短,而其费用较之普通铁道可以节省甚多,此为其有利之点,不可轻视。其不利部分,则为其载重容量,虽较公路载重已多,而较普通铁道之载重仍少,故其每吨之运输费必较普通铁道为高。惟其完成期间之迅速,实为一不可忽视之大利。居里先生表示,倘委座认为此事确有考量之价值,彼当再加研究。委座答以建设易而完成速者,实为中国之所需。惟中国铁道建设需款孔急,倘美国能予以铁道借款,获助良多。居里先生询我曾作此表示否? 委座答以数日前已以此意电告宋子文先生,嘱居里先生抵美后与宋先生接洽可也。

次及外汇问题,委座询以管理平准基金之机构,是否可任两个委员会分别管理之,抑应合并为一。居里先生以为目前中英合组之委员会仍可任其继续在上海执行任务,而以华人为主席之华三、英美各一之新委员会则可在重庆执行任务,惟此两个委员会于执行任务之时,须有全盘计划,俾避免互相矛盾之举动。委员长表示,希望撤销目前中、英合组之委员会归并为一个委员会,即使势不可能,亦拟限制其专管甲乙两款,丙款则拟完全交新委员会管理之。居里先生复询,美国财政部建议美金 5000 万元借款,每月拨付不能超过美金 500 万元一节,委座之意见如何? 委座表示,对此意见不表赞同,必须全数以一次交付,盖过去美国财政部不愿见该款因上海黑市投机之吸收而迅归乌有,然此项限制,现在实可不需,盖委座已决心用一切方法以制止此种借款来源之浪费矣。至以陈光甫先生为此新委员会之主席,委座表示同意。居里先生建议在重庆以支持买卖之方式,逐步发展一外汇之公开市场,当重庆市场发展过程中,逐渐减少上海黑市之支持。委座亦示同意。

于是,委座以请求罗斯福总统冻结华人在美存款之函件一通面交居里先生。该函大体悉遵居里先生所起草之原稿,惟最后另加三句,表示中国政府得支配此种冻结款项之希望。居里先生称,冻结步骤实行之后,华人存款恐不能自然转为中国政府所用,或将由中国政府强迫其人民作自动之贡献。然此事实行又恐将待战事结束,中国政权能达其全部领土之后。委座表示,了解此意。

　　委座继交答罗斯福总统之复函。居里先生因询可告记者返美携有委座复函否？委座示可，并嘱居里先生以三点转达罗斯福总统：（一）中国之统一可以绝对保证。（二）中国政府或任何方面绝无妥协心理，有之，唯汪精卫之党徒耳。（三）远东和平，除交战国双方愿出席以美国为主席之和平会议外，绝无实现之可能。

　　委座继出美国空军援华之备忘录一件，宣读后交居里先生收执。居里先生询，美国曾确实允以空中堡垒交付中国否？委座答称，毛根索财长曾告宋子文先生谓已得总统之核准。居里先生又询，备忘录末节建议，派遣中国空军驾驶战斗人员赴美于规定期间中训练飞航空中堡垒一节是否妥善？当经商定，如此办法需时过多，不如由美国驾驶及战斗人员管理运用空中堡垒为佳。居里先生并建议，或可杂以其他各国人士，例如法国、捷克、波兰等国空军人士，皆已有战斗实地经验，容亦可增加力量。委座以为此举含有危险性，仍以纯粹美国人为佳。

附一：备忘录内容要点十项

1. 经济问题——平准基金、外汇机构地点与办法。

2. 冻结问题。

3. 武器与飞机。

4. 运输与滇缅铁路投资。

5. 请推荐政治、经济顾问，其主要目的为战后中美经济合作之准备。

6. 日本最近侵略政策之动向。

7. 今日太平洋美、英、澳、荷之联系与中、美、苏俄之合作奠立太平洋和平之基础。

8. 美国关岛设防与中国空军迅速对日本本土与军港实施轰炸应同时并进，方足以阻止或延缓日本之南进。

9. 战后中美经济合作问题。

10. 中国政治统一之基础。

附二:备忘录大意

1. 今日太平洋之形势,美、英、澳、荷、印之联系固属必要,尤应加紧中、美、苏三国之合作,方能对日本作有效之制裁,而奠立太平洋和平之基础。

2. 战后中美经济合作,为自然之趋势,亦为两国协助共利之基业。中国物产极大部分均未开发,正待战后余资为之开发。而美国为拥有大量余资及优良技术与机器之国家,更与中国有最善友谊,故以美国之余资与机器及技术,开发地大人众物博之中国,不仅中国所希望,实为造成东西两半球人类幸福与世界和平最重要之基础。即战后中国之政治与军事之建设,亦有赖于美国之援助,方能实现中国民族真正之解放与自由,此必已在阁下计虑之中矣。

3. 希望美国遴选第一等政治人才与经济人才来华,充任顾问,其主要目的在为战后中美合作预立其基础,而目前为增强中国抗战力量,此项协助亦甚为急要。

4. 援助中国战时经济之主要事项为法币、外汇、物价与运输,中国对于此项援助之希望与办法,已托居里君面达。

5. 系稳定战时经济有益之举动,当另函详述余之意见与处理之办法。

6. 滇缅铁路由美国参加投资及滇缅公路由美国顾问协助管理,乃远东中、美、英合作张本之一。盖中国大部矿产全在西南,战后开发,全赖此滇缅铁路与滇缅公路为重要之运输要道。

7. 各种武器目前所需之数量以及空军装备与飞机之数量,甚望能照宋子文君前所提出之要求,责成各有关机关充分拨发,提早运输。盖目前形势,须防交通中断阻梗,无法补充,则中国对日抗战或有失败之虞,甚望尽力主持督促以济急需。

8. 中国内政问题,照目前情势及政府之政策,决不致促起分裂或内战,余之决心为巩固统一以对日抗战,且自信必能巩固统一,此余确有把握,可以告慰者,一切已与居里君详谈。

9. 日本最近将来之行动,若非单独对华宣战,即将对英、美挑衅,或竟二者同时并举,无论其出于何途,而中、美两国在太平洋上之交通,均将有被隔绝之虞,此不能不预为防范,深信阁下当已成竹在胸矣。

《战时外交》第1卷,第592—595页

蒋介石致罗斯福函

重庆,1941年2月26日

罗斯福大总统阁下:1月23日大函,谨已诵悉。贵国对我国援助之诚及阁下对中正关垂之厚,均深感纫。居里君来华,迭与面晤详谈,并充分交换意见,我国经济方面固获得不少之助益,而政治上、军事上之问题久欲为阁下详述者,今得由彼而转达,尤为至幸。深信贵我两国之邦交及吾人在共同使命上精神之合作自必益见增加。对于阁下奠定世界和平及增进人类福祉之宏大抱负,中甚愿执鞭效力,勉尽其区区之责,以期不负阁下之盛意,此愿特为奉告者也。敬表欣谢之忱,一切详情并托居里君面达不尽。顺颂勋祉。

《战时外交》第1卷,第595—596页

居里致蒋介石

1941年3月①

观感与刍议

一、经济问题

窃意经济现状已入危险阶段,若不取紧急补救之步骤,本年中恐将陷入危急状态中。中国当前问题,除受经济封锁及交通困难之影响不计外,最可虑者,为可以购货之通货容量(纸币与活期存款)加速增加,而可以出售之货物供给乃未见增加,其惟一结果即为物价之高涨。据

---

① 原件具体日期不详,但当在3月上旬,因居里发函时尚在香港。

财政部所供给之数字观之,本年中将见通货之大规模再度增加,数量将为目前在自由中国流通总数之将近一倍,结果惟有再进一步之通货膨胀而已。

通货继续膨胀之效果,影响及于社会、政治者较纯粹经济者为大。群众之重要部分,将感其收入之购买力日见减少,而其他部分则皆牟利致富。此种现象影响民心甚大,并予反对政府者以攻击之口实。况不作挽救危局之切实努力,持续迁延政策,将使国外对中国经济之稳定,发生不良印象,除军事援助外,恐不易得其他援助矣。

建议:1. 地税。窃意目前绝对不可少之第一步骤,即为中央政府立将地税之本质及其行政加以改良。中国为一农业国,尤以目前之自由中国为甚。国富之本蕴于地,收入之源藏于地。中央政府如不能从国富之本、收入之源,以求其国库之充盈,则欲藉租税以应其战时、战后浩繁之支出,恐不能及其极小部分,不得已必出之以借贷,借贷结果则为再度通货之膨胀与债台之继长增高耳。

此项改革之必要,不独为维持预算计,且亦足以宣示民众,中央决遵孙总理之遗教,以正义平等为税制之基础。即对中共,此亦有釜底抽薪之妙,使彼等不得不附和而颂扬仁政。盖受此改革影响者,惟富有之地主,彼等亦即因通货膨胀而获巨利者也。就四川言,极小部分之地主乃占有大部分之土地,收藏大部分之米粮,因此可广为宣传,中央抗战不独将动员人力,且将动员财富。当今战时,利用爱国心理与非常时期为策动民众之口号,而推进税制,实较战后为易。同时,并可声言,欲获取战后建设之国外信用,此项步骤实为先决条件。

此项建议之大规模改革,自须有钧座绝对赞助、绝对信任之诚信爱国与干练之行政机构以主持之,此点似无申述之必要。

倘行政健全,此项税收必甚可观。据倍克尔教授估计,自由中国可征税之地约有 2 亿亩,目前省、县税率,平均每亩 4 元,今每年可得 8 亿元,若改定每亩征税 20 元,即可得 40 亿元,故此新税制实行之后,中央于第一年得 26 亿元,颇属可能,则拨还省、县以其应得之经费后,仍可净得 20 亿元。

三十年度中之支出总数为 90 亿元,国内支出总数为 70 亿元,其非借贷之收入为 12.2 亿元,连同此项增税收入,共得 32.2 亿元,深信此后如能加强行政效率,政府税收必可得大量之增加。

2. 国内推销公债。大量增税收入之确定,即可增加人民对政府财政稳定之信任,因是推销公债亦多便利矣。以此民众心理之好转为基础,再益之以大规模之群众运动。每县、每乡、每镇皆应规定比额。大学生、名流以及回返后方与受伤之将士皆应劝令参加讲演及游说之宣传,凡认购者,皆应颁给证章以鼓励之。到处应注意激发国民之爱国心,富人而不购适当数量之公债者,应认为无爱国心之表示。此项宣传,并应推及上海、香港等处。全年分定举行群众运动三四次,以募足 15 亿元为目标。

3. 平准基金之协助。当抛售外汇以应国际支付不足之时,平准基金即将其美元兑换为法币,则此项法币不论其为纸币抑为存款,即不再流通于市面。因是,倘能向银行借贷此同等数额之法币,即可不致加增在市面流通之法币总额,换言之,若能以平准基金兑换法币数额为限度向银行借款,即可免除通货膨胀之现象。

4. 加增货品之供给。加增农产品生产之建议甚多,其中有考量价值者如下:

A. 春耕秋收之时,暂停征调兵役,其有接近家乡者准予给假。

B. 解放若干从事建筑工程者归田。

C. 减收田租,俾农民有雇请助手之能力。

D. 保证购买米粮之最低价格。

E. 在政府督导下组织走私,健全之走私组织可使某种必要货品之供给大量增加。

F. 准备在可能最短期间克复宜昌与广州。

二、外汇问题

余所参加有关中国外汇问题之历次讨论,皆以是否应支持上海外汇市场之法币为中心。此项政策不利之点,几已尽人皆知。至拥护此项政策者所提种种顾虑中,余以为确有相当重量者,惟有如何防止沦陷区中之法币向自由中国内溢之一个问题。此种现象足使物价高涨,大量加重通货膨胀之倾向。倘沦陷区与上海租界仍愿吸收法币,则自由中国重要货品之走私输入,仍可以法币付值,不必动用外汇。倘英、美政府能接受中国之要求,封锁中国私人在国外之存款,则支援黑市之最大弊病,即予私人资本以出口之机会,亦即以此消除。至前项所述之税制改革以及其他财政步骤采用之后,维持法币表面价值之困难可相当减少,则沦陷区中将搜集法币为储藏之用,而外国拨予中国之平准信用之用途亦可因而增加矣。

1. 关于上述理由,目前上海市场之支援业务应予停止。

2. 上海公共租界为极易受军事侵入之区域,应在重庆创办支援业务,以期逐渐发展成为一公开之外汇市场。此项业务最初应从小规模着手,逐渐扩大之。重庆发展成一外汇之公开市场之后,出口商人不必再按挂牌市价出售其外汇,则挂牌市场亦将从此中止矣。

3. 走私应在政府督导之下加以有系统之组织,俾吸引大批重要物品自沦陷区及国外之输入。此点已于上项述及之。

4. 倘上海外汇支援之业务决予停止,政府应准备于必要时严加限制向上海华商银行提取存款,俾免各该银行之被挤,并限制通货之流入自由中国。

5. 要求英、美政府冻结中国私人之结存。此举即可大加限制中国资本再度出口之可能,并可将经常出口及华侨汇款所得之外汇,完全用以购买必要之进口品以及应付国外之其他支付。最后,并可预作准备,使中国政府得强迫其国民交出以前出口之资本,为支持法币之用。

三、银行问题

中国不类其他大国之有中央发钞银行,故欲银行业务及政策之统一,势有难能。政府出高利向银行借款,而负债之数字累增甚速。

建议：

1. 收买中央银行之商股。

2. 此后纸币增发应集中于中央银行，至其他银行之扩大，应只限于其存款之扩大，而其购买政府债券，亦应以其存款扩大之程度为限。

3. 中央银行之盈利应划归国库。

4. 银行对私人放款应有规定。

5. 应委派各银行之政府稽查员多人。

6. 强制送核盈利亏损及租税盈利之报告。

……

五、其他

(一)政治之统一

余个人绝未见有任何和平或妥协之迹象可寻，惟余与政府中青年公务员及成都外侨接触之时，每闻言及"钧座左右之反动分子"，皆感失望。一般信念咸以为比较有能力之进步而青年之分子，在政府中无获取高位之可能。对于政府政策公开批评，咸认为含有危险性。生活程度之高，使一般公务员及教员备受压迫。因此愿贡愚见，此种不平之气，应设法消弭之，其办法如下：(1)任命比较急进派之代表一人为部长；(2)尽力与共产党保持抗日联合阵线；(3)国内之批评以及发往国外之一切新闻评述，放松其检查封锁。盖自由而真实之新闻政策，实为打击一切谣传最有效之方法。

(二)经济使节

余对此问题曾详加考虑，倘能解决若干先决条件，此种使节自可有利中国。惟此先决条件实甚重要。第一，切不可因有使节之来，对于一切立即应办之事务藉口延宕。第二，人选问题应极端审慎。英大使曾邀谈此事，据彼表示，完全同意组织英美联合使节，而以美人为主席。此事非得上选人才不可，然此时欲得上选人才实感困难，盖英国正作生死之战，而美国亦已发动大规模国防计划矣。惟当夏假中，或可得美国著名人物一行。建议：余建议俟余考察在英、美能否获得上选人才后，再作最后决定。倘人才不足组一使节,而足应政治顾问或经济顾问之聘,则不如暂缓经济使节之组织,至战事结束之后立即实行。

(三)战后经济问题

余尚无暇研究此项问题,惟中国需要大批物资与技术,则予余之印象甚深,爰敢以概述之形式作假定之建议:

1.战后之商务统制,恐将较战前加紧多多,故向国外借款问题,此后不宜放任由国际贸易自由支配之,盖此后之贸易或将多取以货易货之制度,则取得外国之信任,应特别注意于外国贸易工业及还款办法。

2.一般言之,取得外国政府之借款较个人借款为胜,盖过去个人借款常发生中饱贿赂及过分干涉内政之嫌。

3.希望中国能避免因私人开发其资源所引起之危险。

4.战后建设最重要之三原则如下:(1)政治与财政之稳定;(2)避免超过其偿还能力之借贷;(3)诚实而干练之政治机构。

5.余恳挚希望中国农工业技术进步所得之一切收获,勿专消耗于维持广大人口之生活水准。故今日中国一大要政,即广为传布节育智识。

(四)军事现状

余之一般印象,确认中国军事实力较战前为强,而日本之实力,则已严重减退。余复可断言,中国之士气甚振,而日本士气初甚昂扬,今亦渐衰矣。在今日日本取得制空权之优势之下,发动反攻,徒作无谓之牺牲,中国不愿为之,余甚了解。日前参观兵工厂,对其效率之强,印象甚深,更感该各厂有获得大量原料之必要。返国之后,当将中国急需原料及急需飞机之理由,唤起各方注意。

(五)结论

余作此简短之观感与刍议之后,愿对各方竭诚合作表示谢忱。本报告所涉各点,皆为中国当前问题,或多出以批评之口吻,实则余对中国在英睿领袖领导之下所作之长足进步,异常感佩。余深信中国能将十年前认为绝对不能克服之困难今已一一克服之,则其内在之潜力,必能解决当前之困难,故余坚信中国必有一伟大之前程。戴丕来与余深幸在中国进展之重要关头,蒙允作此贡献,虽甚微末,亦当视为不世之荣。余二人希望返美之后,仍得为中国争独立之英勇抗战及此后之建设工作继续竭其绵薄。

……

《战时外交》第 1 卷,第 599—606 页

居里致罗斯福

华盛顿,1941 年 3 月 15 日

关于当前中国政治、经济、军事局势某些方面的报告

我于 2 月 7 日到达重庆,2 月 27 日离开。在此期间,曾与蒋介石委员长进行过约达 27 小时的认真讨论,会见了大多数内阁成员及在重庆的主要将领,会见了很大一批其他官员和在重庆与成都居住的外国人士,并研究了各部送来的许多备忘录。许多人都让我相信,我被准许看到从未向外国人公开的资料。我的调查是从三个大的方面进行的——政治、经济和军事。在阅读此份报告时,请记住这一点,那就是,在我进行会见和调查时,我不是以美国政府授权代表的身份,而是作为中国政府的客人行事的。双方的谅解是,我将与该国政府商讨属于内政的国内事务并提出建议。

……

建议与推荐措施

下述建议与推荐的措施所根据的假设是,为了美国的利益:(a)中国应继续加紧抗日;(b)美国应参加任何一种和平谈判;(c)应维持中国的政治和经济稳定;(d)应在中国建立对美国的好感;及(e)我们应参加中国的战后重建。

1. 财政措施

a. 冻结中国在美国的存款。

委员长对此事情绪很大,除一再向我口头要求有必要采取行动外,又给我一份措词强烈的给你的书面呼吁。我诚恳希望你在这件事情上

能满足他的愿望。

b. 议定出口与货币稳定贷款。

事情已耽搁了很长时间,委员长希望能很快商定。他愿意各种稳定货币的贷款统一由一个以陈光甫为首的委员会来管理。不过,我想可以向他表明,分别成立中英、中美两个委员会的可取之处,因为各项贷款的管理完全是为了不同的目的。他希望能将美国贷款每月只拨500万美元的限额取消,我也认为我们作出这一对他完全信任和有信心的姿态是有所得的。

2. 军事援助

我得到了一份中国陆军所需火炮、弹药及兵工原料的全部清单,共计2.07亿美元。此外,中国人还想要我们提供尽量多的驱逐机和远程轰炸机。他们不断强调所有这一切都是为发动进攻所必需的。我想,在输送物资和飞行员方面,你可以得出这样的理解,那就是确实将要采取攻势。中国的一次第一流的军事牵制行动,肯定能产生阻止日本的任何南进企图的效果。

除纯属军事供应的物资外,中国需要并且想要得到运输物资的帮助。委员长要我向你转达他的愿望,要求帮助(a)提供修筑从昆明至中缅边境的一条铁路的资金,以与英国人已同意由腊戌延长至边境的缅甸铁路接通;(b)取得可用于空中运输的35架新的或旧的飞机,以及驾驶这些飞机的民航飞行员。

对中国的军事援助前此一直是时断时续和特定提供的。我大胆建议最好作出一些机构上的改变,以确保中国的需要能与英国、希腊及我国自身的防务需要一起进行考虑,这可以用扩大你的内阁的职权范围和将我以某种身份与这个委员会联系起来的办法来做到,以便使中国对物资、优先次序等等方面的需要能得到适当的考虑。

最后,我要重复以前提过的建议,派出一两位高级海军航空军官,或者再加上陆军参谋人员飞往中国进行一次视察和提供咨询。除了能取得的情报外(我相信这些情报会是有价值的),这样一次访问在中国还会造成极好的心理上的反响,并且我相信在日本也会产生同样反响。

3. 一般建议

a. 政治与经济顾问

委员长急于得到来自美国的一位政治顾问和一位经济顾问,请你推荐。

b. 经济代表团

他也急于得到一个英美联合经济代表团,由一位美国人主持。我愿就这两项要求与你面谈。

c. 必要的中国行政改革

在我访问期间,我逐渐认识到,那种旨在遏制非常严重的通货膨胀,和在战时及战后时期保证某种程度的财政稳定的必要预算改革,不可能——也不会——由现任财政部长加以实现。这种情况是绝对需要如以改进的。除非这样做了,否则经济顾问或经济代表团将很少能有所作为。这也是我要更加详细地向你面谈的一件事。

d. 战后问题

如前所述,蒋在中国的战后重建上非常依赖美国的援助。他希望能作出一些安排,使我们能将我们的大部分较为陈旧的和"剩余"的机器都处理给中国,同时提供熟练的技术人员。他的想法是,他所建议的经济代表团将主要处理战后问题。

他说,在中国战后的发展中,国家将起到支配一切的作用,他反对私人开发天然资源,他希望在收入和财富上避免出现贫富悬殊,并且决心实行土地改革,做到耕者有其田。

e. 宣传及我们与中国的关系

一个鼓励蒋介石并遏制日本的最最有效的方式,莫过于刻意向中国表示友谊、敬佩和与之紧密合作。可以公开这样做,也可以"授意"一些人在华盛顿搞一些报道。由于中国确实是个独裁国家,蒋介石本人则在我国外交政策中首先占有必不可少的地位。我确信他在感情上依附美国,崇拜美国,特别是你,这种感情可以通过我们的小心从事,给中国以与英国同样的待遇,通过你个人的友谊表示,予以大大加强。正如我向你说过的那样,他逐字阅读你的演讲,把你当成世界上最伟大的人物。我在中国所受到的极大礼遇完全是由于我和你的公务关系。

美国当前对中国的极大影响大可加以发挥,不仅在狭义上可以增进我们本身的利益,而且,如果我们有足够的才智和善意,还可以引导中国在战后时期发展成为一个大国。中国现在正处在十字路口。它可以发展成为一个军事独裁国家,也可以成为一个真正的民主国家。如果我们聪明地运用我们的影响,我们也可能使天平向后一个方向倾斜,通过推动政治、社会和经济改革,加强这个政府机构的效率和廉洁,对几亿人民的幸福,也是间接地对我们自己在将来的幸福作出贡献。

FRUS,1941,Vol.4,pp.81-95

2. 美国开始提供租借援助

蒋介石致居里

重庆,1941 年 4 月 25 日

君虽离去,仍似与我等同在。君在此期间,所表现之情谊与善意将永志不忘。以下为本人致总统之私函,望请转达为感:

罗斯福总统:自苏日条约发表以来,一向誓与敌人抗争到底直至胜利的我国军民无不极为愤慨与失望。彼等一致认为远东局势即将发生严重变化。据称苏联远东驻军不久将应召赴欧。此点加以盟军在巴尔干之失利,无可避免地大大影响我军士气,致使我目前在福建、浙江沿海之战事连连受挫。此外,在攻击所述沿海省份时,日方投入了前此除绝对必要时向不使用的精锐师团。在此危急时刻,我国政府与人民比任何时候均更希望有美国援华政策的迅速与肯定的表示,以便提高军民之信心,加强对侵略之抵抗。我非常感谢你宣布积极援华乃租借法的一个组成部分。我衷心希望你,总统先生,不久能宣布按我方提出的综合清单能租借给我方的武器总数。这一慷慨及时的援助将使我国军

民受到无比的鼓舞并感到欣慰,且亦将对整个远东局势产生极为有益的影响。我希望这一急切要求的声明在最近将来即可作出。你对我的呼吁作出反应亦将同样引以为感。

赫尔致詹森

华盛顿,1941 年 4 月 26 日

……请谒见蒋将军并通知他,关于他与你在 4 月 16 日的谈话,你已得到指示向他转达下面的声明:

1. 委员长的意见已经向总统转达,总统愿请委员长了解,宋先生 4 月初提出的按租借安排中国政府拟得到的各项物品清单已得到及时审阅。

2. 总统愿请委员长了解适用于租借安排的程序。在本政府收到所需物品清单后即行分送负责协调我国军备计划各专门领域的各技术委员会。为了加速采取行动,这些委员会尽快将可立即提供的物品或可立即核准生产的物品挑出。

3. 这些清单的第一批刚刚得到总统的批准。他已授权立即采取步骤安排为中国采购下列物品,其数量及估计价值如所述:

南塔—祥云①铁路设备	1500 万美元
通讯设备(电话、交换机、电话线)	100 万美元
军用卡车 2000 辆	600 万美元
商用卡车 2000 辆	600 万美元
汽油(500 万加仑,航空及卡车用)	100 万美元
柴油 5000 吨	5 万美元
润滑油 2500 吨	25 万美元
兵工厂原材料	1000 万美元

① 根据音译。

轻型履带拖拉机 150 台	30 万美元
轻型客车 300 辆	30 万美元
棉毯 300 万条	450 万美元
灰布 1000 万码	70 万美元

上述估计价值包括至仰光的运费。

4. 所列物品仅为初步快速审核后可立即批准的第一批物品及数量清单。进一步研究无疑会决定批准更大数量的上述物品,而在近期内收到各委员会(包括军械及飞机委员会)的报告后,尚会有另外的物品清单发出。

5. 至于上述清单中的有些物品其确切的规格的细节尚未由中国代表提出,但是宋先生及其同事正在立即采取步骤提供这些情况。

6. 除上述清单之物品外,英国代表表示他们的政府愿意拨给中国政府 300 辆 2.5 吨的 6 轮卡车,可以立即交付,并将运往中国。

7. 新的清单核准后我们将立即通知委员长。

8. 总统愿请委员长放心,他将加紧采购和运送中方表列的每一项能够被有效利用的物品。他已指示居里先生协助霍普金斯先生确保对中国的需要予以注意。

只发至重庆。

FRUS,1941,Vol.4,pp.635-637

胡适致赫尔

华盛顿,1941 年 5 月 2 日

奉中国政府指示,谨通知,宋子文博士已被正式任命担任中华民国国民政府的经理人、代表和代理人,按照 1941 年 3 月 11 日的租借法向美国或美国的任何机构或媒介取得和接受援助。

请将上述消息转达美国政府各有关部门为感。

FRUS,1941,Vol.5,p.640

居里致蒋介石

华盛顿,1941 年 5 月 2 日

我非常感谢你表示的信任。我时常想念你和蒋夫人。

下面是总统的口信。

在答复你 4 月 25 日的私人来信时,请让我完全坦率地概述我对局势的看法。我们在这里所面对的是为数众多的紧急需求,目前我们的生产能力还达不到能完全满足这些需求的地步。我们的防务计划正在迅速扩大,但我们的许多新的飞机和军械工厂要到今年夏末和秋季才能开始进行生产。我们已答应供应中、英两国。我们只为自己保留了仅仅可能达到的最低数量的飞机和大炮。今年的剩余时间里,将不得不按应付最紧急的需要来分配供应品。我将尽一切努力对你所要求的军需品和飞机予以放行,但今年也可能只能满足你对这些方面的部分需要。情况到明年将要大大好转。

另外还有一个技术性的困难妨碍我们立即核准今后 18 个月的全部中国计划。国会分配了对各类租借援助的拨款,而对一些关键种类分配的款项不足以使我能核准长期计划。我相信国会将在以后对这些类别提供更多的款项。

你已经得到通知,我批准了第一批总计 4500 万美元的物品清单。随着可能有尚未划定供作其他用途的款项可资利用及物资的生产,我预期可随着逐个项目被各技术委员会通过及时迅速予以批准。我希望甚至可以证明有可能与英国一道将原已答应给英国的货物分一些给中国。

我完全理解你对中国士气的担心并与你有同感。我或可作出一般性的措辞强烈的声明,但在采取这样一个步骤时,我想我们应当想一下在中国以外可能造成的影响。发表一份强硬的声明,以暗示我们就要向中国运送大量物资,可能引起日本比以往更快和更紧急的行动。我们为了军事理由,正在避免公开我们正向英国运送的援助物资的数量和种类。

我请你相信,我们打算并且预期在尽可能快的情况下,为中国运去中国所需的相当大数量的物资。苏日条约的签订更增加了我们的决心。

FRUS,1941,Vol.5,pp.641-642

远东司准备的备忘录
华盛顿,1941 年 5 月 29 日

美国援华政策及方法与手段等技术问题

最近国务院曾非正式地得悉一封生产管理局负责采购的副局长1941 年 5 月 8 日写给财政部采购局负责采购的局长的信件。信中就有关对华运送美援物资的实际问题提出了某些看法(包括所称经滇缅路每月向中国运送 9000 吨以上货物运力不足一事);提到了据说中国过去未能偿还贷款;提到据说是存在着本国政府运送给中国的货物或许有被转给日本军队的可能;其得出的结论是:本政府应仔细斟酌这些情况再来为了中国而改变本国的正常经济或军事计划。

对于这封信中所宣称的事实和这封信所提出的对华援助总方针,兹提出如下看法:

本政府公开声明的既定政策——由负责官员公开宣布并由国会支持和贯彻的政策——乃是向英国、中国及其他正在抵抗武装攻击的国家提供物资援助。1940 年 12 月 29 日,总统在一次广播讲话中曾说过:

> 民主国家反对世界征服的战争正在得到大力援助,而且必须通过美国的重整军备大大加强援助,要把我们所能拿出来的每一盎司和每一吨军火和物资帮助那些在前线的抵抗者……
>
> 我们正以最大的紧迫感筹划我们本身的防务;在广大范围内,我们必须把英国和其他正在抵抗侵略的国家的战争需要纳入通盘考虑。

1941 年 1 月 15 日国务卿在对众议院外交委员会的一项说明

中说：

我国人民对任何其他国家政策问题都没有像今天这样，为了我们自身的重大利益，如此接近一致认为，并如此强调，迫切需要对英国和其他受到攻击的受害者，在尽可能短的期间内，给予最大限度的物资援助。

1941 年 1 月 30 日，副国务卿在一篇讲话中说到：

如果我们要确保对大西洋的控制不落入不友好的势力之手，确保像中国和希腊这样的其他友好国家能继续成功地反抗世界奴役势力，美国人民就必须作好准备，为了他们本身的自卫，提供美国能生产出来的一切必要援助。

1941 年 3 月 15 日，总统在一篇演讲里说：

美国人民已认识到当前形势的极端严重性，这一点已毫无问题或疑问。这就是为什么他们要求，并且得到了一项政策，这项政策答应毫无保留地、迅速地全力援助英国、希腊、中国和所有那些家园暂时被侵略者占领而流亡在外的政府。

从现在起，这种援助将予增加——并一再增加——直到取得最后胜利……

中国同样表现出亿万人民抵制国家被瓜分的崇高意志。中国，通过蒋委员长，要求我们给予援助。美国已经表示中国将得到我们的帮助。

我们的国家将成为我们的人民所宣称的它必须作到的那样——成为民主的兵工厂。

1941 年 4 月 24 日，国务卿在一次讲话时说：

情况已经不容置疑地表明，本半球的安全和我国的安全要求在任何能最有效抵御的地方进行抵御。根据我的判断，我们的安全和防卫要求我们，必须按照政府立法及行政部门所宣布的政策，毫不犹豫地向英国和其他那些阻止战火普遍蔓延的国家提供援助。这一政策意味着，在实际运用中，这种援助物资须在最短时间内，以最大数量运到其目的地。所以,必须找到作到这一点的途径。

1941 年 5 月 27 日,总统在一次演讲中说到:

　　……我们庞大的生产已经翻番、再翻番,逐月在增加我们自己的和对英国及中国的战争物资供应——最终增加对所有民主国家的供应。

　　这些物资的供应不会中断——它将增加。

国会已经通过立法作出规定,使这种援助得以延长。总统已向蒋介石将军保证,种类繁多的货物已经拨出向中国运送,以满足中国的需要,以后所有这类可以提供的货物均将加速运送。

美国政府的所有官员都应根据本政府的这一既定方针来看待有关向中国运送援助物资的方法和手段等技术问题。

关于目前作为运送美国援华物资通道的滇缅路的能力问题,目前得到的消息表明,自从这条公路 1940 年 10 月重新开通以来,每月经这条公路运到云南昆明的吨数显著增加。截至 4 月 17 日止的一个月中,经滇缅路运到昆明的货物在 10500 吨以上。然而这一数字并不说明这条公路的运输能力,因为运输量还受到卡车及零部件短缺和缺乏有效管理的限制。这第一项需要——卡车和零件——本政府可予满足,并已为此采取了步骤。第二项需要——有效的管理——中国政府正通过任命约翰·E. 贝克①先生监管这条公路的运输来加以满足,贝克先生是一位对运输问题有实际经验的美国人,对中国人和中国情况很是熟悉。贝克先生有受过训练的美国助手相助,据悉正在采取步骤来改进该路的自然条件和运输系统的组织。据报界消息,贝克先生估计这条公路的运输潜力为每月 3 万吨,如果有足够的卡车等等可以利用则是可以达到这一总运量的,尽管日本进行轰炸不时得以破坏滇缅路的某些桥梁。该路的运输统计数字表明,轰炸并未能阻挠货物的流通,这显然应归功于中国人所建立起来的摆渡系统和对桥梁的修复工作。根据

---

　　① John E. Baker.

可靠的技术人员的意见,建立起经过改进的摆渡系统将能保证尽管有对桥梁的破坏,实际上还是可以维持该路的正常运输。很有可能,在不久的将来,通过建造滇缅路的备用路段或备用路线,也通过使用飞机作为运载工具,到达中国的美援物资数量将会增加。空运计划现正由中国航空公司积极考虑。这是一家中国政府与泛美航空公司的合资企业。从现在得到的消息看来,使中国能够进行有效自助的物资援助,可以按稳定增加的数量到达中国政府之手。

关于从荷属东印度而不是从美国运送石油至中国或可减少运输费用的建议,出现的问题是,这样作所节省的运费是否抵得过这一行动方针的最终代价。自从1940年5月荷兰被德国军事占领以来,荷属东印度就受到了来自日本的强大经济压力,日本一直想从荷属东印度得到更大数量的石油供应,以此来摆脱对美国石油市场的依赖。我们知道,荷属东印度的石油公司一方面答应增加对日本的石油出口,一方面又成功地没有完全按日本的需求供应。如果在没有顺从日本要求的情况下现在大量从荷属东印度向中国运送石油,就需要考虑对荷属东印度的安全和对整个远东局势的稳定可能产生的不良后果。

信中提到中国曾被指责为过去未能偿还债务。虽然像总统在1940年12月17日的记者招待会上表示的那样,以租借为基础提供援助的目的之一乃是消除交易中的"美元标记",虽然过去债务的偿还并未被理解为取得这种援助的先决条件,了解一下中国偿还外债的记录还是可能使人感兴趣的。除对外国政府的债务外,中国政府的对外债务,按照蒋介石委员长领导下的中国政府所遵循的计划,几乎与所有债权人都在1937年7月战争爆发前对所欠利息的结算进行过谈判,而在近两年的战争期间,利息的支付已经恢复并仍在继续。1939年中,由于日本攫取了作为对外债务担保的主要收入,中国政府停止了支付全部利息,但从那时以来,已经按相当于仍在中国政府有效控制之下的区域中关税、盐业和铁路收入的比例,拨出了部分支付这些债务利息的基金。关于本政府对中国的贷款和信用借款,则杰西·琼斯先生作为联邦贷款管理人能够于1940年9月25日作出下列声明："在迄今为止经复兴金融公司与进出口银行核准对中国的贷款中，43824528美元已经付出，13160253美元业已偿还，并无过期。"

1940年11月30日，琼斯先生在给总统的一封信中（此信已公开）写道："你也许想要知道，中国在向美国交付桐油和锡时是依时间表按时进行的，她是通过向我们销售这些重要物资来偿付借款的方式实践以前的承诺。"

根据记录，中国在偿付国外债务的表现方面与其他国家（包括那些经济发展更为先进的国家）的表现相比，是毫不逊色的。

关于供应中国的物资可能被转往日军之手的假设指控，可以说，根据租借法的条件，每一个受援国政府都保证，非经总统许可，不会转移从本政府得到的任何物品或物资的所有权或使用权，或准许任何不属于该外国政府的官员、雇员或代理人使用这些物品或物资。就国务院所知，尚无说明中国政府已违反这项义务或有可能这样作的任何证据。

该函所提出的有些问题（如从美国的西海岸而不是东海岸向中国运送石油的可能性，以及最好满足中国政府的要求用可退回的钢桶向中国运送石油），看来并不会造成严重困难，只要从互相照顾两国政府需要的友好精神出发即不难解决。至于中国要求可退回的大桶的问题，据了解这些容器可用来装运偿付美国贷款的桐油，关于锌和铅的供应可能由于国内防务需要而发生特殊问题。这些问题将需在发生时予以解决。

显然，向中国提供美援，像对其他正在抵抗军事进攻的国家提供美援一样，牵涉到某些技术和其他问题，这些问题应从政府的长远利益考虑以最为实际可行的方式予以解决。不同于向欧洲运送军需品的情况是：对华供应物资还没有受到在跨越大西洋时受到交战行动造成的损失。由于这一情况并不能指望其永远保持下去，看来明智的作法是尽快将援助物资运往中国，以保证中国有继续自助的能力。本政府如不能信守其对中国所作的保证，其可能出现的不利后果是怎样估计都不为过的。

目前，西半球以外可以指望其有效地抵御轴心势力扩张的国家是有限的：不列颠帝国、荷属东印度、中国，可能还有其他一两个国家。本政府不应轻易地对那个已进行抵抗、战斗了将近四年并使日本未能给与其轴心盟国以有效帮助的国家的需要置之不顾。

综上所述，可以看出，该函中对一些具体问题所提出的许多说法，有不少是根据错误的和不充分的情报提出的。函中建议的政策直接违反了本政府明白宣示并屡次经有权宣布本政府政策的那些官员所宣布的政策。

FRUS,1941,Vol.5,pp.651–656

3. 马格鲁德使团来华

谢尔曼·迈尔斯①致马格鲁德

1941 年 7 月 11 日

目前有意立即成立一个以将官为首的美国驻华军事代表团。此代表团的任务是向中国政府就普遍的军事事宜，特别是关于使用租借法案项下信贷或将要从我方接受的租借物资事项，作出建议。同时，该代表团应将我国希望让中国政府知悉的我方所作某些军事计划及进展的情报及时通报中国政府。该代表团类似于现驻伦敦，由钱尼②少将领导的美国代表团。但此驻伦敦代表团由于伪装需要，现仍称为"美国特派伦敦观察团"。驻华代表团是否也要加以伪装另起名称尚未决定。无论如何，该团使命是很重要的，而且随时间之转移，会越来越重要。一旦我国积极参与此次战争，该代表团即将成为我国与作为盟国的中国之间的战略计划及合作的联络组织。

总统特别助理劳克林·居里最近曾去中国，他已提出要我们派一名将官到中国视察及协助维护中缅公路，另派两名铁道专家官员协助租借法案项下的铁路工程项目。以上各项以及许多有关租借事宜均统

---

① Sherman Miles，美陆军准将，代理参谋长助理。
② Chaney.

归该代表团负责处理。

　　我深知你对脱离部队指挥官现职的心情,但我想你也会同意这项新工作要更加重要得多;而且正如你所知,只有至多两名现役将官能脱身担任这项工作,你是其中之一。在我们总部,只考虑过三个人名……你、史迪威①和鲍利②。

　　你可以看出,这是一桩紧急的事,我们要尽早组成该代表团。按说它本应早些时候就成立了。请将你关于此事的意见用电报或电话通知我,越早越好。

Magruder Mission

宋子文致蒋介石
华盛顿,1941 年 7 月 16 日

　　密呈委座钧鉴:美陆、海军参谋本部,对于我国需要申请之器材,已拟妥具体完整办法,飞机亦然,并提议遣派军官团来华协助一切。上述各计划,陆、海高级军官业经签字,明日呈总统,此项消息,乞守秘密为叩。文。谏酉。

《战时外交》第 1 卷,第 459 页

宋子文致蒋介石
华盛顿,1941 年 7 月 22 日

　　密呈委座钧鉴:最密。谏酉(16 日)电计达钧览。美陆、海军参谋本部经与文商洽后,建议各节,业已由其呈报总统。谨条列如下:(一)即派军官团,由高级军官带领赴华:(甲)当钧座顾问,协助一切,有如以前德顾问团之职务;(乙)调查中国军队需要之援助,随时报告总统;(丙)军官团中,包括参谋、炮兵、航空、工程各种军官;(丁)军官

---

　　① Joseph Stilwell.
　　② A. J. Bowley.

团领袖,参加新加坡中、英、美、荷协防会议,并履行总统秘密建议,美国在战事未发生前,应在东方居于主持地位。该团到华六星期内,作第一步考察,第二步再派军官数十百员协助。(二)主张目前交我军火 2.4 亿美金,明年交军火 5 亿美金。(三)决定供给我方飞机,使空军足以保卫数个重要区域为原则。(四)决定派将升中将之麦克罗达①为军官团领袖,该员为驻华海军武官麦寇猷②之连襟,曾充驻平陆军武官,钧座可否来电表示欢迎? 乞裁示。前项消息,请绝对秘密,美外交部亦未参与其事。再,如新加坡开会议,我方拟派军官何人参加? 并乞谕知。弟子文叩。祃酉。

《战时外交》第 1 卷,第 459—460 页

蒋介石致宋子文

1941 年 7 月 27 日

　　宋子文先生:敬、回各电悉。美国是否派军官团来华问题,尚在其次,此时最重要者,为我国能否派代表参加新加坡之中、美、英、荷在太平洋上之联防会议也。此事必须由美负责提议邀请我国参加,则我国在全局上方有地位,亦可切实表示真以平等待我也。并须敦促美国从速出而主持其事,领导太平洋各国共同反对侵略,如此民主阵线乃有团结中心,方不为轴心国各个击破,请兄以中之意要求美国当局务必达成我区区之希望,否则中国单独抗战四年,忍受一切牺牲,在所不计,已尽其对友邦一切之职责与义务,如英、美对华至今仍在摈弃之列,毫无互助合作精神,则我国军民对英、美必生极不良之感想,而且于我抗战前途亦随之发生最不利之影响,务请其特别注意。并顺请其仍派军官团早日来华协助,以振奋我军民抗战精神,且增进对美友谊之心理,如其为避免日本注目起见,则军官团来华暂不公开,其人数亦可减少也。至

---

①　即马格鲁德。

②　即麦克休。

于此事交涉方式,不必以中之名义正式提出,而以中之意旨,由兄转达为妥。中正。感。

《战时外交》第 1 卷,第 461—462 页

宋子文致蒋介石
1941 年 7 月 31 日

密呈委座钧鉴:感(27 日)电敬悉。军官团事,经竭力疏解,已决定仍照前议,先派基本团员十余人赴华,内有航空、运输、炮兵各专家,以麦克罗达为领袖,不附属大使馆,到后视需要情形,再随时加派。该团约两星期内起程,文已代表钧座表示欢迎,请饬属准备住所,如尚需用其他专门人材,并乞示知,当向美国建议调派。谨陈。弟子文叩。世申。

蒋委员长批示:复。军官团员以机械化兵团与工兵军官,亦甚重要。又空军军官最好派一上校以上人员,能负组织与训练全责,望其积极建立中国空军也。中正。

《战时外交》第 1 卷,第 462 页

对建议设立的驻中国租借法协调代表团的总统指令(代拟稿)①
1941 年 8 月

为实现 1941 年 3 月 11 日立法(租借法)的某些目标,兹指派你在陆军部长领导下组织并落实驻华租借法协调代表团。

1. 该团应以最有效的方式使中国中央政府获得租借法所预期及提供的援助,用以加强中国政府对任何侵略者的军事抵抗。

2. 你应于需要时在代表团召集有关军事及非军事人员给予指示,以:

(a)对中国中央政府在采购、运输及利用租借法所提供的各种材

---

① 作者不详。

料、设备和军火各方面提出建议及予以帮助。

（b）对中国中央政府在训练中国人员如何使用及维修租借法所提供的各种材料、设备和军火方面提出建议及予以帮助。

（c）对美国政府其他部门人员的行动加以协调和帮助,使他们避免工作上的重叠,并在进一步贯彻租借法关于中国的目标方面充分发挥各自的职能。

3. 为达到上述目的,授权你可直接向中国中央政府或其下属机构就有关的军事工作提出建议。

4. 在行政管理方面,授权你:

（a）向陆军部长申请合乎要求的军事人员以组成并维持该代表团。

（b）申请从预备役专家中委派高级技术人员并授予适当军阶。

（c）雇用必要的非军职技术和行政管理助理人员。

（d）签发旅行命令并核准行政管理开支。

（e）成立经费核销办公室以管理批准的代表团经费开支。

（f）为满足租借事宜的要求,在我将指拨的款项限额内,于远东当地采购物品和材料。

5. 你并受权向其他友好国家官员就有关奉行租借法的目标事宜提出建议。

6. 建议中国政府及其各部门,凡一切有关租借法的事项均应与该驻华租借法协调代表团交涉办理。

7. 你应与美国驻华大使秉公合作,并使他及时知悉你的一切有关国家利益的行动。如果出现需要你从事本指令未曾授权项目的问题,或密切涉及在租借法中未规定的政策问题,你应立即报告陆军部长,在等候指示中应按照美国大使所解释的政策指导行事。

Magruder Mission

史汀生①致马格鲁德准将备忘录
1941 年 8 月 11 日

事由：组成驻华军事代表团。

1. 兹指示你立即开始组建驻华军事代表团的行动步骤，详细的正式指令随后发下。

2. 你受命：

a. 与陆军部有关部门主管会商，获取组成并维持该代表团包括在华和在美工作所必须的符合要求人员的必要人事资料。这些人员应符合经参谋长批准的详细计划。

Magruder Mission

马格鲁德致参谋长备忘录
1941 年 8 月 11 日

事由：组建驻华军事代表团。

1. 遵照 1941 年 8 月 11 日陆军部长指示，我自即日起开始驻华军事代表团的组建工作。

2. 兹拟订该代表团组织编制及其分工职责如附件 A，请核准。根据我的理解，该代表团的基本目的是加强中国武装力量阻挡日本军事扩张的作用。因此，最重要的是有秩序地组织和发运由租借法提供、来源于美国的适用的材料及军火，交付给中国政府军队。在此过程中由于行政管理上的、技术上的和运输上的困难，每一步都很复杂。加以由于缺乏干练的中方经办人员，不能把他们的需要列成清清楚楚的表格使陆军部立即据以行动，也不时造成延误。而在陆军部内，由于其他工作的影响，过多的部门干预租借事宜，以及没有一个单独部门负责经办设备和材料的全程发运直到发出等原因，也造成延误。各种设备提供

---

① 时任美陆军部长。

至为重要的配套仪器配件等等,现在也完全缺少协调一致的程序。在口岸上的接收、发运工作也同样杂乱无章。为了克服这些困难,代表团应有一个人数不多但很精干的成员组设在华盛顿,与驻中国的代表团,与陆军部内一切有关部门,与中国国防物资供应公司取得密切联系。

3. 这个联络组对组织和派遣不时需要的各种工作专家也很必要。

4. 鉴于上述要改进中国广泛延伸的军事作用①,必将涉及许多军事或半军事项目的处理问题,时时需要关系到关键性公路和铁路问题、已获得的新设备的训练问题、汽车和军用装备的维护问题等等方面的专家工作组。当然,有些指定项目的专家工作组并不属于代表团的长期编制,但必须在适当时间派到中国,并工作到此项指定项目完成为止。而代表团的长期编制成员加上重要的行政管理人员,则须承担该团的连续性工作直达到中国军事自给自足的最终目标为止。

5. 由于中国西部生活条件很差,代表团所需食品及其他供给本身也成为问题之一。它的人员将散布在从仰光经昆明到重庆这条物资供应线上。有的人员出差到一些中国军事中心,远离外国人聚居点。必须从美国进口罐头食品及其他主要生活必需品供应代表团的人员,不论他们居住何处。

6. 租借法的宗旨及其他运用资金的规模,共同构成了一项美国最重要和关系最深远的政策。在中国实施此项政策,如果很成功的话,所起的抗衡日本军事力量的作用在军事上可以军团计。它在国防上有极大的重要性。因此,对代表团配备的人员在数量和质量上过于吝啬以致妨碍了它的成功是绝对不合算的。

7. 为此,请求:

a. 批准附表 B 所列军官数量和类别作为代表团最初的人员组成,并命令参谋部人事处为代表团指派符合要求的人员。

……

Magruder Mission

---

① 原文如此。

罗斯福致宋子文

1941 年 8 月 20 日

我很高兴按你 8 月 7 日函转达的蒋介石委员长的要求,向中国派遣美国军事代表团。陆军部长已选定马格鲁德准将为团长,现正组建代表团,将尽快前往重庆。

我相信这个代表团将对中国的英勇斗争有所帮助。

Magruder Mission

马格鲁德致参谋长备忘录

1941 年 8 月 22 日

事由:驻华军事代表团计划。

I. 论述

1. 驻华军事代表团的任务,简言之为……协助中国政府,按租借法案之意图,取得相应的国防军事援助,并保证其得到最有效的利用。经国务院同意的指示信建议全文见表 A。

2. 此项广泛任务要求进行下列活动:

a. 向中国政府提出有关按租借法能向中国实际提供的适当军援类型的建议和顾问意见。此项援助不仅限于完全属于军事及航空的装备和军需品,而且包括公路及铁路的建设维修器材,以及各种运输设备的供应。

b. 协助中国方面准备陆军部能以供应的适当物资的申请。

c. 监督贯彻从提出申请到船上交付的所有过程,以加速租借物资的采购、供应和运输的有秩序进行。

d. 以各种方式为租借物资从仰光运到中国政府的授权使用单位提供方便。

e. 就有关租借物资,包括各种航空及其他军事装备的维修和有效地在战术上和其他方面的使用,向中国政府提供人员训练的顾问意见并予协助。

f. 对代表团人员在中国旅行,及为执行特殊任务在美、中两国间往返的人员,提供食宿。

g. 对代表团人员在自由中国各地进行工作时的健康状况、福利及在某些情况下的供应状况进行监督。

3. 为实现以上目的,不论在一般参谋或特种参谋小组均须有最为合格的军官。对于需要进行的各项活动,不可能事先详细设想。肯定需要一批充足的行政管理人员来控制异常分散的各种活动,并为全体人员提供良好的生活条件。除了业务上应当合格以外,这些军官必须是可靠、健康和能适应各种环境的。

5. 此类职务由适当类型的志愿人员担任固然可行,但代表团活动成就的军事利益足以证明有必要不按个人喜好来派遣军官。另外我们认为此类职务的重要性也足以证明应由参谋长径行指派一些合格的起关键作用的军官,他们是不会被其目前的长官自动放走的。

6. 表 C 显示的是关于代表团全面组织的职责划分的建议。B 组,即国内办事人员,在陆军部内的从属关系尚未确定。这应由现正在陆军部内进行研究的一项有关管理所有派往海外的代表团的建议计划来规定,亦须由现正在陆军部内进行的改进租借事务管理的一项研究来确定。

7. 基本上,代表团将包括:

a. 固定人员——按传统的参谋业务组成,其职务与一般及特殊参谋人员相似。这一组有一小部分将驻在华盛顿,较大的一部分驻在中国。

b. 特殊任务专门人员——随时在美国国内按批准的特殊任务组成,由各军种或勤务部门派出。他们只在中国留驻为完成分配之任务所需的一段时间。

c. 行政人员——提供各种便利,使固定人员和特殊任务专门人员能以最高效率进行工作。这部分人员将提供运输、膳食及办公设施:为全体人员支付薪金及款项;分配款项;保管档案;必要的文书及翻译人员。这二组有一小部分将驻在华盛顿,大部分驻在中国的各关键处所。

《马格鲁德使团访华》

宋子文致蒋介石

华盛顿,1941 年 8 月 22 日

密呈委座钧鉴:删电敬悉。美派军官团事,因国务部之慎重,进行迟缓,文仍径函总统催询,顷接复函略谓:嘱派军官团一事,极愿接纳,陆军部长已选定麦克罗达少将,彼正调集人员,于最近期内即可赴渝,余切望该团在中国抗战之期间,能尽力为有效之协助等语。麦君及一部人员约两三星期内先行。确实行期,另电呈报。所率其他人员,以后分批起程,请饬准备住所,南岸、北岸何处为宜? 并恳酌定。弟子文叩。祃。

《战时外交》第 1 卷,第 463—464 页

宋子文致蒋介石

华盛顿,1941 年 8 月 26 日

密呈委座钧鉴:美政府派华军事团,已明令公布,约于 9 月中启程。其内部组织如下:团长一人,团部分一处五科。(一)参谋处,内置财务、经理、医务及专员等四课;(二)人事行政;(三)情报联络;(四)组织训练;(五)供应;(六)作战计划等科。第二至五科之下,按需要联合设股,计分空军、步兵、工兵、通信、交辎、兵工、化学兵、野炮兵、高射炮兵、装甲车队及杂项等十一股;供应科内另附四组,为运输组、滇缅公路组、需要分配组及铁路组。团部驻渝,贵州、昆明、腊戍各设办事处,此外有联络员五人,分驻国外孟尼拉①、新加坡、香港、仰光各埠。在华盛顿设办事处,由主任一人主持,下设行政科,科分空军、军需、兵工、通讯、工兵、运输及杂项等七股,管理我国租借案中与军部有关之事项,团

---

① 即马尼拉。

员约 40 名(刻在选择中),我方招待及相对之联络组织似应预筹。除组织表另函寄呈外,余续电陈。弟子文叩。宥。

《战时外交》第 1 卷,第 465 页

马格鲁德致参谋长

1941 年 9 月 10 日

事由:关于致麦克阿瑟将军电报。

(一)论述

1. 美国驻华军事代表团不久即将启程,兹认为有必要将代表团的到达通知麦克阿瑟将军并请其协助。

2. 可能有必要与麦克阿瑟将军作出一些当地的安排,供应一些零星物品,如日用物资及其他个人用品等。

3. 按目前计划,代表团大部分成员将于 9 月 24 日至 10 月 20 日之间乘巨型飞机经由马尼拉前往。

4. 所述行动为用密码向麦克阿瑟将军发出一电。

(二)建议

1. 向麦克阿瑟将军发出下列电报:

军事代表团即将由马格鲁德率领赴华。请求向代表团成员提供零星日用品,具体项目与你的补给军官商定。人员将于 9 月 24 日至 10 月 20 日之间乘巨型机经马尼拉前往。马格鲁德及另外 4 名军官将于 9 月 29 日到达,转去香港。

Magruder Mission

史汀生致蒋介石

1941 年 9 月 15 日

今得顺此机会恭致问候与良好祝愿,倍感欣慰。以持函者马格鲁德将军为首的军事代表团已经按你的明白要求组成。代表团之组成也表达了我国人民的深厚感情,愿意帮助中国战胜其如此英勇抗击的物质上占优势的敌人。

我非常遗憾的是,我国的巨大防务计划必须经过长时间才能达到其全部生产数量。但这是无法避免的。这也不免时常造成在达到我们在租借法中打算对友好国家的援助数量时产生延误。不过现在这方面的数量正在逐渐增加。我认为首要的一点是,主要的大动脉,滇缅公路和铁路,应尽早能具备承受增大运量的条件。

在军事代表团致力于在中国和美国协调所有旨在加强保卫中国抵抗侵略的相应措施时,如能提供任何协助,我将深以为感。请阁下对马格鲁德将军惠予照拂,马格鲁德团长已奉到指示,以一切可能的方式尽其所能对中国进行协助。

Magruder Mission

马格鲁德致代表团全体军官

1941 年 10 月 25 日

事由:代表团的目标。

代表团的目标总的说来是相当清楚的,即使租借法提供的资源能以最有效的方式供中国政府利用以提高中国军队的抵抗力。每一名军官在实现代表团目的时的具体任务是多种多样的,常常是复杂的。每个军官将担任主要与下列各广泛的项目中的一个或几个有关的职责:

(a)通讯项目;

(b)飞行项目;

(c)军需供应项目;

(d)工业供应项目;

(e)军事训练项目。

这些职责常常需要涉及无数问题的各种活动。军官们将分散到广大地区,常常是单独活动,而与代表团总部的通讯联络常常会有困难,需要发挥个人主动性,必须作出良好的判断。在纷繁的细节中,重要的是各军官既不要看不到他们自己的主要责任,也不要看不到代表团作为一个整体所致力的国家目标。

除良好的工作要求对问题有全面了解外,代表团没有军事情报的职能。能采取行动时就要行动。经过仔细调查得出的良好建议是需要的,这样可使租借法的资源能够产生效果。代表团必须知道全体军官的活动情况,以使各方的工作得到协调,并促使华盛顿及时采取行动。代表团成员在与所有其他美国官方机构,与中国官员,及与其他与我国在世界危机中共同行动的各个政府的官员来往时,应当审慎并具有合作精神。代表团成员不应超越他们的权限。作为授权限度及各军官与其他官员来往的一般指导原则,现发出所附的备忘录作为训令。此项备忘录本代表团可向有关的美国、中国或其他外国官员提供。

Magruder Mission

马格鲁德致代表团全体成员

1941 年 10 月 25 日

事由:代表团成员职责的授权。

代表团成员的职责为遵照租借法的意图,以提高中国抵抗侵略的军事力量为宗旨,向中国政府官员提供顾问意见并积极予以协助。此项全面训令虽规定了范围广泛的职责,在代表团成员和中国及其他外国官员来往时,其权限显然是有限度的。

与中国或其他国家官员进行导致我国政府作出承诺的谈判,不在代表团成员授权范围之内。这些限制并不妨碍代表团的一个成员与中国官员自由会谈,或妨碍协助他们进行与该官员职责有关的一切事项。代表团成员并未经授权单独与其他政府自行谈判协议,或使中国官员对协议承担义务。为了解决由其得到授权履行的职责所产生的困难,各军官得非正式地与中国以外的其他政府有关官员进行会商。

Magruder Mission

马格鲁德蒋介石会谈备忘录

重庆,1941 年 11 月 19 日

11 月 18 日下午 5 时,委员长召见马格鲁德将军及麦克莫兰[①]上校至其市内官邸进行会谈。

出席者:蒋介石委员长、蒋介石夫人、马格鲁德将军、商震将军、麦克莫兰上校、董显光先生(译员)、李先生(委员长秘书)。

寒暄后,马格鲁德报告了他最近的仰光之行。他说码头已清理,船只吞吐能力看来是充足的。仓库的组织健全,但已变得相当拥挤。有大约 2000 辆卡车露天放着尚待组装,此外这里还停放着近 1000 辆私人卡车,这些私人卡车是投机买进的,现在不能开动。因为银行不能将私人货物运入中国来便利他们的投机,这种状况是由中国政府对可以运送的货物类型所加的限制造成的。

他解释说,组装厂现已开始工作,由于这个厂是通用汽车公司所有,组装中国政府由租借法提供的卡车无疑会迅速进行。他接着说道,在仰光出现的困难之一,似乎是英国人和中国人未能顺利共事,在那里的中国机构中似乎没有一个有全权代表中国对铁路运输的先后次序进行适当调度,从而使可以利用的有限的车皮,以最符合中国需要的方式合理分配给相互竞争的各单位。中国人和英国人似乎都认为如果美国人能为他们作中间人就会减少摩擦。马格鲁德将军又说我们在仰光和腊戍的军官现在已作了不少工作来弥合中国人和英国人之间的分歧。他然后简单提及缅甸铁路的情况,在这条铁路上的货运吨位已大为减少,因为雨季路基遭到冲刷,又缺少劳力和材料及时修复。至于腊戍,中国人也需要和在仰光一样的集中控制。委员长宣称他有一个人在仰光负责管理、安排优先次序,并提到了曾先生[②]。

马格鲁德将军说曾先生一直生病,现不在仰光,而是在眉苗休养。

---

① MacMorland.
② Tsung,音译。

委员长说他将指定陈先生接手主持在仰光的中国事务,他并且也将任命另一个人去腊戍。他又说对马格鲁德将军提到的私人卡车的情况,他已经着手安排由中国政府购买其半数,并准许银行及其他私人车主保留另一半车辆,用以运输商业货物。

马格鲁德将军强调指出,在仰光和腊戍的中国代表应对货运的次序采取断然的措施加以安排。他接着提到铁路建设的情况,指出,建造铁路对劳力和运输的需要是妨碍滇缅公路充分使用的重要因素。他特别坚持认为在两个运输项目中,滇缅公路应当占先,铁路应在其次,并且我们不应不看到滇缅公路是中国当前可以利用的资源这个事实。他请委员长注意,有些事是可以大大提高滇缅公路的效率。他特别提到在昆明以西的 150 英里处需要石匠,那里常常有松动的石头滑至路面。他说,据他了解有 4000 名左右的石匠正在别处工作。他认为最好能过问一下,看能不能将一些石匠调给滇缅公路总工程师童先生①放到该处使用。他说,他是用这件事作为例子来说明有些事是可以作到来改善这条公路的。委员长说他将给俞将军去电要一份关于石匠的报告,然后让他们采取措施处理滑坡的事。

马格鲁德将军说俞将军管理公路的工作作得很好,然后指出需要一支有效的警察队伍:没有这样一支队伍,这条来往频繁的公路只能是一片混乱。他说,如果委员长同意,他可以让萨瑟兰②上校来管这件事。

委员长同意这项建议。他并且说他愿意由美国人完全接管代中国方面处理在仰光和腊戍的运输先后次序安排,或担任中国代表的顾问。他似乎更赞成头一个解决办法,但马格鲁德将军表示不同意。他说我们的人员太少,担当不了这种责任,但是特威蒂③上校现在仰光,他将

---

① Tun,音译。

② Sutherland.

③ Twitty.

愿以任何方式排除困难并提供咨询意见。

委员长接下来问及马格鲁德将军访问新加坡的目的。他被告知预期将与罗伯特・布鲁克—波帕姆①爵士商讨航空事项。于是委员长说,他希望马格鲁德在与罗伯特爵士谈话时能表示一下他的看法。他说,英国方面曾答应以一个志愿队的方式进行支援,归陈纳德②指挥,志愿队包括一个水牛式中队,也可能有一个布雷尼单翼轰炸机中队,武器装备和人员齐全。他特别向马格鲁德将军强调说英国方面不应认为这是他们支援措施的全部,而应着眼于打败日本空军。仅仅以美国一个中队英国也一个中队,这样来与美国比贡献是不够的。他进一步声称他从罗斯福总统与丘吉尔先生处,都得到了关于空中支援的回答,那是他在我们于 10 月 31 日往访时,他给我们看的一份电报中提到的问题。

他从我们的总统和丘吉尔先生处都得到了令人鼓舞的回答。此外,宋子文先生又拜访了陆军部长并得到保证说马格鲁德将军的电报正得到密切注意,中国的需要正得到充分的考虑。

蒋介石夫人接着提到陈纳德上校也要去新加坡,她建议他与马格鲁德将军一同前往。她立即给陈纳德发去一封电报要他等候马格鲁德将军。最后决定马格鲁德此行于 11 月 20 日星期二起程。

会见于下午 6 时 45 分结束。

Magruder Mission

4. 美国志愿航空队的建立

宋子文致蒋介石

华盛顿,1940 年 10 月 14 日

密呈委座钧鉴:真(十一日)、文(十二日)电奉悉。美日关系,就文

---

①　Robert Brooke-Popham.

②　Clair Lee Chennault.

观察所得,沥陈钧察:(一)政府已知美日战事不能免。(二)大部分人民虽同情中、英,极不愿美国作战,据富有经验评论家估计,今日人民愿参战者仅百分之十七,但世界潮流无形中逼美卷入漩涡。(三)政府鉴及人民心理,不如慎重进行,据代表英政府某氏告弟,总统明了世界大局,可说百分之百,其表情为百分之五十,而其应付危机效能只百分之卅,故除非日本立刻过甚,大选前难见有效动作。(四)除局部外交、经济援助外,政府无切实助我政策,飞机接济一节,只海长主张,其余政要并不积极,因美国产量虽大,然海、陆军新式飞机甚少,且一部已借给英国。(五)援华空气固逐见浓厚,惟美日战事尚未开展,欲其切实援助,非空文宣传及演说所能奏效,务面向各政要及各界不断活动,使其明了:(甲)此时不援助,他日恐运输断绝,欲助不能;(乙)美国视英战事为主力,但如能分一小部分力量助中国,其影响世界大局,必数百十倍于同样之力量用之于英国;(丙)美如助我飞机,我必能妥善利用,决不致因技术关系,徒然毁损。(六)弟欲陈纳德来,并非已有把握,如彼来,可纠正美国对于丙项之疑虑。总之,欲得美国之援助,必须万分努力,万分忍耐,决非高谈空论所能获效。际此紧要关头,极需具有外交长才者使美,俾得协助并进,否则弟个人虽竭其绵力,恐不能尽如钧座之期望。弟所以提议植之,即为此耳,并非对人问题,敬乞钧察。至祷。文。寒(十四日)。

《战时外交》第 1 卷,第 99 页

诺克斯①致赫尔

华盛顿,1940 年 10 月 19 日

我被告之有为数相当多的美国航空兵志愿为中国对日作战服务,如果他们的这一行动不会受到任何惩罚的话。有否可能让我们按对待在当前战争中志愿去英国服务的青年人那样,来处理这批去中国的飞

---

① Frank Knox,美海军部长。

行员？请告之你的意见为感。

蒋介石致宋子文

重庆,1940 年 10 月 20 日

宋子文先生:前电谅达。兹又补充与美使谈话要点如下:一、余愿于交通线未断以前,能得大量飞机运入中国。已拟有具体计划送宋先生洽请贵国政府之协助。此项飞机期于三个月内可以应用,故向厂家订购,时间已不许可,必须于现在美国已经制成或美国军部现有之飞机,分拨来华,方可鼓动军民继续抗战。二、中国抗战之始,即公告国民以三年为期,今抗战已逾三年,尚未能败敌获胜。当 7、8 月间,敌机来袭,我尚有少数飞机应战,故民心未若今日之动摇。惟至今我空军消耗已尽,再无法起飞应敌,所以敌机敢在全国各地狂施轰炸,横行无忌。此实使最近民众转侧不安,尤以商民为甚,常转相问曰:"如美国再不援助我国,则我继续牺牲果有何益乎？倘美机未到以前,国际交通再断,则人民厌战,局势更为动摇矣"等语。以上二意最为重要,恐美大使对其政府报告遗漏,未能详尽,请兄再对美当局申述此意为盼。中正。号二。

《战时外交》第 1 卷,第 103 页

蒋介石致罗斯福[①]

1940 年 11 月 28 日

1. 在对华战争中,日本已因战争及疾病伤亡损失兵员 110 万人。日本必须在中国(除满洲外)保持约 125 万人的兵力。中国能成功地抵抗在装备与物资上大大居于优势的日军,全因其有周密的战略,在无

---

① 这份既未签名也未注明日期的备忘录,是宋子文于 11 月 28 日亲手交给国务卿,请其转交罗斯福总统的。

可避免的情况下即行放弃阵地但从不使军队瓦解,以及加紧利用游击战术以使敌军陷于中国而不能自拔。

2.日本现已意识到不可能击溃中国军队,正由中国撤出,将兵力用于南进印度支那、荷属东印度及马来亚。日本正迫不及待地要与中国达成条件并不苛刻的和约,因为一旦最终战胜不列颠帝国,任何对中国的有利和约条件都可作废。德国当然正试图在中日间斡旋。

3.经过三年有半的战争破坏,中国人民与军队正感到疲惫不堪,因为:(1)由于丧失了最肥沃的土地和财源,又不得不在战场上保持为数250万人的军队和200万人的游击队,中国的财政和经济状况正迅速恶化,国内物价已上涨七八倍,除非立即得到大量外援,通货膨胀在中国将一发而不可收拾。(2)中国的全国抗战是在极为艰苦的情况下坚持下来的,因为中国相信民主国家必将取得最后胜利。法国的崩溃,各小国的不战而降,以及德国军队的不断取胜均不无动摇此一信念的可能。(3)在空战中,中国军队开始时依赖的是美国的飞机,在战争的第二及第三年则依靠俄国飞机。这些飞机的运用均属得当,加以有内线作战的显著优势,虽然日本空军在数量上大大超过我方,仍能保持一定的空中抵抗能力。俄国现已停止输送飞机,自今年9月起,日军飞机不仅在绝对数量上,而且在质量上也大大优于我方,所以中国今日已无空中防务可言。由于中国军队,尤其是主要城市的平民不断遭到轰炸,而缺乏任何抵抗的可能,士气普遍受到影响。

4.按目前军事形势,日本可通过集中力量于中国的几个战略中心的方式,抽出大批兵力和运输力量,因为中国军队虽然勇敢而且久经战阵,若无空中支援,势难对防御坚固的地区进行反攻。若有适度的空中支援,中国军队可以很容易地夺回广州和汉口,把日本的兵力牵制在中国。经验表明,内线作战,一支比如说500架飞机的空军肯定能牵制4倍于己的敌方空军。此外,有这样一支以中国沿海机场为基地的打击力量亦可因其威胁日本本土、台湾及其新近攫取的在海南的基地,作为针对日本夺取新加坡与荷属东印度企图的最为有效的威慑力量。

5. 这一支特种空军部队不需要超过 200 架轰炸机和 300 架驱逐机,但必须配备充足的人员,尤为重要的是要有必须的机械师和地面机场。中国虽能提供部分飞行员和机械师,但为了保持最高的效率,显然还必须由英国及美国的训练中心抽调人员,由这些外国飞行员组成一支特种空军部队。特别需要考虑的是这支部队的地位,这一点要由远东的政治局势发展来确定。这支空军应当立即建立,以便能在日本对新加坡的春季攻势开始前在中国组建,作好作战准备。

6. 飞机可于仰光或印度组装后飞往中国的空军基地,或从仰光由水路运往中国边境在那里组装。中国有可供利用的机场 136 处(如有需要,可提供一机密地图表明这些机场的位置),其中半数以上状况极佳,均可供轰炸机及驱逐机使用。这些机场中有几处在距日本 650 英里的范围之内;所处位置不易遭到陆军的攻击。近处并无日本驻军,陆上攻击在大多数情况下都需要在缺乏交通的极端困难的地形上集中数师兵力,这样就留出了充裕的时间进行防守或将受到威胁的空军基地转移。

这一特种空军部队可与中国陆军协同作战,中国军队有此支援即可有效地攻打广州以救援香港,攻打汉口以廓清长江流域;该部队或者还可单独行动攻击日本本土、台湾和海南岛。

按照在亚洲和欧洲作战的政治战略需要,将有可能对将空战引向日本的可行性作出决定。人们不应对轰炸给日本人产生的心理反应持教条主义的态度,而每天都有证据表明,日本内部纠纷加剧,由于战争永无休止的前景使日本人民遭受的压力和生活必需品匮乏日益严重,而在日本对华进行冒险之初他们曾被告以战争只会延续几个月时间。

7. 这支特种空军部队的组建和装备需要两个整月的时间在美国和中国加紧进行。如果要在关键性的 1941 年春季开始作战行动,则建立这支部队的决定就应在今后两周内作出。

蒋介石将军由于情势严峻及职责所在,现将有关各项考虑坦诚地向英国及美国政府陈明,再一次诚恳地要求即时作出决定;在这方面,他当然也因在争取自由和民主的斗争中目标完全一致这一点深受鼓舞。

FRUS,1940,Vol.4,pp.699-700

国务院致中国大使馆口头声明①

1940 年 12 月 4 日

1. 本政府最近已采取步骤,将可于近期内向中国提供 50 架新式军用飞机,并正在尽量考虑设法在实际可行的最短时期内再提供相当数量的飞机的问题。

总统于 11 月 30 日宣布,本政府拟对中国政府提供一笔 1 亿美元的信贷。

有关飞机及有关信贷的行动实不易安排。

采取这些行动确实(给美国)造成了非常大的困难和牺牲,但它们对中国是相当具体的援助,其重要性将为所有的人们所承认。

2. 中国政府当知避免结盟或作出有卷入可能的承诺乃是美国政府的传统政策。

关于中英同盟问题,考虑到本政府的传统政策,很难看出本政府如何能对这类同盟恰当地采取行动。结成这类同盟的问题显然是必须由中、英两国政府的作出决定的事。

3. 关于美国飞行员赴华的问题、美国法典第十八章第二十节和二十二节对于参加或雇佣他人参加外国军队之行为,如属在美国领土或司法管辖范围内发生者订有罚则,但美国一般法律对于美国公民去到国外,并于在国外时参加外国军队则无处罚的规定。此外,或尚须考虑青年人(特别是受过作战训练的飞行员)按兵役法在美国军队中服役的问题,并在美国飞行员离开美国去外国服役前加以解决。

---

① 远东司司长汉密尔顿与政治顾问亨贝克,奉命在 12 月 4 日按此项口头声明的精神与中国大使胡适及宋博士进行谈话。

国务院对于愿去中国担任飞行教练的美国公民可能发给护照。

4. 关于发表一项正式声明阐明本政府在与远东各国关系中奉行的原则问题,一项属于这一性质的声明草稿已经拟就提供考虑,并使其可能在日本与南京政府签订条约之日(11月30日)发表。原来考虑,如未能于11月30日宣布对华贷款1亿美元,便于是日发表此项声明。当形势发展表明在该日发表贷款事属可行时,由于种种原因,包括我们认为不宜对日本与南京政权签约的行动予以过分注意,遂决定最好不再就本政府的态度及立场发表任何新的公开声明。国务卿在他当天的新闻发布会上答复问题时,曾请提问者参阅他在3月30日南京政权成立之时所作的公开声明。人们可以回忆,3月30日的声明曾明白指出,美国政府继续承认首都现在重庆的中华民国国民政府为中国之政府。美国政府与美国人民信奉之原则及其对远东局势所持之态度及立场,均已在历次正式声明中予以阐明并为举世所共知。美国政府于11月30日,即日本与南京政权签订条约之日,宣布拟对中国贷款1亿美元之行动,即属明白及有力地表明美国政府承认现在重庆的政府为中国之政府,表明美国政府继续坚持其经常宣示的有关远东的态度和立场。

我们的想法是,当前行动更重于言词。我们也相信,在许多情况下,让行动来说话最能达到有效的和预期的结果。

5. 如上所述,努力使中国政府有可能再从我国购买相当数量的飞机一事,正得到我们的极大关注。此事的安排并非易事。各方面的需求都很大,而供应则不足以满足所有的需求。然而,人们对于中国政府的情况是认真理解的,中国政府可以相信,美国政府亦极愿尽其全力作出可以适当作到的一切。

本政府的各有关人员和机构,当然愿意与中国大使及宋子文先生就蒋介石所提建议尚未被上述各点所包括的方面继续进行讨论。

6. 请中国大使及宋子文先生将上述内容转达给中国政府。

命令

重庆,1941 年 8 月 1 日

一、美籍志愿军第一大队于本日组织成立。

二、仰陈纳德上校将来华参战之美志愿军组成该大队,其因完成该大队之组织而须增派之华籍人员由本会供给之。

三、仰陈纳德上校就该大队指挥官之职于组织完成后将详情具报。

上令陈纳德上校

委员长蒋中正

《抗日战争》第 4 卷(上),第 532 页

霍伊特[①]致马格鲁德备忘录

重庆,1941 年 10 月 21 日

事由:美国志愿队。

本人于 10 月 9—20 日访问了目前驻扎在缅甸东吁的美国志愿大队,兹报告如下:

人员

共招募飞行员 100 名。其中 49 名正在东吁接受训练;6 名因合同终止而离去;2 名因事故丧命,共减员 8 名。其余 43 名正在来此途中。预计另有两名飞行员要辞职,故一俟正在途中的人员到达,原 100 名中将共有 90 名飞行员在岗。

原计划招募的 164 名技术及行政人员现已在东吁。

飞行员与技术人员的士气看来均佳。

空勤及地勤人员的纪律亦佳。

在其他人员中,访问期间见有一人违犯纪律。

志愿队严重缺乏合格的参谋人员。陈纳德上校,根据本人几年来

---

① Hoyt,美空军上校。

形成的看法,是位战术上和行政上都很能干的人,但没有一班能干而又可靠的参谋人员,显然在目前训练时期,尤其是将来作战时期,将严重妨碍部队的效率。这一点在志愿队执行官和较小程度上在作战军官(S–3)尤其如此。这种情况志愿队指挥官完全了解,但也只能作目前这种选择,否则各飞行中队就要缺少最适当的中队指挥官。

生活条件如飞行员和其他人员的住处和食堂相当不错。住处是宿舍式的,有桌、椅和衣柜。飞行员和其他人员的食堂由食品供应商萨伏伊公司经营。每天的费用是 4 卢比。东吁是皇家空军的驻地。

志愿队飞行员和其他人员的健康状况良好,在现有 213 名人中有 4 人住院治疗。

陈纳德上校特别希望将空军预备役的艾伯特・鲍姆勒上尉①派到志愿队。鲍姆勒现正在飞行大队服现役,也希望得到这项派令。他曾有在西班牙作战的经验。据说他与国务院有过纠葛而得不到护照。

飞行人员以及技术和行政人员与美国陆军航空队各组织的人员相比,素质还是好的。

训练

飞行训练,包括单飞、特技飞行、单机作战和编队飞行,正在进行,情况令人满意。

现在强调的是编队战术,编队内的协同与合作和飞行,进行情况令人满意。

中队内各编队间或大队内各中队间的协同,除由大队指挥官进行讲授外,很少进行训练。陈纳德上校并不参加飞行训练,他的参谋人员也无一人参加飞行训练。因此在这个部队内没有一人具备在空中带领全大队进行上述最后一项训练的资格。正是出于这个原因,陈纳德上校希望得到鲍姆勒上尉的协助。

未进行过空对地和空对空的射击训练。

---

① Albert J. Baummler.

　　这项训练的筹备工作曾因缺少瞄准物或"射靶"而大大拖延,这件事必须得到缅甸工程进度处及皇家空军的批准。据信最终会作出令人满意的安排和提供设施。然而空对地射击将需在缅甸或中国进行,而空对空射击将布置在中国进行,然后部队才能被认为是进入作战准备状态。到现在为止,这个部队的空对地射击或空对空射击均尚未得到缅甸方面批准。

装备

　　飞机:100 架 P-40 型飞机已运抵缅甸仰光。其中 60 架已由 CAMCO 及志愿队人员组装并运抵驻东吁的志愿大队。35 架尚待组装交付。5 架飞机已损坏,全无修复的经济价值。共计飞机 100 架。

　　上述型号的飞机在速度上优于日本最新型的驱逐机,但爬升速度稍逊。这一事实必然使 P-40 在对日军驱逐机的作战能力上受到限制。

　　飞机结构异常良好,没有发现故障,事实上自从开始活动以来从无这类情况。然而要继续作战行动就必须有零配件,因为在行动、训练或作战过程中会有损坏。志愿队现在全无零配件,除非现在的交付速度加快,除了可能从已损坏的飞机上能拆卸少量零件外,1942 年 2 月前在缅甸或中国将得不到任何零配件。在志愿队得到合理数量的零配件之前是不应投入战斗的,否则耗损将会很快减弱其有效程度,直到只能进行些零星活动。

　　P-43 型飞机已有 125 架分配给中国,其速度只稍高于最新型的日本驱逐机,而爬升速度则较低。

　　P-48 型飞机已有 144 架分配给中国,其速度与日本最新型驱逐机大致相同,爬升速度则较低。

　　上述两种型号飞机如能装有涡轮增压器则性能可大大改进。

　　性能稍佳在战术上即能取得很大优势,这一点是怎么强调也不为过的。

洛克希德·哈德逊[①]及 DB-7 型飞机,按目前计划已分配给中国各 33 架,将装备英国制的炸弹架,可携带 4 枚 250 磅炸弹或 3 枚 500 磅炸弹。

目前情况尚不能说明有必要或应该使用上述型号的炸弹,但另一方面确有必要使用大量较小的杀伤弹和爆破弹。

因此上述飞机应装有美国制的炸弹架,可以携带所需炸弹。否则应用其他具有这样装备的性能相同或更佳的飞机予以代替。

发动机:通常的止推轴承故障,即在埃里逊发动机由于使用电控螺旋桨代替液压自动变距螺旋桨而遇到的停顿故障,在这个部队也正在遇到。正在尽快安装新的止推轴承及采取其他改正措施。

……

武器装备:这个志愿队的武器装备状况如下:

现有枪炮:

口径	.50	192
口径	.30	272
口径	7.92 毫米	130

所有枪炮均安装在现驻地的 60 架飞机中的 57 架上。

……

弹药:到目前为止共分配给中国.30 口径的 100 万发,.50 口径的 50 万发。上述的.50 口径子弹有半数、.30 口径子弹有 3/4 现已在志愿队或正在运来途中。现在手中的弹药一部分系从马尼拉,一部分系从中国运来。

减去作为训练所需的子弹后,所余供作战用的子弹为数寥寥。尚不知上述子弹现在中国有多少数量。

无线电设备:志愿队所配备的飞机上既无美国也无英国的无线电设备可供安装。结果不得不去寻找不完全合适的无线电。飞机装有

---

① Lockheed Hudson.

24伏的电器线路,而无线电设备则是为12伏线路设计的。设备的使用接的是24伏电池。这一方法引起耗电不均,发电机不能保持完全负荷。

无线电不是设计为驱逐机用的。接收调谐范围不够宽,不足以与地面站保持联系,及与整个编组的飞机不经重调保持联系。这一点在拦截作战时特别不如人意。

缺乏无线电零件。缺乏维修保养器械。

……

适于驱逐机使用的无线电导航仪及地面无线电定向设备在本志愿队均无供应。这项设备是使飞行员或编队能在作战后返回基地所必需。由于缺乏可辨认的地物,飞行员不使用无线电特别难以确定其所在方位。

结论

在研究以上所述的情况后,得出以下结论:

(a)志愿队的飞行员和技术人员是令人满意的。

(b)除射击训练外,训练的进展是令人满意的。

(c)志愿队的军火供应不足以使部队投入战斗。

(d)飞机、发动机、武器装备及通讯设备的零配件完全不足以使部队投入战斗。

建议

(a)在备足继续作战所需能在中国使用的各种零配件之前,不要命令志愿队投入战斗。

(b)在经过充分的射击训练,确保能有足够的弹药、燃料和油料以前,不要命令志愿队投入战斗。

(c)现有的驱逐机,尽快以最高性能的单发动机、装炮的驱逐机替换。

(d)目前分配的驱逐机(P-43,P-48),尽早在生产时装备涡轮增压器。

（e）目前分配的轰炸机应装备能携带大量小杀伤弹和爆破弹的炸弹架。

（f）目前分配的轰炸机尽快以为美国空军使用设计的轻型、中型轰炸机代替，这些类型的飞机装备齐全，有各种为特定目的设计的辅助及附属设备。

（g）飞机必须随带各种零配件，包括飞机、发动机和辅助设备的零配件。

（h）分配给中国的飞机，应在运交中国前连同辅助设备完全组装完毕并经试飞，包括枪炮的试射。

（i）只要有可能，并且条件可行，飞机即应按以上所述组装试飞，连同各种零配件装于飞机运载工具上交到启运港，然后飞往目的地。

（j）应尽切努力为美国志愿队提供适当的参谋人员，如有必要，可使志愿参加的陆军现役军官退役。

（k）努力为志愿队调入空军预备役上尉艾伯特·J. 鲍姆勒。

（l）以雇佣方式，为美国志愿队确定飞行人员每月10%的补充率。

（m）确立每月25%的飞机补充率，并在分配飞机时将此一补充率考虑进去。

（n）尽量提出目前的飞机、零配件等的分配，如有可能将目前的估计日期提前。

（o）美国应利用这一机会为美国空军部队获得作战训练。

Magruder Mission

与蒋介石会谈备忘录

1941 年 10 月 27 日

1941 年 10 月 27 日下午 5 时，委员长接见马格鲁德将军及麦克莫兰上校。

出席者：委员长、蒋夫人、商震将军、马格鲁德将军、麦克莫兰上校、董显光先生（译员）、委员长私人秘书李惟果。

经过开始时的寒暄,包括表示对与商震将军的接触和对代表团的生活安排感到满意,马格鲁德将军说明他认为代表团的使命是关注下列重要事实:(1)改善通讯;(2)建立空军;(3)对野战军提供必要的军需供应以实现中国的最低目标;(4)兵工厂的原料;(5)训练中国军队使用与维修美国供应的武器装备。

委员长对这五点作了记录,似乎表示同意它们的重要性。在回答时,他说有几件事他考虑是代表团应该做的。第一,他要代表团监督中国空军的改组和训练。马格鲁德将军没有机会对这点发表意见。

他接着就开始讨论后来证明是这次会见的主要理由。他说,他有各种理由相信日军在11月底前将自印度支那向西北方向对昆明发起进攻,目的是在昆明截断滇缅公路。他正在加强他在云南的部队,并感到凭他手中掌握的物资,可以对付地面的进攻。在空中,他预料日本会集中大量飞机,以目前所有的飞机,包括陈纳德的志愿队,他是没有希望加以阻止的。他感到他们可利用大量的空中轰炸机到达昆明。昆明的失陷意味着中国将不再能作任何有效的抵抗。中国打退这一入侵的最好机会在于能得到驻新加坡英国空军的支援。到目前为止对英国的工作还没取得成功。他提到与英国大使就此事进行的会谈。蒋夫人在委员长离开房间时解释说,中国曾提出如果日本南进,朝新加坡推进,中国即从陆上向印度支那进军,她并且相当尖刻地说英国人似乎并不想现在用新加坡的空军帮助中国,除非英国领土遭到入侵。

委员长回到房间后,接着要马格鲁德将军向华盛顿发电,要求向英国方面施加压力,用他们的空军相助,理由是从印度支那对中国的进攻实际上是日本的扩大南进,这是和美国表明的坚决反对日本任何继续向南扩张的政策相对立的。他还要求美国采取强烈的单独行动来表明英美联合阵线的继续存在。他进一步非常诚恳地讨论了昆明失陷的危险,但没有提起美国用来自菲律宾的飞机可能进行的支援。对昆明的危险并不仅仅是对日作战中的另一事件,而且也是整个太平洋局势的一个重要因素。

蒋夫人对陈纳德的空军说了几句话,她得知陈纳德现在只有 49 名飞行员,她说正在途中的飞行员到达会过迟,提出了荷属东印度是否能派空军支援的问题。马格鲁德将军的意见是荷属东印度不可能提供援助。

马格鲁德将军说,他在过去六天中曾研究从印度支那方面入侵的可能,并认识到这一危险。事实上他已准备了向我国政府就这一问题的报告,但要等到与委员长会谈后再发。他同意立即发出一封电报,说明委员长提出的援助要求。

委员长接着表明了他认为是最为必需的军事需要,即飞机、防坦克炮、防空炮和驮载炮。

马格鲁德将军说,不论 11 月发生什么事情,从滇缅公路运送供应品的工作必须大大加强,运输的状况必须大大改善。即使有新加坡空军的支援,如没有从滇缅公路运到中国机场的必须供应品,新加坡空军也无法行动。代表团已作好准备在需要改进的技术方面提出咨询意见,但中国方面必须处理政治方面的问题。委员长要求对问题逐一进行分析,提出具体建议来由他作出决定。他工作太忙无法自己拟定解决办法,因此要求有便于作出简单决定的建议。

对由代表团改组空军的建议未作进一步讨论。

会议至晚 7 时结束。

Magruder Mission

(五)美日谈判与中国反对美国妥协

说明:美日间非官方接触从 1940 年底开始,到 1941 年 4 月 9 日形成了秘密的《日美谅解备忘录》。此后,美日两国政府以此为基础开始了长达 7 个多月的谈判。日本企图通过谈判谋求美国承认它在中国的侵略成果,促使中国接受其诱降条件,减轻乃至取消美国对日经济压力。美国此时尚未作好战争准备,也希望能暂时缓解与日本的矛盾。美日谈判大致可分为三个阶段。第一阶段:1941 年 4 月—7 月。美国总的态度是妥协的,准备劝说蒋介石向日本让步,以换取日本不向印度支那和东南亚其他地区进兵。日本进军印度支那后,美国宣布冻结日本在美资产。第二阶段:8 月—10 月。日本提出新建议,准备以部分撤退印度支那南部的日军换取美国解除对日禁运、解除冻结日产和停止对华援助,日方还提出举行日美首脑会谈,但美方反应冷淡。9 月 6 日日本御前会议下决心做向美国开战的准备。在这一阶段,中国政府得知了美日谈判的消息,一再表示反对任何牺牲中国利益的妥协。第三阶段:11 月至日美开战。美国政府虽已意识到美日战争不可避免,但仍希望推迟战争的到来。为此,美国设计了一个"临时过渡办法",但遭到中、英等国的坚决反对。美国遂提出态度强硬的赫尔备忘录。

1. 第一阶段谈判

日本谅解备忘录
1941 年 4 月 9 日

一、日美两国所持的国际观念和国家观念。

日美两国政府承认,彼此为对等的独立国家并为互相毗邻的太平洋强国。

两国政府申明,在希望建立持久和平并开辟一个以互相尊重为基础的信任与合作的新时代方面,两国的国策是一致的。

两国政府声明,两国政府的传统信念是:各国和各种族应相互合作,八纮一宇,各自享有平等权利;利益应相互以和平方法加以调节;各自谋求和维护其精神的和物资的福利,同时承认有责任不破坏这一点。两国政府有坚定的决心,要互相保持两国固有传统的国家观念和社会秩序以及作为国家生活基础的道义准则,不允许与此相违背的外来思想的泛滥。

二、两国政府对欧洲战争的态度。

日本国政府申明:轴心同盟的目的是防御性的,是为了防止军事上的连衡关系扩大到现在尚未参加欧战的国家。日本国政府声明:日本无意回避现存条约的义务,至于根据轴心同盟所担负的军事义务,则只限于该同盟的缔约国德国在受到现在尚未参加欧战的国家主动攻击时才予以履行。

美国政府申明:美国对欧洲战争的态度是,不论现在和将来,决不为援助一方而攻击另一方的攻击性同盟所左右。

美国政府申明:美国始终不渝地反对战争,所以,对欧战的态度是,无论现在或将来,将只根据保卫本国利益和安全的考虑来决定。

三、两国政府对中国事变的关系。

美国总统承认下列条件,如果日本国政府保证这些条件,美国总统可以据此劝告蒋政权媾和:

1. 中国独立;

2. 根据日华间即将达成的协定,日军从中国领土撤退;

3. 不兼并中国领土;

4. 不赔偿;

5. 恢复门户开放方针,但关于其解释和运用范围问题,应在将来适当时期,由日美两国协商之;

6. 蒋政权与汪政府合并;

7. 日本自行节制向中国领土大量或集体移民;

8. 承认满洲国。

在蒋政权接受美国总统的劝告时,日本政府应立即同重新统一的中国政府和组成该政府的人员直接开始和平谈判。

日本国政府应在上述条件范围内,根据睦邻友好,共同防共和经济合作的原则,直接向中国方面提出具体和平条件。

四、在太平洋上的海军兵力和航空兵力及海运关系。

1. 日美两国为维护太平洋和平起见,彼此不得部署威胁对方的海军兵力和航空兵力。有关其具体细节,由日美另行协商。

2.日美会谈达成协议后,两国应互派舰队作礼节性的访问,以祝贺太平洋和平的到来。

3.中国事变解决就绪后,日本国政府按美国政府的希望,同意按照和美国签订的条约,迅速动员现在服役的本国船舶中可以退役者,主要在太平洋方面服役。关于这类船只的吨位等,由日美会谈另行决定之。

五、两国间的通商和金融合作。

在达成这次谅解并经两国政府同意后,日美两国各自需要且又是对方所拥有的物资,应由对方保证供应。同时,两国政府应采取适当措施,恢复日美通商条约有效期间曾经有过的那种正常通商关系。如果两国政府想缔结新的通商条约,可通过日美会谈进行研究并按通常惯例缔结之。

为促进两国经济合作,美国应对日本提供足够的信用贷款,以发展东亚的工商业、改善东亚的经济状况和实现日美经济合作。

六、关于两国在西南太平洋方面的经济活动。

鉴于日本已保证不使用武力,而是用和平手段来谋求它在西南太平洋方面的发展,有关日本希望在该地区生产和取得石油、橡胶、锡、镍等物资的活动,应得到美国方面的协助和支持。

七、两国政府关于稳定太平洋政治的方针。

1.日美两国政府不容许欧洲各国将来在东亚和西南太平洋接受领土割让或合并现有的国家等。

2.日美两国政府共同保证菲律宾的独立,如果它没有寻衅而受到第三国进攻时,两国应考虑援助办法。

3.对于在美国和西南太平洋的日本移民,应友好相待,给予和其他国民相同的平等待遇。

日美会谈

(1)日美两国代表间的会谈将在檀香山举行。会议应由代表合众国的罗斯福总统和代表日本国的近卫首相主持。代表人数双方均以5人为限,但不包括专家、秘书等在内。

（2）本会谈不得有第三国观察员列席。

（3）本会谈应在两国达成此项谅解后尽速召开（本年5月）。

（4）本会谈不再讨论这次谅解各项，两国政府事先商定的议题由两国政府协商之。

《大东亚战争全史》第1册，第111—114页

为国务卿准备的备忘录

华盛顿,1941年4月15日

日本大使当可忆及，在我们以前的谈话中，我曾几次提到本政府于最近几年中，在与本半球其他国家的关系中所遵循的原则，以及本半球所有国家对这些原则的实际适用。在此方面，我要提请大使注意所有美洲国家于1938年12月24日在秘鲁利马通过的"美洲原则宣言"。我愿意读一下这份宣言，并为大使提供一份副本。

我想要询问，在大使看来，他的政府有否可能同意这一宣言中所列举的原则。

特别是就正在讨论中的各项建议而言，我的理解是这些建议都提到和利用利马宣言中的一些原则。我想请问大使，是否同意，和大使认为贵国政府是否同意，将我所指的各项建议中所提出的一些主张加以扩大，使之能更清楚地反映出与利马宣言广泛纲领的一致性。尤其是，我欢迎听到大使认为贵国政府对下列问题抱有什么态度：

1.尊重中国的主权。

2.不干涉其他国家，尤其是中国内政的原则。

3.商业机会，尤其是在华商业机会均等的原则。

4.维持太平洋地区的现状，除非是用和平手段改变这种现状。

我还想提请大使考虑一个问题，那就是如果总统同意出任调停人，而中、日两方如果接着进行谈判，是否有必要规定停战。这样谈判就可在更为良好的气氛中进行，不会有任何胁迫之嫌。

《大东亚战争全史》第1册，第114—115页

日本大使(野村)致赫尔建议草案

1941 年 5 月 12 日

美国政府和日本政府商定的机密备忘录

美日两国政府共同承担责任,拟定和签署一项旨在恢复两国传统友好关系的一揽子协议。

撇开致使两国疏远的具体原因不谈,两国政府真诚希望导致两国人民间的友好感情趋于恶化的那些事件不再发生,并希望这些事件引起的出乎意料的不幸后果得到纠正。

我们希望两国政府通过共同努力在太平洋地区确立公正的和平;迅速达成友好的谅解,以抑制(如果不能消除的话)威胁到人类文明的悲剧性混乱。

对如此重大的事情而言,谈判延宕日久是不适当的,也是软弱的表现。因此,两国政府希望采取一切手段,达成在道义和行动上把两国政府联结在一起的一揽子协定。

我们认为,这样一项谅解应该只包括亟需解决的重要问题,而不应包括可在会议上商量和可由两国政府分别解决的次要问题。

两国政府都希望在各自的立场得到澄清和形势得到改善的情况下能够建立和睦的关系:

1. 美国和日本关于国际关系和国家性质的概念。

2. 两国政府对欧洲战争的态度。

3. 两国与中国事变的关系。

4. 两国间的商务。

5. 两国在西南太平洋地区的经济活动。

6. 影响太平洋地区政治稳定的两国各项政策。

相应地,我们达成了如下谅解:

一、美国和日本关于国际关系和国家性质的概念。

美日两国政府互相承认对方为太平洋地区拥有平等主权的邻邦。

两国政府一致声明,两国的国策是确立永久和平的基础,开创两国人民互相信任和合作的新时代。

两国政府声明,两国过去和现在均确信,每个国家和民族都是国际大家庭中的一员,都享有平等的权利,都在和平进程带来的互利基础上承担责任,追求精神和物质上的福祉,保护自身但不破坏他人的幸福。两国并承担责任,共同反对压迫和剥削落后国家。

两国政府决心继续保持各自对国家性质的观念以及社会秩序和国民生活的基本道德准则,不因与之相对立的外来观念或意识形态而更改。

二、两国政府对欧洲战争的态度。

美国政府和日本政府声明,两国的共同目标是实现世界和平;因而,两国将共同努力,不仅要阻止欧洲战争的进一步扩大,而且要尽快在欧洲恢复和平。

日本政府强调,日本与轴心国的盟约关系是防御性的,旨在防止目前尚未直接卷入欧洲战争的国家卷进去。

日本政府强调,日本对于日本、德国和意大利签订的《三国同盟条约》的军事援助义务,将根据该条约第 3 款的规定履行。

美国政府强调,美国对欧洲战争的态度是,不采取援助任何一国反对另一国的措施。美国强调,美国绝对憎恨战争,因此,美国对欧洲战争的态度将只取决于对自身福利和安全的保护和防卫方面的考虑。

三、两国与中国事变的关系。

美国政府承认《近卫声明》阐述的三项原则和以此为基础与南京政府达成的条约和《中日满共同宣言》中确定的各项原则,相信日本政府能够采取与中国建立睦邻友好关系的政策,为此,美国将立即要求蒋介石政权与日本进行和谈。

四、两国间的商务。

当本谅解案被两国政府正式批准后,美国和日本将保证互相提供所需物品。两国政府同意采取必要措施恢复以前根据《美日通商及航海条约》建立的正常贸易关系。

五、两国在西南太平洋地区的经济活动。

鉴于日本声明,日本向西南太平洋地区的扩张具有和平性质,美国应在日本需要的自然资源(如石油、橡胶、锡、镍等)的生产和获得方面与日本合作。

六、影响太平洋地区政治稳定的两国各项政策。

(1)美日两国政府共同保证菲律宾群岛的独立,条件是菲律宾群岛须永远保持中立地位。日本国民将不受任何歧视性对待。

(2)日本人移民美国将受到友好的对待,与其他国家的移民地位平等,不受歧视。

附录

美日两国政府将把本谅解案当作两国间的秘密备忘录对待。

对外宣布本谅解案的范围、性质和时机将由两国政府商定。

附:对原草案修正案的口头说明

第二部分:两国政府对欧洲战争的态度

这部分内容实际上没有什么变化,但我们想更加明确地说明一下《三国同盟条约》。只要日本是《三国同盟条约》的一个成员国,谅解案中提及的规定就是多余的。

如果我们必须作出某种规定的话,那么重要的就是澄清本谅解案与《三国同盟条约》的关系。

第三部分:中国事变

原谅解案中提出的中日和谈条件与此处所说的"近卫原则"没有实质性的差别。实际上,二者是互通的。

我们应该另外达成一项秘密谅解:如果蒋介石不接受美国要他进行和谈的建议,美国即停止对蒋介石政权的援助。

如果美国由于某些原因不能签署这样一份秘密文件,美国最高当局应给予明确的口头保证。

上面提及的近卫三原则的内容如下:

1.睦邻友好;

2. 共同防共;

3. 经济提携——日本不打算在中国进行经济垄断,也不要求中国限制第三国的利益。

下面是原草案中包含的原则:

1. 互相尊重主权和领土;

2. 互相尊重对方的特质,睦邻合作,形成有利于世界和平的远东核心;

3. 日本根据中日之间达成的协议撤出在中国领土上的军队;

4. 不割地,不赔款;

5. 满洲国独立。

第三部分:向中国移民

关于向中国大规模移民的问题所作的规定已被取消,因为它可能会使过去深受美国移民法之苦的日本人民产生一种印象(也许是错误的印象):美国甚至在对日本人移民中国的问题指手画脚。

实际上,这项规定的意旨和目的已被日本政府完全理解和接受。

第四部分:航海、航空和商业海运关系

本部分的第 1 段和第 3 段已被取消,不是因为意见分歧,而是因为当我们两国达成一项谅解、两国关系得到改善、我们目前对中国承担的义务终止以后,海军和商船问题的处理会更为实际,更为可行。那时,我们将了解清楚实际情况,采取相应的行动。

海军舰队的友好访问

这一条(第四部分第 2 段)也许另签备忘录专门作出规定更好一些。尤其要注意进行此类访问的时间、方式和规模。

第五部分:黄金信贷

第五部分第 2 段中的建议已被取消,其原因与第四部分第 1 段和第 3 段被取消的原因相同。

第六部分:在西南太平洋地区的活动

第 1 段中"不诉诸武力"几个字已被删除,因为这几个字不妥当,也不重要。事实上,首相和外相在各种各样的声明中已多次阐明了日本的和平政策。

第七部分:太平洋地区的政治稳定

正如第 1 段意指的,关于军事和条约义务的规定,两国都需要极为复杂的法律程序,所以我们认为不宜把这一条列入本谅解案中。

出于同样的理由,我们对第 2 段中关于菲律宾群岛独立的规定作了修改。

在第 3 段和第 4 段中删除了"向西南太平洋地区"几个字,因为这样的问题应由美国和日本分别与西南太平洋地区的各个政权直接谈判解决。

会谈

关于举行一次会谈的建议已被取消。我们考虑在美国和日本都认为由总统和首相或者他们二人委派的代表举行一次会谈确实有用处时,再通过换文安排这样一次会谈更好一些。

宣布

关于本谅解案达成后双方对外宣布的声明,东京将准备一份草案,电达华盛顿供美国政府考虑。

FRUS,Japan,1931-1941,Vol. 2,pp. 420-425

赫尔致野村非正式和非官方的口头声明

1941 年 5 月 16 日

现在还不是仔细研究日本大使奉日本政府之命递交的方案的时候。经过对方案的初步考察,我们认为应预先说明下述问题。

我们知道,目前的谈判和日本大使所提建议的目的是达成一项方案,由美国和日本表明其共同愿望和明确目的:不通过武力进行任何侵略行动,保证在道义上和行动上维护和保持太平洋地区的和平。

鉴于这个崇高的目标,从总体上考虑日本的方案之前,似宜先解决一些基本问题。

日本所提方案第二部分中关于日本和美国与欧洲战争的关系问

题,正如日本大使所知,美国正在实行加强国防的广泛计划,美国并认为,援助英国和正在抵抗世界范围内发生的武力征服和侵略行动的其他国家,是自卫计划的必要组成部分。后面的一项附加声明(参看附一)明确阐述了美国政府关于这个问题的立场。日本政府肯定愿意仔细考虑美国政府在声明中阐明的立场。

美日两国的基本目的是在道义上和行动上保证不进行任何武装侵略、维护和保持太平洋地区的和平。我们认为,在这个基本目的的基础上,我们肯定能达成令双方都满意的确定美国和日本与欧洲战争的关系的方案。

根据上面所述,我们提出一些修改该方案第二部分的建议供日本大使考虑。

至于第三部分中关于美国和日本与中国事件的关系的设想,我们注意到,在"附录和说明"中说,第三部分的建议体现了下述原则:睦邻友好;共同防共;经济合作,不搞经济垄断,不限制他国利益;互相尊重主权和领土;互相尊重对方的特质,睦邻合作,形成有利于世界和平的远东核心;根据中日之间达成的协议撤出在中国领土上的日本军队;不割地,不赔款;满洲独立。虽然其中一两点实现起来颇有困难,但我方相信,如果中国与日本能以其他各点为基础达成一项协议,那么剩下的一两点经过修改后,也不会遇到不可逾越的障碍。

我方认为,"近卫声明"中体现的原则("附录和说明"中作了解释)如睦邻友好、共同防共、不限制他国利益和不搞经济垄断的经济合作等,如加以某些修改,是能够被接受的。

因此,我方建议日本大使考虑把日本所提方案的第三部分加以修改,代之以含有"附录和说明"中列举的各项原则的内容。这样的方案难道不是更有可能影响中国政府同意与日本谈判达成一项和平协议吗?中国政府同意谈判显然是美日两国达成协议的基本条件。

在这种情况下,如果总统事先向蒋介石秘密转告中日和谈的基本条件(或实质性内容),和谈成功的把握不是更大一些吗?

根据上面所述,我方根据"附录和说明"中列举的各项原则,提出一些修改方案第三部分的建议供日本大使考虑。

至于第五部分中关于美国和日本在西南太平洋地区的经济活动的建议,我方认为最好将措辞加以修改,一则使之适用于美日两国,二则强化两国关于维护和保持太平洋地区和平的保证。

根据上面所述,我方提出一些修改该方案第五部分的建议供日本大使考虑。

FRUS,Japan,1931–1941,Vol.2,pp.428–430

美国 5 月 23 日声明对日本 5 月 12 日草案修正意见的口头说明
1941 年 5 月 23 日

……

三、中国问题

本声明对日本草案已经做了改写以保持基本的目标,这样做同时也是为了避免提出那些对于基本目标看上去并不重要、却会引起争论的问题,因为从美国的观点来看,它们可能造成严重困难。

声明对日本草案有关这一部分的附件和补充,也在很少的细节上做了修改,以与上一段的考虑相一致。

在附录和补充中,由美国政府作出的两点说明更详尽地解释了这个问题

……

(修改后的附件2)

三、中国问题

2.合作抵制敌对外国意识形态

应当了解,贯彻这种用于防范的计划与日本军队撤出中国领土的规定,没有任何冲突。并且还应当了解,日本政府并不打算以在中国领土内留驻军队来作为防范敌对外国意识形态的一种手段。也应当了解的是,这种规定的目的是为了促进两国间相互合作抵制这种意识形态未来在中国境内的发展,因为它不仅威胁中国的福祉,而且同样威胁日

本的国家安全。因此,为各方面的利益着想,实际的作法是在日本完成从中国撤军工作前不久,不论是日本政府还是中国政府,都通过谈判来满足对方的要求。

(修改后的部分)

三、两国对中国问题的关系

对于日中关系的行动:

美国政府高度重视日本政府关于它将向中国政府提出的和平解决条款,将与近卫关于睦邻友好、相互尊重主权和领土完整的原则相一致的保证。美国总统将建议中国政府与日本政府在双方坦率接受对方和考虑到太平洋地区其他国家的权利和合法利益的基础上,开始停止冲突、恢复和平关系的谈判。

FRUS,1941,Vol.4,pp.217-219

韦尔斯①备忘录

华盛顿,1941年7月24日

应日本大使的请求,今天下午5时,总统在白宫椭圆形办公室和大使进行了非正式会谈。总统让斯塔克海军上将和我出席。

会谈开始时,总统向日本大使作了声明,内容大体如下。总统说,经今晨与拉瓜迪亚少校领导的国防小组谈话,了解到两年多来美国一直允许向日本出口石油。他说,美国这么做是由于认识到,如果美国断绝或限制向日本出口石油,日本政府和人民会受到刺激并找到借口,向荷属东印度群岛挺进,以保证得到远远多于目前从美国得到的石油供给。美国奉行这项政策的主要目的是竭尽全力维护太平洋地区的和平。总统说,大使肯定了解,美国东部目前严重缺乏石油供应,普通的美国公民都不理解,在他们被要求节省使用汽油之时,美国政府为什么要允许继续向近两年来一直奉行武力征服政策的日本出口石油,日本

---

① 美代理国务卿。

的政策与希特勒征服和控制全世界的政策是互相关连的。普通的美国公民不理解,美国政府为什么允许向日本供应石油,而这些石油可能被日本用来实现现其侵略目的。总统说,如果日本企图通过武力在荷属东印度夺取石油,荷兰肯定会予以抵抗,英国会立即予以援助,日本与英、荷之间就会爆发战争,而鉴于美国援助英国的政策,形势会立即变得极为严峻。总统说,正是考虑到上述后果,总统才不顾舆论对政府和国务院的激烈批评,一直允许石油从美国出口到日本。

总统继续说,日本这次向印度支那的推进给美国造成了极为严重的问题。他说,就保证从印度支那获得粮食和原料而言,如果日本能按照赫尔国务卿和日本大使谈判的条件与美国达成一项协议,日本肯定会得到更多的保证,与其他国家平等地获得这些资源。关于这一点,我昨天也向日本大使作了说明。总统说,更为重要的是,任何军事占领都得付出巨大的代价,占领行动本身无助于被占领国家的人民生产出日本所需的粮食和原料,那么日本不但会获得大量的资源,而且会极为安全,无须耗费军事占领的费用。总统说,从军事角度来看,日本政府肯定不会认为中国、英国、荷兰或美国对印度支那有任何领土要求,或对日本有任何侵略威胁。因此,我国政府只能认为,日本占领印度支那的目的是为了进一步进攻,此举造成的形势必然使美国极为不安。

总统说,他了解赫尔国务卿和日本大使会谈的详细情况,他相信日本大使会同意下述看法:日本政府目前在印度支那奉行的政策与正在谈判的协议的原则和内容是完全相背的。

这时,日本大使从口袋里掏出准备好的两张稿纸,请求总统允许他阐述一下日本政府的立场。

大使原原本本地重申了昨天晚上与我会谈时所作的说明。

不同之处是,大使在会谈开始时明确指出,他个人对日本向印度支那进军感到悲哀,他个人不同意此项举措。

大使作了说明后,总统说,他很高兴得知新外相丰田贞次郎是大使的挚友。大使说这是事实,他们两人是在相同的环境中长大的,关系极为密切。

总统继而说,他有个建议向大使提出。这个建议是他在大使进来之前才想出来的,还未来得及与我讨论。

总统说,他提出这项建议也许太迟了,但他觉得无论多迟,他仍希望抓住每一个可能的机会防止日美之间出现可能引起两国人民严重误解的局面。总统说,如果日本政府不派陆海军占领印度支那,或者,即使占领行动实际上已经开始而日本政府能撤出这些军队的话,总统可向日本政府保证,他将尽一切努力争取让中国、英国、荷兰以及美国政府发表一项联合声明,把印度支那视为中立国家,就像瑞士被其他国家视为中立国家一样,其前提条件是,日本也作出同样的承诺。他说,这意味着有关各国均不得对印度支那采取任何军事侵略行动,不得对印度支那采取任何军事控制。他将进一步努力,使英国和其他有关国家保证,只要目前的紧急状态依旧不变,印度支那的法国地方当局就继续控制该地区,而不受到戴高乐的自由法国势力的驱赶。

总统说,如果采取了上述措施,日本就会得到其他国家的联合保证:任何国家都对印度支那无敌意企图,日本将非常自由地得到它正在追求的来自印度支那的粮食和其他原料供应。

日本大使简明扼要地重述了总统的建议。他继而含糊其辞地说,考虑到日本方面的面子问题,目前采取这样的步骤极为困难,只有非常伟大的政治家才能在这种时候改变一项政策。

总统指出,美国人显然相信,日本目前奉行的各项政策是由于德国向日本施加了压力。对此,大使回答说,日本是个独立国家,尽管这种压力可能存在,但日本的政策决策权完全在本国手中,其他任何国家都无权置喙。总统说,有一件事日本政府了解得不如我国政府清楚,即希特勒决心控制整个世界,而不仅仅是控制欧洲和非洲。总统说,如果德国打败俄国,控制了欧洲,从而控制了非洲,就一定会把注意力转向远东和西半球,尽管许多年内(甚至 10 年内)也许不会发生这种情况,但是万一发生了这种情况,日本人和美国人就得联合起来对付共同的敌人——

希特勒。总统再次强调说,他坚信希特勒所想的是完全控制整个世界。

对此,大使回答说,他想引述一句他深信不疑的中国格言:"玩火者必自焚。"

大使说,他将立即向东京汇报此次会谈的情况。总统所言似乎深深地打动了他,但我从他的答复中未看出他对结局有任何乐观倾向。

FRUS,Japan,1931–1941,Vol.2,pp.527–530

韦尔斯备忘录

华盛顿,1941 年 7 月 31 日

日本大使今晚前来拜会我。

我对大使说,总统希望我通过大使转告日本政府,美国政府已接到报告说,日本正在向泰国政府提出与日本最近就印度支那向法国政府提出的相同的经济和军事要求。总统希望我说,美国政府认为泰国对日本没有任何威胁,日本也没有任何理由断言它希望从泰国得到这些特权是为了保证原料供应或作军事上的预防措施。总统因而希望日本政府了解,前此他就印度支那问题向日本提出的建议也包括泰国在内;如果日本政府同意总统的建议,放弃目前奉行的印支政策,他将要求他在建议中提及的与印支有关的其他国家就泰国的安全作出同样的保证。大使说,他将立即向日本政府转告这项建议。

FRUS,Japan,1931–1941,Vol.2,pp.539–540

2. 第二阶段谈判

(1)美日之间的谈判

野村向赫尔递交的日本政府建议

华盛顿,1941 年 8 月 6 日

1. 日本政府作下述承诺:

（1）为了消除可能对美国造成军事威胁的因素,除法属印度支那外,日本不再向西南太平洋地区派驻军队;一俟中国事变获得解决,日本即撤出目前驻扎在法属印度支那的军队。

（2）为了消除可能对菲律宾群岛造成政治和军事威胁的因素,日本将适时保证该群岛的中立,条件是与其他国家及其国民(包括美国及其国民)相比,日本和日本臣民不能被置于受歧视的地位。

（3）为了消除可能对日美经济关系造成不稳定的因素,日本政府将在美国需要的自然资源的生产和获得方面与美国政府进行合作。

2. 美国政府作下述承诺:

（1）为了消除可能对日本及其国际运输线造成直接军事威胁的因素,美国政府将停止实施在西南太平洋地区采取的军事措施,一俟目前的谈判获得成功,美国将劝说英国和荷兰政府采取同样的行动。

（2）为了消除可能造成日美之间军事、政治和经济摩擦的因素,美国政府将在日本需要的西南太平洋地区(特别是荷属东印度)自然资源的生产和获得方面与日本政府进行合作。

（3）除第二条规定的措施外,美国政府还将采取其他必要的相关措施恢复日美之间正常的贸易和商业关系。

（4）鉴于日本政府在第一部分第一条中作的承诺,美国政策将居中斡旋,使日本政府与蒋介石政权直接谈判,以便尽快解决中国事变。在日本军队撤出法属印度支那之后,美国政府仍将承认日本在该地区的特殊地位。

FRUS,Japan,1931–1941,Vol.2,pp.549–550

赫尔致野村

华盛顿,1941 年 8 月 8 日

总统的建议是,如果日本政府不派陆海军占领印度支那或建立基地,或者,即使占领行动实际上已经开始而日本政府能撤出这些军队的话,总统将尽一切努力争取让中国、英国、荷兰以及美国政府发表一项联合声明,把法属印度支那视为"中立"国家,就像瑞士被其他国家视为中立国家一样,其前提条件是,日本也作出同样的保证;这样的联合声明意味着,上述各国政府均不得对法属印度支那采取任何军事侵略行动,不得对法属印度支那进行任何军事控制。总统的建议还包括,美国政府将进一步努力,使英国和其他有关国家保证,只要目前的紧急状态依旧不变,印度支那的法国地方当局就继续控制该地区。随后,总统又将关于印度支那的建议扩大到包括泰国在内。日本政府被告知,如果日本政府接受总统的建议,放弃目前奉行的法属印度支那政策,总统将要求他在建议中提及的与法属印度支那有关的其他国家就泰国的安全发表同样的声明,作出同样的保证。

美国政府认为,美国关于达成一项广泛谅解的观点已在各种正式声明和行动以及近几个月来国务卿与日本大使的一系列会谈中得到了充分体现和说明,这种广泛谅解可以确立和维护太平洋地区的和平,给与该地区有关的每一个国家带来好处。美国政府认为日本政府完全了解美国的这种态度,知道美国能够和愿意做什么,不能够做什么。美国政府因而认为,8月6日日本大使递交给国务卿的文件中提出的建议没有对总统的建议作出回应。本文件重申了总统建议的具体内容。

FRUS,Japan,1931-1941,Vol.2,pp.552-553

赫尔备忘录

华盛顿,1941年8月17日

应总统邀约,日本大使前来拜会总统。互道寒暄之后,总统变得严肃起来,谈起了日益紧张的美日关系。他提到了大使对我的拜访和大使关于两国政府重开谈判的要求。总统简要阐述了我国政府对美日关系奉行的政策和原则,与日本的武力征服政策作了比较。他最后说,我们反对日本征服政策的态度是人所共知的,现在得看日本如何动作了。总统问大使对目前的局势有何想法。这时,大使从口袋里掏出了一项指令,他说是日本政府发来的。日本政府在指令中谈了一些一般原则,非常认真地表示希望维持美日之间的和平关系,近卫首相对维持这种关系的态度极为严肃和认真,他有意在美国和日本之间的某个地方与总统会晤,带着和平精神坐下来商讨问题。

总统说,我国政府确实应该把两国间存在的所有问题逐一提出来,他将就我国政府的立场发表一些看法;他对不得不这么做表示遗憾,但他没有其他选择。总统说他已口授了要讲的内容,他将向大使宣读打印稿,然后将文稿交给大使。

下面是总统的谈话内容:

[口头声明的文本见下文]

总统花费一些时间向大使宣读了声明后,又谈到了大使向国务卿和他本人提出的恢复谈判的要求,总统还进一步谈及了日本的武力征服政策以及日本政府控制下的新闻界对我国政府的激烈抨击。关于重开谈判的要求,他重申了我们以前向日本政府作的各项声明,并指出,如果日本政府在激烈攻击我国的新闻界的支持下继续推行武力推进和征服政策,我国政府当然不会考虑重开谈判。

这时,总统向大使宣读了一项不释自明的声明,内容如下:

[声明的文本见下页]

日本大使收下两项声明的文本,说他将转呈日本政府,他再三言道,他的政府非常希望日美之间保持和平关系,关于我国政府摆出的不继续与日本谈判的理由,他没有异议。

FRUS,Japan,1931–1941,Vol.2,pp.554–555

罗斯福致野村的声明

华盛顿,1941 年 8 月 17 日

8 月 8 日,日本大使在与国务卿会谈时提出,美日两国政府首脑能否举行一次会晤,商讨改善两国关系的办法。近卫首相和日本政府提出这项建议是值得赞赏的。

8 月 16 日,日本大使拜会国务卿时表示希望恢复两国政府间原来进行的旨在确定关于和平解决整个太平洋地区问题的基础条件的非正式谈判。

当日本大使提出这些建议时,国务卿提醒大使说,美国政府已经表现出了极大的耐心,而且,只要日本政府明确表示愿意奉行和平政策,美国将继续耐心对待。国务卿向大使指出,虽然我国政府耐心以待,但收到的许多报告显示,日本政府正在采取与大使和国务卿近来在会谈中商讨的原则完全背道而驰的措施。国务卿还指出,日本新闻界经常被鼓励大谈美国包围日本之说,而且受到官方鼓励,煽动公众舆论。国务卿表示,在日本官方发言人和日本新闻界对美国大事攻击和大谈美国正在努力包围日本的情况下,他认为两国政府就任何建议进行谈判都是没有用的。

按照国务卿的指示,国务院的几位官员曾两次拜会日本大使,就日本打算通过武力或武力威胁在法属印度支那取得陆海军基地的有关报告表示了关注。7月21日和23日,代理国务卿询问日本大使,日本对法属印度支那有何企图。代理国务卿指出,美国政府只能认为,日本占领法属印度支那或在该地区取得陆海军基地是向美国表明,日本已通过武力手段采取了一项步骤,准备进一步在西南太平洋地区进行征服活动。代理国务卿进一步指出,日本的这项新举措对美国获取基本原料以及太平洋地区(包括菲律宾群岛)的和平均极为不利。

因此,美国政府别无选择,只能告知日本大使,在美国政府看来,日本政府采取的措施实际上打消了就太平洋地区和平协议继续进行谈判的基础。

日本政府和美国政府之间关于确定和平解决整个太平洋问题的谈判基础的非正式会谈,其目的在于制订出一套通过和平手段就能实现的进步方案。不用说,除了与美国长期以来奉行的各项基本原则相符合的建议之外,其他任何影响美国或日本的权利和地位的建议均不能接受。非正式会谈拟议的方案应把商业机会均等和平等相待的原则引用到整个太平洋地区。这样,所有的国家都能获得原料和其他必需品。

这样的方案将使所有太平洋国家在自愿和和平的基础上进行合作,利用一切资本和技术资源以及先进的经济领导力量,建设本国经济,同时也建设生产能力能够提高的地区的经济。其结果必然是,有关国家和人民的购买力得以增强,人们的生活水平获得提高,并能创造出有利于维护和平的环境。如果在太平洋地区这样一个以和平和富有建设性的原则为基础的方案得到实行,如果此后太平洋地区的任何国家和地区受到威胁,我国政府将继续奉行援助抵抗侵略的国家的政策,我国政府将与其他国家合作,援助任何受到威胁的国家。

美国政府认为,关于太平洋地区问题的这样一个方案将使日本实现其正在追求的一切目标。这个方案将使任何国家都不能对其他国家的人民进行军事或政治控制,不能得到垄断的或优势的经济特权。如果必需商品的生产和分配受到垄断,美国政府将发挥影响力,使所有国家都按照合理的价格公平地得到被垄断产品的分配份额。

如果日本政府追求的是公开声明的那些目标,那么美国政府认为,上述方案将比其他任何方案都更能满足日本的经济需要和其他合理要求。

如果日本政府希望并打算停止其扩张行动,调整其立场,按照美国奉行的路线和原则实施关于太平洋的和平方案,美国政府将考虑恢复7月份中断的非正式的试探性会谈,并乐于安排合适的时间和地点交换意见。然而,考虑到致使非正式会谈中断的客观环境,美国政府认为,在恢复谈判或安排首脑会谈之前,如果日本政府能像我国政府一样,就其目前的立场和计划发表一项更明确的声明,对两国政府都将大有助益。

FRUS, Japan, 1931–1941, Vol. 2, pp. 557–559

近卫文麿致罗斯福

1941 年 8 月 26 日

当此目前世界动乱之际,掌握国际和平关键的最后两国,即日美两国，关系这样恶化下去，不仅是两国本身的极大不幸，并且意味着世界文明的没落。我方之所以希望维护太平洋和平，不单是为了改善日美邦交，而且也不外乎想借此机会导致世界和平。

我想，日美两国关系恶化到今天的程度，可以认为，其原因主要在于两国政府之间缺少意见交流，一再发生疑惑和误解，以及第三国阴谋策划的结果。如不首先消除这些原因，改善两国邦交终将难以实现，这就是本大臣所以想要直接会见贵总统，借以坦率阐明双方的见解。

7月业已中断的预备性非正式协商，其精神和内容大体上还可以，但若按以前设想的做法继续进行协商，然后再在两国首脑间加以确认，已经不适合正在急剧发展、或有可能引起意外事态的目前局势。当前最迫切的是，首先两国首脑直接会见，这并不拘泥于历来的事务性协商，高瞻远瞩地就日美两国间涉及太平洋地区的重要问题全面进行讨论，探讨有没有挽救局势的可能性。至于有关细节，可在首脑会谈之后，根据需要交给事务当局进行谈判。

本大臣这次提议的宗旨就在于此。切望贵总统对这一点予以充分谅解并交换意见。

基于上述原因，我方希望会见的时间尽量提前。至于会见地点，考虑到各方面情况，认为在夏威夷附近较为适当。

《大东亚战争全史》第 1 册，第 176—177 页

赫尔备忘录

华盛顿，1941 年 8 月 27 日

日本大使前来见我。他说他正在让人译日本政府致总统的一封电报，系对总统 10 天前致日本首相讨论两国关系整体状况的电报的答复。我对大使表示感谢，并说，因为他提出了要求，我乐于安排他明天早晨谒见总统，让他亲自向总统递交这份电报，据他说，这是来自东京的指示。

我概括地谈了几句，大意是，我们两国关系的改善取决于日本政府

是否已经决定放弃武力征服政策,转而采取以我们两国政府可能达成的关于整个太平洋地区的和平协议为基础的和平政策。大使说他认为该电报将是两国关系得到改善的标志,将为进一步改善两国关系提供机会。

大使继而谈到了我国的两艘油轮经海参崴向苏维埃俄国输入石油之事。我说他的抗议是没有理由的;根据所有的商业法来衡量,这些船只都是合法的;它们也符合日俄朴茨茅斯条约的有关规定;正如本国向日本输入大量石油一样,这些油轮从事的也是正当的商业活动;两艘油轮只装有 10 万到 20 万桶油,与过去 4 年中日本从本国输入的亿万桶石油相比,数量是极小的;因而,日本新闻界(日本政府次之)企图就此事小题大作,令人极为吃惊。

我继而询问日本大使,作为解决日本所提抗议的前提条件,日本能否同意在将来默许苏联反对日本从我国进口石油。大使没有答复这个问题,只是说我提出的理由很有说服力,但日本民众正在被要求用木炭代替燃料油,新闻界和鼓动家们正在向他们大谈日本未从美国得到石油。我说,从经济和商业方面看,这纯粹是欺骗性的说法。

我询问大使,他们想让我们做什么,他们是不是要我们让油轮掉转船头,返回美国。我对他说,这种想法是十分荒谬的。大使说,答案是让每月一次来美国装运石油的两艘日本油轮返回日本。我问,他们是否已无余资从我国和南美洲购买石油盛满这两只油轮。他说他将调查一下此事。我要求他弄清情况,然后告诉我。

FRUS,Japan,1931–1941,Vol.2,p.570

野村致罗斯福日本政府的声明
1941 年 8 月 28 日

日本政府已经收到美国总统和国务卿 1941 年 8 月 17 日交给日本大使的文件。日本政府特发表如下声明:

尽管日本政府已就日本在外国领土上采取的行动和措施一再作了

解释,并作了保证,但美国政府仍然感到忧虑,对此,日本政府深感遗憾。

美国政府指出某些事情和某些措施不利于太平洋地区的和解。在世界陷入危机和混乱的情况下,有时候很难断定某件事是起因还是结果。

当一个国家在通往自然和和平的道路上受到阻碍,其生存方式受到威胁,这个国家必然会采取防御措施,而且,为了维护正义和平,也需要这么做。这是日本政府的积极政策。

同时,美国政府采取了一些措施,日本认为这些措施是在向日本继续不友好地施加与当时进行的友好谈判不相符的压力。

美国政府肯定地认为,美国的某些行动仅仅是针对日本采取的与美国的利益和原则相冲突的政策和措施的。但是,对日本政府而言,那些措施是出于自我保护的考虑而制订的,为的是满足国家需要和消除不利于国家安全的环境因素和政治障碍。

美国政府非常谦虚,似乎经常意识不到,美国的政策和声明因美国取得的巨大成就、丰富的自然资源和潜在的实力而自然而然地具有极大的分量。坚持奉行和平政策的美国总统和国务卿可能很难相信世界上的其他国家会认为它们受到了美国的威胁。

尽管如此,只要这种可能的威胁不能得到消除,某些所获无多(特别是基本资源方面)的国家可能不得不从防御的角度看待其与美国的关系。

为此,日本政府欢迎美国政府召集双方就基本政策和立场交换意见,作为一项能为太平洋地区带来永久和广泛和平的谅解案的基础。为了这项和平,日本政府准备作出共同努力,达成日本政府和美国政府都为之自豪的涉及整个太平洋形势的一项和平协议。

日本在印度支那采取措施是为了加速中国事变的解决,同时也是为了消除对太平洋和平的所有威胁,保证日本公平获得基本资源。这是日本政府不得不采取的自卫措施。但是,日本政府无意威胁其他国家。

所以,一俟中国事变获得解决或东亚地区得到公正的和平,日本政府就会从印度支那撤出军队。

此外,为了消除对这件事的各种疑虑,日本政府重申以前多次发表过的声明,日本目前在印度支那的行动不是向邻近地区进行军事推进的预备措施。日本政府相信,上述保证也足以澄清日本对泰国的意图。

关于苏日关系,日本政府声明,只要苏联仍然忠于苏日中立条约,不威胁日本或满洲国,不采取任何有悖于中立条约精神的行动,日本就不会采取任何军事行动。另一方面,日本政府真诚希望美国政府不要与苏联合作采取可能对日本产生任何威胁的行动。

简言之,在未受到挑衅的情况下,日本政府无意向任何邻国用兵。

日美两国政府直接会谈以确定是否存在涉及全局的和平协议的谈判基础是非常适当的,此类谈判自然会最终定出通过和平手段即可实现的进步方案。在这点上,日本政府与美国政府的观点完全相同。

美国政府声称,除了与美国长期以来奉行的各项基本原则相符合的建议之外,其他任何影响美国或日本的权利和地位的建议均不能接受。日本政府长期以来奉行的基本国策与此完全一致。

关于美国政府详细列举的原则和指导方针,以及就制订太平洋地区的方案而举行的非正式会谈所规定的原则和指导方针,日本政府特此声明,日本政府认为这些原则及其实际运用(以尽可能友好的方式)对真正的和平是必不可少的,这些原则不仅应该运用到太平洋地区,而且应该运用到全世界。这样的方案也是日本长期以来所希望和追求的。

根据目前的国际形势,站在世界和平的广泛立场上,日本政府现在真诚希望过去的所有分歧能在原则协议并以秩序和正义为基础的共同努力中得到消除。两国政府首脑的会晤将证实我们的意图:太平洋地区的和平将由这次会晤确立。

FRUS,Japan,1931–1941,Vol.2,pp.573–575

赫尔备忘录
1941 年 9 月 3 日

根据总统的要求,日本大使今天下午被召到白宫。总统当即宣读了已经写成文字的口头声明①。它是用来答复最近日本首相给总统的信件的。他在声明中强调几点。他特别强调指出,他注意到近卫亲王的困难与日本国内局势有关,但他补充说,他在这里也有困难,他希望近卫亲王和他的政府也能够给予重视。总统提到他与丘吉尔首相最近的谈话,特别提到战后公民投票是解决许多困难的最好办法,和处理不同种族生存条件的最可靠的政策。他提出了几个战后存在的问题,说明用公民投票来处理将会是有效的。

总统随后又读了他给近卫首相的信……大使问道:是否总统还打算举行一次会谈? 总统答复说,他愿意,但事先解决大部分问题是非常重要的,要确保这一会谈能够成功,很大程度上要靠举行这样一次会议来保证。还应当强调的是,我们是否和什么时候能够从日本政府那里得到对本政府已经宣布过的,适用于太平洋地区的所有原则的出自真心的保证,它对于我们与英国人、中国人和荷兰人充分讨论这件事是很重要的,因为没有其他的方法能够有效地且是和平地解决太平洋地区的问题,而任何解决办法都必须建立在有利于在有关各国间恢复信任和友好关系的基础之上,况且也没有其他的办法能够使这一地区的经济结构得到重建。大使看上去很重视这一观点。总统和我都再三强调,政府努力澄清其对于放弃武力和征服政策,以及关于我们在讨论日本 5 月 12 日建议过程中遇到的日本进入印度支那后影响我们继续讨论的三个基本问题的立场,是很必要的。大使说,尽管近卫首相更喜欢去夏威夷,但他将愿意到太平洋任何可能停泊船只的地点去。

接着,大使进一步说,他得到了来自东京的一份电报,其中谈到这样的情况,即存在着相当一批反对首相建议的分子,他们的态度十分激

---

① 即后一文件。

烈。不过,他说,政府决心要克服这股反对势力。他声称,在总统和首相之间举行一次会谈能够有助于日本制服国内这些持异议的分子,并使这种反对派渐渐地与政府的立场相一致。他说,近卫相信,他和总统能够讨论因日本人 7 月间进入印度支那而导致谈判中断的三个问题,主要是关于日军完全撤出中国和在商业方面无歧视等问题以及三国同盟条约问题。

对于大使来说,事情很清楚,他的政府应当花些时间来设法澄清并有力地说明对于上面提及的那些原则问题的立场,以及他们对中国的作法。他们的政府还应当马上花时间用一切可能的办法,像他们已经表明过的那样,通过言论行动来教育和组织公众舆论来拥护一种和平解决的提议。

FRUS,Japan,1931–1941,Vol.2,pp.588–589

罗斯福致野村的口头声明

1941 年 9 月 3 日

1941 年 8 月 28 日,日本政府通过日本大使向美国总统提出了一项建议。建议要求美日两国政府首脑尽快举行会晤,商讨美日之间在挽救危局的过程中遇到的涉及整个太平洋地区的重要问题。美国总统在复文中向首相指出,美国政府已做好了安排高峰会谈的准备,但建议先举行预备性会谈,商讨高峰会谈中将予以考虑的重要问题。为了进一步阐述美国政府对于美国总统上述建议的观点,特作如下声明:

4 月 16 日,在国务卿和日本大使开始进入非正式的和试探性的会谈时,国务卿提出了四项基本原则,我国政府认为它们是所有国家之间相互关系的基础。这四项基本原则是:

1. 尊重每个国家的领土完整和主权。

2. 支持不干涉其他国家内部事务的原则。

3. 支持机会均等,包括商业机会均等的原则。

4. 维持太平洋地区现状,以和平方式改变这种现状除外。

　　在后来的会谈中，国务卿竭力阐明，美国政府认为，如果日本政府采取符合这些原则的政策，定会比采取其他任何政策都能得到更多东西，因为这样一来，日本才能保证得到所需要的原料和市场，才能打开与美国和其他国家互利合作的途径，而且，只有在这些原则的基础上，才能达成一项在太平洋地区确立稳定和和平的协议。

　　美国政府满意地注意到，8 月 28 日日本大使呈交给美国总统的标有"绝密"字样的声明中，日本方面明确保证拥有和平意愿，并表示希望达成符合美国长期以来奉行的各项原则以及非正式会谈中提出的各项原则的和平方案。按美国政府的理解，日本政府在声明中所作保证是把下述政策排除在外的：通过武力追求政治扩张、攫取经济特权和优势地位。

　　美国政府迫切希望与日本共同努力，把日本政府提到的那些原则运用到实际当中去。美国政府认为，为了确保日美两国达成一项和平协议所作的共同努力获得成功，预先采取一些措施是非常重要的。在进行非正式会谈的过程中，国务卿曾于 1941 年 6 月 21 日向日本大使递交过一份文件，标有"口头的、非正式的和不承担义务的"等字样，该文件是对日本 1941 年 5 月 12 日所提建议的修正案。在讨论这份修正案的过程中，双方发现两国政府对其中的一些基本问题存在不同看法，而且在 7 月份会谈中断之时，这些意见分歧仍未消除。美国政府希望促成富有成效的会谈，但同时认为，如要就太平洋问题达成任何令人满意的协议，必须在上述问题上消除分歧并取得一致意见。所以，美国政府希望日本政府表明对上述基本问题的态度。

　　毫无疑问，各国政府在决定政策时必须考虑国内形势和舆论的态度。日本政府肯定会承认，美国政府签署的协议没有一项是不符合美国人民信奉的各项原则的，实际上，所有国家都更喜欢和平方法而不是武力手段。

　　如果日本政府对上述问题给予答复，美国政府将十分高兴。

FRUS, Japan, 1931–1941, Vol. 2, pp. 590–591

罗斯福递交给野村的致近卫复文

1941 年 9 月 3 日

我已拜读了大使转呈的阁下 8 月 27 日给我的电文。

我满意地注意到,你表示日本渴望维护太平洋和平,希望改善日美关系。

在这些问题上,我和你的愿望完全相同。我向你保证,美国政府认识到世界形势变化极快,准备尽管安排高峰会谈,让你我二人交换意见并努力调整两国关系。

随函附来的那份声明提到了美国政府长期奉行的原则,声称日本政府"认为这些原则及其实际运用(以尽可能友好的方式)对真正的和平是必不可少的,这些原则不仅应该运用到太平洋地区,而且应该运用到全世界"。"这样的方案也是日本长期以来所希望和追求的"。

我非常希望与你共同努力把这些原则运用到实际中去。由于我对这件事非常感兴趣,所以我经常观察和思考我国和贵国发生的与两国关系有关的各种事情。在此特别的时刻,我注意到日本有不少人抱有可能妨碍你我二人按照双方真诚希望遵循的方针进行成功合作的观点。在这种情况下,我认为有必要提出一项建议(我相信你会赞同我的观点):为了确保拟议中的高峰会谈获得成功,我们应该采取预备措施,立即就我们正在寻求一致意见的那些基本问题举行预备谈判。我认为,应该进行预备谈判的问题涉及到赖以获得和维持和平的基本原则的实际运用,这在你随函附来的声明中有更加具体的说明。我希望你赞成我的建议。

FRUS,Japan,1931–1941,Vol.2,pp.591–592

日本政府《帝国国策实施要领》

1941 年 9 月 3 日

帝国鉴于目前的紧急形势,尤其是美、英、荷各国所采取的对日攻势,苏联形势以及帝国国力的机动性等,兹决定对《适应形势演变的帝国国策纲要》中有关南方的施策,按下列各项实行。

一、帝国为确保自存自卫,在不惜对美(英荷)一战的决心之下,大致以 10 月下旬为期,完成战争准备。

二、帝国在进行前项准备的同时,对美英应尽一切外交手段,力求贯彻帝国的要求。在对美(英)谈判中,帝国必须实现的最低要求事项以及与此相关的帝国可以许诺的限度,如附件。

三、前项外交谈判,如果至 10 月上旬仍不能实现我方要求时,立即决心对美(英荷)开战。对南方以外的其他施策,根据既定国策执行,特别要努力防止美苏结成对日联合战线。

附件

在对美(英)谈判中,帝国必须实现的最低要求事项以及与此相关的帝国可以许诺的限度。

第一,在向美(英)的谈判中,帝国必须实现的最低要求事项:

一、美英不得干涉或妨碍帝国处理中国事变

(甲)不得妨碍帝国根据日华基本条约和日满华三国共同宣言解决事变的企图。

(乙)封闭"缅甸"公路,并不得在军事、政治和经济上援助蒋政权。

注:以上条款不应妨碍在"N 工作"(注:指日美工作——作者)中帝国处理中国事变的一贯主张,特别要坚持按日华间新近商定的帝国军队驻扎问题。但不妨明确表示,事变解决后,除了为解决中国事变而派去中国的上述军队外,其他军队原则上准备撤退。

对美英在中国的经济活动,不妨明确说明,只要在公正的基础上进行,不会受到限制。

二、美英在远东不得采取威胁帝国国防的行为

(甲)不在泰国、荷属东印度、中国及苏联远东领土内攫取军事权益。

(乙)维持在远东的军备现状,不再增强。

注:根据日法协定建立起来的日本和法属印度支那之间的特殊关

系,如要求解除时,不予承认。

三、美英须协助帝国获得所需物资

(甲)恢复同帝国的通商,并自西南太平洋的两国领土供应帝国生存上所必需的物资。

(乙)对帝国同泰国和荷属东印度之间的经济合作须予以友好的协助。

第二,帝国可以许诺的限度

如答应第一项内的帝国要求时,则:

一、帝国不以法属印度支那为基地向其邻近地区进行武力扩张,唯中国除外。

注:如果对方问到帝国对苏的态度时,可答称:只要苏联遵守日苏中立条约,并且不采取威胁日满等违背条约精神的行动,我方不会主动采取武力行动。

二、帝国准备在确立公正的远东和平之后,从法属印度支那撤兵。

三、帝国准备保证菲律宾的中立。

附录

日美对欧洲战争的态度,须按防御和自卫的观念约束之,如果美国参加欧洲战争,日本应独立自主地对三国条约作出解释和依此采取行动。

备注:上述各项并不改变帝国对三国条约所承担的义务。

《大东亚战争全史》第1册,第181—183页

野村致赫尔建议案

1941年9月6日

日本政府承诺:

1.关于日美两国在非正式谈判中暂时达成协议的各项要点,日本将表示赞同;

2.日本将不从法属印度支那向邻近地区发动任何军事进攻,同样,

在无正当理由的情况下,也不向日本以南的任何地区采取军事行动;

3. 日本和美国对欧洲战争的态度将取决于自我保护和自卫的观念,如果美国加入欧洲战争,日本将独立解释和履行其对《三国同盟条约》的义务。

4. 日本将努力使日中关系恢复正常,之后,日本将根据日中之间达成的协议尽快撤出在华军队;

5. 美国在中国的经济活动将不受限制,惟须在平等的基础上进行;

6. 日本将根据国际商贸关系中的不歧视原则,通过和平手段在西南太平洋地区进行活动。美国要在该地区生产和获得自然资源,日本将予以合作;

7. 日本将采取必要措施恢复日美之间的正常贸易关系,与此相关,日本准备立即在互惠的基础上对美国停止实施外国人贸易控制条例。

美国政府承诺:

1. 为响应日本政府的第 4 项承诺,美国将不采取不利于日本解决中国事变的努力的任何措施和行动;

2. 美国将对日本的第 6 项承诺给予回报;

3. 美国将中止在远东和西南太平洋地区的任何军事措施;

4. 对于日本的第 7 项承诺,美国将立即作出回应,停止实施针对日本的资产冻结条例,取消对日本船只通过巴拿马海峡的禁令。

FRUS,Japan,1931-1941,Vol.2,pp.608-609

格鲁致外相(丰田贞次郎)的声明

1941 年 9 月 10 日

美国政府正在研究外相和驻美大使野村于 9 月 4 日和 6 日分别交给美国驻日大使和国务卿的建议案。

美国政府拟定了一项符合日方建议中提出的原则和方法的协议;协议中的条款可使中国得到公正和平等的待遇;根据协议,所有太平洋国家的权利和利益都会得到适当考虑;协议可对公正、稳定和有秩序的和平的确立和维持做出重大贡献。由于中日战争是妨碍达成关于太平洋地区的总协议的基本因素,所以,公平和公正解决中日争端是根本解决远东问题,在远东确立未来和平和稳定的先决条件。

日本政府最初提出的建议要求美国总统居中斡旋。日本政府被告知,美国政府不准备建议中国政府与日本政府进行谈判,除非美国政府能够确定,日本政府的谈判条件符合美国政府奉行的原则。在我们两国政府举行的非正式谈判中,双方即在谈判条件上陷入了僵局,原因是:日本政府坚持要在内蒙古和华北无限期驻军;美国政府未能就在日本提出的日华经济合作计划中运用商业机会均等的原则得到日本政府的具体保证。美国政府一直在寻求达成一项可使远东和太平洋地区得到全面和持久和平的协议。

日本政府新近提出的建议似在寻求打破这种僵局,不是通过响应美国政府对上述问题的希望,而是建议日本与中国直接谈判,理由是由于总统不打算积极斡旋,美国政府不会关心日本将要向中国提出的和平条件,也不会关心中日冲突的进展情况。事实上,这样的假设完全忽略了美国的意愿,美国政府曾多次向日本驻美大使表示,在与日本政府就太平洋地区协议开始谈判之前,美国愿与中国、英国和荷兰等国政府进行磋商。美国政府的这项意愿是基于这一观点:太平洋地区的和平不是美国和日本所能决定的,在太平洋地区有利益关系的所有国家都应给予关心,都有不可逃避的责任。

美国政府也不准备签署任何限制美国正在或将要向抵抗侵略的各个国家提供的对外援助规模的协议。有理由认为,中国政府与日本政府一样,也希望和平解决中日争端,因而,如果日本政府向中国政府提出平等和公正的条件,中日两国就能够解决双方间存在的难题。如果出现了这种情况,美国政府就不需要作出日本要求于美国的第1项承诺了。

根据上述考虑可知,日本政府还需要进一步提出一些建议,以解决上面提及的那些难题,如果日本政府能够对谈判过程中出现的下列问题给予答复,定会对美国政府有所帮助。

1. 日本政府将要作出的第 1 项承诺表明,日本政府准备赞同在华盛顿举行的非正式谈判中暂时达成协议的各项要点。日本政府是否清楚,美国政府 6 月 21 日的方案中提出的问题,是与日本大使 9 月 4 日交给国务卿的方案中提出的问题相同呢,还是与以前的某一方案中提出的问题相同呢?

如果第 1 段中提出的第一个问题的答案是肯定的,那就表明日本外相 9 月 4 日交给美国大使的方案中的某些条款,其范围要比以前达成暂时性协议的方案中作出的承诺狭窄得多。例如,在第 6 项中,日本政府承诺在西南太平洋地区的国际商贸事务中不采取歧视政策。

2. 与上述例子相关的是,日本政府不打算在其他地区(特别是中国)的经济活动中作同样的承诺吗?

3. 关于国际商贸关系中的基本问题,我们希望日方进一步澄清涉及美国在华经济活动的第 5 项的含义,即"平等的基础"的确切意思,这句话是否意味着将由日本独自判定什么是"平等的基础"。

4. 美国政府是否可以这样理解:日本打算向中国提出的和谈条件将与 9 月 4 日日本大使所呈方案的附录中的内容相一致。

关于涉及美国和日本对欧洲战争的态度的第 3 项的内容,尽管美国政府认为它不完全符合形势的要求,因为它规定日本要独立解释其对《三国同盟条约》的义务,但是,美国政府仍想在提出任何建议之前进一步研究这个问题。

FRUS, Japan, 1931–1941, Vol. 2, pp. 610–613

日本政府第三次修正案

1941 年 9 月 20 日

……

第三条(对日华间和平解决的措施) 两国政府承认,中国事变的解决对整个太平洋区域的和平及世界和平都有极大关系,因此将努力促其迅速实现。合众国政府对日本国政府解决中国事变的努力和诚意予以谅解;为促其实现从中调停,将敦促重庆政权为结束战斗行为和恢复和平而迅速与日本政府进行谈判;对日本国政府解决中国事变的措施与努力,将不采取任何妨碍的措施和行动。

日本国政府声明,日本解决中国事变的措施和努力,同有关解决中国事变的基本条件和近卫声明中所列原则,以及根据上述原则已经实施的日华间的约定事项并不矛盾;日华间的经济合作,将以和平手段并遵循国际通商关系中的平等原则以及毗邻国之间存在的自然的特殊紧密关系的原则行事;第三国的经济活动,只要在公正的基础上进行并不加以排斥。

附件:日华和平基本条件

一、睦邻友好。

二、尊重主权与领土。

三、日华共同防御。

为防止威胁日中两国安全的共产主义和其他扰乱秩序的运动,以及为维护治安,日中两国实行合作。为上述目的,根据以前的协定和惯例,日本国军队及舰队在所需期间内在一定地区驻扎。

四、撤兵。

除前项驻军外,所有因中国事变派到中国的军队,一俟中国事变结束,一律撤退。

五、经济合作。

(甲)以开发和利用中国重要国防资源为主,进行日华经济合作。

(乙)日华经济合作并不限制第三国在公正基础上在中国进行的经济活动。

六、蒋政权与汪政府合流。

七、不合并。

八、不赔偿。

九、承认满洲国。

野村致赫尔

1941 年 9 月 29 日

日本外相在外务省会晤美国大使时的谈话要点

东京,1941 年 9 月 27 日

绝密

1. 许多大国参与的欧洲战争已蔓延至大西洋。幸运的是,它还未波及到太平洋,太平洋是和是战,关键在于日本和美国。如果这两个国家走向战争,将使世界文明遭到破坏,人类遭受惨祸。

近来接连发生了一系列事件,有破坏两国友好关系的趋势。

调整日美邦交并加强两国友谊,不但有利于日本和美国,而且有利于世界和平。日本政府努力调整日美邦交不仅仅是为了两国的利益,也是为了促进全世界范围内的和解。

2. 自我被委任为外相的两个月来,我一直在竭尽全力使日本和美国得到和解。正是出于同样的目的,近卫首相才亲自出面,建议与罗斯福总统举行会晤。

3. 日本与德国和意大利是盟国。我国政府首脑与美国总统会晤的想法肯定会使人们对日本与这两个盟国的关系产生误解。这项举措将使日本政府承担巨大牺牲。此外,就日本内部而言,首相带着外交使命走出国门是史无前例的一件大事。这个事实本身就足以证明,日本政府要调整日美邦交和维持太平洋和平的愿望是真诚的。

4. 如果有人认为日本的态度不是由于日本渴望和平,而是屈服于美国的压力,那他就完全错了。尽管我们渴望和平,但我们不会屈从于任何国家的压力。我们也不会为了和平而不惜任何代价。反抗而非屈从外来压力是日本人民的特点。鉴于美国报纸上出现的一些言论,我特重申此点,尽管我被告知这些言论是温和的、有节制的。

5. 日美关系非常复杂,调整不可能一步到位。拟议中的两国首脑会谈不可能一下子解决所有问题。然而,这次会晤必将产生重大的政治意义。此外,这次会晤至少能比较容易地解决那些我们一直在通过电报往来进行谈判的问题。它将成为日美关系史上划时代的一个转折。美国政府原则上已同意了近卫首相和罗斯福总统举行会晤的建议。如果会晤不能举行,以后不会再有如此有利的机会安排首脑会面了,其后果和影响可能是灾难性的。

6. 我国政府的政策和目的已向美国政府作了全面通报,其要点也以"1941年6月21日美国谅解案"的形式提交给了阁下。我相信美国政府正在认真考虑我国政府的意见。

7. 我们已将首相乘坐的船只备好。包括一名陆军上将和一名海军上将在内的随行人员已秘密指定。代表团准备随时出发。

8. 在上述情况下,日本政府现在急切盼望着尽早收到美国政府的答复。正如上次会面时我对阁下说的,再拖延下去——特别是在今天《三国同盟条约》签订一周年纪念之后——将使我国政府处于非常为难的境地。

此外,北太平洋地区以及阿拉斯加沿海一带的气候条件很可能会变得对这次首脑会晤不利。

9. 正如我常说的,无论从国内还是国际的角度而言,时间都是一个非常重要的因素,必须尽快作出决定。所以我请求美国政府尽快认真考虑一下这个问题。

再说明一下,关于举行会晤的时间,日本政府认为10月10—15日较为合适。

最后我要说的是,这种谈判需要真诚和互相信任。我无须详细讲述近卫首相的政治地位以及他的个性、信念和信仰,这一切阁下都十分了解。如果没有近卫首相和他领导下的现任内阁,日美和解的机会很有可能会失掉。我再次强调一下尽早举行首脑会晤的迫切性和必要性。

FRUS,Japan,1931–1941,Vol.2,pp.652–654

（2）中国反对美日妥协

胡适致外交部

华盛顿，1941 年 8 月 26 日

　　极密。今晨总统电话约适往见，计谈 20 分钟，要旨如下：（一）丘首相对美国援华各种设施，极表赞助，惟彼深虑日本南进，一面可以由泰攻缅，一面可用海军扰乱澳洲之交通线。在海上会议时曾与丘首相议妥，由英、美致日本一种最后警告……故总统返后，曾召日本大使野村，交一说帖，提议日本退出安南，由英、美商得中、日、法、泰、越之同意，宣布泰、越为完全中立区域。如是则既可避免冲突，又可使日本得到南洋物资之供给，又可巩固中国之南疆。惟此提议迄未得日本答复。适因云丘首相星期演说，是否重申"七月"最后通牒之意。总统云似是如斯，但事前彼不知其演辞之类。（二）适因问日本曾否提出交换条件，例如要求英、美放弃对华援助政策，或请总统调解中日战争之类。总统云日本至今并未要求英放弃援华政策，在数月前，野村确曾问总统可否将东京与重庆两政府拉拢谈判，总统答云东京若愿与蒋介石将军领导之中国政府接谈，宜正式径行提议，无须他人拉拢。（三）总统云彼对中国应得之物资，因种种困难，尚多未能送出，彼在数日内，即将整个国防物资优先许可证之管理，提出下议院，可于中国有利。（四）总统下午对报界宣称，将发表 Magruder[1] 军事考察团赴华云云……

　　按此电错码甚多，勉强拼凑成文，大意当可明了，是否正确，当待更正。城谨注。

《战时外交》第 1 卷，第 145—146 页

---

　① 　即马格鲁德。

赫尔谈话备忘录

华盛顿,1941 年 9 月 4 日

中国大使要求来访,说他是来探询有关所传日美间的对话一事。我说我原来希望能在一两周内请大使前来,就这些对话的进程给他一些确切的消息。意思是说,我原希望到那时候,谈判将达到一个肯定的转折点,使我能告诉他某些除了我几个月前就此事对他们说的以外的新情况。我又说不过我现在愿意就我所知向他说明有关上述事项的任何他感兴趣的事,我说,经过几个星期的中断,同样的非正式的探索性对话现在又在进行,这些对话现在还未到可以提供一个谈判基础的阶段。正如我在若干时候以前在我会见中国大使时向他允诺的那样,本政府不会考虑在未召见中国大使并与他和他的政府就事情的全部进行商讨之前,进行影响中国局势的谈判,就像我会与英国、荷兰和澳大利亚人进行商讨那样。

我接着非常秘密地向大使透露了对话记录中及日本大使与我本人之间以及日本大使与罗斯福总统之间所交换的备忘录中的各主要之点,我像在我的其他谈话中一样,谈到了一些军事形势,说明我们继续把它当作一项全球军事活动来对待。我接着就西方和东方敌对双方的军事可能性进行了评论。

大使明确表示中国目前并不想言和。他的理论似乎是日本正显示出衰弱的迹象——这并不一定就意味着早日崩溃——在一个合理的时期内它就不得不放弃任何进攻性的军事行动而求和。

我提到了在近期内可能出现的几种形势发展,如大使所说的日本的崩溃,日本采取本政府所一直鼓吹和奉行的和平和正常国际关系的所有基本原则的可能性,以及以令人满意的方式实施这些原则的可能性;日本有可能试图两面抵挡,签订一项含有日本力争作出保留的协议,使日本享有在一定情况下对另一国或几国使用武力的权利;以及反对日本的各国政府,包括美国在内,或许会拒绝在目前达成和平解决的可能性。我说这几种形势发展都有可能出现,如果上述任何一种情势一旦出现,就必然成为一个有关影响各国政府相互态度的问题。

在结束时,我说我极愿就此整个事件与大使保持密切联系。

谢伟思谈话备忘录

重庆,1941 年 9 月 10 日

在座者:外交部长郭泰祺博士、美国大使高思先生、谢伟思先生

大使于今日下午应外交部长之邀往访。

外交部长一开始就提到最近有关在华盛顿举行的美日谈判的一些声明,他说这些报道以及总统未能在他最近的几次演讲和声明中具体提及日本,已在中国一般民众中引起相当大的不安,虽然他和委员长对罗斯福总统和美国均抱有信心。他们感到如果总统在他即将于 9 月 11 日演讲时能对中国说些令人放心和感到有帮助的话,实在很有必要,他要求大使将这一请求向华盛顿转达。

外交部长接着说:委员长正要答应合众社驻重庆记者的独家采访。他说这在委员长是非同寻常的作法。委员长已有很长时间没有接见外国记者了,但他曾力请委员长答应合众社的请求,并利用这一时机发表一项声明。部长说这次声明将一般地表明,中国在抗击日本及其侵略的战争中首当其冲,已经历了四年时间,已经牺牲了许多生命和财产,中国对此并不感到后悔,而且还将继续斗争直至最后胜利,不管会发生什么情况。但是中国相信,任何与日本谈判而求得和平的安排都不会对中国有利,从长远观点看,也不会对美国有利,因为日本是远东所有其他各国的敌人。

这时,外交部长谈到了中国的士气问题。他承认,一般来说,对美国的对华物资援助是表示感激的,并说,向中国派遣美国军事代表团的声明对于在罗斯福—丘吉尔会谈后发表的声明中未提到中国一事是一个补偿。但总的来说,他所给人的一种印象是:中国人民感到他们在过去四年中,曾作出很大牺牲,如有任何迹象表明他们没有得到美国的全

力支持,都一定会使他们大失所望。

部长然后说,中国政府曾收到"相当确切的消息",在华盛顿的谈判已达到了相当具体的阶段:继罗斯福—丘吉尔会谈之后,美国在英国的支持下,已向日本提出了根据下列一般原则的建议:由日本,与法国、泰国、中国及其他有关国家一起,同意泰国及印度支那中立,而作为回报,日本获准取得足够的原料来满足其"合法的需要"。他说,近卫的信件已表明日本一般地接受了这些原则,作为修改,日本要求有权在印度支那保持不超过 1 万人的部队。看来外交部长认为,美国在日本给予一般的承诺,不增加或加强在印度支那的基地或设防,及不进行任何"新的军事冒险"之后,对此已予同意。

大使表示对外交部长在这件事上的确切消息来源感到兴趣。外交部长说,胡适大使只报告了关于中立的建议;其他有关近卫信件的消息出自"其他来源"。高思先生在解释他没有得到有关外交部长所说的那些建议或安排的任何消息时,向部长宣读了国务院 9 月 2 日下午 10 时第 209 号来电有关已经进行了一个时期但尚无结果的非正式探索性会谈的解说,外交部长要求大使将有关只考虑符合美国基本原则的建议那句话重读一遍。他评论说,这是"非常一般"的说法。

外交部长表示他相信他的消息是可靠的,继而转向讨论这样一个协议将对中国发生的影响。他说,首先,这会解除对日本的压力。他承认究竟何时对日本取得原料的承诺得以实现尚不能肯定——是马上能实现,还是实现和平之后——但表示他确信这样会立即使经济限制(冻结资金和出口管制)松弛,而日本现已开始因为这些限制而受到压力。同时,对日本放松压力(看来外交部长也在指政治压力)将给日本以喘息时间,以静观世界局势的发展。第二方面的一般影响当是,缩小日本的活动范围,将使他有可能——并很可能——将大部分力量和资源用于对中国进一步压榨和征服。外交部长对后一点作了相当详细的说明,并说中国不会将这种建议看作是孤立于远东的总的局势之外的建议,它不会欢迎那种将不可避免地直接或间接对中国产生不利影响的安排。

外交部长然后说了些认为拟议中的协议也不符合美国利益的话。他提到近卫政府或任何日本政府均不可信,并说任何一届政府所签订的任何协议都能很容易地被下一届内阁推翻。他接着说道,根据他们所得到的消息,野村大使在华盛顿奉行的路线是要造成这样一种印象,即在日本仍有自由派,如果给予机会,或有可能克服该国国内的较为极端的影响;但是,如果日本继续受到压力,近卫政府将被推翻,而这个所谓的自由派即将被一个军人政府所淹没。部长谈到日本在 1931 年时所使用的策略,当时日本驻华盛顿和伦敦的大使曾成功地说服人们最好给自由派政府一个机会,不要迫使它被推翻,并将那时的局势和当前作了比较。他指出日本的“自由派”分子从未曾压倒过极端分子,沿着这一思路,他说日本的军国主义者像在亚洲大陆建立傀儡政府一样,也在日本组成傀儡政府,近卫内阁只不过是军方的一个傀儡而已,只是权宜之计,一旦不再有用处,即会被踢开。他谈到日本想争取时间,他也理解美国和英国也希望延缓危险的到来。但是他认为拖延对日本来说比美国的得益要多。

大使提到有报道说日本的陆海军集团意见不一,后者更愿在远东求得解决。外交部长不完全同意这种说法。他说在日本海军中,也和陆军一样有派系和不同的意见。毫无疑问,海军中的较为保守的派别迟迟不愿冒险与像美国这样强大的对手进行较量;但是日本的极端分子势力仍然强大,这种局势也可能被其他派系如陆军所强制促成。为了说明这些极端分子的力量和他们对于目前这届政府的不满表现,他提到了最近对平沼男爵的攻击,他认为这个人是被选中的牺牲品,因为内阁中最强的人物是他,而不是近卫。

外交部长接着转向谈论他称之为中国和美国的利益的一致性,并说,两国“紧密相联”相互都有好处。他两次声称,无论出于物质的或精神的理由,或是从战略上和政治上考虑,美国都应该支持中国。

大使问外交部长是否认为日本有可能进攻俄国。外交部长又一次提到(不过是用比以前更含糊的语言)外传日本近来着手新的军事计划的制定。但是他说,照他的想法,进攻的可能还是有的,这就道出了他对这条规定的价值的看法。他接着说有相当于五个师的日军部队现已由中国撤出,在满洲继续有广泛的军事行动,并且说冬季不会阻止日本人在西伯利亚作战,因为他们的机械化装备能继续运转,而且也许会发现河流结冰实际上对他们有利。

大使问及最近日本有否对中国的和平提议。部长回答说:"有,在华盛顿。"他说在这方面他得到了委员长的完全信任,他也确信委员长不会接受与日本议和的任何建议。不过他说,据他所知,"前不久"日本人曾要求罗斯福总统促使东京与重庆发生接触,但总统未曾答应。他提出的理由是,如果日本人想与中国谈和,他们尽可以直接找中国去谈。

外交部长接着就各民主国家的一般原则谈了一些看法。他说,由罗斯福总统和丘吉尔首相议定并宣布的八点,乃是到目前为止对他们的方针和目标所作的最好声明。他又说,这是"美国在参加上次大战时不曾有过的"。

大使将谈话拉回到它的起点,他请部长总结一下要他向华盛顿去电转达的那些看法。部长要求将对总统的希望包括进去,他希望总统说些有利于中国的话,只要日本继续侵略中国,美国就不会以任何方式放松目前对日本施行的经济措施。他再一次提到了中国的公众舆论,并说他所说的大部分只不过是重复了中国政府评论家们在报纸上的文章。接着就简要地提到了最近在诸如《中央日报》上的几篇文章。

大使在告辞时说,他认为中国驻华盛顿大使谅必已经被告知中国政府对于日本和美国正在讨论的建议"安排"的看法,胡适博士谅必已将这些看法转达给了国务院。外交部长说,胡适大使所持的态度是"一个人不应怀疑朋友",他可能羞于将中国的立场相告。他说他曾于今天早上电告胡博士,他已约请美国大使今天来见他,并告诉胡适博士要将中国的看法在华盛顿公开;不过他不认为胡大使能马上见到国务卿。

高思先生说他将把外交部长的看法向华盛顿转达,随即告辞。

赫尔致高思

华盛顿,1941 年 9 月 12 日下午 6 时

关于你 9 月 10 日下午 6 时第 383 号电及 9 月 11 日下午 7 时第 384 号电,中国大使曾于 9 月 4 日自请来见,询及所传我国与日本进行会谈事。我告以非正式或探索性的会谈正在进行,尚未表明有任何共同的谈判基础;本政府准备在进行任何影响中国局势的谈判之前,会与中国政府及大使对整个问题进行商谈。我又说我们也会同样与澳大利亚、荷兰及英国进行商谈。

在与日本人的会谈中,我们始终按照本政府长久以来就相信的,构成国家间稳定关系的唯一良好基础的那些基本原则行事,以求得太平洋问题的全面解决。对于允许在中国继续进行侵略的任何安排绝未给予任何考虑。本政府过去和现在对与中国和日本这两个国家的关系所奉行的方针,乃是基于本政府完全无意牺牲的某些众所周知的基本原则。本政府对日本所采取的那些政治和经济措施,乃是中国和太平洋其他地区的某些局势和情况发展的结果,包括日本政府对希特勒征服世界纲领所明白表示的态度。这些措施一直要到那些使其产生的局势和情况有了改变或消失之后才会加以改变和废除。同样,本政府援助任何抵抗侵略的国家的政策也是基于这些基本原则,包括自卫的原则。这项政策得到了国会及绝大部分美国人民的全力支持。只要侵略一天不停止,只要那些国家抵抗侵略,它们就可指望继续得到这个国家在物质上、政治上和道义上的全面支持。

现在授权你自行斟酌将以上所述口头非正式地告知中国政府的负责官员,你也可将我在记者招待会上有关这一问题的声明,例如 8 月 30 日第 207 号,9 月 5 日第 212 号及 9 月 10 日第 216 号广播通讯所报

道的那些声明,告知那些官员。

FRUS,1941,Vol.4,pp.444-445

高思致赫尔

重庆,1941 年 9 月 15 日下午 3 时

我已将你 9 月 12 日下午 6 时的 213 号电口头通知外交部长。他明显地表现出宽慰并对这一消息表示感谢。显然,根据中国驻华盛顿大使及其他来源的消息,此间的中国政府一直以为美日会谈的目标主要为求得可能的缓和使泰国和印度支那中立化,使日本重新获得原料供应以便日本恢复国力,将全部力量用于对付中国。我希望新闻界和官方的态度现在将不再那么焦虑。

FRUS,1941,Vol.4,p.450

外交部给蒋介石的报告

重庆,1941 年 9 月 15 日

9 月 15 日晨 9 时半,美大使高思奉美外部电令面达部长,10 日关于美日谈判所询各点之答复:

9 月 4 日,国务卿接见中国大使(徇胡大使之请),中国大使探询关于所传美日两国举行之谈话。

赫尔国务卿告胡大使,谓日美两国所举行之谈话,系属偶然,或试探性质,但双方迄未觅得可作谈判之共同基础。

美国政府甚至在考虑涉及中国情势之任何谈判以前,希望与中国政府及其驻美大使,讨论全盘问题。美国政府并将与澳洲、英国及和荷兰各国举行同样之谈话。

美国政府在与日方举行谈话时,心中固不断具有根据基本原则暨政策,以解决整个太平洋问题之抱负,此项原则暨政策,美国政府并无予以牺牲之意。

美国对日所采行经济上及政治上之办法,乃系在中国及太平洋其

他地方某种情势发展之结果,日本政府对希特勒征服世界计划之明显态度,自亦包括在内。除非招致此项办法之情势已有变更或竟消灭时,则上述办法将无变更或取消之望。同样美国政府援助任何国家抵抗侵略时,其政策亦系以基本原则为根据,此项原则包括自卫之原则在内,此为美国议会及大多数美国人民所极力拥护之政策。侵略若继续进行,而各国亦仍抵抗不懈时,则各该国家均可望继续尽量得到美国物质上、精神上暨政治上之援助。

《战时外交》第 1 卷,第 146—147 页

3. 美日谈判破裂

(1)新案的提出与中英等国的反对

日本政府提出之甲乙两案
1941 年 11 月

甲案

日美谈判悬案中的最重要事项为:(一)在中国和法属印度支那的驻兵及撤兵问题;(二)对华贸易无差别待遇问题;(三)对三国条约的解释和执行问题;(四)四项原则等问题。这些问题决定缓和如下。

附录

(一)在中国的驻兵及撤兵问题。关于此项,美国方面的态度(关于日本的驻兵理由暂且不论)是:(甲)重视未确定期限的驻兵问题;(乙)不同意将未确定期限的驻兵问题包括在和平解决条件之中;(丙)要求日本对撤兵作出更明确的表示。有鉴于此,将此项缓和如下。

因中国事变而派往中国的日本军队,在日华间实现和平后,在一定期间内驻扎在华北、蒙疆的一定地区和海南岛;其余军队将在实现和平

的同时,按照日华间的另外协定,开始撤兵,并在两年内完成。①

（二）在法属印度支那的驻兵和撤兵问题。关于此项,鉴于美方担心日本对法属印度支那怀有领土野心,而且担心日本把该地作为向邻近地区进行武力扩张的基地,兹缓和如下。日本国政府尊重法印的领土主权。目前派到法属印支的日本军队,当中国事变获得解决或确立起公正的远东和平时将立即撤出。

（三）对华贸易的无差别待遇问题。关于此项,如果按已经提出的 9 月 25 日方案,最后仍无达成妥协的希望时,则以下列方案应付。日本国政府承认,在无差别原则适用于全世界的情况下,在整个太平洋地区,亦即在中国也实行本原则。

（四）对三国条约的解释及执行问题。关于此项,可按下述调子应付,即进一步明确表示,我方无任意扩大解释自卫权的意图;关于三国条约的解释及执行问题,已如我方屡次说明那样,日本国政府将按自己的决定采取行动,关于此点,我们认为业已得到了美国方面的谅解。

（五）关于美方的所谓四项原则,应尽量不把这个原则包括在日美正式妥协事项中（无论是谅解案还是其他声明）。

乙案

一、日美两国应保证,不向法属印度支那以外的东南亚及南太平洋地区进行武力扩张。

二、日美两国政府应互相合作,保证在荷属东印度获得各自所需要的物资。

三、日美两国政府应将相互间的通商关系恢复到资金冻结前的状态。美国应保证供应日本所需要的石油。

四、美国政府不得干扰日华两国实现和平的努力。

《大东亚战争全史》第 1 册,第 219—221 页

---

① 关于驻军年限如遇美方质问时,可回答大致以 25 年为期。

野村致赫尔

1941 年 11 月 7 日

日本军队的部署

1. 日军在中国的驻扎和撤退

关于因中国事变而被派往中国的日军,其在华北、蒙疆(内蒙古)和海南岛者,在日中恢复和平关系之后,仍将驻扎一段时期。其余日军将在日中恢复和平关系之后即行撤离,撤离行动将按照日本和中国达成的特别安排进行,在和平和秩序得到确立的情况下在两年内完成。

2. 日军在法属印度支那的驻扎和撤退

日本政府保证法属印度支那的领土主权。一俟中国事变获得解决或远东地区确立了公正的和平,目前驻扎在该地区的日军即马上撤退。

不歧视原则

日本政府认可在整个太平洋地区(包括中国在内)运用国际商业关系中的不歧视原则,条件是世界上的其他地区也运用这项原则。

FRUS,Japan,1931-1941,Vol.2,pp.709-710

赫尔致野村的口头声明

1941 年 11 月 15 日

日本政府已声明,日本"认可在整个太平洋地区(包括中国在内)运用国际商业关系中的不歧视原则,条件是世界上的其他地区也运用这项原则"。

声明中着重点部分所定条件的意思不十分清楚。但是,我方认为,它不是说日本政府打算要求美国政府为其主权管辖范围以外地区的歧视行为负责任,也不是建议在日本与美国达成的协议中加进一项非要其他国家政府同意和合作的条件。

许多年以来,无条件的最惠国待遇原则一直是美国商业政策的基石。自第一次世界大战以来,我国政府签订的每一项商务条约实际上都体现了这项原则。1934 年以后,美国政府开始实行通过商务条约削减贸易壁垒的广泛计划,经常在实践中运用这项原则。在22项条约中,我国政府方面降低了1000余类商品的进口关税,并把这种优惠待遇给予了日本和其他国家,只有两个国家除外,因为这两个国家的商业行为与不歧视原则是背道而驰的。不把条约规定的优惠条件授予那两个国家是进一步推广不歧视政策的一个步骤,因为这么做的目的是迫使它们放弃歧视行为。不能享受此种优惠的其中一个国家放弃了歧视措施以后,美国立即将商约中规定的削减进口税的优惠给予了它。

美国政府不仅把美国与其他国家的贸易关系置于无条件最惠国待遇的基础之上,而且经常致力于在全世界范围内推行这项政策。每逢适当时机,美国都呼吁其他国家采取不歧视政策,并一直在寻求消除种种特权和歧视性规定。

在上面提及的22个贸易协议中,美国政府已得到有关国家的承诺:对数千种产品削减关税并清除其他贸易壁垒。这些优惠条件不但影响到从美国进口的产品,而且影响到从其他国家进口的产品。美国政府未把这些优惠仅限定于从美国进口的产品上。相反,美国使其他国家采取这些削减壁垒的措施,为的是让其他产品供应国也享受此类优惠。作为国际贸易中的不歧视政策的一部分,美国一直在致力于把这些条约中规定的优惠条件扩大到所有国家。这样一来,贸易条约规定的削减贸易壁垒的措施(如美国采取的那类)就会产生最广泛的效果,对建立有利于所有国家的世界贸易体系作出最大的贡献。

我们相信,如果日本全心全意与美国合作,进一步推行美国和日本政府许多年来奉行的不歧视政策,就会向实现日本政府的声明中提出的目标迈出一大步。

根据上述内容,美国政府提出一个问题:日本政府是否认为需要正在讨论中的附加条件,即"世界上的其他地区也运用这项原则",这个附加条件是否应该删掉。

作为美国政府已经运用或准备运用国际商业关系的不歧视原则的

具体表征,美国提出一项美日关于经济政策的联合声明,作为纯粹试验性的建议,供日本方面考虑。我们当然明白,要就这一声明达成一致意见,首先须就涉及整个太平洋地区和平协议的其他问题达成一致意见。在与日本就这项美日声明进行谈判之前,美国政府希望与英国和其他有特殊利益的政府商讨此事。

附:美国国务卿递交给日本大使(野村)的声明草案

1941 年 11 月 15 日

非正式的、试探性的和不承担义务的美日关于经济政策的联合声明

1. 总的政策

(1)美国政府和日本政府通力合作,敦促所有国家削减贸易壁垒,在国际商业关系中消除各种形式的歧视,努力创造国际贸易和国际投资的优良环境,使所有国家都有均等机会通过和平的贸易程序得到其保护和发展本国经济所需要的商品和物资。

(2)美国政府和日本政府承诺,双方将为建立上面设想的那种国际关系做出各自应有的贡献。

(3)作为朝那个方向发展的重要步骤,美国政府和日本政府将在两国间建立下面描述的那种经济关系,并将寻求在整个太平洋地区建立那种经济关系。

2. 美日关系

(1)美国和日本保证尽快采取措施,使两国之间的商业、金融和其他经济关系恢复到正常状态。

(2)美国和日本同意举行会谈,商讨两国互惠贸易协定的谈判事宜。

(3)不言而喻,在目前紧张的国际形势下,日本和美国将允许向对方出口所需商品,前提条件是加以自身安全和自卫所必不可少的某些限制。不用说,两国政府将本着主导友好国家之间关系的那种精神实行此类限制。

3. 在太平洋地区的政策

（1）让中国完全恢复对其经济、财政和货币事务的控制。

（2）美国政府和日本保证不为本国和本国人民在中国寻求优势的或垄断性的商业或其他经济特权，而要运用全部影响力，在中国获得与其他国家完全均等的商业待遇，并在推进本声明第一段中宣称的总政策方面得到中国的全面合作。

（3）美国政府和日本政府将向中国政府建议，如果中国在外国援助下着手实施一项发展经济的综合计划，应给予美国和日本参与的机会，条件不能差于给予其他国家的条件。

（4）美国和日本与太平洋地区的其他国家分别建立的双边关系将以本声明提出的各项基本原则为指针；美日两国政府同意敦促那些实施发展经济的综合计划的国家，只要需要外国的帮助，就给予美国和日本参与的机会，条件不能差于给予其他国家的条件。

FRUS,Japan,1931–1941,Vol.2,pp.734–737

赫尔致高思

华盛顿,1941 年 11 月 19 日

我要求中国大使于 11 月 18 日来见，告以我曾与两位高级日本代表就有关太平洋地区的解决建议进行了长时间的会谈。我又说并没有达成任何协议，尽管我们讨论了两个相反的方针——用武力征服与和平，法律和秩序。我告诉大使，我曾通知日方，我们愿意考虑日本政府的任何建议，只要这种建议看来是可行的，而如果日本政府要说的任何建议被认为是可行的，则我们就要和中国、澳大利亚、英国和荷兰等国就此事对各该国家有利害关系的诸方面进行商谈。我告诉大使说，我已向日方强调，虽然我们可以理解日本需要时间来引导公众舆论，但在日本决定采取和平方针而不是武力征服的方针以前，我们是不可能在任何讨论中取得实质性进展的。

FRUS,1941,Vol.4,p.626

罗斯福总统致赫尔

6 个月①

1. 与美国恢复经济关系——眼下一些石油和大米——要到晚些时候。

2. 日本不再派兵去印度支那或满洲边境或南方的任何地方——（荷属、英属或暹罗）。

3. 日本同意不援引三国条约,即使美国参加欧洲战争也不援引该条约。

4. 美国介绍日本与中国商谈,但美国不参加它们的会谈。

以后再谈太平洋协定。

FRUS,1941,Vol.4,p.626

胡适致外交部

华盛顿,1941 年 11 月 22 日

今晨美外长与英、澳、荷三使会谈至 1 时,又约适参加,至 1 时 35 分始散。外长云:顷与三国代表会谈,报告连日与日方谈话情形,并略商太平洋海上防务形势。据各方面形势看来,现时尚有拖延时间之需要,惟安南局势似最吃紧,中国政府领袖所虑,日本用大力由越攻滇,英、荷亦虑日本侵泰、缅,各方面虽已略有准备,诚恐此时尚不足应付两大洋全面战。目此余欲与诸位商榷一个假设的问题,即日本若能撤退在安南全境之军队,或仅留两三千人,并允不向其他新方向进攻,以求得一个经济封锁略松之暂时过渡办法,是否可以暂解中国西南面之危急,并使其他各国谋得较长时间,以增固空、海实力。诸位对此意见如何? 英大使先发言,谓此时似尚有拖延时间之必要,但经济放松,必不可使日本积储军用品,以扩大其军力。适次发言,问二事:(1)所谓不

---

① 原文如此。

向其他新方向进攻者,是否包括中国在内? 外长云:此但包括自越攻滇,恐不能包括中国全境,但我等诸国,必仍继续援助中国之政策,以增固中国抗战能力。(2)所谓经济封锁放松者,以何为限度? 顷英大使所云,必不可使日本积储军用品云云,是否有具体限度。外长云:具体办法现尚未能谈到,日方坚执希望的,指解除冻结之资金,使其可购油类与粮米等,但我方仍继续维持出口管理特许之办法。适因力言:此两点皆与中国有密切关系:(一)敌不能南进或北进,则必用全力攻华,是我独被牺牲,危险甚大,切望注意。(二)经济封锁是美国最有效之武器,实行至今,只有四个月,尚未达到其主要目的,必不可轻易放松。敌人由越攻滇,其地势甚难,我国军队当勉力抵御,所缺乏者是空军,我国盼英、美助我抵抗,而不愿英、美因此松懈其最有效之经济武器。英大使等辞,最后外长留适稍待,适重申最后两点。外长云:日方曾要求美国停止援华政策,余自始即撇开不理,日美谈判甚少根本接近,刻来栖君三五日内束装回国,亦是意中事,顷所谈只是探讨有无暂时过渡办法之可能耳。除蒋先生与郭外长外,乞不必与他人谈云。顷又得密讯,知敌方原提案,只拟撤退安南南部,上文所谓撤退安南全境,系外长拟议之意云。

《战时外交》第1卷,第148页

胡适致外交部

华盛顿,1941年11月24日

今日下午4时,外长召集中、英、荷、澳四使会议。外长云:本月18日,日代表提请继续谈一个临时过渡办法,20日他们提出说帖,美政府认为与向来主张之基本原则冲突,故不能接受。现国际逐渐紧张,日本军阀或有异动,吾人以其急遽恶化,故拟由美政府提出一个临时过渡办法,交与日代表,其要旨如下:(一)日、美两国政府宣言其国家政策以和平为目的,并无疆土企图;(二)日、美两国相同约定,不得从其军备区域,向亚洲之东南、东北或北太平洋、南太平洋各区域,作进攻之威胁;(三)日本承诺将现驻安南南部之军队撤退,并不再补充,又将安南全境之驻军减至本年 7 月 26 日以前之数目,总数无论如何不得超 2.5万人,并不得加派军队为补充暹方他种准备;(四)美政府允即稍变通其冻结资产及出口贸易之限制条例,以增供下述贸易重开之需要为限度:甲、日货输美,准其入口,其售得之款,汇存为特项,以为付美货或日债利息之用。每月输入日货,其总值三分之二须为生丝。美货输日,限于食物、棉花、医药、油类,棉花每月不得过 60 万元,油类以每月之民用需要为限,即限于渔业、燃灯、农工等项。如两国政府认为此项协约有益于太平洋之各项悬案之和平公道的切实地方,则以上各项商品之种类、数量,皆可以协商式增加之;(五)日本亦同样变通其冻结及通商之限制;(六)美政府允向英、澳、荷政府洽商采取类似办法;(七)对于中日战争,美政府之根本政策,中、日两国所有任何讨论或解决方案,均须基于和平、法律、秩序、公道之基本原则;(八)此项临时过渡办法,以三个月为有效期间,但任何一方得提请双方互商以决定为整个太平洋和平解决之前途起见,应否再延长一个时期。以上为外长拟提之过渡办法要点。外长再声明两个要点:(一)据海、陆军参谋部报告,现时实尚需两三个月之准备时间;(二)美国政府现担负和战大责任,日本既以和平为标帜而来,美方不容不有一度之和平表示,以为对国民及对世人留一个记录。适对外长指第三条安南驻兵总数,上次外长口头似曾说两三千,今定为两万五千人,其数过多,实足迫胁我国,甚盼外长特别注意。又荷使、英使亦均以此数为太高。外长谓此数根据现在越之日军 7 万余人而酌定者,美方陆军专家均以为此数决不足为侵滇之用,况明定不得补充乎,但诸公意见当作参考。适又持第二条亚洲东北、东南云云,若不包中国在内,则我国将独蒙其害。外长云:原意实亦欲为各国谋得三个月准备时间,中国现时最急者,是由越攻滇,可断滇缅路之接济。此过渡办法,实欲保护滇缅路之交通,同时我已力拒日本请求停止援华之议,故三个月中接济中国之物资,当可大增强中国抗战之力量也。外长又云:现时欧洲局势骤紧张,日本之争斗力量亦骤增,恐未必肯接受此种种限制,在我不过欲尽人事,留此纪录而已。适按前日四国使人各向本国政府报告,今日只荷使已得回训,饬正候训令。据外长云:全件整理完毕后,即拟与日使开谈云。以上办法,大似去年英国滇缅路停运一事,其用意为换得三个月之准备时间。其主张闻出于海、陆军参谋首领,外长此举似亦有其苦心,恐不易阻止,望速电示中央方针,以便遵行。

《战时外交》第 1 卷,第 149—151 页

蒋介石致胡适

重庆,1941 年 11 月 24 日

胡大使:此次美日谈话,如果在中国侵略之日军撤退问题没有得到根本解决以前,而美国对日经济封锁政策,无论有任何一点之放松或改变,则中国抗战必立见崩溃,以后美国即使对华有任何之援助,皆属虚妄,中国亦决不能再望友邦之援助,从此国际信义与人类道德亦不可复问矣。请以此意代告赫尔国务卿,切不可对经济封锁有丝毫之放松,中亦万不信美国政府至今对日尚有如此之想象也。中正手启。

《战时外交》第 1 卷,第 149 页

赫尔谈话备忘录

华盛顿,1941 年 11 月 24 日

英国大使、中国大使、澳大利亚公使及荷兰公使应我的要求来见。我将我们拟定的将提交日本大使的暂时解决建议副本给了他们每人一份。他们用了一小时来阅读,作记录,以送呈各自政府。

中国大使反对超过 5000 人以上的日军部队留驻印度支那。我再次说明马歇尔将军几分钟前曾向我表示过他的意见,认为 2.5 万人的部队不会造成威胁,本政府并未承认日本有在印度支那驻扎一兵一卒的权利,但我们力图达成这一拟议中的临时协定,主要是因为我们的陆、海军首脑常常向我强调,对他们来说,时间是最为重要的问题;一旦

与日本决裂,就必须有更为充分的准备来有效地应付太平洋地区的局势。我也强调说,即使我们同意,这种决裂的可能不大,但必须承认确实有这种可能,即决裂不久就会发生——这一周以后的任何一天都会发生——除非能作出一种暂时安排,使得激烈的公众舆论变得更为平静,从而更便于继续就全面的协议进行会谈。

中国大使强调了将建议在印度支那留驻2.5万人部队的数字减为5000名。我指出,每一位代表都理解,就我们五国而言,使日本承诺在三个月间采取和平方针是有很大好处的,并列出了争取更多的时间作进一步准备等等对每一个国家的好处。他们显得颇为满意。看来他们是在想那些将会得到的利益,而没有特别想一想我们应该为此付出的代价。最后当我发现除了荷兰公使外,他们的政府没有一个曾就此事的这一方面给过他们指示时,我说到,他们的政府个个都比美国对于保卫世界上的那个地区更感兴趣,而同时他们又都指望美国在一旦日本发动进攻时愿意采取军事行动,领头保卫整个地区。然而我又说,他们的政府由于专心致力于其他事务,好像并不了解正在讨论中的各项问题的这些方面。我明确指出,对于这种出乎意料的形势发展,对于这种缺乏兴趣,以及缺乏合作的倾向,我确实感到失望。他们什么也没有说,只有荷兰公使后来答称,他从他的政府听到,他的政府将支持这个暂时解决的建议。我接着表示,在得知他们的政府的看法和态度之前,我不一定会把这个建议提交给日本。会见就此结束。

另外还讨论了一些细节,但都无重大影响,也都不是什么新问题。

FRUS,1941,Vol.4,pp.646-647

亨贝克谈话备忘录

华盛顿,1941年11月25日

中国大使昨日夜晚自请来访。

大使提到昨天下午的一次会议,当时国务卿将可能导致在美国和日本之间达成暂时安排的最近进展情况通知了英国、中国和荷兰的代表。大使说他对于美国政府所面临的这一与所有代表的国家有关的问题的严重性和困难性有着深切的体会;他对于国务卿的态度表示理解,并完全相信美国政府绝不会在原则上让步,不会推行"绥靖"方针。他说,但是他希望向我重复一下他在会上关于美国建议稿第二及第三条所说的话。他说,第二条可能对中日间的冲突是不适用的:它大概可使日本放手继续对中国采取军事行动;而第三条又使日本有自由在印度支那留驻多达 2.5 万人的部队,并从印度支那发动对中国的军事行动。他接着说,在周六举行的会议中,国务卿曾谈到准许日本在印度支那保持"几千名"部队,他说,在他给他的政府的报告中,他使用了这一说法,据他了解,其他代表也用同样的辞语向他们的政府作了报告。在他看来,一支有 2.5 万人的日本军队驻在印度支那,对中国会形成一种威胁。他说,假定日本严格认真地完全按这一规定行事——如果他们这样作,那是会令人惊异的,又假如日本把这个数字的部队大部分(如果不是全部)由机械人员、工程人员和飞行员组成,这样一支部队会严重威胁滇缅路,并会对中国在云南的地面部队进行可怕的骚扰。如果日本决意从印度支那以外的地点对云南进行陆上作战,并对进行作战的部队用以印支为基地的空军进行支援,这样的军事行动会与完全从印度支那进行的战争形成同等的威胁。因此,大使希望我们认真考虑能否使建议更具有限制性。

　　我乘此机会向大使解释了导致形成所说的建议草稿的种种考虑,及第二条和第三条何以会以现在这种形式出现。大使再次重申他确实理解问题的困难所在,以及他深信我们不会作出任何不必要的妥协。他说他知道局势不会被每个国家的政府看成完全一样,因为每个政府观察的角度不同,所处的环境也不同。他说,中国政府现在处境艰难,对印度支那的局势非常担心。它感到确实缺乏相当的装备来有效地保住它的生命线滇缅路,对它来说,保持此路的畅通非常重要,而这也是其他各国非常关心的,特别是美国,因为美国正从这条路运输援助物资。他说他理解把日本问题暂时挂起来三个月会有所帮助,但是他怀疑这一点能否作到。最后他说他一定要设法让他的政府以与美国政府同样的眼光来看待这一问题。他表示希望,如果他在这方面不能完全成功,我们会理解中国所面临的困难,从重庆方面看来与从华盛顿方面看来是不免有些不同的。

当晚更晚些时候荷兰公使顺路来访。他对第三条有关在印度支那留驻的日军数字谈了些与中国大使并无出入的看法。他也提出了物资是否与部队数字问题同样重要,甚至更为重要的问题。他说他曾在周六向他的政府作了一份很长的报告,并在其后收到了七份电报,他预料可在今天给国务院送来两三份备忘录。

FRUS,1941,Vol.4,pp.650-651

居里致赫尔

华盛顿,1941 年 11 月 25 日

我刚刚收到欧文·拉铁摩尔的一封电报,他在该电中对我说,委员长很为中国大使与你会谈的报告激动。拉铁摩尔的论点是:蒋介石对美国的依赖是他的整个国家政策的基础,而这个基础会被我们在经济压力上的任何松动或取消冻结使日本在中国得以立足而遭到破坏。他把滇缅路的关闭与此打了个比方,关闭滇缅路永久地毁坏了英国在中国的声望。拉铁摩尔说他从没有看到蒋介石以前真正有过这样的激动。

FRUS,1941,Vol.4,pp.651-652

赫尔谈话备忘录

华盛顿,1941 年 11 月 25 日

中国大使自请来访。他意在多方作出初步解释,通过阐述其他事项,说明中国外交部长非常理解日本局势的国际方面,深知其关系到几个国家,包括中国和美国,但委员长则不太了解这一局势,因此才有他反对暂时解决办法的报告。接着他交给我一份来自中国外交部长的1941 年 11 月 24 日的电报,电文附后。

　　我答称,首先一点是,我们的陆、海军首脑近几个星期以来一直急切地要求我们,在他们有机会进一步增加在太平洋地区的防御计划、方法和手段之前,不要和日本交战。其次,在日本的比较主张和平的分子要求与本政府谈判,求得整个太平洋区域的广泛和平解决的形势下,我们曾举行了会谈,现在已取得了一些进展;日方正要求我们继续这种为求得太平洋区域广泛解决的全面性会谈。因此目前的情况是,拟议中的暂时解决实际上乃是将这种全面性会谈继续下去的种种努力的基本部分,举行这种会谈的理由已经再三予以充分说明,并于最近再次通知了中国大使和其他方面。

　　我说,最近一个时期,委员长和蒋夫人几乎不断给华盛顿发来措词强硬的长电,告诉我们日本通过印度支那进攻滇缅路的威胁是多么危险,大声呼吁我们进行援助,而实际上我和总统目前所建议的第一件事,就是要求日本军队撤出印度支那,从而使滇缅路免受蒋介石所谓的迫在眉睫的危险。现在,我接着说,蒋介石不会理会我们替他所着想的局势,而对于另外的问题大加指责,这就是我们为与对日全面和平协议的会谈进程相适应而采取的对日本解禁某些商品的作法。他也忽视了我们的建议会解除日本在印度支那对整个南太平洋地区,包括新加坡、荷属东印度、澳大利亚,还有美国以及菲律宾乃至锡与橡胶贸易通道的威胁这个事实。所有这些对每个国家的威胁的解除都将持续 90 天。我国的一位主要海军将领最近曾对我说,我们在那个时期或许能让日本取得的有限数量的质量较次的石油产品,不会使日本的陆海军战斗准备有任何明显的增强。我说,当然,我们可以取消这一建议,但是必须有这样的理解,那就是,如果一旦日本作出向南的军事推进,就不能责怪我们未能向印度支那附近地区和日本领海派遣舰队了。

　　大使非常坚持他的看法,即他将向他的政府发回报告,作出更加全面的解释,希望这样会多少缓和一下局势。我们的谈话当然是在友好的气氛中进行的。

赫尔谈话备忘录

华盛顿,1941 年 11 月 25 日

英国大使自请来访,向我提交一份备忘录,副本附后。我简单地谈论了如果我们换取日本在今后三个月内不在中国本土以外进行任何侵略行动的极为困难的承诺,则不得不让日本得到一些严格限于民用的石油。我向大使指出,对中国有利的方面是在有关滇缅路问题上消除了它可能遭到的破坏,以及因此对南洋地区的威胁,而这也是英国、澳大利亚、荷属东印度及美国所关心的和对它们有利的。

我强调说,这一拟议中的暂时解决办法,实际上是继续日本前此所称可以达成和平解决整个太平洋地区的永久协议而举行的会谈的一部分。我又指出除了上面所说的保证外,要求暂停在中国的军事推进是完全不切合实际的。

大使提到,暂时解决办法的建议稿中规定日本在印度支那驻军限额为 2.5 万人,他要求将这个数字予以减少。我说,我们在这件事上将尽力而为,我国陆、海军专家们认为 2.5 万人在印度支那北部不会造成对滇缅路的威胁,即使两倍于此的人数也不会造成严重威胁。

附件:英国大使馆致国务院

日本的草案显然是不能接受的,唯一的问题在于是否:

(a)予以拒绝(同时说明不排除达成有限协议),留待日方提出更好的建议,还是——

(b)提出一个反建议。

我们完全信赖赫尔先生对这谈判的处理,而他所处的地位最能判定这两种途径哪种是较好的策略:我们肯定认为他完全了解日方将设法夸大迟延的危险性,迫使作出仓促的决定。如果有鉴于此他认为最好提出反建议,我们将支持采取这一途径。

我们感到日本的建议应该被认为是折冲过程的开端。他们摆出了最大的需要和最低的代价。如果提出反建议,我们建议应将这个过程予以逆转。我们的要求应提得很高而所定代价要低。

　　仅将"大部分"日军从印度支那撤走将会留下太大的漏洞。我们是否应该接受这一点作为满意的解决很值得怀疑,更不用说建议这样作了。除了抛出一个超乎我们可能争取到的目标的反建议较为理想之外,在中国人看来,似乎使这个建议能在临时协议期间阻止向昆明的任何进攻更为相宜。

　　在此基础上,我们拟请美国政府考虑,除了要有对其他东南亚地区、南太平洋和俄国的令人满意的保证之外,任何反建议都应规定从印度支那不仅撤走日本建议中所说的日军"部队",而且撤走日本的海军、陆军和空军,以及他们的装备,并在中国暂停进一步的军事推进;作为交换,可以合理地放松当前的经济措施,以准许有限数量的货物出口,使日本平民百姓的福利得到保证,但这并不包括对战争潜力有直接重要意义的货物,特别是石油。我们知道,除了军用以外,日本是不缺油的。这些放松措施当然只能在日本撤退军事力量时才能生效,而我们应当期待在有需要时也能从日本得到相似性质的货物作为回报。

　　赫尔先生当然已向日方完全讲明,任何暂时安排都只是符合能为美国接受的基本原则的更广泛的解决的第一步。我们感到为了防止日本曲解,有必要公开声明,任何暂时协议都是纯属暂时性的,它的签订只是为了便于谈判在更属根本性问题上达成为所有有关各方均感满意的最后协议。

　　以上代表我们的立即反应,未经与各自治领政府协商,它们与荷兰及中国政府一样可能都有其他建议。

　　还须提出的问题是,对有关各国在华盛顿的代表的授权程度问题。我们当然急于以各种可能的方式对赫尔先生执行其困难任务给予方便,但是我们的经济结构非常复杂(特别是需要与帝国的其他部分进行协商),我们不能认为在现阶段对外交代表委以全权是切实可行的。如果美国政府认为我们以上所提的建议可取,就有必要进一步明确划分,哪些货物对日本的平民百姓具有重要性,哪些货物对日本的战争潜力有重要性,并考虑经济压力的放松应当通过财政控制还是通过易货来实现。经过这一阶段以后,我们愿意重新考虑给予决定权的问题。

FRUS,1941,Vol. 4,pp. 654–656

哈里法克斯①致赫尔

华盛顿,1941 年 11 月 25 日

经过对今日上午谈话的再三思考,我现在不敢完全肯定,对于英国政府在印度支那的日军数目问题的强烈看法是否已得到了足够的强调。

如你所知,我完全承认你要求日军全部撤出是有困难的,我也理解你是希望和其他任何人一样将数字尽可能压低。我并不怀疑我国政府的主张是,在你更充分地了解和作出判断的条件下,按一个尽可能低的数字开始谈判将是明智的,而 2.5 万之数将使他们认为是一个作为谈判开始的高得不相宜的数字。

我已将你在这个问题上的附加建议电告艾登,意即保留美国对于日本究竟是否有权在印度支那驻军的立场。

FRUS,1941,Vol. 4,p. 657

宋子文致史汀生②

华盛顿,1941 年 11 月 25 日

我收到蒋介石将军的一封来电,电文附上。如能见我就此电一谈,以便告知我对蒋先生有何答复,诚以为感。

附件:蒋介石致宋子文电

重庆,1941 年 11 月 25 日

胡适大使当已将我昨日电副本交你。请将此电内容立即告知诺克斯及史汀生部长。

---

① 英国驻美大使。
② 副本按助理国务卿(格雷)的要求,于 12 月 2 日由陆军部转至国务院。

请向他们解释局势的严重性。倘若美国放宽经济封锁及冻结日本财产,或是即使美国正作此方面考虑的报道散布开来,则我国部队的士气将大大动摇。在过去两个月中,日本宣传机构散布说,相信在11月间即可与美国达成协议。他们甚至已与我国的一些可疑分子有一种相当肯定的默契。因此,如果禁运和冻结的规定出现任何放松,或是如果那种说法得以流行,则中国人民将认为中国已完全被美国牺牲。全体民众的士气将行崩溃,而每一个亚洲国家都将失去信心,他们对民主的信心将受到震动,以致在世界上将开始一个极富悲剧性的时代。中国的军队业将崩溃,日本将能推行其计划,这样一来,即使将来美国再对我们进行援救,情势也将是全然无望了。这将不仅是中国的损失。

我们因此只能要求美国政府不要妥协,并声明如果日本从中国撤军的问题不解决,就不能考虑放宽封锁或冻结的问题。反之,如果美国的态度仍然不明,日本宣传机构就将天天施展其险恶的阴谋,使其可以毫无代价地达到瓦解我们的抗战的效果。我们四年多来遭到无数牺牲和史无前例的破坏的抗战就将付诸东流。我们的抵抗遭到瓦解对全世界来说也是一场史无前例的灾难,我不知道将来这一段情节将如何载入史册。

FRUS,1941,Vol.4,pp.660–661

(2)谈判破裂

赫尔致野村

1941年11月26日

极密件。试拟的。并无拘束性的。

拟议中美日协议基础之大纲

第一节　双方关于政策的宣言草案

美国政府与日本政府双方关切太平洋的和平,兹申明两国政策之目的是在于太平洋区域永久广泛的和平。两国在该区域内都没有领土企图，也没有意思威胁其他国家，或对任何邻邦使用武力从事侵略。因此，两国在政策上将积极支持下述基本原则，并使其付诸实施。这些原则为美日两国彼此间以及美日与所有其他政府间关系之基础：

（一）每一个及所有国家领土完整及主权不可侵犯的原则。

（二）对别国内政不干涉的原则。

（三）平等原则，包括商业机会与待遇的平等。

（四）在原则上信赖国际合作和协调，以避免争端与和平解决纠纷，并用和平方法与程序改善国际情势。

日本政府与美国政府同意，为消除不断的政治不安情况，为防止一再发生的经济崩溃，并为提供和平的基础起见，两国将于彼此间，及与其他国家及人民的经济关系中，积极支持并实行下列原则：

（一）国际商务关系中的不歧视原则。

（二）国际经济合作原则，取消表现于过度贸易限制的极端民族主义。

（三）所有国家不歧视地取给原料的原则。

（四）国际货品协定之实施，应对于消费国家及消费人民的利益予以充分保护之原则。

（五）建立各种有助于主要企业及所有国家之继续发展的国际金融制度与办法，这种制度与办法并应于符合所有国家的幸福的条件下，许可以贸易方式交付国际支付。

第二节　美国政府与日本政府应采取之步骤

美国政府与日本政府拟采取下列步骤：

（一）美国政府与日本政府将致力于缔结英帝国、中国、日本、荷兰、苏联、泰国及美国间的多边不侵犯公约。

（二）两国政府将致力于缔结美、英、中、日、荷、泰等国政府间之协定。依该协定，各政府担任尊重法属印度支那的领土完整，遇有印度支那的领土完整遭受威胁时，并应立即互相协商，以便采取必要与适宜的手段，借以应付上述威胁。协定中并应规定缔约各政府不拟觅取或接受对印度支那的贸易或经济关系上的优惠待遇,并将尽力替每一个缔约国求取对法属印度支那贸易及商业上的平等待遇。

(三)日本政府从中国及印度支那撤退所有陆、海、空军及警察武力。

(四)美国政府与日本政府无论在军事上、或政治上、或经济上,不支持除去暂时以重庆为首都的中华民国国民政府以外任何其他政府或政权。

(五)两国政府放弃在华所有治外法权,包括有关公共租界及专管租界之各种权益,以及 1901 年《辛丑和约》中的权利。

两国政府致力取得英国及其他政府之同意放弃在华治外法权。包括公共租界及专管租界内的权利及 1901 年《辛丑和约》中的权利。

(六)美国政府与日本政府应进行谈判缔结美日贸易协定,该协定应以互给最惠国待遇及双方减低贸易壁垒为基础,美方应担任将生丝列入自由进口货品名单中。

(七)美国政府与日本政府彼此解冻日本在美国的存款及美国在日本的存款。

(八)两国政府应商定计划以稳定美元与日元间的比率,并提供作此用途的充分基金。该项基金由日美各出半数。

(九)两国政府同意,两国过去与任何第三国或多数第三国所订协定不得与本协定的基本目的,即在太平洋全区内建立并维持和平,作抵触的解释。

(一〇)两国政府应使用其影响,俾令其他政府附和并实施本协定所举之各种基本政治及经济原则。

《中美关系资料汇编》第 1 辑,第 492—493 页

赫尔备忘录

华盛顿,1941 年 11 月 27 日

两位日本使节前来拜会总统。总统以德国人的国际心理为题开始

了谈话。野村大使说,他们对未能达成一项临时性协议颇为失望。总统代表他本人和我国政府对日本的和平人士表示感谢,他们一直在竭力支持签订太平洋地区和平协议的活动。他表示,我们一直在密切注视着和平人士所做的事和将要做的事。他还说,大多数美国人都希望和平解决太平洋地区的所有问题。他说他仍未放弃,虽然形势极为严峻,他说应该承认这个事实。他接着谈起了4月份以来我方与日本大使为解决难题而举行的非正式会谈。总统说,某些事情使美国政府和人民感到寒心,例如,日军最近对印度支那的占领,日本人最近完全倾向于武力征服、无视和平协议及其原则的行动和言论。总统接着指出了下述各点:

1. 在举行这些极为重要的会谈的过程中,日本领导人仍在继续表示反对作为这些会谈核心精神的关于和平和秩序的基本原则,我们对此感到非常失望。日本领导人的这种态度自然而然地在国内外造成了一种不好的气氛,给会谈造成了巨大的困难,使之难以取得令双方满意的进展。

2. 我们在应付整个远东形势的过程中,一直非常有耐心。如果日本的行动方针能给我们以足够的理由,我们将继续保持耐心。我们仍希望达成一项关于整个太平洋地区的和平协议。我国的舆论非常激昂,当今世界的重大争端极为尖锐激烈,我国政府不可能放松经济上的限制,除非日本向我国明确表示其和平意愿。如果做到这一步,我们还可以采取一些具体措施,使总统的形势得到好转。

3. 我们仍然相信,日本的自身利益不在于追随希特勒主义和奉行侵略政策,而在于奉行我们在会谈中列出的那些政策。如果日本很不恰当地决定追随希特勒主义并奉行侵略政策,我们坚信日本将是最终的输家。

总统强调指出,日本领导人在妨碍此间的谈判活动。他说,经过4年的战争,日本人民需要一个和平的环境;战争无助于我们,也无助于日本。

来栖特使说,他到此地已经 10 天,一直在努力谈判和推动一项和平安排;麻烦不在于基本原则本身,而在于它们的运用。关于总统最近提出的居中介绍日中直接谈判的建议,来栖询问,由谁来请求总统介绍两国谈判。总统立即答复说由"双方"提出请求。他举出他处理罢工事件的几个例子加以说明:劳资双方都不想请调解委员会解决问题,而希望请总统出面解决。我指出,有 25 万投机分子随大军去了华北,他们剥夺了其他人的权利和财产,把华北当成了冒险家的乐园,就像美国内战之后的南部地区一样。我指出,他们在华北无权胡作非为,应该放弃从当地人手中攫取的财产,滚出华北。

总统谈到了日本欲把被征服地区变成殖民地的活动。他说,德国终将彻底失败,因为它没有足够的高级官员统治被征服的 15 个或更多的欧洲国家,这将最终导致德国的失败;中等水平的人员控制不了那 15 个国家。

我指出,除非日本政府中反对和平的那些人下定决心寻求和平,否则,任何谈判都不可能取得进展;大家都知道日本人宣扬的"共存共荣"、"东亚新秩序"等口号以及日本的武力征服政策及通过军事机关控制每个被征服民族的政治、经济、社会和伦理道德的真意;只要日本人仍向那个方向迈进,并且继续通过《反共产国际协定》和《三国同盟条约》等形式加强与希特勒之间的文化、军事和其他联系,那么和平进程绝不会取得任何真正的进展。

FRUS,Japan,1931–1941,Vol.2,pp.770–772

宋子文致蒋介石

华盛顿,1941 年 12 月 1 日

密呈委座钧鉴:总统回京正研究对日最后态度,向其建议者有三派:(甲)主张坚强态度派,包括海、陆军;(乙)外交部缓和派,虽过渡办法失败,仍希望有其他临时方案,预料彼等主张日本在中国停止战争,惟在此期间不退出占领区域;(丙)另一派因恐美国取坚强态度,战事

或将发生,而美国须将原可供英抗德之飞机武器,用于太平洋。此派并非亲日派,故较有力量。时机急迫,文顷电少川,请其向艾登说明,日、美如暂时表面和缓,内容仍不免继续紧张,美方只有加强太平洋军事设备,其影响于供给英方与战事发生无异,亟盼艾登以上述理由,向美方表示,美国决定基本政策,毋因顾虑减少英方供给,而示退让。且为避免美日战事实现,亦惟有美方取坚强态度,否则日本恐吓手段有加无已,必弄假成真也等语。请钧座再将此意告卡尔,转达丘吉尔,效力更大,是否有当? 敬候裁复。弟子文叩。先(一日)亥。

《战时外交》第 1 卷,第 153 页

野村致美国国务卿的声明
1941 年 12 月 5 日

你曾询问,调动法属印度支那的日本军队的意图何在。根据东京的指示,我作如下答复:

由于近来有种种迹象表明中国军队在向法属印度支那北部边界中国一侧调动,主要为预防计,法属印度支那南部的军队做了某些调动。关于这项调动的报道似有夸大之处。必须指出,日本政府没有采取违背《日法共同防卫条约》有关规定的措施。

FRUS,Japan,1931–1941,Vol. 2,p. 784

美国总统罗斯福致日本天皇书
华盛顿,1941 年 12 月 6 日

将近一个世纪以前,美国总统致书日本天皇,向日本人民表示美国人民的友谊。日本人民接受了这份友情。此后,两国间长期保持着和平的关系,借助于本国人民的优秀品质和领导人的智慧,两国都实现了繁荣昌盛,对人类做出了很大贡献。

只有在对我们两国极为重要的形势下,我才需要就某些问题致书阁下。我认为现在应该致书阁下,因为影响深远的紧急态势似有即将

形成之势。

太平洋地区的事态发展有使我们两国和全人类失去我们两国间的长期和平所带来的利益的危险。这些事态发展存在酿成悲剧的可能性。

信奉和平和民族生存权的美国人民急切地注视着过去几个月中美日两国之间的谈判。我们希望日中冲突能够结束。我们希望太平洋地区能够实现这样的和平：各民族人民和睦共处，不用担心受到入侵，沉重的军备负担得以解除；各国人民在不受任何歧视的情况下从事商业往来。

我敢肯定，阁下和我一样，也明白此点：为了达到这些重要目标，日本和美国应一致同意消除任何形式的军事威胁。要实现崇高的目标，这么做似乎是必需的。

一年多以前，贵国政府和法国维希政府签订了一项条约。条约允许5000或6000名日军进入法属印度支那北部，以保护在北边与中国作战的日军。今年春季和夏季，维希政府又准许日本军队进入法属印度支那南部，以共同防卫法属印度。我认为我可以这么说，日军未向印度支那发动进攻，也未打算那么做。

过去几个星期中，大批日本陆、海、空军被派往印度支那南部，这使其他国家有足够的理由怀疑，日军继续在印度支那集结不是为了防御。

由于在印度支那集结的日军数量巨大，而且把触角伸到了印支半岛的东南角和西南角，所以，菲律宾群岛、东印度群岛和泰国人民当然会自问，日本的这些军队是否准备向这些方向进攻。

我认为阁下会理解，这些地区人民的担心是合情合理的，因为这涉及到他们的和平以及国家民族的存亡。我认为阁下会理解，为什么如此之多的美国人都厌恶贵国以大量人力和装备建立可供军队发动进攻的陆、海、空军基地。

显然，这样的形势继续发展下去是不可想象的。

我上面提及的各地区人民绝不会永远坐视这种危险。如果日本军队悉数撤离印度支那的话，美国绝对不会入侵该地区。

我认为我们可以得到东印度政府、马来亚政府和泰国政府同样的保证。我甚至可以要求中国政府作同样的保证。这样，日本军队撤出印度支那将使整个南太平洋地区的和平得到保证。

在此，我热切地希望阁下能像我一样，考虑一下应付危局、驱散乌云之两侧。我相信，不仅为了我们两个伟大国家的人民，而且为了临近地区的人民，我们两人都负有在全世界恢复传统的和睦关系和防止再发生死亡和破坏的神圣职责。

富兰克林·D·罗斯福

FRUS,Japan,1931−1941,Vol.2,pp.785−786

赫尔声明

1941 年 12 月 7 日

日本已背信弃义地向美国发动了无缘无故的进攻。

当日本政府代表和我国政府代表在日本的要求下就和平的原则和政策进行谈判之际，日本军队正在各个战略要地集结，准备向与日本处于和平状态的那些国家(包括美国)和人民发动新的进攻和侵略。

我现在向美国人民宣布 1941 年 11 月 26 日我递交给日本大使的一项声明，该声明阐述了主导美国政府方针政策的各项原则，提出了达成涉及整个太平洋地区的一项综合性和平协议的建议。

我同时公布日本方面对我方的声明所作的答复，这是日本大使今天递交给我的。在日本大使递交日本政府的这份最后声明之前，对美国背信弃义的进攻就已经开始了。

我国政府支持国家之间赖以保持公平、和平、法律、秩序和正义的各项原则，坚定不移地努力促进和维护我国与其他国家之间的上述关系。

现在全世界都已明白，日本最近表达的和平愿望是无耻的欺骗。

FRUS,Japan,1931−1941,Vol.2,p.793

六、战时中日秘密接触

说明:抗日战争前期,中日之间的秘密接触颇为频繁,各种渠道有十余条之多。论其方式,既有官方渠道的正式接触,也有民间渠道的非正式接触;论其层次,既有中央级的接触,也有地方级的接触;究其动机,在中国方面,既有试探对方诚意,试图寻找议和机会者,也有意在缓解战场军事压力或推迟日本承认汪伪政权的策略性行动,在日本方面,既有希望早日结束中日间不幸战事者,更有逼迫中方实际上接受投降条件者,且随着时间的推移,即随着日本在战场上取得更多的胜利,日本的议和条件实际上已演变成迫降条件。而谈判人员的身份,既有真实的,也有假冒的,如著名的"桐工作"中,国民政府的军政要员便皆为假冒。随着英美援华态度的明确,中国态度逐渐强硬,而日本要求则逐渐降低。及中美英最终组成同盟后,中日之间的秘密接触急剧减少,几近断绝。抗战末期的"缪斌"工作则可视为一个闹剧。

本章主要资料来源:

日本在华纺绩同业会编,马斌译:《船津辰一郎》,中国社会科学院近代史研究所近代史资料编辑室编《近代史资料》第 69 期

天津编译中心译:《小川平吉关系文书》选译,《近代史资料》第 86、87 期

郑基译:《重光葵手记——缪斌事件》,《近代史资料》第 80 期

段梅译:《东条英机、胡文虎会谈要旨(纪录稿)》,《近代史资料》第 85 期

卫金桂整理:《抗战时期张季鸾、胡霖与日本谈判资料三则》,《近代史资料》第 93 期

[日]《支那事变善后措置》,《近代史资料》第 93 期

《抗战时期国民党政府与日本当局秘密接触史料选》,《档案史料与研究》1991 年第 1 期

《抗战时期国民党政府与日本当局秘密接触史料选》(续一),《档案史料与研究》1991 年第 2 期

《抗战时期国民党政府与日本当局秘密接触史料选》(续三),《档案史料与研究》1991 年第 3 期

重庆市档案馆:《抗战时期国民党政府与日本秘密接触史料》,《历史档案》1992 年第 3 期

郑基译《宇垣一成日记》,《1938 年宇垣—孔祥熙"和平交涉"实录》,《档案与历史》1989 年第 4 期

寿充一编:《孔祥熙其人其事》,中国文史出版社,1987 年

日本防卫厅防卫研究所战史室著,田琪之、齐福霖译:《中国事变陆军作战史》第 3 卷第 1、2 分册,中华书局,1981 年—1983 年

全国政协委员会文史资料研究委员会编:《文史资料选辑》第 105 辑,中国文史出版社

天津市政协编辑委员会译:《今井武夫回忆录》,中国文史出版社,1987 年

堀场一雄:《中国事变战争指导史》,日本时事通信社,1962 年。

(一)第一次近卫声明后的秘密接触

说明:1938 年 1 月 16 日,日本发表第一次近卫声明,声称"不以国民政府为对手",开始扶植伪政权。中日双方的接洽并未因声明发表而终止,双方的"和谈"工作通过多个渠道在进行。其中有:受蒋介石、张群之托,《大公报》总编兼副总经理张季鸾(名炽章)与香港《大公报》记者胡霖,以报人身份与日本《朝日新闻》编辑局顾问神尾茂进行的接触;与小川平吉、萱野长知的接洽;以及通过孔祥熙掌握的乔辅三

与中村丰一的接洽。

1. 张季鸾与神尾茂会谈

神尾茂致东亚局长亲笔信
1938 年 7 月

拜启

东京出发之际,承蒙多方关照,不甚感激。(1938 年)7 月 1 日平安到达后,立即携您的介绍信拜访中村总领事,谈了有关公私方面的问题,他很热情地接待了我。

香港方面人心的向背与国内的一般宣传大相径庭。到此已三周,什么线索也得不到,碌碌无果,不胜汗颜。

只查明了《大公报》的胡霖、张炽章的住处,与他们取得了联络。

与胡霖的谈话①要领如下:

作为开场白,胡说:"我们双方都是报人,不忍坐视两国关系日益朝更险恶的方向发展。所幸张季鸾君在汉口得到了蒋介石的信任,香港又有您可以联络。我们报人以个人意见的形式向两国当局提出建议,为解决时局助一臂之力,难道不是我们平生的愿望吗?"

我与胡随后长谈了两小时,要点记于此。胡君对张君就谈判情况作了详细汇报。以后还要通过电话就详细事宜进行会谈。

(胡霖说)本次的国民参政会,真正将各阶级团结到了一起,会上有来自各阶层的代表。凡事一贯都是年少气势者站在最先,可此次赴会者全是长者,其中有如前清名士张一麐等,他从遥远的苏州赶来开会。天津的南开大学受到了日军的猛烈轰炸,南开校长张伯苓已 65岁,一个儿子任飞行员,被日军击落而死,虽元气大伤,也来赴会。这次战争中,中国屡战屡败,几乎没有取胜的希望,唯精神之昂扬,是四千年

---

①　1938 年 7 月 20 日,胡霖受张季鸾委托与神尾会谈。

来前所未有的,人心的统一也是史无前例。国民政府精神基础的巩固是空前的。凋敝的农村中,所有的农家子弟对日本同仇敌忾。农村的贫困,不一定都是日军暴行的结果,山西、山东的农民,对苛政恨之入骨,以前攻击国民政府的政治是黑暗政治,如今却完全忘记了昔日之仇,全将怨恨集中到日本身上。日本将此归于国民党的宣传,这是根本不了解事实的真相。目前日本好像都期待到处涌起反蒋运动,可是,来自日本的压力越大,反蒋运动更会趋于消失。所以,为实现时局有大的转变,结束战争,日本必须有如下新认识:

第一,如果不以蒋介石为对手议和,则全无议和余地。

如今,蒋介石已从西安事变的打击中完全恢复过来,现在他信心很足。他不是西洋型的人物。如果他是西洋型的将军,则会极力避开战争。他能灵活运用东方人的信念,所以能抗战至今。在这种东洋精神作用下,以前反蒋的各派被深深感动了,他们满腔热情地支持蒋介石。日本必须认识到这一点。若企图以王克敏之流代替蒋介石解决中日议和问题是根本不可能的,蒋王双方的差别太大了。

第二,日本能否真正满足中国作为独立国家的领土、主权要求? 日本是否能放弃中国的战败国待遇?

第三,在处理和平后的国内问题时,中日双方都将有困难,但日本面临的困难将更严重。换句话说,日政府不可避免地会招致国内所谓日本对中国的条件过于宽大的责难。

第四,最大的问题是赔款问题。陶德曼调停时,日本将此作为追加条件提出。那时,军事委员会内部没有一个人反对讲和,失去了那个机会,真是可惜。

第五,南京陷落前和陷落后,成立和议的难易程度与这次进攻汉口时的情况可以相提并论。若占领汉口,议和就晚了,困难也增多了。

第六,日本声称对中国开战是为防备俄国,若真视中国为朋友,则为何这般苛待中国? 这样不是把中国逼到了俄国一边吗?

第七,和战的确定,无疑是要经过谈判的。蒋介石相信时局转变的关头就在眼前,他已下定了决心。相反,若蒋介石与俄国结盟,长此以往,日本与苏联的关系只能是更加恶化。

第八,日本必须利用转换时局的发言权,否则,使中国签订城下之盟之机又将失去。

第九,日华直接交涉或列国调停是一个问题,当参考华盛顿会议上解决山东问题的形式进行。

《近代史资料》第 93 期,第 235—237 页

神尾茂致绪方竹虎①报告
神尾——张炽章会谈
1938 年 8 月

我对张说:改组后的近卫内阁在继续战争的同时应当巩固战争成果,而且应当采取煞车措施,作好顺应形势或和或战的准备。具体的行动措施取决于中国的态度。不一定仅着眼于战争,中国方面也应当迅速顺应这种变化。

对此,张说:一、中国的方针只有一个:维护主权,保持领土完整,没有其他奢望。这就是中国方针简单明了的表述,是一贯的,作为文献已写进了去年 7 月蒋介石的演说和临时全国代表大会的宣言(汪兆铭执笔)。这一简单表述得到了国人的一致支持,谁都知道将为此战斗到最后。除了实行抵抗别无他途。这种决心是在一般想象之上的。

二、基于这种见解,像现在这样日本与中国交战一年,便耗巨资 50 亿,国力消耗甚大。而且谁能保证日俄不战?去年 6 月的干岔子事件与这次的张鼓峰事件一比较,就会明明白白。客观的看,前一事件发生时,中日之间尚无战事,如今已打了一年多了,恐怕还有第二、第三次张鼓峰事件。每次俄国的态度都很强硬。日本如今在隐忍,但形势的发展,一定会迫使日本对俄国开战。日俄之战需要一年,半年,还是多少

---

① 即朝日新闻社的绪方竹虎。

年,是胜是败,谁也说不清。即使有幸取胜,国力的消耗将是多么惊人啊!那时,盎格鲁·撒克逊人扩张海军势力自不消说,日本无力扼制英美的强大势力,不得不忍受其指使是很清楚的。日本不仅失去了胜利果实,而且除听从他们的指使别无他法。头等国的位置当然也与之无缘了。

上述是张君基本的国际形势观。观察次日报纸上所载汪兆铭在迁都重庆纪念周的演说,二者观点的合拍使我吃惊。张君向日方提出的如下问题,重庆方面的观点也基本相同。

张君和汪兆铭都认为:一、现在日本之所以能与英美为敌,是因为有强大的海军。可是二、三年之后,日本国力消耗的结果,使其在扩建海军的竞争中资力匮乏,不可能不落于英美之后。只有现在停止战争,积蓄国力,日本才可以成为抵制他国和扼制他国的头等国家,也利于其将来的繁荣。这是张君的结论。

二、只谈日本,难免太片面。

在第二天的会谈中,我说:如果不回到共同开拓维持日中两国命运的立场上,说什么都没有用。三年之后,日本都精疲力竭了,中国怎么样?张君说,中国本来就疲惫困顿,若与日本继续二三年战争,中国腹地所受的破坏将是难以想象的。如今仅是进攻汉口,内地便受到极大的破坏,由此可见,"日华共倒"是很明了的事实。这次战争,将日华关系置于阴影之下,永远离间了日华关系,它既葬送了日本,又使中国丧失了自由。所以可以说,中国是被日本的近视政策逼到了俄国的怀抱中,使其抗日的。如今,日本若从大局出发,从根本上断然革新对华政策,则成立和议是完全可能的。我等则当协力为此而奔走。

三、如前所述,张君首先主张日本的对华政策必须改变。并说,中国是个不健全的国家,无法自己保持独立,中国又是个积弱的国家,这也是日本一贯的看法。开战一年来,很难得的,也值得强调的是:中国军民为本国的领土和主权所不惜一切的努力,一年之中毫不畏缩,为民族的独立而战的高昂精神真是太了不起了,这已具备了一个独立国家的根本条件。这是日本不得不承认的。这些国民能下定决心，一年、两年继续抗战，付出任何牺牲，直至官吏减俸，人民流离失所，别无他法。

看到这种拥护独立的精神，日本就应该树立起中国既是弱国，又是独立国家的新认识。宛如欧洲的荷兰、波兰，它们虽为小国，但能跻身于英法大国之列，并得到平等的待遇和尊敬一样。

四、为大局计，若抛弃前嫌，日本的方针来个彻底转变，将一扫全世界对日本现有的态度，日本的行为将是光明磊落之举。问题的关键在于日本的对华政策，在于日本的对华政策是否有一个大的转变。

五、如果英美的对日方针发生改变，俄国对于日本的相对优势便会急剧下降，对日本的压力便会减少。

六、张君在与我进行了深入细致的讨论后又说"事已急迫，必须果断、迅速、秘密地收拾时局。若汉口陷落，则后悔莫及了。陶德曼的斡旋是在南京陷落前。南京陷落后，国民政府节节败退，但表面上不得不发表强硬声明，这样一来，和谈又推迟了半年，或者说，目前或许还谈不上有讲和的机会"。

七、首先要实现事实上的停战。日本若有议和的决心，自然会停止进攻。

八、在此期间，双方应派代表开始秘密交涉。代表可以是军人，或中国方面由汪精卫为代表，何应钦为副代表亦可。若汪精卫出此任，日本外相宇垣应亲自出马，而且应当迅速达成协议，由日华直接处理两国间的问题，并借助欧美一方的帮助。以免如西安事变后与共产党妥协之际，这方出了问题另一方面立刻引起反响，致使和议夭折。

九、最后的收尾工作，是以解决国内消耗为名的秘密交涉。形式上采取第三国调停的方式，实质上由中日直接交涉。这样做如何？

十、以上是张君以一个外交活动家的立场对于掌握有主动权的日本应采取的态度的观点。张还说，关于议和的初步条件，如果逐条考究，议和是没有出路的。

十一、根本精神如上。当我问到实质性问题时,谈判情况如下:

1. 蒋下野的问题:

对于我说的"蒋介石只是形式上下野,并不追究他过去的责任,日本的条件不是也放宽了吗"的观点,张说:蒋是北伐以来十几年的牺牲中产生的国民心目中的英雄。如果中日战争沦为持久战,既使蒋下野了,抗日的浪潮仍会把其他人推向抗日领袖的地位。而且中日议和除蒋之外无人能做出有效措置。没有能集众人信赖于一身的领袖,这是客观情况。若蒋的下野能将中国引向光明,即使蒋介石不会把自己的进退看得太重,但周围的人们也不会答应。

2. 关于如何处理华北的政权:

我说,国民政府已经与共产党妥协,以取消"中国苏维埃政府"为交换条件将延安政权作为特别行政区予以承认,如像承认毛泽东为首的特别区域一样也将王克敏政权作为特别行政区,形式上置于国民政府的统治下如何? 张君对此不肯轻易答应。他谈了京津同陕甘宁边区的不同。认为若有妥协可能,则是蒋介石一向对华北重政治而轻经济。关于日华经济提携这类实质性问题,可以根据日本的需要作充分妥协。……据张君讲,对陕甘宁特区,国民政府尚未正式承认,只是因抗战之需才睁一只眼闭一只眼予以承认的。

3. 防共问题:

(张君说)关于共产党与国民党的关系问题,日本存在着根本的误解。比较符合事实的是:由于日本的压迫,而且共产党已不是昔日的共产党,它承认了奉行三民主义的国民政府的领导,放弃了阶级斗争、马克思主义、没收土地的政策。正如中国不问日本的法西斯化一样,中日之间相互应有互不干涉内政的态度。

4. 关于撤兵(驻兵)问题:

张君避免作正面回答,但张君的"日本对中国应有独立国待遇"之主张极强,推定还是有一定既定意见的。

十二、以上是九日、十日两夜经过七小时之久与张君交换意见的结果。张君恐此事泄露产生不良影响,成为反面宣传材料。(他说)这类材料对日本当局来说是非常新鲜生动的。东京的当权者内部情况极为复杂,如何处理全靠您的慎重,此事就拜托您了。

十三、事关重大,形势紧迫。如何确立国家的百年大计,不要将子孙后代引入误区,与日本当权者的对华认识关系极为重大,请您斟酌处理。

十四、我认为若能开辟此条和谈路线,如果有必要,不论何时我都可赴东京效力。

《近代史资料》第 93 期,第 238—242 页

2. 小川平吉①、萱野长知②路线

此节所收资料,如无特别标注,均源自 1973 年东京よすず书房出版的《小川平吉关系文书》,转引自《近代史资料》第 86—87 期。

小川平吉致宇垣一成等备忘录(草稿)
1938 年 5 月 18 日

建议要点

一、攻陷徐州为第四次媾和之机会,需要抓住。(对于长驱深入之困难,对俄作战之准备,长期战之增大牺牲,扩大媾和条件之比例,中国未来民心之趋向,中国之统一,以及日华之根本关系等之考虑,可参照丁丑③十一月二十三日关于在攻陷南京前开始媾和谈判之

---

① 小川平吉(1869—1942)号射山,日本长野县人。1903 年当选众议院议员。辛亥革命中,曾与头山满、内田良平、犬养毅等组织有邻会,支援孙中山的革命活动。1914 年任东亚同文会干事长。1925 年任司法大臣,1927 年任铁道大臣。1936 年因铁道大臣任内受贿案被捕,次年被保释。
② 萱野早年与孙中山有过联系,也认识孔祥熙。
③ 1937 年。

拙见。)

二、一般希望以驱逐共产党及蒋介石下野为媾和谈判之前提。但因使两者同时实现,非常困难,故只能先使蒋以武力驱逐共产党,而后与蒋进行和平谈判。

三、和平谈判一开始,国民政府亦将发生相当混乱,如乘此时机,施展谋略,则驱共及蒋下台,并非不能同时实现。然而,此种情况不仅难以预期,而且在蒋下台之情况下,亦不易得到足能统一政府,缔结并履行和平条约之权威人士。故蒋如表示诚意,则可与之进行谈判。

四、由于以蒋介石为对手进行之战争,则以蒋介石为对手进行和平谈判自属当然。不以蒋介石为对手之声明,相信基于当时情况,认为其无媾和之诚意,而对其加以抨击之威胁性宣言,是乃一时权宜措施。若永远拘泥于此,而束缚自己进退之自由,则恰似尾生①之坚守信约而溺死桥下。蒋介石今日如能表明幡然改变态度而希望以诚意开始媾和,则此蒋介石已非昔日之蒋介石,故可与之开始谈判。正如一般海内外人士之常识,一提媾和谈判即认为以蒋介石为对手。(所谓表示诚意,在于驱逐共产党并承认我方提出之日华共同确保东亚和平之大方针。但实际上颇为困难。)

五、媾和之宗旨,当然在于敦睦日华原来之邦交,拯救生民于涂炭,同时采取确保东亚和平之手段。故于谈判开始前主要强调此宗旨。媾和条件亦应尽量含混其词,在其体面上使之易于接受谈判。所谓条件,本属弱者之保障;强者无有条件反而更好。一旦媾和谈判开始,其结果必为强者制弱者,如前者秘密告知德国大使之条件,已在某种程度上留有余地,可不必表示严格坚持要求之态度。

---

① 尾生:人名,古代传说中坚守信约之人。《庄子·盗跖》:"尾生与女子期于梁下,女子不来,水至不去,抱梁柱而死。"

　　六、谈判媾和开始有如攻陷南京之际，如许大使①不在，虽不能公开劝降，亦需要讲求其他适当方法。其方法可有多种。但是，必须注意不得发生轻侮我方之结果。

　　七、谈判一开始，对中国之新政府由于从来之关系虽有背信之嫌，但并非背信，有如第四项之所述。就对彼等之处置而言当无甚大麻烦。本来今日之北京政府，实际上，甚至无统治河北一省之实力，故当决定大局之际，无须以全国性政府视之。媾和谈判结果，若能以河北地方作为特殊地域，使其成立自治政府，通过此种关系，可有使彼等获得充分满足之途径，同时与媾和谈判相关联，亦可使之与蒋政权合并。对南京政府亦然。我国政府认为国民政府有诚意而与其开始谈判，相信北京、南京政府对此决无异议。当前，两政府要人与汉口之间往来不断，必须特别注意。

　　（前述合并云云，以蒋介石根据条约，组成完全与日本同一方针之政府，施行同一方针之政治为前提。而对此条约之履行，当然必须获得驻屯军队及占领交通机关等之有效保证。）

　　八、不愿以蒋为对手之结果，虽有可使中国新政府与蒋进行媾和谈判之说，但此乃囿于形式之雕虫小技，且属下策。不足以处理大局。

　　九、未至开始媾和谈判之时，可先迅猛前进攻占汉口及其他要地。以此促使和平谈判之实现。如有幸攻陷汉口，则可使国民党及海内外人士皆知大势已去，无可挽回，在彼等内部及对外关系方面将产生更大困难。局面可为之一变，同时亦可期待新政权之发展活动，使其致力于打倒残敌。然而，出现如此前途可谓尚非轻易之举。

　　十、当前，为在战争之外打开局面，认为击溃残敌或使其屈服，进而采取有效之适当方法，组成正规谋略队伍，使之进行活动之时机，业已成熟。

《近代史资料》第 86 期，第 181—183 页

① 中国驻日本大使许世英。

小川平吉致近卫文麿（草稿）
1938 年 6 月 8 日①

虎山公阁下

　　敬启者。皇军以破竹之势，勇往直前，汉口惊恐之状，有如目睹。每阅报道，不胜欣喜雀跃之至。然而蒋之下野殊属难事，而且共产党未倒，更无下野之可能。但时至今日，其本人已到坚定最后决心之时，若其左右亦与之相同，使其下野认为自有道理。正如前者所建议，先使其断然排共，不拘其下野与否，即可开始媾和，乃为上策。为此，曾一再陈述，进行谋略游说等政治工作实属必要，并认为其时机业已到来。甚望最迟在攻取信阳、武胜关前，各方面工作均能充分展开，不知尊意如何，尚祈考究。汉口移转之后，形势将有变化，因而我方之政治工作亦应改变，今起开始行动认为绝好时机。

　　其次，关于以蒋为对手云云，日前与荒木大将会谈之际，大将之意见与敝人大致相同。大将亦有签订停战协定之意，谨此奉闻，以供参考，余容面禀。草草顿首。

平吉 6 月 8 日
《近代史资料》第 86 期，第 183—184 页

萱野长知致小川平吉电
1938 年 9 月 8 日

一一四（孔祥熙）、一一三（蒋介石）、一〇九（居正）等如对一一二（反共）提出一一一（停战）时，一四（日本）一二五（政府）是否接受，为慎重计，请予明确。望复。萱野

　　（注）自上海发报。栏外有红笔批注："九月八日到达，即日与外相磋商后复电。"另外，尚有墨笔所写以下复电草稿：一一二（反

---

　　①　函件标题下的年月日括号为原书编者所加，说明原件并未记明年代或月、日，下同。昭和十三年为公元 1938 年。

共)及六〇(和平)后必须约定五七(下野)。望首先明确此点。对方提出之一一一(停战),尚不知一八四(参谋本部)是否附加麻烦条件。不如一一四(孔祥熙)等出面后,由八一(外相)前往为佳。详情请阅文件。小川

《近代史资料》第 86 期,第 184 页

萱野长知致小川平吉电

1938 年 9 月 9 日

按照前订之二(协议),一一四(孔祥熙)等前来。如八一(外相)亦来,希由八一(外相)与一一四(孔祥熙)二(协议)条件。地点在何处?我13 日乘一二七(意大利)轮船赴一二九(香港)。萱野

　　(注)自上海发报。栏外红笔注有:"九月九日从上海发报,转送富士见。"墨笔写有:"复电(已用电话通知),十日复电。"尚有如下复电草稿:长崎,云仙①可能不便。昨已发文。小川

《近代史资料》第 86 期,第 184 页

小川平吉致萱野长知(草稿)

1938 年 9 月 9 日

敬启者

　　得悉一路平安抵沪,欣喜致贺。兹将别后情势陈述如下。

　　八一(外相)依然决心巩固,气宇轩昂。如日前所述,一一三(蒋介石)之五七(下野),固为一四(日本)之希望,但为收拾时局,事前不可能五七(下野)一事大体予以谅解。在一一三(蒋介石)披沥一一二(反共)之诚意时,停止预先表示五七(下野)之意,而在六〇(和平)之后,不妨以自发之形式决定实行之。而且,对其五七(下野)亦拟尽量照顾一一三(蒋介石)之面子。此外,关于促使实现六〇(和平)之二(协

---

　　① 轮船名称。

议)之机会,曾与八一(外相)进行种种磋商,而对出现最坏情况时之处理方法亦已协议。然而,最简单之方法,莫如由一三二(汉口)一三五(政府)提出为最好。故希将此点对其竭力劝说。如您所知,实现此一方针,虽有不少障碍,但鉴于东洋之大局,考虑久远之未来,除实行敝等之意见外,别无他途。大势正日益接近我等之主张,事业必将成功。就对方而言,相信亦需要以诚意实行一一二(反共)与亲一四(日本)。

在轻井泽①亦曾与八〇(首相)长时间反复磋商,已就手续方面交换种种意见。八二(陆相)近来态度亦大有缓和。为国家、为大局,不胜庆贺。

此外,就昨日尊电,经与八一(外相)面谈之后,已将敝意复电告知。在由对方提议一一一(停战)时,担心驻外机关就占领要地等提出麻烦条件当然亦请考虑此事在当时任其商谈是否合适,莫如按以前一四一②(孔祥熙)之提案,暗中约定一一二(反共)、六〇(和平)后五七(下野)两项。由彼等前往,我方八一(外相)亦前往。立即开始二(协议),岂不简便?此点务望认真磋商。当然,上述三条件,尚须获得一一三(蒋介石)之明确承诺。经航空邮寄,须待下周三,故交朝日邮便寄上此信。草草不宣,另有后函。

平吉九月九日

萱野老兄侍史

此外,国内之事对方虽有种种评论,但战争即使持续二或三年亦不致气馁,如敝人之辈希望此际对俄继续一战一事已为先生深知。此点务请晓谕对方勿予误解。

(本书绝对秘密)

---

① 当时近卫文麿首相在此休养。
② 原文旁注(孔祥熙?),孔的密码为"一一四"。原文"一四一"似误。

萱野长知致小川平吉

1938年9月13日

敬启者

如昨已电告,云仙轮并不直航长崎,只好在香港、上海等地换乘二三次。途中不仅危险很大,并有为新闻记者发现之虞。窃以为莫如与海军交涉,在军舰会见最为方便。军舰可在上海、香港、厦门、长崎或洋面上自由活动,随处停泊。不知尊意如何,乞赐回音。敝人于十三日乘意大利邮船赴香港,预计十五日下午到达。香港之通信处为东京饭店。所附暗号系重新制定,请即启用。总之,在香港可以与有关要人磋商,进行谈判,望适当安排。

见首相、外相时,请代为致意。

匆匆敬具

长知 11 日

射山翁左右

按照附件之约定,正在等候航空信件之际,今日收到9日发出之尊函。关于事前要求一一三(蒋介石)表示在一一二(反共)、六〇(和平)后五七(下野)问题,彼等碍于面子,很难承诺。在一一二(反共)、六〇(和平)后五七(下野)虽为必然之势,但以"秘约"或表态之形式,亦属难堪之事。因而事后由一一四(孔祥熙)等人负责保证以自发形式决定实行之。一一四(孔祥熙)等之出面,需要具有殊死之决心,届时一三二(汉口)方面或许引起重大事故亦未可知。即认为出面具有分水岭之危机。如在一个月之前,提出此案,尚不致孕育如此危机,但在今日时局下,已成为更加困难之事。勉强实行,对彼等确需极大勇气与决心。窃以为,彼等脱出之后如以不成功而告终,则必然生还无望。从彼等之切身利害着想,颇有寄予担忧与同情之处。仅以怀疑而行处理,窃以为过于为难。因此,敝人到港,经过充分研究后,再行发电。总之,正如在角力场上两强相逢,胜券在于八一(外相)之腕力。这方面在对方表示至诚情况下,万事均可冰消。敝意虽有必要在记录上签字,但最关紧要者仍在于促其付诸实行。此际切望能抛弃形式上之面子，而将真实情况展现于面前。

匆匆敬具

（注）萱野在上海萱野公馆。信封正面写有"敬托宇都宫氏"，背面写有"十三日"。另外有小川用红笔写的如下书信：本函于九月二十三日，由外相在五相会议上提出，与海相磋商派遣军舰问题。当时，外相曾询问陆相对与孔等之谈判，是否同意。陆相对已开始之谈判明确回答并无异议。至此不以蒋政府为谈判对手之主张，已完全消灭，为国家计实堪庆贺。上述陆相之明确答复，二十三日从首相听到，三十日又从外相听到。

因宇都宫中途去故乡，迟到。

《近代史资料》第 86 期，第 186—187 页

小川平吉致萱野长知（草稿）
1938 年 9 月 21 日

敬启者　拜读 13 日发来之华翰，当即会见六六（外相），并附陈愚见，承蒙表示同意。

对方乘一四五（军舰）抵鹿儿岛时，六六（外相）亦前往，形成对方前来，我方接待之形式。反而对一八三（秘密）更为有利。六六（外相）与六八（海相）就一四五（军舰），可在军舰上进行磋商。

又，一〇二（孔祥熙）及一三〇（何）、一〇九（李）等如能保证前来，则一三二（下野）将无问题。万一彼等之保证不能兑现，则彼等必将陷于二三七（分裂）而对我方并无损害。对以上愚见亦予首肯。最近与六五（首相）会谈之际，商谈在进入达成一七六（协议）之紧要关头，如一三九（共产党）反对，一〇一（蒋介石）必将陷入或被推翻，或对一三九（共产党）发动暴力政变之危机。对此，商妥尽可能促使发动政变。希望务必对其进行劝说。果能如此，则一七六（协议）亦可顺利进行。谨此先将要

件奉告。草草不宣

平吉九月二十一日

《近代史资料》第 86 期,第 188 页

萱野长知致小川平吉电

1938 年 10 月 26 日

不出所料,前途渺茫。已至需要更加继续努力之时。其真相,与世人舆论不同。鉴于昨日二四八(日本政府)所作声明,如一三三(和平)不成,则将二〇七(如何进行为好),二九一(乞示知)。彼等迄今之不能进行,因尚有和平分子,将被少壮派一六九(暗杀),即使一〇一(蒋介石)之流也将失去自由。然则现今我方将与彼等一九〇(握手)。

　　(注)自香港发电。原文系罗马字。栏外有注如下:"六日下午收到。对此,发报:'方针不变,郑介民已来到否。'当夜复电:'尚未到来,如来到即电告。'复电,二四八(日本政府)一三三(和平)方针不变。八六(郑介民)来到否。

《近代史资料》第 86 期,第 188—189 页

贾存德[①]回忆:与萱野长知开始交往

　　1938 年春的一天,我从韦竹轩那里获得消息,说国民政府外交部前任次长樊光带着北平日本浪人山本荣和(当时北平汉奸组织维持会的幕后主持人)给孔祥熙调解中日和平的意见书,去汉口找孔祥熙去了。韦竹轩还告诉我,有一个日本大亨叫萱野长知(号凤梨居士),曾参加过孙中山在日本东京组织的同盟会,会讲中国话,来到上海有特别任务,并问我如愿意认识萱野,他有办法通过萱野的朋友松本藏次(在上海搞特务工作)来介绍关系。我为了刺探日本情报,便托韦竹轩介

---

　　① 贾存德,山西省太谷人,孔祥熙同乡,曾在孔祥熙手下做事。1937 年 7 月抗战爆发后,贾通过朝鲜友人韦竹轩认识日本人松本藏次,又通过松本结识了萱野长知。

绍先认识了松本藏次,而后又认识了萱野长知。

　　经过几次会见,萱野知道了我是孔手下的人,对我拉拢更紧。在2月间的一次会见中,萱野一方面将他作的"萁豆相煎"的故事诗给我看,一方面以猫哭老鼠的伪善态度哭丧着脸说:"我和孔先生是朋友,中日是兄弟之邦,不应以兵戎相见。对前途我很想给孔先生写封信,又怕引起误会,不得其人代送。"我向萱野表示,有适当人到汉口时,一定告诉他。尔后,我将从各处探听到的关于"和平"运动的消息,和认识萱野长知的经过及谈话,写报告给孔祥熙。5月初,我便亲自到汉口。临行前去见萱野,寒暄之后,萱野托付我两件事:一件是给马伯援(马是继孔祥熙之后任中华留日东京青年会总干事)捎带口信。萱野是这样说的:"我有一个朋友叫马伯援,他从东京回来时,因东西多不好携带,留行囊托我捎来上海。经向上海青年会打听,知他现在汉口。我想托你带口信给孔先生,请孔先生转达马伯援,告诉他东西已带到了上海。"另一件是给我一封信,要我当面给孔。这封信的内容,据我后来知道,萱野表示对在日本东京时孙中山所领导的同盟会旧友的怀念,继而谈到中日交战犹如"萁豆相煎",最后谈到孔如有意出来解决,"阋墙之争"、"化干戈为玉帛"的话,他愿斡旋奔走等情。……

　　这次孔祥熙破格地接待了我,对我的态度也非常客气。由飞机场到达中央银行后,我和宋霭龄差不多是先后同时进入孔祥熙的客厅的。对于孔的这种急急召见,起初我自己也感到奇怪。当我走进客厅时,孔便表示出一种迫不及待的心情,不顾陪老婆谈话,就匆匆引我由客厅边门进入一间密室内,开口就问我和萱野认识的详细经过,伸手向我要萱野给他的密信。我如实回答了他所询问的事情。他看罢信后面带笑容地说:"萱野曾是中山先生在日本时候的副官长,跟我是老朋友。"紧接着他又问我:"在上海曾听到过梁鸿志(南京伪维新政府行政院长)在南京不得志的消息吗?"我答没有。孔还问我听到过日本方面关于"和谈"的那些消息没有。最后我将萱野请他转马伯援的口信说了。孔毫不加思索地说:"马伯援现在武昌,我会通知他的。"看来他们之间是早有关系,很可能是日本人先派马伯援与孔联系的。谈话到此,孔要我住到青年会去,说那里已给我准备好了房间,并嘱咐我无事少出门,不得接见外人。

在汉口住了两天,孔便令我转港返沪,行前找我谈话,首先勉励我一番,要我为他好好做事,并当面允诺在上海中央银行给我挂一个名义,领取薪俸。接着就警告我说:"你回去以后和这些人(指萱野等人)来往要特别谨慎,若不小心,一旦泄露秘密,我不但要否认,还要通缉你。当然,你也不必害怕,暗中我会保护你的。"同时,他还要我回去打听萱野背后的支持人是谁,经常和哪些人来往,松本藏次从前做过些什么,等等。最后让我找他的秘书李青选,给萱野带一封回信。

当天晚上,李青选拿着一封没有封口的信给我,并说:"你可以看看信的内容,以便按照孔的意图和萱野交谈。"信的内容是:收到了中国驻日本大使许世英下旗回国时所带头山满先生的信。……今兄(指萱野)为了两国的利益有志斡旋,弟甚感钦佩,惟解铃系铃还在于日本当局,如果兄能以百年利益为重说动贵国当局早悟犯华之非,弟将呼应共襄此举。李青选还告我今后有事直接和他联系,并将联系时所用之密电本交给了我。

5 月 20 日,我与上海青帮头子杜月笙和前上海商会会长王晓籁一同乘"中美号"专机飞往香港。……

21 日,孔令侃来找我,询问我到汉口同他父亲会见的情况。当他知道我回上海仍继续搞情报工作,还携带了直接与李青选联系的密电本,他便要我将密电本交他,而将他的密电本给我,并要我以后凡是给他父亲的情报,都必须经过他和盛老七(即盛苹臣,中央信托局副局长,孔祥熙的亲信)转达。我因摸不清他们葫芦里装的什么药,而又不敢得罪他,故采取了应付的办法,我说:"你父亲叫我直接同他联系,由你转不大好。以后凡是给你父亲的情报,同时给你抄送一份,你看如何?"这样,他很高兴,并答应今后在经济上资助我,同时我又向孔令侃要了一本密电码。

……

《孔祥熙其人其事》,第 122—125 页

贾存德回忆:萱野转告日本的和谈条件

　　过了一些时候,大约在 6 月中旬,松本藏次给我送来了一份已译好的电报。打开看,原来是萱野由东京给孔祥熙拍来的,内容是:日本对和谈提出了两个先决条件:一、蒋介石下野;二、共同防共。我当即发电给孔。孔得悉电报后立即回电给萱野,主要内容是:不撤销"蒋介石下野"之条件,孔对和谈不能为力。萱野在东京接孔电后再次来电,声称:"弟据板垣陆相称:对蒋介石下野问题,系前由高宗武代表汪精卫、张群等二十七名中委口头向日本当局表示意见时提出的。说要调解中日和平问题,必须蒋介石暂时下野。兄既反对这一条件,则日本当局认为无坚持之必要……"7 月中旬,萱野便由东京来沪,带来了日本方面对中日和谈修改的先决条件,将"共同防共"列为第一条,以"中日经济合作"代替了"蒋介石下野"为第二条。我将日方的修改条件电告孔祥熙,孔复电要我带函回汉。

　　8 月初的一天,我带了萱野亲笔写的关于中日和谈的先决条件的信,经香港乘飞机到了汉口,在民用机场下机,孔早就派人来接我。但机场的气氛是很紧张的,稽查员对乘客一个也不放地进行着细致的搜查。轮到搜查我时,我以给孔祥熙办要事人的神气拒绝检查,而稽查员的态度却很强硬,说是奉蒋介石的命令,除了端纳外任何人都要检查。双方争执到稽查处处长名下,后经孔祥熙亲自打来电话,才放我出了机场。

　　当我到达中央银行时,孔已在客厅单独等我。我即将萱野信交给他。看完信后,他说:"在稽查处他们怎么样?"我说:"奉院长命令没准他们看。"孔又说:"我已派人到武昌接马伯援去了,你们先认识一下,将来你们要一起共事。"我随即问马伯援和他的关系怎样?孔说:"老朋友!马和我的关系至深,不必多疑。"当马伯援来了之后,孔即给我

介绍认识,并对马说:"萱野已从东京回上海来了,你明天就和贾存德一同到香港去。以后有什么事,可告贾存德让他转我。"回头又告我说:"我已令他们给萱野写一复信,写好后便给你送去。"至此,我即告退,孔仍留马相谈。晚间孔着人送来了给萱野的信。这次信比较简单,在说了些客套话之外,特别指出:"关于和谈之事,特派马伯援先到香港候教。"

过了一天,我便同马伯援到了香港,住在九龙饭店。到港后的第二天,孔令倪派王良甫送来了二千元钱,一千元给马,一千元给我。在香港因等船耽搁几天,于 8 月中旬我才回到上海,将孔的信送给萱野。9月上旬,萱野与松本两人一同到了香港,住在东京饭店,便开始和马伯援会谈。约一周后,居正的女人(名字忘记了)由乔辅三陪同,也是代表孔祥熙来香港参加马伯援和萱野的会谈。由于居正的女人在东京流亡时,曾将他们三岁的儿子寄养给萱野,孔便利用她和萱野的这种关系来进行谈判。在会谈中,蒋、孔方面对于日本方面提出的两个先决条件没加否认,惟要求日本天皇裕仁下诏,声明休战和撤兵,恢复 1937 年 7月 7 日事变前的原状,然后由孔和板垣约会地点与日期,正式会谈,解决纠纷。而日本方面则采取应付、推脱,借口与当局商榷,以致会谈一直拖延数日,没有什么结果。这时冯玉祥在重庆指责说:"有人在香港借和平运动,阴谋破坏抗战阵营。"孔祥熙因马伯援与冯玉祥私交至深,怕外界舆论,便召马伯援回重庆。而居正的女人仍在港与萱野等不时往来接触,继续所谓"和谈"。

……

《孔祥熙其人其事》,第 125—126 页

3. 中村丰一与乔辅三会谈

宇垣一成的记载

我一参加近卫内阁,张群先生——过去我同他多次在东京会

晤——就拍来了电报。电报说："此次阁下就任外务大臣,实为极其重要之大事,为东亚而欢欣鼓舞。过去多次就东亚问题交换意见,余确信此次阁下定能将一向抱负付诸实现。"于是我立即复电:"日华两国陷入如此不幸之形势,实令人遗憾。余昔日谈及之想法意见,今后定当竭尽最大的努力予以实现。"此后,两国就开始了和平交涉。

　　对方传来了这样意思的话:"能让我们进行和平谈判吗? 如有此意,可由汪兆铭或者我本人出面接洽。"我答复说:"和平谈判,正是我们的期望,无论如何应立即进行对话。但由先生与汪兆铭出面处于第一线,则需慎重考虑,在贵国人士心目中,一听说张群或汪兆铭,会当即认为是亲日派巨头。就日本人而言,同您和汪兆铭交涉前列相对话,是很容易谈拢的。但是,好容易谈拢,贵国国民却会谴责这是亲日派干的,他们卖国求荣,反而使交涉陷于不利。不如选定同日本关系不深的人士出任我们的谈判对手,更为适宜。"张群回信说:"阁下所见甚是。我们居于二线,派他人出面,我们在其后声援。阁下认为何人为适宜?"于是,我回答说:"您确定谁,那他就是贵国的使节。我们不能指定派遣何人。请贵方自行决定。但贵方既特地征询人选,作为我个人的意见而言,派遣孔祥熙先生如何?"

《档案与历史》1989 年第 4 期,第 28 页

今井武夫的回忆

　　一九三八年五月,第一次近卫内阁改组,宇垣一成大将代替广田弘毅出任外相时,重庆国民政府张群外交部长拍来贺电,预示希望宇垣能执行素日所抱负的日华协调主义的对华方针。以此为机缘,双方开始进行联络,宇垣认为作为中国方面对日本方面的联络人,为了避免世人的注目,期望由历来对日关系比较疏淡的孔祥熙等人登场。到了六月中旬,当时派驻香港的孔祥熙的秘书乔辅三与驻香港的中村丰一总领事曾进行联系,开始了日华和平的初次试探。我那时恰好被参谋总部指派进行汪兆铭工作等有关重要任务逗留在该地,六月二十四日,中村

征询我个人的意见,是否能担当起来与乔的联络工作,他希望我立即接受这一任务,并要求我认真推进和平工作。

《今井武夫回忆录》,第 164 页

中村与乔的会谈

1938 年 6 月 23 日

孔祥熙秘书兼驻香港的代理人乔辅三,向来避免与日本人发生关系。关于和平问题,虽然汉口方面还没有来试探,但因宇垣大臣对外国记者谈话中发表:当中国方面发生根本变化时,日本打算和谈。因此,孔祥熙叫乔在香港要求和中村总领事会面,打听日本方面的所谓根本变化是什么意思,同时查明日本方面的和平谈判的意图。

中村总领事于六月二十三日夜与乔见面,听取了对方的希望之后,先由该总领事打听孔院长提出这种要求的经过。乔回答说:本年四月佐藤少将来访时,完全没有讲和的希望,以后随着时间的推移,感觉到这种战争究竟为了什么? 应该继续到什么时候? 现在,连负责人也深深感到这一点了。他又说:目前虽有一部分激进论者表示反对,但这是可以依蒋介石的意志来决定的。该总领事质问说:虽然以孔院长为首的负责人希望和平,但是中国方面从国内外看来,对讲和有无阻碍呢? 乔答复说:以苏联和其他国家当前与中国的关系看来,和谈是没有什么障碍的。同时在内政上,就李、白同共产党的关系问题来看,虽然未经汉口大致确定,难于明确回答,但李、白在中央的地位并不怎么重要,可作为另一问题处理。只有共产党,如果和谈成功,当然分裂,这个问题有待将来解决。

其次,乔说:孔祥熙和汪精卫、何应钦等都非常友好,并和各党派亲近,是至今不变的和平主义者。蒋介石本身,内心是希望和平的,这不用说,但是立场上不便说出口。下野问题,蒋本身毫无介意,不过周围的人不是那么容易说出口,到今天还不能得出结论。至于宋子文虽然反对和谈,但仍以蒋的意见为转移。同时战局拖长了,日华两国都有可能受到与远东有关各国的利用。和谈不要第三国参加,希望只在两国之间秘密进行,并一再重复孔祥熙的指示,始终追问要不要蒋介石下野。

对上述中国方面的建议,请指示答复。对于六月二十三日乔的申请,中村总领事作了回答:蒋介石的辞职,无论怎么说,也是绝对必要的。关于其他条件,待中国方面负责代表派出时再行提出,在等待对方下一回答时,特电请指示。

因而外务省对中国方面提出的这个问题,指示说,会谈中如提到和平条件大纲时,去年年底已由德国方面提出,谅有所知(参照我方条件附录第三号)。我们认为国民政府现在想以怎样的条件谈和平。如果要和平,首先国民政府方面理应表示真正反省的诚意,讲价钱这时是无用的,大家须开诚布公为维持远东大势而迈进。关于蒋介石下野问题,据东亚局长报告说,是否以蒋介石下野为和谈的前提条件,东亚局长不便说作何变更,但政府内部某部分人把它认为是绝对条件,主张强硬意见,民间的舆论也一样。

《文史资料选辑》第 105 辑,第 179—181 页

宇垣回忆中日交涉

孔祥熙先生作为两国秘密谈判的对手,其第一着就提出这样的要求:"此次向贵国就和平进行谈判,是很值得庆幸的事情。当此开始对话之际,是否可请英国或美国等第三国居间调停?"

对此,我指出:"东方的事情,我想东方人士之间谈就可以了。我认为是能够谈妥的。如果谈不妥,需要烦劳第三国也未可知。就目前阶段而言,就由我们两国开始谈判吧! 迄今为止的历史不是清楚地表明,凡东方烦劳第三国的事情没有一桩取得过好结果吗? 洪秀全发动长毛贼之乱骚扰华中,贵国本来有能力自行解决,但却去烦劳英国讨伐。我认为,其结果使英国的势力在华中扎下了根,至今仍为贵国头痛的问题之一。其次,《马关条约》规定将辽东半岛割让于日本,中国全

权代表李鸿章采取措施,依仗俄、德、法三国干涉,结果辽东半岛回到贵国怀抱。但作为代价,俄国租借了旅顺、大连,无视东三省的主权,将中东铁路敷设于整个满洲,德国在胶州湾修筑了山东铁路,法国租借了广州湾。这些事情无一不是三国干涉所致。从这样的先例看,不假手第三国,由我们两国直接对话不是更为适宜吗?"于是孔祥熙先生说:"阁下所言甚是。"随即转入直接交涉。

对方旋提出:"此后进行直接谈判,以什么样的条件才能谈妥? 我们愿意知道日本所希望的条件。"面对这样的提问,我答复说:"你佯作不知是不合适的。你们现在还这样讲,我对贵国的诚意表示怀疑。"孔先生又说:"您这话是什么意思?"我当即回复说:"如果您不晓得的话,我就讲了吧。日本对中国的要求,在去年(1937年)12月,广田弘毅外相已经通过德国驻华大使陶德曼向你们提过了。条件交给了南京政府,但并无回音。正因为没有回音,于是(日本政府)在1938年1月16日发表了不以蒋介石为对手的声明。日本的外交方针,不因政府更迭,历届内阁或外务大臣,是一贯遵循的。广田辞了职,宇垣出来了,方针也是不变的。"广田外相提出的条件,主要是:

(一)承认满洲的独立;

(二)华北、蒙疆(内蒙——译者)作为特殊地带;

(三)偿付赔款;

(四)双方进行经济合作,共同开发资源;

(五)日本在有的地区驻扎军队;

(六)中国接受日本顾问或其他指导者。

《档案与历史》1989 年第 4 期,第 29 页

中村与乔辅三的正式会谈

6 月 28 日至 7 月 13 日中村与乔的会谈

六月二十八日,乔秘书再次根据孔祥熙的训令来访中村总领事,希望尽快接到我方的回答。乔私语说:这件事当然不是经过与蒋介石协

议过的;同时反复要求把孔院长希望有条件地和谈的诚意,充分转达宇垣大臣。

七月一日,中村与乔的会谈:

七月一日,乔秘书基于孔祥熙的训令意旨来访中村总领事。孔等衷心希望和平,特别希望马上终止战争行动,和谈过去虽由第三国从中折中,但最后希望由日华双方直接交涉解决。幸好直接折中之门敞开,希望日本政府迅速答复。

七月十三日,中村与乔的会谈:

七月十三日夜,乔秘书来访中村总领事,据说:他已把过去会谈的情况作了书面报告。昨日深夜接孔祥熙电话通知,汉口方面诚意希望和平,虽经反复要求,但日本政府果真有此诚意否? 经乔根据与该总领事会谈经过确信有可能,详情可面谈回复后,孔即亲自训令乔速回汉口,并预定于十五日乘飞机赴汉口。

……

7 月 18、19 日中村与乔的会谈情况

(一)七月十八日,中村与乔的会谈:

七月十八日,乔秘书带了孔祥熙的意旨从汉口飞来,当夜与中村总领事会谈,据说孔的意向如下:

(1)首先,孔祥熙对日华目前情况感到非常遗憾。日本只想用武力事解决中国,中国军队却不容易屈服,同时中国人民的怨恨也日益加深。这样,日华两国必然两败俱伤。在此期间,英、美、法、俄各国,日益扩充军备,日本即使推倒了中国,但由于自身疲惫的结果,日华两国必将同归覆灭。因此,必须早日转向日华共存共荣的路线。

(2)即使日本维护临时、维新两政府,但是这两个政府都没有真正的群众支持,只是受日本的援助,维持占领地区局部治安而已。两个政府的实力怎样,日本了解最深,将来如果日本与其他国家有事之秋,它们反而是日本的赘累。

(3)过去因种种缘故,曾有日本人与国民政府接触,但会谈不是连

续的,结果有始无终。这次开始与日本政府负责人之一的中村总领事会谈,并依其指引直接提出解决时局的条件,不胜欣喜,但是仔细研究过去日本首相、外相、陆相等的声明,即使充分了解外务当局的远大立场,但因受军部破坏,所有企图恐终成泡影,历史的覆辙是值得忧虑的。

(4)关于中国依据特意的鼓励提出解决建议,希望在汉口沦陷前迅速完成,如果汉口失陷,讲和就困难了。

(5)停战是最理想的,希望两军在协定成立时就地停战(其次,乔对中村总领事的质问说,据观察,在停战期间,中国不加强战斗力,例如停止军用品的输送、购买等,同时停止与政府有关系的人的活动,如占领地区的游击队等,都可以考虑)。

(6)蒋介石自西安事变以后,事实上是国家元首,集全国的众望,因而承认日本要他辞职是困难的。但是日本政府也有一定方针,形势至此,本来行政院长是孔祥熙,因而希望孔负完全责任。

中村总领事对于上述意见回答说,关于日华共存共荣论,彼此同感。今天的改造内阁,没有军部、外务省的区别,完全是全国一致的内阁,因而这种顾虑实为杞忧。过去虽说有许多日本人接触,但是他们所依赖的,都是你们的错误。总之孔的具体建议将转达日本政府,但蒋介石不辞职就很难说话。如果要满足日本的条件谈和,蒋氏对中国人民的责任,就是不等待日本的要求也应当辞职,这点如果以日本的责任感看来是不难理解的。乔对这个意见颇有难色。

(二)孔祥熙的草案,乔辅三提出的和平条件:

乔把以上孔的意见转达后,提出了下述孔祥熙起草的和平条件,征求中村总领事的看法。

(1)中国政府积极实现对日好感,停止一切反日行为。希望日本也要为远东永久和平积极为日华关系好转而努力。

(2)"满洲国"以签订日、满、华三国条约而间接承认。其次深切希望"满洲国"自发地成为满洲自由国,给中国人民以好感。

(3)承认内蒙的自治。

（4）决定华北的特殊地区非常困难，但是中国承认互惠平等的经济开发。

（5）非武装地带的问题，有待日本的具体要求提出后解决，中国军队不驻防，希望由保安队维持治安。

（6）虽然还未充分讨论，但清算与共产党的关系，或签订加入防共协定的特别协定等，必须再加研究；

（7）中国现在非常荒芜而且穷困，因而对中国政府说来，虽有赔偿之声，亦无力支付。

（三）关于以上的和平条件，中村与乔的对话：

中村总领事对上述的和平条件认为：除蒋的辞职是重要的先决条件外，对日本说来，当然还有其他的要求。但对孔草案要加以批评的，首先是，第（2）项"满洲国"问题，我国不用说，就是各国也已承认的庄严的既成事实，现在来变更国名，不加考虑。

关于第（4）项，乔一再说划定河北的特殊区域，从中国方面看来，首先容易引起领土分离的误解，有困难，但希望不限于华北，而在全中国协力进行经济开发。因而中村总领事回答说，如果只是说在全中国平等互惠，则把日本的地位与各国同一看待，到底是不能满足的。过去华北已经形成特殊地位，日本且已经进行纯粹的经济提携，由于国民政府对此过分干涉，至成为这次日华事变的原因。因此，当然必须意料到将来，不再发生这种情况，而适应日本任何要求。况且今天华中方面，既设立了我方的经济公司，有鉴于此，从日本方面看来，如果列举特定事项，是不是在全中国都加以承认的意思。乔对此反而回答说：他没有听到孔祥熙详细谈过。

关于第（5）项，乔说：日本方面想划定的地方和范围大小都不明确，无法马上承认，以过去上海地区的实例，看来是有困难的。在划定这种地带时，希望日本方面不驻兵。

关于第（6）项，由中村总领事提出说：防共是日本方面最重视的。乔回答说：原来国共两党注定要分裂的，因而即使不从国民党方面放手,共产党方面也会自动离开。

第(7)项的赔偿问题,乔反复地说中国方面没有力量赔偿。中村总领事说:中国今天的情况,要以现金赔偿是困难的,但在我方看来,中国方面把保管的日人财产等破坏或沉没水中,要求赔偿是理所当然的。至于付款日期和条件等另行商谈,在原则上则必须承认。乔对此穷于对答。

其次,乔于到达汉口的七月十五日向孔祥熙报告,十六日孔即发表上述那样明确的意见。并提到说在此期间,孔曾和蒋见面,除了蒋介石本身下野问题外,其他全部都和蒋商酌过的。

七月十九日,中村与乔的会谈:

七月十九日,中村总领事继续与乔秘书会谈,关于蒋的辞职问题,该总领事提问说:例如一切条件双方都谈妥了,剩下的只是蒋的辞职问题,就是因此而引起和平交涉破裂时,蒋还要坚持保存现在的地位吗?乔回答说:情况已经这样,蒋的处境是困难的,应该下野的。关于临时、维新两政府和国民政府合并组织新政府的问题,乔对该总领事的质问说:该两政府现在已负担维持地方治安,本来同是中国人,因而合并认为是特别容易的,但是以上两个问题都不得作为孔祥熙的负责意见,而是乔的个人看法。

《文史资料选辑》第 105 辑,第 180—185 页

宇垣记录 7 月 18 日、19 日会谈要点

对于这些要求,孔先生的回答是:

"关于满洲的问题,希望目前不要触及。依我方判断,在条约上公开承认满洲的独立在我国国内很困难,只能悄悄地逐步施行。例如,首先设置领事,凡属经济问题由领事之间解决。如遇众多政治问题,领事处理不了,接下来再派公使或大使。现在就大张旗鼓地写明承认满洲的独立,这确是很困难的。

其次,在内蒙古设置特殊地区是可以的。但是,在华北设置特殊地

区则不适宜。

赔款问题,由于中国长期陷于战争,国家疲敝不堪,没有支付能力,希望将这一问题除外。

关于接受顾问,或者共同开发资源,这些都是好事情。

再次,去年12月你们向我方提交的条件当中,没有蒋介石下野这一条。但是看到日本报纸的论调,好像蒋介石下野也作为附加条件之一(宇垣一成按:这一点实际上是我们日本政府让他们写的。蒋介石主席是否想下野是另一码事。但我国政府要鼓动一下触一触他的痛处,所以让日本报纸写出来了)。蒋介石主席本持甘愿下野的态度,但果真蒋先生下野,将由谁同日本签订条约?又有何人具有履行条约的能力呢?目前,我本人是行政院长,居于蒋介石的次席。但我本人实无压服国人而与日本签订条约并使其正确履行的能力。至少在履行条约完毕之前,蒋先生必须依然处于其原有的地位。"

对孔的这一答复,我们指出:"所述各点,已大体明了。但所谓'将华北作为特殊地区很困难,是什么意思?请予说明。"

对方的说明是这样的:"万里长城以外的地区所谓关外,自古以来就认为是化外之民,在汉人的心目中认为该地是完全不同的地方。因此,外国势力进入与否在汉人看来不是什么大问题,关心淡漠。但是进入关内,汉人就将认为这是日本以立足华北为并吞中国的出发点,所受的刺激非常强烈。因此,这项要求无论如何请另行考虑。"于是,我方指出:"这是无稽之谈。日本以华北为特殊地区,决非以之作为并吞中国的立足点出发。如果真欲并吞中国,为什么非要在华北这样狭窄不便的地方充当立足点呢?现在不是攻占了上海,拿下了南京吗?在不久的将来要在广西或广东登陆,加以占领。从现在的情况看,要拿下中国,日本可以毫不客气随心所欲进入和占领任何地方。我认为贵方在今后三五年内没有抵御的力量。日本要求把华北作为特殊地区,是从防共需要出发的。共同防敌一事,过去就同贵国商议过。我亲自同段祺瑞政府签订过协定①,现在是过去那个协定的继续。(日本)同贵国共同防共,其含义是:以内蒙地区为第一线;华北是第二线。其间,为了防共而出动军队,军事上所必需的设施,我认为仅靠中国是难以胜任的,所以日本要参预其事。因此,日本人需进入铁路、电报电话局进行指导,或在设有重要仓库的要隘,日本派遣若干守备部队驻扎,但决不会干涉贵国的行政。这一点纯系从防御敌人国防上的原则出发。因此一旦到了贵国能够单独防共的时候,日本将随时完全撤销这一要求。对此请不要误解。"

我方还答复孔祥熙:"关于不偿付赔款,日本是不能接受的。至于赔款的数目,支付的方法——如以现款或长时期内分年偿付等,则可以商量。然而,干了那么多的坏事,给予日本那么大的损害,竟然说没有钱,付不起,这种只顾自己的做法,不能接受。这一点希望你们改变主意。

还有蒋介石先生下野之事,我方去年所提的要求,并没有触及到这一点。因为你们提到了,我就谈一谈。我认为蒋介石引退,与其说是为了日本的面子问题,不如说是为了贵国。因为日本国宣布不以蒋介石为对手是已经把他视为眼中钉。对于中国国民,日本并无憎恨。但是,在蒋介石的主持下把事态弄到这般地步,大部分日本国民认为蒋介石是可憎的。因此,您提出不赔款和暗地解决满洲问题的要求,如果蒋介石引退,或可缓和一下日本的情绪,对上述要求将会产生宽恕处理的心情。与其说是为了日本,不知说是为了贵国,才需要他下野嘛! 再考虑一下如何?"

此后,中国对于这一点没有回答。但孔祥熙说:"通过香港中间人进行对话,怎么也有隔靴搔痒之感,双方意见不能很好的沟通。我想问您直接会晤,交换意见。能够见面吗?"日本方面,内阁里边有一些人

---

① 指 1918 年 5 月 16 日签订的《中日陆军共同防敌军事协定》。宇垣当时任日本军事协商委员之一。

反对,说:"这样做是要上当的。"我主张:"上了当,我负责,这样担心是不必要的。对方说想会晤,就见他吧!"内阁同意会晤。这样就同孔先生进行交涉:"如果您希望会晤,什么时候都可以。"(对方提问)"那么在什么地方会晤呢?"我回答说:"我到香港、上海都行。但是香港乃第三国所管辖的地方,在那里会晤是会令人奇怪的,或者将成为导致第三国干涉的因素。我方认为上海是适宜的地方,但先生方面感到困难吧!因为当前上海为日本军队所占领,在那里没有贵国的警察和军队。我本人在上海,可由日本宪兵和军队护卫,而阁下在本国国内受别国军队护卫,会被认为是国家的耻辱,您一定会感到困惑。因此,您来台湾或长崎如何?我认为,台湾或长崎主权属于日本,您受日本军队护卫,在国际法上乃属理所当然,不会成为国家的耻辱。您以为如何?"

孔祥熙当即答复,说:"好!我去台湾、长崎都行。如果乘客轮,中途新闻记者上来,就会有麻烦。倘贵国能派军舰,那就非常合适了。"于是,我同海军省联系,结果该省决定:"派巡洋舰或其它舰只前往。"就这样回复对方。

《档案与历史》1989 年第 4 期,第 29—31 页

今井回忆会谈失败的原因

那时,乔所提的和平条件是尊重中国领土及主权等问题。大体上是以去年的广田三原则为基础,并没有超出其范围的东西。到了后来,双方谈判似乎有所进展,甚至达到了计划宇垣外相与孔祥熙会谈的地步。

乔对日方的联络,大大地触动了以实现日华和平为抱负而入阁的宇垣外相,外相便以此作为政治活动的希望。不过,当时正是徐州会战刚刚结束,"讨伐中国论"广泛流行,寄强烈期望于武力解决的时期,在内阁中支持宇垣意见的占少数。加之当时外相恰巧遇上兴亚院设置与否的问题。他认为此事有损于外务省的外交大权而坚决表示反对,于九月二十九日,终于单独提出了辞职。与此同时,通过孔祥熙路线的日

华和平工作,也以虎头蛇尾而告终。

《今井武夫回忆录》,第 165 页

(二)第二次近卫声明后的中日接触

说明:1938 年 11 月 3 日,日本近卫内阁发表第二次近卫声明,修改"不以国民政府为对手"的政策,要求国民党放弃抗日容共政策,建立中、日、满经济联合体。12 月 12 日,又发表第三次近卫声明,诱导国民政府与日议和。这一时期,除了汪精卫走向公开投敌的道路外,中日接触在原有基础上,又增加了多种渠道。小川平吉和萱野长知路线继续进行,同时又开辟了土肥原路线、和知路线等。

1. 小川平吉、萱野长知路线

萱野长知致小川平吉
1938 年 11 月 5 日

敬启者

朝夕秋风袭体,望多保重,敬祝安康。值此广州、汉口相继陷落,举国上下,陶醉于欢呼万岁之际,呈上此杞忧之书,实深不安。但思虑邦国之前途,策划东亚永久和平者,不能徒附时尚,追随皮相之见,故愿以真实情况及个人愚见奉闻。正如敝人在京时曾直言不讳向当局及前辈、知己屡次陈述,武汉陷落之后,依然处于长期抗战之态势。彼时一般舆论认为"只要攻下武汉,大体将可解决;如树立新政府而实施善政,将可风靡于世"。然而,如今大军深入万里,不知许几年后方能接近我方之理想境界。虽然攻克武汉三镇,中原已落我手,如此却使线、点破坏,而我大军处于四面受敌之势。其前途之渺茫,畑司令官在汉口已经言及。故如今必须具有继续扬我军威,不给敌以丝毫可乘之机的思想及准备,并须负起代替中国进行剿共扫匪之重任。以此吾人深感任务之艰巨。前者,与一〇一(蒋介石)、一〇二(孔祥熙)等之一三三(和平)问题,在攻取广州、武汉前后,颇为踌躇。八六(郑介民)之来港,亦需要视参政会议之结果如何而定,故仍滞留重庆一至今日。因会议将于明日结束,认为其后当可来港。实际上,在会议之前,曾举行干部座谈会,对措词奇怪的"和平与抗日之身份案"进行磋商。(当然在参政会上提出前之预先协商。)出席会议的有一〇二(孔祥熙)、一〇七(汪兆铭)、一〇八(张群)、九九(居正)等人。唯独四川之刘文辉虽曾表示反对,但经一〇七(汪兆铭)对其忠告后,方有表示赞成之意。根据参政会上多数人之趋向,终于决定长期抗战之发表,同时发表蒋介石之彻底抗战声明。一切多属迫于无奈,大势所趋,深感确实困难。但在此期间,一〇一(蒋介石)方面曾两次发来电报声称"……我方一三三(和平),殊不便,参酌机宜……"要求对其谅解。对此,虽曾有二三次电报往复,总之暂待八六(郑介民)来港后再议。八五(马伯援)亦将于参政会后来港。一〇一(蒋介石)之代表(系其亲戚)及一〇二(孔祥熙)之代表仍在当地待机行事。

此次之政府声明,并未给中国以好感。

(却以反日而告终)。

既对蒋介石视为一地方性政权,同时日本又举全国之力,对外国之地方政权持续进行"圣战",如此作法于情理不合。使蒋介石政府降低为与临时政府、维新政府并列之地位,恰似命著名演员向乡村戏班低头共处,未免过于难堪。但是,总理之广播声明,推测具有多少诚意,正在进行种种批判。

(总理之广播声明,对许多真诚人士,给与极大感动。)

关于武汉陷落后中国方面之布置:

(1)第五路军残部大约三十万人,尚在安徽境内。由总司令兼安徽省长廖磊率领。武汉失守时,廖曾拒不撤出,后由李宗仁下令始撤出。现在廖仍与游击队协同活动。第五支队长为余亚农,第七支队长为宗克夫。

（2）李宗仁率约二十万人之军队，退至平汉线西，与程潜之军队保持联系。（在山岳地带。）

（3）卫立煌之军队尚驻在山西境内，正与第八路军协同行动。

（4）刘峙所率中央军约十五万人，退至豫西与四川接壤处，为李宗仁、程潜之总预备队。

（5）陈诚率中央军约三十万，在四川、云南境内。

（6）罗卓英、胡宗南、郭忏等之大军约三十五万退至湖北、湖南之西部山岳地带。

（7）李汉魂、张发奎、吴奇伟、薛岳等大军驻在湖南东部，采取与广东军队保持联系之态势。

（8）至衡州①、桂林之公路及铁路线，有机械化部队约五个师，分驻守备。

（9）英国大使卡尔应外交部次长曾镕甫之邀，自香港飞往昆明、重庆、长沙等地。据传其任务似为商谈第四期抗战计划。或商谈关于购买与运输武器之事。

（10）飞机已有由英、法两国运来者，当前正进行训练。

（11）中国之军费，每月接受南洋及南北美洲华侨送来八千万元。从十一月起，已经在华侨会议上决定。（折合成当前中国货币约为一亿元。）可能现在借款出现困难。但中国军队不需要多少钱，伙食费用甚低。战死者如同死猫死狗，一弃了事。

（12）现在四川省正由苏联教官训练一百万人，云南由法国教官训练一百八十万人，预定十二月完成训练。（与现在未经训练之兵合并。）

（此数字过于庞大，尚须研究。）

以上报请参考。此外，最值得注意者，蒋介石亦有缺乏实力之处，

---

① 指今之衡阳市。

不能任意而为,且正有无可奈何之事。堪称蒋部下七根支柱之七名将领皆为少壮派。

　　而且武汉陷落后,共产党势力非常强大,已经无法对付。实际上孔祥熙本应以财政会名义来港,但受共产党注视未能成行。

　　(1)郭忏　陈诚之参谋长兼军长

　　(2)柳云龙　书记官长

　　(3)郑介民　国防委员外交处

　　(4)戴笠　蓝衣社领袖,前武汉防卫指挥

　　(5)胡宗南　军长

　　(6)康泽　青年党领袖,前警备司令

　　(7)高宗武

　　此辈无名英雄,最难对付,孔、汪、居、孙、于等及其他各院院长,如被等监视则至极危险而手足无措,尽管心怀不满,有时亦言不由衷发表违心之论。因此,按照射将先射马之故智,敝人目前与彼等会合。将来与该少壮派等合作,拟根据缓急情况相机进行。当然,欲速则不达,只能"慢慢的"行动。现在敝人之行动,对任何人均保守秘密,即对九〇(中村总领事)亦不告知。九〇(中村总领事)除自己外,不愿任何人有所行动,故此事暂不与其合作,拟于最后再行研讨。有关此事,尚有种种复杂内情,容改日相告。今日有经由台湾之靓访丸之便,但为慎重起见,此信以经由上海之航空信寄发。英国邮局中有中国人局员可谓危险至极。对此,须特别小心。以上消息务请告知总理及头山翁、绪方先生。

　　再者,不知有田新外相将以何种方针处理对华问题,希望了解其真相。敝人与有田在田中内阁时期曾共同恳谈满洲问题,当时非常赞成敝人之建议。有田为理解中国问题之适当人选,值此时局千钧一发之际,由此人出马,实乃邦国之幸也。相见之时,请就时局与其商谈。邮船即将起碇之际,谨陈愚见如上。匆匆不能尽言。

弟长知拜十一月五日

射山我翁玉座下

又及，蒋介石亦发表洋洋数千言之声明，汪精卫亦以谈话方式声明长期抗战。针对日本方面之声明，估计在参政会闭幕时，将再发表声明。现今声明之多已令人厌腻。

《诗经》中有如下几句，说明文王时代已经领悟其中玄妙。叹为观止。

君子屡盟　　乱是用长

君子信盗　　乱是用暴

盗言孔甘　　乱是用餤

匪其止共　　维王之邛

人情古今无误，大可借鉴。屡发出声明，其弊甚多。

……

《近代史资料》第 86 期，第 189—193 页

小川平吉致萱野长知（草稿）
1938 年 11 月 25 日

敬启者

别后久疏问候，殊属失礼，敢请宽恕。

日前寄来之详情书信，已向近公及有田、头山、绪方三位呈阅，均认为可作了解对方内情之重要参考。我方依旧为收拾大局、确立和平而行动。敝等之意见，已如电报所述，六七①（外相）亦有好转，二五二②亦无异议，不禁为国家额手称庆。我方观点已趋一致，认为对方之形势，因有共产党之关系等，不能按蒋、孔等之希望进展，想老兄定亦为之焦虑不安。然而，确信天若不灭东亚，和平之机会近期必然到来。头山翁亦是同此意见，充分谅解蒋等之苦衷。与中国人共事，除继续缓缓努力

---

① 原文如此，按此外相暗号为六六，陆相为六七，此处六七为六六之误。

② 原文如此，未注人名。推测可能为德国大使。

推进之外,别无他途。此外,关于一三四(停战)、一三三(和平)尚有其他趣事。因正在进行中,须共同严守秘密,是以尚难明言。相信老兄近期定可获悉个中消息。

昨日受有田氏之委托,由敝人先寄上慰问金三千元。屈屈之数,望乞笑纳。如有差遣,请即示知,当尽力而为。

王子惠之来日,系由松本君为之联系出京事宜,王已顺利离京,今逢松本君返沪之便,特写此信,托其面呈。

适接明信片,拜诵玉音。敬悉感慨万千之心境,不胜同情。敝人事务繁多,时光匆匆流逝。就此搁笔,切望诸多保重。草草顿首

平吉十一月二十五日

萱野老兄侍史

《近代史资料》第 86 期,第 193—194 页

小川平吉致近卫文麿(草稿)
1938 年 12 月 12 日

十二月十二日　　近卫公阁下　　　平吉

敬启者　昨日拜聆高论,欣快之至。贵体病中久坐长谈,是否有碍,深以为念。谨祝速退病疴,早日康复。并望善自珍摄,安心静养为盼。关于声明书之事,其后深思熟虑,仍认为昨日面陈之愚见,以在对方作出决定前暂不发布为宜。兹再将下列要领列陈,以供浏览。

对内关系

一、通过报纸发表对华声明,一般均认为举行御前会议之后方可发表;而在大阪之演讲会上发表,则国民未必认为其具有严格且应迅速实现之性质。多数人简单以为大阪演讲既然拖延下来,以后将利用某种机会再行发表。从而由于其发表之拖延,难免对政府之对华方针持有疑问以及对时局怀有危惧者。历来认为御前会议所决定之事均属秘密,故一般国民未必期待发表声明。

二、今日发表以具体条件为内容之宽大对华声明书,在中国并未引

起任何反应。此种情况将弱点暴露于敌，必将遭到普遍非难。而其条件亦将成为批评之焦点，可否之议论将喧嚣一时。

三、类似书记官长将发表声明趣旨对新闻记者作了传达，相信可作为一件小事，以"尚未决定"一语而轻易取消。历来发表重要政策或议会提出法案等，不少为出于政略上之需要，通过报纸作为一般性决定进行试探。在此情况下，可不必拘泥无足轻重的体面或言行，而简单予以抹消，并无任何贻害之例甚多。

对华关系

一、敌国要人等见到声明之发表，首先必对日本产生极大怀疑。一部分人认为日本终于暴露出弱点，而更加巩固抗敌之决心；另有部分人会因此而加深日本在国民政府中藏有内奸之嫌疑，从而和平派将受到更加严厉之监视。尤其因见日本要求条件宽厚，虽可出现不少新的和平愿望者，但由于蒋不能下决心，亦只可默然追随抗战而已。

二、由于上述情况，我国发表声明之后，必将使〇〇〇（汪兆铭）之脱离更加困难。

三、发表声明之效果，在于达到刺激敌国之人心而给以剧烈冲击之目的。如果〇〇〇（汪兆铭）在昆明发表重大宣言，与此同时发表我国宽厚之重要声明，必能震动敌国之人心。其效果必居"日军百万杭州湾登陆"之宣传以上。然而，若只是草率断续发表声明，则对〇〇〇（汪兆铭）之计划很少有利之处。

根据上述理由，此时应照对方之要求，遵守信义，认为声明可暂不发表。对照汪之为人及其近来之表现，相信其必能实行诺言。当然，根据今后情势，若认为必须向国内外发表声明之时，因议会临近召开，则由议会发表声明，不露锋芒岂不更好？……（以下数字判断不清）或者修改内容，使之含混不清，纵有任何议论，修正案应以如何内容为是，毕竟难以取得良案，如勉强进行修正，则将形成所谓为修正而修正，为声明而声明，反有暴露失态之虞。因此，相信此际莫如暂守缄默。古人云"维摩一默，犹如声雷"。此言颇有耐人寻味之妙处。

以上陈述愚见。世上风云,尚须观测,如思有所得,定当呈请鉴核。
草草书不尽言。

小川平吉致近卫文麿(草稿)

1938 年 12 月 19 日

敬启者

谨祝贵体健康。敝人因公务相隔三年重来此地,远望太平洋,贪得
一日之清闲。

回顾去冬除夕,于永田町拜谒尊颜时,曾面陈来年应谋求战斗以外
之各种方法以结束战争之意。迄今又届岁暮,而有妖云未全收,前途尚
望洋之叹。但自初秋以来,和平问题复渐露端倪,来年局面必有变化,
大事似可成功。重庆乃蒋之作战中心地区,政府内部对和平之期望甚
殷,反蒋气氛亦相应抬头。蒋声称各种准备尚须相当时日;同时关于共
军之配置及对该党之对策虑及前途,对驱共之日亦须进行准备。诸多
繁难问题颇费周折。因此,关于最近来华之前途进行种种考虑,
〇〇〇(汪兆铭)问题虽有进展,但在蒋未投降期间,前途尚属多难,切
不可袖手听之。若该问题又告失败,则时局难免更加混乱,殊堪忧虑。
对此,须有各种对策,想定有高见在胸。敝人亦有一考虑成熟之方案,
拟面陈述敬聆指教。为此,将于二十一日(星期三)趋府面谒,望能拨
冗赐见。该日晨再以电话请示,以便谒见。草草不宣。

戊寅十二月十九日平吉于热海旅舍

近卫公阁下

萱野长知致小川平吉电

1939 年 1 月 5 日

事情复杂。有分歧。难奏效。三〇〇(对方)一三三(和平)有望。

乘明日船返京面谈。特先奉告。萱野

　　（注）香港发电，原文系罗马。有红字注明："卯一月五日夜
到手。"

杜石山致萱野长知
1939 年 1 月 30 日

萱野先生：

　　一、昨勘（二十八日）电敬悉。今日晤柳云龙①等。据称："二十一日五中全会开会，二十八日闭会。数日内，蒋氏决有电报以复先生，并恳多告我等以详细情形。"云云。

　　二、菲律宾群岛。黎氏用致公堂名义，召集海外华侨四十余团体之代表，开会议决"抗战逾十八月，失地十余省，兵民死伤近千万人。财产损失，不可计数。邻邦日本，损伤亦巨。各国在华权益，影响亦深。苟长此相持，唯有两败俱伤。今日本既露和平意见，汪精卫等复赞成之，是宜召集同志，组织和平救国政府，以西南为基础，进而及于全国。一面要求日本撤兵，一面责蒋下野。化干戈为玉帛，而救中日二国之民。兹为实现此种和平救国大计，特议决委任杜石山先生为代表，分向各方面接洽。务底于成，海外华侨，誓为后盾"云云。

　　三、弟之愚见，如果蒋氏日内有电报答复先生，则依此以实现和平，亦为一时权宜之妙计。否则当依照海外华侨议决案，联络汪精卫、李济琛、陈济棠等，运用滇、桂、粤、湘等省势力，组织和平救国政府以实现和平大计，自亦属为妙策之一也。滇省龙云，因汪案受嫌疑，正在自危。粤余新败，苦蒋之咄咄迫人，亦露怨望之心。苟予以运用，决可收以为助。而桂省李、白，因济琛关系，即一时不敢独立，亦可利用之所为缓冲也。

---

　　① 杜石山、柳云龙均是蒋介石所派在香港与日本谈判代表。

四、简杰因地图而入狱,潘林则因地图被枪毙。各人妻儿,常到弟处追索欠款。窃以为古贤有千金市马骨以招集贤士者。今简等努力过度,致失性命或则失却自由,而武官领事等所约之款,数仅一万三千五百元,而迄今不予清偿。简为黄埔军官学校学生,同学满中国。此事传播而后,无异说明中日军人之不可合作,而皇军军人,名誉攸关,尤应早日理楚,较为上等也。敬请格外设法,以安简等妻儿,而保全皇军军人之令誉也。

五、自海外华侨发动另组政府之议,各方代表常到弟处接洽。每日需费之巨,已非微力之所能持久。亦请设法接济,以利进行。

六、古贤有备无患之训,窃以为我等应取以为法。何况蒋之多计,已受共产党之包围,我等不有第二计策,设一旦蒋不能履行所约,而实现和平,则不仅我等失却信用,亦且害及二国之国民也。故以同时一并进行海外致公堂等之决议案,比较为妥万分也。

综上六端,伏乞详为文复,以便进行为幸。杜〇〇叩。艳(三十日)。

正月三十日晚刻石山书

《近代史资料》第 86 期,第 197—198 页

平冈致松本藏次电(抄件)

1939 年 2 月 4 日

径启者:

3 日柳氏接到电报,为陈诚所发。内称:过去两组织《指国共合作》之协议,对新交易《和平》之成立力量不足。新组织正网罗人材于蒋氏之下,时机一到即可立即开始交易活动。希将此意告知老翁。然汪氏出发,吴氏必不下海,许氏到此后决使之加入新组织。特此奉闻

P.C 生二月四日

致电贵处请示知名称。

(注)小川红笔写明"因本文不明了,故不能转电。由上海松本氏以航空信来函。""二月十一日松本自上海寄出,二月十四日

收到。"又,P.C 生旁写有"平冈"二字。《》为小川所加。

《近代史资料》第 86 期,第 200—201 页

杜石山致萱野长知(抄件)
1939 年 2 月 4 日

萱野先生:

　　二十七日台示拜悉,谨代蒋氏感谢鼎力维护。昨夜柳云龙接陈诚将军电报称"参政会与五中全会,俱不足以为和平之根据。今组织之国防会,网罗朝野人员置于蒋氏一人之下。时机一至,便可运用和平而无阻。幸将此策转告石山兄、萱野翁,并盼多寄消息互通声气。汪决赴法国。吴不下海。许改住港,遥领国防会委员职。并闻。诚。江(三日)"等因敬为转陈于先生,并候

台安。

杜石山敬上四日

《近代史资料》第 86 期,第 201 页

杜石山致萱野长知
1939 年 2 月 19 日

萱野先生大鉴:

　　1. 别后,柳兄日日来问消息。曰:"先生到东京未? 先生到东京后,如何情况耶? 所商事果能继续否? 无电来港,终属可虑。"云云。弟质问曰,蒋氏有电否? 柳曰,郑复一电(已托平冈报告矣)。曾曰,五全会后,必有复电矣。云云。乞先生来一电以慰其心,柳兄并言,汪、孔、何等尚有代表,继续向贵国人士接洽,似此不统一,双方俱属吃亏。如果勿与汪、孔、何等代表接洽,则吾人所商者,更为速于实现,云云。乞先生注意为盼。

　　2. 菲律宾群岛华侨领袖黎翁,因护照问题,须十日后始能到港。唯已召集海外各处华侨代表,开会议决——收拾时局——之方案盖印签

名,寄到香港。俟本月二十二日,平冈(十五日入广州)回港商定详细报告之法,再用电报报告。总而言之,海外华侨成绩之佳,殊出弟意料之外,诚属东亚前途之幸也,亦先生之洪福也。

3.石野、宫崎等有调任他职离去华南之消息。伏维吾人所商各事,既以香港为重点,对于领事、武官之人员,乞先生请求贵国上峰,选派有见识有度量而能与吾人同以东亚幸福为念者,则吾人前途欲为东亚尽力者,更属多助,而免却许多障碍也。

4.简杰因图案入狱,其同事潘、林二人且已被枪毙。各人之妻儿常到处请求资助。潘、林之事虽曾与石野商量,彼欲证明书。潘、林之妻即徼到证明书一封,石野说该证明书是假的。弟亦知该证明书是假的,因见其夫已死,情属可怜,虽无证明书,亦应负责周济,以奖励来者。然而石野则以为不然。此事弟以为应请先生设法,要求当局将未还清之款壹万三千五百元(港币)清偿简氏。一则关于此案,已二人死,一人入狱,钱尚未还清,实属不公道之至;一则简、潘、林等之同学同事(黄埔学生)布满中国,今简等受欺,无异说明日本军人之无信,则因此区区万余元失去大多数之同情心,甚为可惜也。昔人如燕昭王卑身厚币以招贤者,郭隗劝其千金买马骨,盖死马之骨且以重金买之,况生马乎!今以喻此,则华南之迄今无办法者,夫岂无故哉!

5.又如拜亚士湾之向导者罗昆,拥有部众数千人,彼既有功,理应重赏,以鼓励其他。此亦应请先生设法者。逆耳之言,明知非石野等之所喜,然而事业上之关系,极为重大,虽不为石野所喜,亦欲请先生设法,因事关中日前途者极重大也。

6.弟自子侄朋友等入狱者十余人,朋友被枪毙者亦十余人,各人之妻儿欲弟资助,弟所以苦楚万分。藤岛兄既远去美国,更无可为弟证明者。然为前途起见,亦应请先生为弟设法者也。专此。敬候　台安

石弟拜启　十九早

(注)杜在香港,萱野在南京。

小川平吉致萱野长知
1939 年 2 月 25 日

敬启者　想已平安抵沪。此地情况并无变化。不知贵处如何？如前所述，对鲁渔业问题本月可能解决。如欧洲形势无特大变化，一〇一（蒋介石）在完成各项布置及整顿军队阵容之后，汪问题之风波亦将解决。至本月底，表明一七七（讲和）决心之机会可否到来？如机会到来，在办理手续上，似可有劳七四（头山满）之处，请即作好准备。七四（头山满）老当益壮，不畏远行。若一〇一（蒋介石）在周围情势尽管一七七（讲和）时机成熟之际仍然犹豫不决时，亦可由七四（头山满）代表我等同志劝说讲和为宜。总之，本月内希望看到大体上之决定。请按此方针与对方进行谈判。关于一七七（讲和）之手续等，窃以为仍以前者面陈敝人与六七（陆相）所研讨之范围为宜。尊意如何？

其次，前者三二七（陈诚）之电报中所称之许，莫非许世英？今日报纸有许世英、颜惠庆等来港之消息，世英似非国防会议委员。故而前电所称仍系三二八（崇智）耶？望告知。其后八六（）①有消息否？三三八（华侨）方面情况如何？

前作送别诗中脱落二句，现经修改附上。此诗可以向中国人展示。另有后函。草草不宣。

《近代史资料》第 86 期，第 205—206 页

蒋介石致杜石山电（抄件）
1939 年 3 月 4 日

柳云龙科长：译转

石山兄台鉴：历次来电，及萱野翁前日来电，均已诵悉。中日事变，诚为两国之不幸。萱野翁不辞奔劳，至深感佩。唯和平之基础，必须建立于

---

① 括号无说明，据后文应为郑介民。

平等与互让原则之上,尤不能忽视卢沟桥事变前后之中国现实状态。日本方面究竟有无和平诚意,并其"和平基案"如何,盼向萱野翁切实询明,伫候详复。蒋中正。豪。

《近代史资料》第 86 期,第 206—207 页

杜石山致蒋介石电(抄件)
1939 年 3 月 6 日

蒋委员长钧鉴:豪日电示,敬悉种切,唯电文往返,延误堪虞。乃以石珊名义电邀萱翁南来,届时敬当协同柳兄谨奉钧谕,与谋旋转救国家,并拟随时电请示遵,以纾钧座忧勤。盖石珊之得以乘时报国者,即所以报答钧座相知之盛德也。驰电奉闻,伏乞垂察。杜石珊谨叩。麻。

《近代史资料》第 86 期,第 207 页

萱野长知致小川平吉电
1939 年 3 月 7 日

四二(重庆)来电称有望,今赴三六(香港)。烦通知麴町。

《近代史资料》第 86 期,第 207 页

小川平吉致萱野长知电报(草稿)
1939 年 3 月 13 日

望详告一〇一(蒋介石)之态度及一七六(协议)二一九(方法)、一八〇(意见)。

(注)注有:"三月十三日夜发电,会见外相后向香港发电。"

《近代史资料》第 86 期,第 208 页

萱野长知致小川平吉电
香港,1939 年 3 月 14 日

一〇一(蒋介石)准备为一三三(和平)进行布置。大体上以三

一〇（近卫）案为基础，以平等、互让为原则。二一九（方法）尚未决定。华侨情况良好。三二三（黎耀西）电告再来协商。确能成功。

小川平吉致萱野长知（草稿）
1939 年 3 月 15 日

　　拜读数电后，正如吾人所预料，一〇一（蒋介石）终于亦下决心。和平之进程即将就绪，为国家、为生民不胜同庆。然而前与六六（外相）[1]会谈之际，六六（外相）对手续问题，要求：1、需要郑重；2、要考虑二四八（日本政府）与一〇七（汪兆铭）之关系。最后，敝人陈述希望渡华，并表明早于适时渡华之决心。昨晚会见六七（陆相）[2]，报告电报并附带进行协商，发现六七（陆相）对香港电报似有不感兴趣之神色（当然并未反对进行），对蒋之诚意多少有所担心，对手续问题亦有忧虑。经过种种谈话之后，敝人提出：处理此种国家大事之际，切不可如征战朝鲜之媾和。由于双方缺乏诚意而致失败，政府亦将贻笑后世，同时敝人等迄今之努力亦化为泡影。随后，根据情况，敝人陈述决心渡华与九二（萱野长知）协力之后，始露满意之状。六五（首相）[3]之意亦与六六（外相）相同。三一〇（近卫文麿）前已赞成七五（小川平吉）之二八四（渡华），昨夜又向热海与其通过电话。今日又与头山商谈，彼亦表示非常赞成，更与六六（外相）商谈后，现已发出二八四（渡华）电报。

　　大约于 24 日乘镰仓丸直赴香港，望将一〇一（蒋介石）之权威代表找来。务请对二四八（日本政府）继续进行前在手续上形式之充分准备予以关照。望尽可能在不损害面子之范围内，由一〇一（蒋介石）给敝人等拍发电报等，表明意见。详细可面谈。再者，关于一〇七（汪

---

①　时任外相为有田八郎。
②　时任陆相为板垣征四郎。
③　时任首相为平沼骐一郎。

兆铭)云云,待到达贵地后再行商谈。以愚之见,实现六六(外相)等之希望,并非难事。谨此,先供急需。草草不宣。

平吉　三月十五日

萱野老兄侍史

随后即向麴町——报告,敬请放心勿念。

《近代史资料》第86期,第208—209页

小川平吉致萱野长知电(草稿)
1939年3月15日

二四八(日本政府)方针虽无变化,文中有不能尽言之事;且为慎重起见,二四八(日本政府)希望七五(小川)二八四(渡华)。七四(头山满)亦赞成,故决定二八四(渡华)电文已发出。

《近代史资料》第86期,第209页

萱野长知致小川平吉电
1939年3月18日,香港

三二四(柳云龙)一八四(提出)二七八(原则)。平等互让,恢复三五六(事变前之状态)、三五四(领土)、三五三(主权)。三六〇(要求)三四〇(撤兵)三四一(期间)订立三五二(防共)三四三(协定)。二(中国)一五三(赞成)三五七(经济)提携。对一四一(维新政府)、一四二(临时政府)人员不予追究。满洲另行三四三(协定)。能如此,即进行。二九一(望示知)。

　　(注)香港发电。原文为罗马字。此电系小川之亲笔字。并有以下注释:"二四八(日本政府)对一九六(手续)特别慎重。特由七五(小川平吉)二八四(渡华)一六七(交涉)。希望四二(重庆)亦派权威人士来港。"十九日下午一时半接收电报抄件。

《近代史资料》第86期,第210页

小川平吉致萱野长知备忘录（抄件）
1939 年 3 月 30 日

一、日本政府未至确认蒋委员长有和平之诚意，故予希望依何等方法表示蒋委员长之意志。而最良之方法，则为代表的要人之派遣。

二、日本政府五相会议，未至议定媾和开始之手续及媾和基础条件。然媾和基础条件者，有近卫声明在，其决定非甚难。但至媾和交涉开始之手续，五相中今尚有希望国府之改组者，而国府认之以为不可能事，故此点之解决为最先至要之问题。予乃反复考究苦心焦虑，别得一便案可不毁损两国政府之面目而停战议和。唯和议一开始则如细目条件可迎刃而解也。予欲提此案要求两国政府之赞成，但该案之内容极微妙而要秘密，非亲面蒋委员长若其腹心的要人而详细谈议不能尽委曲。切望速定会见之手续，以启和平之端绪。

小川平吉记　己卯三月三十日

（注）注有："三十日交萱野氏并请其出示柳氏。"

《近代史资料》第 86 期，第 210—211 页

关于宋美龄条件之意见（杜氏笔谈）
1939 年 3 月

宋美龄责柳氏提出七、九条时，曰："此种条件何能提出于国防会议耶！如能办到领土完整主权独立八字，便符政府累次宣言。此事当时记住。蒋先生可以提出国防会议者，即可成功。"

宋美龄口头上说，可以密约办理。厥后由弟电询蒋氏，亦复称可用密约办理。盖自得知日本真态度后，宋氏谓"满足"云云。因宋氏有此二种表示，故与约定晤面时期，与小川翁面谈。宋氏三月十六日晚到港。即晚，柳兄属弟与萱翁约定，十七日晚在香港大酒店三百五十号会商条件七条。即晚约定十九夜再晤，以俟政府命令也。

（注）原件在写有"宋美龄关于条件之意见、杜氏笔谈，一条件

三月末,讨共密约四月初"之信封中。

杜石山笔记

1939 年 4 月 2 日

1.因感觉机能之有迟锐钝敏,遂形成见仁见智之派别系统。此各国之政治现象,日本亦不能出此范围。

2.我国之有共产党、国民党、社会国家主义青年党,乃有各种不同之主张,而联俄、联英、联美、联日之各种计划,遂纷呈于左右。

3.然而小川先生、秋山翁、立云翁、萱翁等早识钧座为时世之俊杰,至今爱钧座者无所不至。诚如豪日钧座所云,即为小川先生等所可为钧座谋者。舍此以外,诚恐徒迫时日,误尽二国苍生耳。

4.昔宋太祖语赵普曰"风尘中谁识先生为未来之宰辅耶?"然则论公论私,小川先生等可称钧座之知己者矣!亦可谓如风尘中之知己者矣!用之之故,自无庸多所顾虑,致延误一切。且和平之事,当在汪氏等所欲谋者未成熟之前,始克有济。否则夜长梦多,多一纠纷即多一障碍。届时钧座虽欲当机立断,恐亦为事实之所不许也。时危势迫,用敷陈管见。请即电示,以便遵循。不胜盼祷待命之至。

十九早得重庆复令:继续进行。故十九晚得继续面商。蒋并令"领土完整、主权独立"八字便可。余请商量改删,是以弟再三说明可以改删也。

蒋《每日》

《萱野、小川等之联络线》

此线无论如何乞为维持

宋美龄

七条九条　两方　《据说柳答复宋,基础案由日华双方作成,杜氏加以修改》

《据说宋之意见以此为条件》

领土完整主权独立

　　康泽

蒋—郑介民—柳—杜

宋《美龄意见,对南北政府之人选,仍如去年黄郛时之政务委员会,并由上述人中充任》

北平之临时政府、南京之维新政府二机关之人员亦须设法安置

　　　　北平　黄郛　政务委员会

少壮派缓和

国民政府在淞沪协定之前有睦邻之公布

　　《如在》南京《进行和谈》,《有将共产党》一网打尽《之计划》

　　七十万包围《今日已布置完毕,在山西、陕西包围共军。并已使两个军团进入广西云云。同时已从各地军官学校中驱逐了共系学生》

　　俄之先锋队司令蒋　《蒋今为俄之先锋》

　　　计《蒋》乃有感情之人

　　　　现在

　　武器

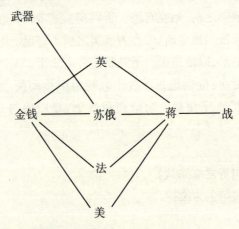

日本—蒋—如突然和《睦》,则《必然》孤立

标语拥护最高领袖蒋委员长

　　　抗战彻底

英法—借款
.

孙文方针《在于》和平救国,势薄　困难　飞机　汽车　法—汽车六万辆,飞机六百架《据说有运往中国之约定云云。可疑》英—飞机一千架《据说有约定,可疑云云》,在日本内地飞行时,亦禁止轰炸,为此听到之军官均愤怒退出云云。蒋经常说《不许》反攻,《只许》应战

基案

（注）杜之笔迹。《》内系小川之字。信封上写有"己卯四月二日杜氏谈话并电报抄件"。

《近代史资料》第86期,第211—213页

小川平吉致秋山定辅（草稿）
1939 年 4 月 4 日

敬启者　谨祝安康。今日日本邮船启航之际,特呈一书。（当地邮局难以信任。二十一日由东京寄来之挂号信中,追加暗号部分未见。但电报未有不到之事。）敝人二十九日抵港,同日及三十日听取九二（萱野长知）详细经过。四月一、二两日,听取九八（杜石山）所谈情况。所有电报已看过。其要领如下:

一此次交涉,专由一〇一（蒋介石）直系之手,一八三（秘密）进行。对八四①及八五（马伯援）亦绝对一三八（保密）。

一三二四（柳云龙）系一〇一（蒋介石）母妹之子。与一〇一（蒋介石）有暗号联络,凡给一〇一（蒋介石）之电报,均经三二四（柳）之手收发。四二（重庆）由八六（郑介民）转达。

一前者九三（萱野）来港之前,一一三（陈诚）之参谋长郭氏来港,作对共准备之详细报告。

一对共产党之准备,以七十万大军在陕西完成包围共军之态势,又从各地军事学校,全部驱逐了赤系职员、学生。对广西之白崇禧,亦以

---

① 暗号原文如此,不知是何人。

中央军数个军团进驻完毕。

——一〇一(蒋介石)曾给九八(杜石山)发来电报(见附件),对此,当时已由九二(萱野)复电,其内容一如近卫声明。另外尚有数次往来。[已由九二(萱野)报告东京。敝人出发之翌日寄到本宅。]

前者一〇一(蒋介石)曾数次致电九八(杜石山),谓此线[与九二(萱野)之间的联络]无论如何,乞为维持。

一在四二(重庆)将小川抵港误为二十七日,二十八日询问小川是否到达。

一关于九八(杜石山)电请一〇一(蒋介石)派遣权威代表一事,无复电。十五日一〇一(蒋介石)之一〇〇(夫人)已来港。四二(重庆)之八六(郑介民)通知,一〇〇(蒋夫人)系为一三三(和平)关系赴港。尔来三二四(柳云龙)、九八(杜石山)会晤频繁。

一十七日电告东京的一三三(和平)之一八七(条件),全系三二四(柳云龙)个人意见,并非对方所承认者。对此在我方尚未答复时,三二四(柳云龙)又增添二个项目,据说当其出示给一〇一(蒋介石)的一〇〇(夫人)时,受到叱责。据说,一〇一(蒋介石)的一〇〇(夫人)之意见,在"领土完整,主权独立"八个字上,要以简单为宜。

此外根据各种报告及文件等,业已确认一〇一(蒋介石)对一三三(和平)具有二七三(诚意)。

敝人在三十一日会见九八(杜石山)以前,已将备忘录交付九三(萱野)。进入一三三(和谈)以前之三六八(先决问题)极为重要。对于一三三(和平)一八七(条件)及三六八(先决问题),已向对方言明,如不能与一〇一(蒋介石)或其心腹之二六七(重要)二七二(人员)会面,则不能进行谈判。九二(萱野)已将此备忘录交付九八(杜石山),九八(杜)亦已呈一〇一(蒋介石)的一〇〇(夫人),一〇〇(夫人)并无任何答复。

四月二日九八(杜石山)曾向一〇一(蒋介石)发出长文电报,劝其迅速进行一三三(和平)一七六(协议),一、二日内可能有回电。或许能与一〇〇（夫人）面谈，但对方如不提出要求会面，我方决不提出。

此地人心不稳，敝人之行动很难与二（中国人）在绝对一八三（秘密）中会晤。香港政厅对敝人之来港，亦推测可能与一三三（和平）有关，中国人之侦探已经插手此事。四二（重庆）之情况，已由七八（和知①）今日赴京向六七（陆相）报告，大体与敝人之所闻相同。虽承认一〇一（蒋介石）之二七二（诚意），此际究竟能否立即开始一三三（和平），亦难明言。但对九二（萱野）及九八（杜石山）确实相信。谨报告如上。另有后函，草草不宣

平吉（于千岁旅馆）四月四日

秋山老兄侍史

《近代史资料》第 86 期，第 214—216 页

马伯援致孔令侃密电

香港，1939 年 4 月 5 日

刚文兄赐鉴：密。江午正式拜访小川平吉翁于千岁馆，谈话如下：（1）近卫密友石原莞尔于沪战发生后，主张不在华增兵，上海陆战队纵被消灭，为对苏联，不应以陆军援助之。内阁恐陆海两省发生问题，决定不经过作战部长出兵援助，石原愤而辞职不获，乃转任焉。（2）松井石根所受命令只限于攻克上海。（3）近卫不赞成宇垣兼拓务省者，拟使在军舰晤我院座后之重任责其负担，不知反因宇垣问题，使吾人计划搁浅。（4）十二月二十二日宣言，基于五相御前会议，后近卫虽辞职，平沼内阁仍然履行，乃因汪精卫问题发生，又有阻碍。（5）蒋介石下野问题，去秋经诸君说后，已无形取消，益觉中国局面舍蒋无人，惟中日僵局无形转环，虽为宿命，但亦人谋之不憾，最近将来希望转达日本诚意于蒋公个人，云云。伯援除表示歉意外，告其愿以自由之身，追随诸公之后，为两国谋百年大计，颇圆满而辞去，用特电闻。伯援

---

① 和知鹰二，日本驻上海特务机关长、华南特务长。

叩。歌。

小川平吉致东京诸公阁下(草稿)
1939 年 4 月 8 日

敬启者　诸公身体愈益康健,为国家敬表祝贺。此地气温急剧下降。寒冷如冬。想亦波及贵地,气候不调,切望保重。

五日政府机关报《大公报》,以汪与平沼首相订立秘约之题,大肆报道日军攻取南宁、西安、长沙、襄樊,汪解散南、北政府,组织反共救国政府,且因反共、反蒋军之需要,请求每月拨给活动费三百万元,内二百万元分两次支付,由高宗武领取,以及影佐与高宗武之关系等。并载称以上情况系日本翻译夏某泄漏云云。在群情极度愤慨之下,已以汪为汉奸,且有称之为豺狼者。无论事之真伪,对汪而言皆为莫大遗憾,恢复其名誉越发困难。重庆政府事先是否已有预料,故而比较冷静。其后蒋曾有电报致杜氏,提出根据萱翁意见进行为要。杜氏与萱野商谈后(敝人未加入),制成讲和之基础条件草案,作为二人之个人意见,昨日致电对方(其原因似为对方希望先提出假设的基础条件之后,始派重要代表与敝人会面。因此敝人尚未提出任何意见)。条件抛开细则,而以日前一〇一(蒋介石)的一〇〇(夫人)之意见为主,在"领土完整,主权独立"之后,再加上"平等互让"为原则。如罗列细则,必有两国均难赞成之处,而且以后恐有自绳自缚之虞。在萱野及杜石山反对之下,使其极为抽象。敝意应尽可能删去后加四字为宜,否则改为"双方互让"不知以为然否。对于此点,原则上只是文字上的面子问题,在实际上不致带来特别妨碍,希望设法予以解决。尚请预先多加考虑。

其次,敝人即将与对方要人会面。在看到对方态度之后,个人意见预定以提出改组国民政府作为先决问题,如不可能,则应表明讨伐共产党、亲日之后,先行部分停战,开始谈判讲和。希望可以如此提案。然而,在停战之前实行讨共将属困难;相反,如停战立即要求对方开始对共战争,结果将使其取消容共抗日,约定实行排共睦邻两大要点,从而可形成与停战同时开始讨共及和谈之局面。

细思之,此次战争之目的,在于使国民政府由容共抗日变为排共亲日,而返回正道。只要国民政府一改从前之态度,遵循我帝国之大方针,表明排共睦邻之诚意,服从于我,即可谓已完成战争目的之第一阶段。既然容共抗日为战争之两大要点,相反,则排共睦邻四字就必须为"停战讲和"之两大要点。此即敝人平素之观点。总之,停战讲和之基础条约,必需简明而且着眼大局。排共睦邻四字实既简且大,足使天下万众,一目了然洞悉讲和之要旨。同时,又与首相在议会上之说明相符合。但愿抛弃拘泥于末枝细节,以及偏狭强硬主张之顾虑,唯高瞻远瞩东亚之大局,审视百年之大计,迅速收拾此旷日持久且无效果之战局,防止共匪之蔓延,消除两国之怨恨,以期早日巩固东洋和平之基础,实乃不胜期盼者。往昔(明治六年)征台①之役起,大久保公挺身赴北京热心折冲②。结果,清国由顽强不肯赔偿难民之损害,而终于让步给予赔偿。获得微少之抚恤金后,立即收拾战局,恢复国交,为后来处理琉球打下基础。当时,距戊辰战争为时不久杀伐之气氛尚充满海内,正当军人激昂之时,而能断然恢复和平局面,此乃大久保公之所以为大久保公者也,今日仍可引以为鉴。明治十七年伊藤公之于天津签订日清两国从朝鲜撤兵之条约③亦有同样之气概。热诚之余,缕陈妄言,不胜惶恐。伏乞宽宥。

平吉敬具昭和十四年四月八日

---

① 往昔(明治六年)征台:按日本武装入侵我国台湾为明治七年,此处原文注明治六年有误。

② 大久保利通(1830—1898)在日本侵台后,于1874年8月亲自出使中国与李鸿章谈判。结果于1874年10月31日签订《北京专约》,承认日本侵台为"保民义举"并赔款50万两,成为日本武装侵略邻国的开始。

③ 按:该条约为明治十八(1885)年四月伊藤博文与李鸿章签订的天津条约。条约规定今后中日两国出兵朝鲜时,须互相通知。日本意图在必要时得以随时出兵朝鲜。

东京诸公阁下

《近代史资料》第 86 期,第 216—218 页

小川平吉致蒋介石(草稿)

1939 年 4 月 10 日

介石先生有道:小生为东亚前途以及中日两国百年大计而来,幸有以教之。专此。并颂道安

小川 《黄惠霖侍从副官长》

国府诸先生均此候安 　《特派专用飞行机》

　　(注)小川笔迹注"四月九日,杜氏草案"。《》亦有注。在抄件上记有"四月十日委托蒋氏专用飞机"。

《近代史资料》第 86 期,第 218 页

蒋介石致杜石山电报(抄件)

1939 年 4 月 13 日

特秘

转石山兄鉴:文电及小川翁、萱翁台示,敬悉一是。小川先生本为余等生平所敬慕,但在此两国战争之中不能派代表来港致敬,歉甚。唯托其在港友人马伯援君代为致意也。希与马君联络,并将详情电告。蒋。元。

《四月十三日蒋介石电》

　　(注)墨笔写于香港集大庄格纸上。《》系小川所注。

《近代史资料》第 86 期,第 218 页

小川平吉致秋山定辅(草稿)

1939 年 4 月 14 日

敬启者　谨祝安康。十日发出信中,所提之二四七(国民政府)专机,比预报推迟一日,已于十日夜间到达,立即飞返重庆。侍从副官长黄惠

霖只带来交付一〇一(蒋介石)之一〇〇(夫人)之小包一个,此外并无其他谈话,九八(杜)与三二四(柳)(宋氏因病由其代替)出迎并会面,九八(杜)托其带去书信一封,即告别。而对前信所提之九八(杜)及九二(萱野)之私案(基础案)并无任何复电。一〇〇(蒋夫人)亦提出与敝人会面及其他要求。十二日九二(萱野)发出致一〇一(蒋介石)之长信,今晨已有复电,现在正由三二四(柳氏)进行翻译,此信来不及等其译出送上。

据我等三人观察,一〇一(蒋介石)心中莫非等待某种时机?近来一〇七(汪兆铭)之《南华日报》连日频频发表评论,敦促国府和谈,一〇七(汪)亦应协助等。一〇一(蒋介石)之讲和,颇有追随一〇七(汪氏)提议之嫌。对此,似可从旁静观其变为宜。又二五一(卡尔大使)本日抵重庆,九二(萱野)与九八(杜)皆认为一〇一(蒋介石)有与其面谈之必要。总之,当前尚须观察其如何演变。九二(萱野)与九八(杜)皆相信其事之可行。许云章今日动身返京,急草一书托其带上。

草草顿首

平吉

四月十四日

秋山老兄侍史

萱翁特别嘱余代致问候。

书信到东京后,恐有被拆开之虞,请来电告知是否收到。(请拍给千岁旅馆大山太平)

一九二(萱野)曾两次发信,是否收到。

敝人四日除托千原氏带上一信之外,十日曾经英轮邮寄致津崎一信,不知收到否?前函曾告知,三月二十一日敝人从东京寄出追加暗号之挂号信,终未到达。故而十日寄出之信,收信人改为津崎。连日来气温上升,清晨即达八十度(华氏)且湿度极高,颇令人郁闷不适。不知贵地如何,望多珍重。

八五(马伯援)4 日曾来敝寓拜访,对时事慷慨陈词,对前途有种种论述,翌日竟罹脑溢血而死。去年以来,为忧虑时局,多方努力奔赴,而天不假年,可惜,可哀!(此人在万一情况下,乃非常有用之人物。)

（注）红笔写有"十四日托许云章氏。加拿大因不斯号邮轮"。

小川平吉致秋山定辅(草稿)
1939 年 4 月 15 日

敬启者　昨(14)日发信后,到港之四二(重庆)、一一三(陈诚)及一〇一(蒋介石)之来电,于下午译出后,由九二(萱野)带去。

一九二(萱野)、九八(杜石山)所拟之基础案,关于领土、主权等三项条件,经一一三(陈诚)秘呈一〇一(蒋介石)。一〇一(蒋)看后回答:"未可。"少顷,又答曰:"暂勿复。"据此,一一三(陈诚)电告九八(杜石山)暂行搁置。

——关于另派代表一事,一〇一(蒋介石)曾特秘电致九八(杜石山),内称:"小川先生本为余等所敬慕,但在此两国战争之中,不能派代表来港致敬,歉甚,唯托其在港友人八五君(马伯援)代为致意也。希与马君联络,并将详情电告蒋。元(十三日)。"

——对八五(马伯援),可告知委托三二四(柳云龙)之事。

——三二四(柳云龙),对九八(杜石山)恳切要求,一〇一(蒋介石)之代表与七五(小川)会议时所提之基础案(七条及九条)由三二四(柳云龙)起草秘示一事绝对保守秘密。

然而,正如今晨电告八五(马伯援)于昨日清晨因脑溢血而死亡,须得另派会议之代表,只好暂时静观。总之,只有一〇一(蒋介石)另派要人前来,事情方能进展。因明日上午浅间丸出发,特此匆匆报告。草草敬具

平吉四月十五日

秋山老台侍史

又及,本函因付邮寄出,故信封写津崎收。

陈诚致杜石山电(抄件)
1939 年 4 月 25 日

文日以来各电,俱已译呈委座,唯未得批示,请暂待为要。小川翁、萱翁等务恳切实联络。陈诚。

萱野长知致蒋介石电(抄件)
1939 年 4 月 29 日

介石先生:仆与足下叨为盟友,谊若弟兄,忧乐之情,曷尝有异。每思面议俾可释然,但远隔河山,莫偿斯愿。自得石山书,辄图效愚诚报大命,经多方设计,启发和平。迨晤左右,更悉深谋,用申忠悃,殚精竭虑,冀达苦衷,而足下客气乘之,使老友奔驰,徒劳往返。若此则何必事虚词而多顾盼哉!良非宿之所欲也。但马伯援虽死,已证劫运之可挽回。兹承贵使藉诉鄙怀,恐违尊意,爰修翰墨谨布腹心,以代正馨。足下诚听谏净之言,察其心如手足,急难之情,则微诚听可见,而大计亦可决矣。立云有言:"二国交兵,敬义不立之咎也;如二国存诚修好,则化大含宏。"旨哉斯言!足下闻之能无动于衷乎!今观事势,窃致忧疑。冀息兵争,永契睦好,引领西望,曷胜神驰。愿足下其细察之。足下之与日本,非有深仇而必战也。况有国家者,岂可轻祸患而以战争危害民众乎!抑国民党之与日本历有互助之事实。

足下身居总裁之位,谓可弃所厚而事所仇乎!彼矜功名之士,献久战以崩溃日本之议者,必曰决无中途妥协也。粤汉路以西,山高流急,辎重不并行,士卒不成列,艰于进取。而我则据险阻以逸待劳,操纵游击之术以剥削日本兵力,日本将师老而无功。故最后之胜利,必属诸我。此说似也。庸讵知兵事千变万化,守之者虽如此,而攻之者岂有胶柱而不知变,而谓为善用兵者耶!日本计策初主速战,欲免生民久受兵燹之苦耳。继主久战,树立百年不拔之基。近则以世界扰攘,方当多事之秋,欲善用兵力,划设军区,建筑堡垒,以为永久兵营,一则保守其已得,一则运用其所得。复扶植地方自治,而谋军事、政治、经济、文化之设施,同时并进。并于汉口、宜昌等地设立远大空军基础,近可威胁北西南,促起人民之自决;远可建树东亚大陆之空军中心,以为太平洋之后卫。进而监视国际阴谋之蠢动,开拓资源与培植生产,以雄厚黄种之力量,封锁海上出入门户,破坏陆上国际交通,以吞吐抑扬善法,而进退我敌之源流。凡此诸端,胥我国青年干部之妙算,而为足下及中国之致命伤者也。且人类之欲望,乃秉天赋而俱来,习惯成自然,积时久而敌我不能分。同化作用与反应作用乃科学时代正负二面俱得活用之机能,何况国际情势视力量与事实而转移者耶!此则主长期抗战以崩溃日本之议在,可以憬然悟矣!近阅此间各种刊物论日本财政贫乏将崩坏,此尤为无稽之谈。盖日本自维新以来,积厚流光,有非别人所得而探知者。足下与仆等游,时日不为不多,对日本财政想必早有研究,当然不至于受邪说之所惑耳。或有主张推动英、美、法、苏四国形成阵线,欲以扬中国而抑日本,此其浅薄不识世务,尤为可怜。盖英、美与英、苏之间利害之冲突固多,政略之对立尤甚。试观苏俄最高干部近日之报告,亦可以知其旨矣!数年以来,足下之于苏俄及中国之于苏俄不谓稍尽人事也。然而苏俄最高干部竟不顾中国今日之危急而不信任足下之报告与决定,甚思以此报告悦媚其邻邦。然则足下与中国欲恃苏俄之援助,何异缘木求鱼!孟子谓缘木求鱼,虽不得鱼无后灾。试问倚赖苏俄而不得其援助者,虽欲无后灾,其可得耶!苏俄素以阴险残忍著,此种事实恐非期待苏俄援助者所得知其端倪者也。呜呼!国际外交之形势错综变化,纵累千万言亦莫能尽其详。是以智者必虑于未萌,机重其先见,图难自易,居安思危。故曰,计福不及,虑祸过之。盖以福之修也,乐于心而望以奢;祸之种也,每出不期。或以心之所恶,致有所忽,祸遂不期而至耳。此人情常也。仆自少即与中国志士结成坚强关系,足下之所知也。仆之爱中国亦已不自知其所以然。若谓仆之专爱于足下，则未敢以欺足下者也。恐仆之不得久事足下也，是以恻恻之意不禁悲从中来，诚恐足下不幸而违心，则大事去矣，中国亡矣。此所以悲也。谚曰：路遥知马力，事久知人心。区区之诚，足下何故尚不稍一顾念之欤？岂事虽久而仆心犹未足以见者欤？足下之慷慨陈之于天下者，欲求中国领土之完整与主权之独立也。此则立云、小川、秋山与仆等固已竭其力而辅翼足下以达所愿望矣。岂石珊报告犹有未尽而尚见疑乎？若石珊已将各事详报矣，足下又何为而犹豫不决哉！今万民苦战事之灾厄也久矣，幸足下有以教之。临书垂涕，不尽拳拳。耑此。并候大安

弟萱野长知敬白

四月二十九日

《近代史资料》第 86 期，第 221—223 页

小川平吉致秋山定辅（草稿）
1939 年 5 月 4 日

敬启者　谨祝安康。八五（马伯援）死后，九八（杜石山）向四二（重庆）要求指定后继人，迄今数日，仍无回音。敌人为稍事休息，于二十五日动身赴三九（广州）视察，于三日晨回港。在此期间之情况如下：二十五日一一三（陈诚）有回电致九八（杜石山）：

"文（十二日）以来各电，俱已译呈委座，唯未得批示。请暂待为要。小川翁、萱翁等，务恳切实联络。"

九八（杜石山）二十六日发出长达千余汉字之电报表示意见。[敌人去三九（广州）九八（杜）亦向一〇一（蒋）秘报] 因尚未指定后继人，三二四（柳云龙）及毛氏（蒋介石原配夫人之弟）亦感不安，曾向一〇一（蒋介石）要求派五三（专机）接彼等去四二（重庆）。预定三十日夜五三（专机）抵港，因天气拖延，三日夜始到。三二四（柳云龙）因其子生病，延期动身，只有毛一人去四二（重庆）。萱翁托其带去措词相当激烈之文言书信。三二四（柳云龙）之子病已痊愈，将于五日晚乘特派五

三(飞机)去四二(重庆)。毛在四二(重庆)等三二四(柳)到达后,同谒一〇一(蒋)后再回港。据此,当可了解诸般情况。事虽困扰,只好安心等待。另据上海二十四日报道,八四( )接四二(重庆)来电,因八五(马伯援)死亡,电令其离开上海赴香港,不日即可到达。可能系一〇二(孔祥熙)之命令。明晨乘(桥本兴亚院事务官)从此地出发之便,匆匆报告如上。草草不宣

平吉　己卯五月四日晚

秋山老台侍史

八五(马仁伯援)之葬礼相当隆重,王正廷发表演说,赞扬八五(马伯援)终其一生为日中亲善而努力。并称,今日我等并非与日本作战,仅为对日本军阀作战而已。表示称赞日中亲善之意。政府机关报《大公报》亦全文予以刊载。八五(马伯援)之死实在令人遗憾,徒唤奈何!

此地已入雨季,每日湿热难堪,幸而敝人身心均健,请勿垂念。顺祝诸公健康。

《近代史资料》第 86 期,第 223—224 页

原顺伯致孔令侃密电

香港,1939 年 5 月 11 日

(衔略)密。本日上午,职因凤梨介绍,会见小川平吉于日旅馆千岁馆。前据马伯援告,谓小川为前日本铁路大臣,政友会主要份子,曾因政治关系系狱八月,与近卫关系极深,并首创东亚同文会,主张中日亲善。又据凤梨告谓,日政府之高级人员之来港者,自开战以来,以小川平吉为第一。于此可见,日方对此次和平热度之高,云云。职与小川晤见之下,由十时半谈至下午一时始辞出。小川之言曰:

孔院长之热望和平,余所深知,此次中日战起,孔院长适在海外,闻曾有长函致近卫,呼吁两国和平。然以彼时少壮军人跋扈,以致陷于不可收拾局面。去年一月十六日之宣言,所谓不以蒋为对象一语,其成分甚轻,惟播之于报纸、杂志,则成为重要问题矣。余自开战以来,即为和

平奔走,惟以日本政府在国内之宣传,不惟一般军人,即深明大局之人,亦多以蒋之背景实共党势力耳。时至现在,经余等奔走呼吁,一面则以日军之久征,国内人民之厌战,不仅知识分子,即一般军人亦渐觉悟,中日之争足使两败俱伤。所谓和平谈判之不以蒋为对象一语,已成过去,盖均知为不可能之事。考日本之志,初不在对付中国,真正敌人实为苏联,现虽欲中国战争早日结束,但又无门径可寻。国内一部分人有主张拥汪者,有主张军事继续进至西安等地者。凡此皆因无正当办法,聊以塞议者之口。其实,日本人之真正主张和平者,甚不以为然,但此辈主张和平者,既对中国政府方面无切实拒绝,中国政府中人既无表示,亦不敢强出头面。余以为,和平时机现已成熟,诚能与孔院长或蒋委员长见面一谈。余与此两公过去皆有友谊,余相信一切可以解决,然后余返日后联络近卫、平沼等,召集五相会议,决定办法,而不令少壮派军人有异议,中日事件即可和平解决。万一余不能与两公会见,倘能派代表来谈亦可办理。余来已多日,并拟最近回去,惟以一无所成,未免多此一行,极望两公以东亚和平为重,则余可稍慰私心耳。外间所传平沼为一法西斯主义人物,其实此人深明大义,不似所传之难与者。又余此来系为贯通两国真正意见,以作和平基础,若以为日本派来求和者,则谬矣。希以此转达孔公,顺代问候,并请孔公代问候蒋委员长。等语。

职就表面观察,小川为人似对和平尚极热心,此人年已七十,颇有学者风度,谈吐适当,较凤梨之江湖气派不可同日语也。谨此电陈。职3342 叩。真特。

奉批:抄送委员长。

小川平吉致蒋介石(副本)

1939 年 5 月 11 日

蒋介石先生有道:敬启者,曩在东京,接马伯援、萱野翁等信,得悉中国仍遵中山先生遗教,欲以和平救中国。迺晤杜石珊、马伯援于香港,复悉国民党与国民政府志趣之所在,遂常与马君筹议中日之前途及安定东亚大局之至计。不幸马君猝然长逝,此议中道而阻。马君之死,诚中日二国之憾事也。于是常思得间以纾鄙怀,就商于足下,复恐足下一日万机,未遑及此。然而乱久思治,民心趋向亦已著明,素稔足下爱民若赤子,用特敷陈管见,就正于有道,幸为见教焉!

仆之致力于中日亲善也久矣!忆自光绪戊戌之岁,中国瓜分之势将成,仆忧之,乃从近卫霞山公爵创立东亚同文会,为其干事。首唱中国保全之议。庚子之岁,露兵之占据满洲也,亦尝主张露兵撤退,日露开战,遂至发生。尔后为同文会干事长,复设立书院,刊行图书,拮据尽瘁,垂四十余年。在政治方面,又常实行两国亲善之政策,此心此志历久无渝。逮辛亥革命之初,与同志共兴有邻会,用致微力,且使政府决定采不干涉革命主义,盖亦希望中国之自强振兴耳。及此次事变之起也,面近卫首相,商议战局收拾之策,非和不可。又与立云、秋山等苦心筹措,始结成主和团体;复经几许艰险,商定和平办法。凡此皆不顾一身之危险,主张和议,前后四回。其所以然者,实顾虑中日两国之将来,宜速确立东亚和平之基,免受第三国际之祸也。今则中日两国已经验战之不容易矣,皇天如佑东亚,和议必应成立。今春三月得萱野翁之信,知中国已有希望和平者,欣喜不置。仆既以中日亲善为毕生之事业,斡旋和议则为仆之天职。熟惟日本之主张反共睦邻,固属当然之事;而中国之主张领土完整、主权独立,亦为当然之事。然则两国何为而战? 彼主张不可不战之理由果安在耶? 是所以仆之挺身来港,欲面足下而谈议中日之大事也。顾这次事变,足下能以统一日浅,训练未熟之兵,抗战三载,丝毫不屈,是实为真英雄之伟绩,世人同钦。然一环观战伐之血痕,轸念生民之艰苦,又安得不恻然于怀哉! 况中日两国,如唇齿辅车,关系密切。若相持不下,正如鹬蚌之争,渔夫独利,此理甚明,足下之所熟知也。足下既遵中山先生和平救国之遗训,以为建立中国之方针,诚王者之心,仁人之所应尔也。仆是以忖度中国希望和平之真意,故得萱翁之消息,即不辞劳瘁,欣然就道,而欲请教于足下也。抑两国相战,彼此绝交通,乃对手国之实情,各有所隔,不相谅解,致误大事者,古来其例不少。仆之所以不远千里而来,实欲有所面议。足下如听仆之言,胸里之疑团,当可释然冰解矣。古谚曰:死者易,生者难。仆今将曰:战者易,和者难。诚以讲和之影响,内外上下,复杂多端。畏其难而不为,是非英雄,则终于难而已矣。惟知其难而勉为之,当此艰局,毅然不惑,如挥快刀而斩乱麻,此诚真英雄豪杰之所为也。拿破仑字典中无难字,则所谓难者非真难也,是则仆所深期许于足下者也。如蒙幸领鄙意,愿派遣要员来香港商议。倘足下以仆之赴渝为便,则仆应偕萱翁挺身赴渝,面聆大教。若不然者,则收拾行李去港归国,抛弃宿论,一任局面如何恶化。是真为千秋之恨事矣!皇天后土,其果不佑我东亚也耶?谨布腹心,请赐复答,临书翘企,龙钟横集。敬颂钧祺。

平吉谨白　五月十一日

同志诸先生均此问候

（注）小川墨笔字迹。此信草稿的信封上有杜的笔迹,记载如下:

此函提出干部会议。事泄。共产党率民众多人到军委会要求蒋氏宣布二事:(一)通缉主和人员。(二)驱逐反对统一战线人物。如张君劢等,广西系闻而踵至,亦提出反对日。如果议和,广西决单独抗战。于是会议中止。并令"暂勿往还",且由柳兄坚嘱弟须设法保留交谊,以俟时机一至,可以实现和平也。谨志缘由,备忘焉。　　　　石珊

萱翁函亦系同时提,同时退回。或系事泄无法措置,复不肯饰词以欺老友,故原函璧回,仍留敬意在。即不敢毁损之谓耳。

在"杜氏修正草稿"上,尚有杜之笔迹所写如下内容:

1. 此信当虑其提出于最高国防会议,故笔调稍为马伯援先生措置责任。即"共匪"二字改为第三国际,亦是此意。因朱、毛亦是国防会议常务委员也。

2. 此信决发生巨大效力,因蒋氏认先生为自己亲友,而认小川翁为

政府方面有关系之人员也。

明晚有专机(如天气变化则改期)请赶速写好为祷。

国联会议在即,我国主张运用国联者尚有相当力量。蒋氏或俟此次国联会议无所成就时,便开始和议。即如宋子文主张联美,孙科主张联俄,汪精卫主张联德、意,蒋氏皆令彼等努力进行,彼等皆曾努力而失败。今之利用主张运用国联及英、法者,理由正属相同。盖欲俟彼等一切皆失败,然后联日之事不至受打击也。

温莎公爵前日提倡和平,而反对沿用侵略、反德阵线等文字,目的似乎讥笑国联。今国联正在开会,日本报纸如照温莎公爵议论,提出劝说,此亦一有益于东亚之策也。颂扬温莎之见识达人。

《近代史资料》第 87 期,第98—100 页

杜石山致蒋介石电(抄件)

1939 年 5 月 13 日

特秘　五月十三日发

蒋委员长钧鉴:萱翁谓:"自马伯援兄逝世之后,迄今未见派出继任之人员,以为进行之磋商,即函电亦未蒙照复。小川翁年逾古稀,久客非所以礼敬老人。究竟须候至何时耶? 如果未便派员前来,弟或亲来渝面商,免误大计。"云云。伏维马君逝世迄今多日,事悬未决,实无以答小川翁、萱翁等之苦衷,诚恐亦未可以应付紧迫之时势耳! 用特电乞钧座,迅予电示,以便转报小川翁等,庶几中日二国国民可免久罹水深火热之灾欤! 急切陈辞,不胜盼祷之至。杜石珊谨呈。元。

(注)电文为杜石山所写。并有小川红笔字:"与此电行径相反,有电报来称:暂勿与小川翁往还,须将其行动详细报告。"

《近代史资料》第 87 期,第 100—101 页

蒋介石致柳云龙电（抄件）

1939 年 5 月 16 日（收）

萱翁函及石珊兄连日各电，诵悉一是。唯请石珊兄暂勿与小川翁往还，但须随时报告小川翁行动。是为至要。蒋。

（注）杜之字迹。小川记入"五月十六日晨收到"。

杜石山致萱野长知

1939 年 5 月 20 日

昨自先生处返寓，适曾兄来，据称（一）蒋氏自得尊函而后，心已安。（二）蒋氏因历次宣言，皆属肯定之辞，现欲转移，不易措辞；且亦不欲开口，致授人以口实。（三）蒋氏乃嘱孔氏命张季鸾、原某、贾某诸先生陆续晤先生及小川翁。孔氏即据各人报告，联络重庆元老及握有实力者，向蒋氏要求实现和平，然后由蒋氏提出国防会议。议决后，方命代表来港，与弟同谒先生与小川翁也。故前电有"暂勿与小川翁往还"之暂字耳。（四）曾兄深恐贾某等不明白此种做法，故请先生嘱彼等报告孔先生时，并须要求孔先生联络一班元老或有力者，向蒋氏要求实现和平为要，云云。

如未明白，今夜再详谈。

原顺伯致孔令侃密电

香港，1939 年 5 月 20 日

（衔略）密。真特电谅蒙钧察。小川路线是否可以继续维持，或即放弃，前电未奉复示，职无由再与接洽也。谨电请示。职 3342 叩。号特。

孔祥熙来电(抄件)

1939 年 5 月 22 日

（衔略）真（十一）号（二〇）两电均悉。自汉口、广州相继失陷后，我对和平早已绝望。盖日军人之跋扈，非日本少数主张和平者所能控制，故日本侵略不已，我非抗战不足以图生存。在此情形之下，我亦并不必言和，因日本为战争之主动者，和与战，均不在我手。明知长此下去，必至两败俱伤，但有何法能使日本觉悟耶！过去德大使之斡旋，及汉口未陷落前，多数日人曾为和平奔走，但恐均个人热诚，日本政府未必同意，结果均属无用。故不如不谈无效之和平，任其决战于最后五分钟。小川先生热心奔走，至钦佩。惟日本政府之态度如何为先决问题。倘真有诚意，不妨请其提出显明之事实以证明之。例如不再进攻前线，及发出宣言，或由彼政府现任负责官吏如板垣或平沼来函，表切实态度，则和平谈话即可开始。即转告，并代院座问候小川先生，代侃招待。一切情形仍希电复为盼。侃。养（二十二日）。

（注）注有"五月二十四日、二十六日夜收到，要"。

《近代史资料》第 87 期,第 102 页

小川平吉致秋山定辅(草稿)

1939 年 5 月 23 日

敬启者。敬悉诸公贵体康健，为国事尽粹，实为国家庆贺不已。其后情况依然茫茫，有不彻底之处。特略陈于下：

一　六日重庆给柳云龙发来电报称，近日即派员去港，并令柳来渝。因无线电问题引起纠纷，柳未成行。重庆于三日、四日遭受大轰炸，死亡一万二千余人，军事行营要人亦有多数死伤者，情形极端混乱。

一　蒋氏仍无派出继任者之音信。敌人考虑结果，为表明敌人之立场，免招彼之误解，同时进行劝告，而致蒋氏一信。其主旨为：

（1）从敌人在东京得见蒋有和意之通信，而亲自来港说起。

（2）余四十余年来，始终致力于保全中国及振兴东亚。

（3）阐明日中亲善乃敝人毕生为之努力之事业，以斡旋和议为天职。

（4）称赞蒋氏有和平之意，乃王者之心。为能面谈，而以老朽之躯远道来港。

（5）以有最后通牒意义之结尾称，万一不被采纳，则立即整顿行装回国，从此抛弃夙愿，冷眼旁观局面之如何恶化。

此信于十三日交萱野及杜氏看过，根据杜氏所言，略作修改，于十五日交给杜氏。杜氏与柳氏致电重庆，要求派专机来港。十六日夜专机到达，贾侍从副官长随机来港。此信与杜氏之信一同交贾带往重庆。据杜氏推测，此信必然提交国防会议讨论，由于种种手续，须有数日之过程，可望在二十三、四日接到回答，如此表示喜悦。但敝人不相信将在此种程度上提出，今日已是二十三日，尚无音信。（萱野及杜氏每次均要求蒋派代表，而敝人则称要员而不称代表）正如以前信中所述，尽管蒋确有讲和之愿望，但其能否立即着手进行，则很难判断。此次之行动，是否其意专在探知敝人等之目的，亦属疑问。故而，我方亦须以其意图深入考虑将来，而采取行动。《特别注意，不能贻留祸害。》为此，在程序上，应百事从简。尤其在此地与有关人物会面，必须在极秘密中进行，非常麻烦。重庆方面又因交通不便，徒费时日，令人为难。

本月三日敝人自广州返回香港后，应认为有必要与之联系的中国人之要求，与彼等进行面谈。其中张季鸾及代表孔祥熙前来探望之原顺伯氏[①]与敝人之谈话，预料必将电告重庆，故此，对蒋以旁敲侧击的想法发表了种种谈话。

谈话说到，虽未闻日本政府有讲和之议，但由于此间当局已有主张改组国府之事，因此作为先决条件，有必要先研究出国府表示诚意之方法。并充分说明，根据日本国力之强大，长期抗战之结果，蒋或可取得

---

① 原文如此。后文为原纯伯，应为同一人，"顺"与"纯"日语读音相同。但何者确切，未能查出。

有利之条件亦未可知,但与其完全相反,在华北方面亦要出现新的满洲国,则中国必将陷入永久分裂状态。敝人等之遗恨将无以复加。张季鸾谈及德国大使调停失败之经过,并称,日本乃战胜者,能否由日本提出讲和(此乃除原氏以外由数人同样说出的)。继而谈及排共,张氏与杜氏不同,张认为蒋如讲和,必然与共产党分裂,而今日直接提出排共,将极为困难。对此,敝人坚决表示如不排共,即未达到日本战争之目的,因而断难讲和。张又谈称近卫声明中关于新秩序云云,字义不清等。对此,我方进行适当说明,并明确表示日本现在并无侵略领土之野心。

上述张、原二氏一系列与敝人之谈话,均电告重庆。然而,二十三日重庆却电告柳称:"萱翁及石珊兄连日各电诵悉一是,惟请石珊兄暂勿与小川翁往还,但须随时报告小川翁行动,是为至要。蒋。"柳与杜均觉奇怪。据数日前重庆有电报给柳:"请石兄免虑,因侧面已有晤小川翁者。惟须密切联络,随时报告。"

关于宋美龄回国后(声称主要系按惯例为英大使作翻译),蒋之态度及其真实意图,可以推测出有种种理由及情况,在此从略。总之,敝人相信,如交涉拖延不决,则断然回国,乃为上策。加之此地雨季,湿热难熬,以及对蒋之最后通牒亦已发出,故而决定乘六月三日自当地出发之意大利轮船离港,短期视察华中,然后乘十四日由上海开出之浅间丸回国,昨已购得船票,并已通知萱翁及杜氏。估计在上船之前,尚可获知种种情况。在此期间,当以电报告知。杜氏对和议之进行,仍抱乐观。该人综合蒋等各种情报,对蒋之和意,坚信不疑。认为蒋近来虽屡次发表强硬宣言,乃在当前国内外形势下难于自行提出和议,故而必须仔细讲究提案之顺序及方法,目前仍在稳重进行准备之中,认为前途非常乐观。敝人则以消极对之。萱野氏态度居中。

以上在等待镰仓丸出发之际,概略报告。

平吉　五月二十三日晚

秋山老兄侍史:又及。敝人动身去广州以前,曾对萱野谈及此次之交涉如告决裂,则可在华北出现新满洲国,而形成真正的长期战争,中国将陷于分裂。萱野亦极为忧虑。在敝人去广州期间,萱野曾给蒋发出数千言情理兼备之长信。其中谈到:

一、"足下客气乘之使老者徒劳往返,若此则何必事虚词而多顾盼哉云云。"

一、"国民党之与日本历有互助之事实,足下身居总裁之地位,谓可察所厚而事所仇乎。"表明日本具有持久之决心之后,对(原文如此)

一、"继主久战树立百年不拔之基云云",详述日本之强硬态度。

并痛陈:

一、"足下不幸而违心,则大事去矣,中国亡矣,此所以悲也。"

但并无回答。惟有致柳氏之"萱翁及石珊兄各电诵悉一是……"之电报而已。实属无理之至。然而,根据另外之电报,蒋收到萱翁之电,有□□①安……是否惧贻人以谴责之口实耶。暂行记下,以供参考。又拜

○又,恳请板垣陆相代向华中方面介绍。

《近代史资料》第 87 期,第 102—105 页

杜石山笔谈
1939 年 5 月 26 日

《五月二十六日夜笔谈》

一、今晚详细陈述,欲自始至终看完,方能明白。因事情虽剧变,但有补救办法,故须明白一切内容也。

二、蒋氏今午遣副官张铭新携小川翁、萱翁寄蒋氏原函到港,欲石将原函璧回,石详询内容如次:

《中村反对邀请萱翁》

1. 初,石与藤岛兄合作时,蒋氏二次遣郑介民到港。因中村君与藤

---

① 原文缺字。

岛兄意见不合,遂二次不能会面,然而蒋氏仍责石照旧进行。

2. 郑介民第三次到港谒萱翁,适萱翁当晚欲登船返日,郑不能晤谈,又失望而归。然而蒋氏仍责石照旧维持也。

3. 郑介民第四次绕道滇桂,尚未抵港,适宇垣大臣去位,萱翁又归去,然而蒋氏仍责石绝对维持此线也。

4. 厥后柳云龙兄来港,彼不说明郑不能来,我人久候郑。迨十七晚、十九晚柳氏提出条件二次,并嘱石说明可修改者。又以小川翁将抵港,中止进行。宋美龄久留此而不复柳氏报告,遂生疑问矣。然而蒋氏仍电返对小川翁当表敬意。

5. 此事石曾言蒋决不派人来,先生等则欲其派人来。又以前数次萱翁之来,适和知先生亦来,似有连带行动,彼等畏和知,遂已生疑问矣。

6. 最近则以马君之死为最大打击。因在港能为蒋氏与先生等商者石与柳君以外,惟一马君而已,故日受大打击也。

7. 此事自始至今,蒋未有更动人员,遣派马君者乃遵先生等意见耳。

《以下是张副官的话》

眉批[①]:从一到七为杜氏意见,主要叙述过去情况。从一到七为杜氏之辩解,意在说服蒋勿怀疑日本之诚意。

8. 并述重庆所虑者如次:

甲、先生等爱中国爱国民党,帮助蒋氏等,凡皆蒋氏之所深信而不疑。惟照此办法,果由小川翁携归所商条件,在东京如受少壮军人所反对,则二国前途,均多纠纷,是可虑也。

乙、小川翁到港何事,英国大使已甚明了,则日本军人自亦极为明了,何以在未商定办法之前继续轰炸重庆者数日?此点足以形容日本军政二界之不协调。是则小川翁即有心以促起和平之协商,深恐中途

---

① 此段写于一至七点之上方。"眉批"二字为编者所加,下同。

为少壮军人所阻害耳。是又最可虑者也。

丙、蒋自"九·一八"后，已受国人唾骂，讥为卖国贼、日本走狗。即蒋以东四省问题提出国联，亦系转嫁责任于国联，对日本已贡献最大之苦心，此于黄郛、殷同等受蒋命而与日本恢复平常状态之一事，使可证明其心事系感激立云、秋山二翁前者提拔之巨恩。讵尚为少壮军人所不谅，则今后各事，欲不小心自亦有难为之处。因自己失败，政权即落红军之手。二国前途苦恼更多，所以委曲求全，无非想到彻底处也。

石与柳十数次哀求蒋速为遣代表来港。盖前线死伤之多，难民流离之苦，不可为久待也。虽为是哀求，彼迄不准。

《杜氏的话》

不忍二国国民日在水深火热中，故以老成之资格就商于仁人之心。钧座最可忧者，蒋自始至今电令石偕柳与先生商量。先生等欲孔或居来港，蒋氏以为孔与居即以别种名义来港，亦必泄漏，事无成，且自己失败也。钧座所派代表，但求属于钧座所视为心腹者便可进行协商，以求秘密。

眉批：此点乃过去之事，为杜之意见，以下是张副官的话。

自接萱翁、小川翁信后，即遣陈部长诚以出巡名义。今向前线各将领接洽，陈部长尚未返重庆。先生又说欲归，且定归期，故蒋氏鉴于萱翁以前之来去匆匆，遂未俟陈部长之归，便遣张副官携原函来港耳。且谓即该函彼亦不能提出国防会议。既不能提出，不敢随便《任意》答复以欺老友也。

看柳、张二人态度，俱甚悲观，曾兄尤为着急。石乃商于曾兄，欲其尽今晚达明朝之力。要求柳、张召集驻港干部，开一秘密紧急会议，以谋补救。明午确切答复石山。

陈诚无在旁，无人敢向蒋说话。

蒋氏如是做法，其左右则坚嘱张兄托石山极力设法。

误解之点

一、疑受和知君所嗾使。

二、疑先生在国内未得确实办法，只先行做做看，故来去匆匆。

三、屡次要求孔或居来港，彼则坚欲柳与石办理，以求秘密。

《二十七日收到》

顷曾兄来称，昨柳、张等议决：（一）照旧保留交谊，惟此后石与蒋通电，不得用杜石山名义，即用别种名义联络。（二）依马君伯援办法，用情报方式进行，电报亦用别种名义报告。

弟皆予拒绝，因彼等不愿负责也。但提出办法（一）保留友谊，由柳君出面宴请小川翁后再定办法。（二）暂时休息。

（注）杜墨笔写于香港集大庄格纸上。《》系小川之注。

《近代史资料》第 87 期，第 106—108 页

陈宝言、原顺伯致孔令侃密电
香港，1939 年 5 月 27 日

（衔略）密。养渝情电敬悉。职等为遵命联络路线起见，商定于昨晚代钧座宴小川、凤梨两人于半岛酒店。事先曾在该酒店定一小房间，便于谈话，饭后示以钧电各点。小川以我对此事表示认为满意，并言彼曾有函致委座，不知此电是否有委座及院长意见。职等答：非仅一二人意见，此为我政府全体公意。彼谓有详细将与职等正式谈判，约俭（廿八）日下午邀赴千岁馆详谈。容后再陈，谨闻。职 3309[①]、3342 叩。感特午。

《历史档案》1992 年第 3 期，第 73 页

小川平吉致孔祥熙电（抄件）
1939 年 5 月 28 日

一、经德国大使斡旋之讲和，因中国之态度而归于失败。

[①] 3309 为陈宝言秘密联络代号。陈曾任中央信托局印刷处副经理，时任行政院院长官邸秘书处驻香港情报人员。

一、关于去年九月宇垣外相会见孔院长之事，日本五相会议业已通过，并由小川通知萱野，萱野亦已通知中国。旋因汉口陷落，遂已自然消灭。

一、日本政府尚未考虑讲和条件。由日本政府提出讲和，乃属不可能之事。故而只能由我等以个人资格协议条件，俟双方意见取得一致，再向两国政府请求召开正式会议。此外别无他途。

一、我等并非日本政府之代表。然而以代表以上之人而自任者也。

（注）誊写版印刷。另有内容相同之亲笔草稿，是钢笔所写，并注有"五月二十八日交付原氏"。

《近代史资料》第87期，第109页

小川平吉致蒋介石电（抄件）
1939 年 5 月 29 日

一、德大使斡旋之际，中国态度欠明了，遂致决裂，不可谓日本政府无诚意。

二、昨年系萱野、小川等斡旋，宇垣外相与孔院长会商和平之件，九月二十三日提出五相会议。经其议决，由小川电告萱野，由萱野告知中国，然尔后杳绝消息。旋见汉口陷落，归自然消灭。

三、和议极秘，作战部不关知焉。是以停战协定未成立，即无由于缓攻击。

四、使日本政府当局不能自进提案和议属不可能事。是以两国要人于政府之责任以外，以个人资格，予协商停战之先决条件。俟两者意见略归一，或相接近，而后举行两国政府公式会议，讨论和平之细目，是为当然之顺序。

五、予、头山、秋山及萱野氏等，非日本政府之代表，然以代表以上之人自任者也。予曩在东京，接中国有和意之信，整悉诸般准备，确信和议必成而来港矣。但和平之事，属绝对秘密，故予之来港亦以视察政情为名。

六、予之抱停战先决条件案者,极简单而极秘密,除某某当局数相外,虽大臣、参议无得知,无论一般军人、政治家无得知。

七、予曩赠书于委员长,披沥肝胆,然经过星期,不接何等复答,是以失望于和平之前途,欲去香归国,诚出于不得已也。这次及聆柳氏,说明从来之事情,始知悉委员长苦心之所存,如别有便法至获好机会,未必吝于陈述鄙见也。

(注)写有"五月二十九日交付杜氏,六月二日以专机送蒋"。

《近代史资料》第 87 期,第 109—110 页

杜石山致小川平吉

1939 年 5 月 31 日

顷晤柳云龙兄,据称自我人推进和平运动以来,双方俱经过许多苦楚与波折,唯已发现双方接近之点。故应请小川翁再忍耐些时,稍留香港,以求再进一步之接洽。况日来风浪滔天,以小川翁年逾古稀,岂可涉此长途簸荡之苦,尤应请小川翁再忍耐些时,稍留香港也。因本人患病在床,不能亲来,特嘱石珊前来陈述诚意。并乞小川翁恕以不克亲来之咎。柳兄等既有此盛意,敢请小川翁顾念中日二国国民,留港再行商量救济之道为祷。此请小川先生台鉴。

杜石珊　五月卅一午

《近代史资料》第 87 期,第 110 页

杜石山笔谈

1939 年 5 月 31 日

1. 退回原函之理由《五月卅一日于杜宅》

前函已由蒋提出干部会议。

1. 蒋氏向来做事,皆带有计划,惟此次退回原函,计划何在,未蒙说明,甚为不解。

2. 就石珊所揣测,(一)退回原函时,二翁之当时态度,乃蒋氏所欲

知者。(二)厥后二翁之说明,亦为蒋氏之所欲知者,否则退回原函之意义,可谓毫无着落。然而蒋氏岂系无着落者耶!是则应请二翁补一说明书,以完结蒋氏之苦心。庶几和平有实现之一日。

又提一案　《此论与予之备忘录同一主张》

此事之进行,如以情报方式而进行,则将来反对者,尚可质问蒋氏曰,据情报所云为,诚可决定,惟接洽者为谁何,乃本席(质问人)所欲知者也。届时设有此一问,岂非又足为蒋氏之累欤!故照石珊愚见,应由弟三者与日本政府以外人员如二翁者接洽和平,然后各以所接洽者报告政府及要求政府,庶几二国政府可以免却麻烦,而事用间接的负超[①]完全责任也。(栏外有宋哲元、西北军、阎锡山军、陈调元、许世英、萧振瀛之字)

此案尚未得柳之答复。

1.蒋氏退回原函之真意何在,吾人尚未明白。

2.柳等提出以情报方式继续进行,即继续与先生接洽种种和平手续,然后用情报方式报告蒋氏。

大胆之话

私人　　仁人态度　　强迫　　必胜　　技巧　　斗气

接(渐)〔浙〕而行与迟迟而去国。乃孔孟之遗规。孟子迟迟也吾行去父母国也　　此心

一、蒋氏此次下命各方面活动和平者,即时停止和平运动。

二、此次突变态度之理由,闻系有数日本通极力破坏小川翁及先生之信用。但柳兄不以此消息为确切,昨已秘密电嘱重庆同僚,详查突变态度之原因,以及挽回之办法,并查明破坏者之为谁人。

三、宋蔼龄之西文女秘书,与曾兄交谊甚笃,盖即同在美国生长,为邻居,又为同学也。曾兄拟别辟此途径,以为侧面之活动,因可运用孔院长面向蒋氏争论,庶几可补柳兄等之欠点也。

----

①　超字似可删去。

（注）杜氏之字。但《》系小川加写的。

《近代史资料》第 87 期，第 111—112 页

杜石山笔谈

1939 年 6 月 6 日

此次重庆受炸之结果，死伤共六万余人。特别总司令官刘峙之死[1]，最令蒋氏伤心，而军政人员死伤尤夥。故于开会时为共产党所反对而中止。

〈刘死，卫成总司令一职，由贺国光代理。〉

按刘峙为保定军官学校第二期生。在保定军官学校时与陈诚等友善，结盟友十八人，称为十八罗汉，刘为领导，引与蒋介石。故蒋北伐易于收效者，刘之疏通力也。蒋于是恃刘为左右手，为灵魂。今十八罗汉在蒋部任总司令、总指挥职，最低者军长阶级。刘既死，蒋此后对于十八罗汉之笼络，成为疑问矣。

此次信件，即不为共产党反对，十八罗汉亦必反对。因刘为长兄，兄死弟自可有反对之藉口，故蒋用一暂字。或当稍俟时日，候十八罗汉现十七人怒稍解再办矣。

前天端纳乘飞机到港，弟托曾兄往晤，曾与为老友也。询以三种问题：（一）中日和平时，共产党有能力反对否。（二）共产党即反对和平，蒋有和平之决心否。（三）中日不可和矣，如何持续战争耶。端纳约定星期三日详谈。端纳五日内远行，或回英国云。张君劢数月前致函毛泽东，反对设立边区政府特区苏维埃之存在，共产党恨之刺骨，故此次风潮突起，共产党并攻击张氏兄弟甚力。张氏惧，遂逃来港也。张公权同行逃来港。端纳谓此次重庆之受炸，死伤之巨，火灾之惨，非马德里之役所可比其万一云。

---

[1] 刘峙（1892—1972）时任重庆卫成总司令。刘峙被炸死之说系误传。

柳兄说,马向先生表诚意敬意后,即欲与先生约定商量条件,但商量条件,亦系由柳兄与弟提出。质言之,蒋氏即嘱马氏与先生商量,可否由柳兄与弟会商而已。

一、抗战初期,共产党刊物力斥国民党之无战时政纲,应依照西安事件时所约定之十大政纲而行。

二、厥后蒋利用参政会别定抗战政纲,惟各该纲领之精神,极类似共产党十大政纲耳。

该十大政纲由藤岛兄报告。

杨洁副官由重庆来,四日抵港,答复柳云龙兄之质问。特来解释如次:

1. 蒋氏将小川翁函提出嫡系干部会议,事为共产党所闻,迫蒋履行西安约言,不得中途妥协,并迫蒋迁都西安。事弄糟了。广西系亦出而反对,说如中途妥协,广西决单独抗战。

2. 蒋氏密嘱无论如何,欲保留此线交谊,并须再作紧密联络,俟时机一至,便可进行。盖因此次风潮突然而起,不得不从新布置也。

（注）信封上写有"交涉中止颠末,六月四日蒋副官杨洁来港谈话。六月六日杜氏谈话,杜氏笔记"。

《近代史资料》第 87 期,第 112—114 页

杜石山笔记

1939 年 6 月 9 日

一、宋美龄、端纳等十余人到港,曾、柳俱已晤宋、端纳,但所谈不外前次来人所述各节,此时万办不到云。

二、柳之意见。

汪兆铭到东京,中国政府必下通缉令,势必激成对立状态。惟为中日二国早日结束战局计,以及种种考虑,在汪氏未成立机体组织之前,

和平尚可实现。如果汪氏成立政府,深恐将来适如西班牙状况,演变更多,问题更不易收拾云。

三、汪氏与李、白感情甚恶,汪又与共产党有深仇。故该二系欲蒋做到通缉汪氏之程度。

私人意见

一、如局势许可,自当竭力设法劝蒋不顾一切,实现和平。

二、如蒋氏终以共产党为可怕,不敢早下决心,则俟黎兄到港后,察看各方实力诚意如何。万不得已,则别组新政府,以收拾时局。

汪氏自沪出发时,密函劝《南华》、《天演》二报社同人:(一)自己半生政治生涯,均系助人成事,或因人成事,间接以救国家。今后以最大决心,自己直接干起救国救民事业。故盼同志欲刻苦干去,勿馁勿退,以求告厥功成,而利国家民族。

《南华日报》、《天演日报》以及陈公博等,初时希望汪氏别树组织(如新国民党或新政府),提挈和平力量,与日本商定和平大计。今汪氏不此之图,贸然赴东京,适与王克敏等行动无异。对内对外,失却号召力量,如何做法,甚费思量,故反对汪氏东行。反对不成,皆出怨言。有如李圣五,携眷随汪赴沪矣,因阻汪东行不听,愤而携眷回港,表示不与汪合作。《天演日报》同人亦要求弟为之别谋更新之道。足见汪之东行,甚失算也。

汪此次东行,适如蒋氏下野时之东行,无差上下。

蒋之再起,如非从日本归来,则无西安之事变。

共产党　　民主制　　独裁制　　复兴社　　执行委员
蒋氏嫡系干部

刘峙　康泽　柳云龙　戴笠　胡宗南　陈诚　郑介民

前函提出于干部会议　地址:军事委员会。

事泄,共产党率民众多人,要求蒋氏通缉主和人员,驱逐反对统一战线之人物。

重庆各社团各学校皆属共产系。

参政会会议中,梁参议提出"和平救国议案"时,西安密约抗战到底,即不准中途妥协,实行十大政纲。

《近代史资料》第 87 期,第 114—115 页

杜石山笔记

1939 年 6 月 10 日

顷柳来托弟,要求先生归国后,阻滞汪氏之进行,弟当即答以"此事非小事,应由兄面见先生,郑重面约。因汪先生目的亦在救国,不过救国之意见与蒋先生微有先后之不同耳。故此事系关系二国之前程以及东亚之大局者,非小事也。应由兄面约乃可"。柳答俟今晚商定后再约,弟答以今晚或明早即欲登船,时不我予矣。

○此次战争而遗留之二国仇恨,亦须设法消灭,即用诗人多作诗歌,以为联络。

○对共不停战则抗日者自然归于共,是无异于为渊驱鱼。

蒋　　先锋队

和平则蒋为东京先锋队

战争则蒋为莫斯科先锋队(栏外写有"利害""补救")

千春社　宣言

　　　　诗人　　叶恭绰

　　　　　　　　江孔殷

　　　　　　　　章行严

　　　　卖花

孔圣会

文学(诗歌)最佳　疑问

　　　　　　　　通信

　　　王道　孔子　仁义之道

　　　　千秋

　和平后——蒋下野　无事（栏外写有"宋子文""和平""事实""维持"）

　蒋下野后—和平

　　一、金融扰乱

　　二、死党乱杀

　生活费　民国十六年之事。

　　衣食住

　　　　　曾仲鸣

　　生死

　　和平后——过渡政府

　　反间　第二——混合政府

　军事　合作

　私　李宗仁　　　　　私　　　　印

　　　　　　　　　　两玄

　　　　汪

　　　命

　　　　　　陈国辉之子

　姑表兄弟

　与蒋约　意气　　　长沙

　　　　计画　　　广宁

　日本

　　对共军查打

　　　不停战许崇智不维持

　　蒋　英国　仇反间

一、仰光华侨代表雷安甫，见弟要求与汪合作。

二、汪氏与法币跌价之事。我宣传因汪东渡，法币跌价。（一）人民以为蒋必失败。（二）郭泰祺为汪之死党。英必同情汪之行动。郭为汪联络之所致也。

（除《大公报》、《立报》外，均被汪收买）

《汪之要求条件》

一、重庆政府之贪污状况。

二、最后胜利为何时。

三、揭发"发国难财者"之恶迹。

　　（注）杜之笔迹。信封写有"六月十日下午杜氏笔谈"。《》中为小川之字。

《近代史资料》第 87 期，第 115—117 页

杜石山笔谈

1939 年 6 月 10 日

前星期四（六月一日，旧历十四日），弟与柳兄商定，遣代表四人，乘飞机赴重庆，分谒蒋、宋、孔、张群等，说明此时不和平，则汪必策动英、美、法、苏、德、意等国，采行不干涉政策，届时中国即变成西班牙状况。于是星期六（六月三日，旧历十六日）午后四时，宋美龄偕国民政府要人十余名到港。连日由柳等与来者开会于九龙，故今晚已议决电请蒋须即下决心也。

《六月十日夜十二时》

此次干部会议之泄漏，或系蒋氏故意泄漏，亦未可知。因汪氏主和而反共产，态度已明白，惟国家社会主义党、青年党等之立场尚未鲜明。蒋或利用此时此事，激起各党联络反共，预备实现和平之后，可根据各派联结之力量，以与共产党斗争。苟非此种计划，则无泄漏之理由。因各事均甚秘密，如不故意泄漏，则不至于泄漏也。

刻曾兄电话称，宋美龄与柳等在九龙之会议，已议决要求蒋即指派人员到此间面商和平，但须候回电。先生明早即欲出发，深恐时间相差，故要求先生到东后，无论如何，设法阻滞汪氏计划之成功。此间自

应与萱翁联络,随时报告也。

〔栏外〕证明张氏等均于此时逃来香港。

北平——缪斌

南京——张群

王昨年来京面晤近卫公(首相),王一人面晤首相,秘密曰

(注)杜之笔迹。《》中为小川之字。

《近代史资料》第 87 期,第 117—118 页

杜石山柳云龙提出要求

1939 年 6 月 10 日

一、主席此时已有决心进行,惟内部尚须措置。稍迟些时,便有确切答复。

二、汪氏事无论如何,务请设法阻滞其行动。因汪氏之出,既无善后良策以使时局完全收拾,但增加时局之纠纷而已。况吾人苦心经营者,历时不为不久,更不忍功亏一篑也。

(注)杜之笔迹。小川写有“六月十日夜(离港前夜)杜、柳二氏要求”。

《近代史资料》第 87 期,第 118—119 页

萱野长知致小川平吉电

1939 年 6 月 17 日,香港

见到贵案,深表赞成。希以先前致原顺伯之复电为基础,考虑具体之方法,赐予指教。一〇二(孔祥熙)来电称,手续问题,以写信为宜。

《近代史资料》第 87 期,第 119 页

萱野长知致小川平吉电

1939 年 6 月 17 日

前电见否? 希石山前来面谈。昨十六日一〇〇(夫人)来电,石山

正考虑中。现颇复杂。仆暂时在此休息。

萱

萱野长知致小川平吉

1939 年 6 月 20 日

　　敬启者：别后匆匆，已届一旬。此间大局无大变化。三九九（宋美龄）一行及四二（重庆）来之多数要人以此地为中心进行蠢动，每日于九龙一一三（陈诚）参谋宅中继续评定小田原。其中三九九（宋美龄）住在一〇二（孔祥熙）一〇〇（夫人）宅中，监视英人顾问端纳随从行动，与吾等有关人员不能如前行动，无自由来往之机会，甚感不便。吾人推断此乃四二（重庆）与三（英国）大使有四一一（密约）之结果。但一三三（和平）气氛在四二（重庆）、三六（香港）逐渐浓厚。三六（香港）成为一三三（和平）之中心地点，要人云集。四八（汕头）平定后，三六（香港）成为唯一重要地点。南洋自不待言，与欧美有关之三三八（华侨）数百万条渠道皆集中于此一地点，形成对二（中国）大局发号施令之处，将实现一大变化。昨日有三三八（华侨）王来信说"因怕自己的行动泄露，故事先无通告突然来港"云云。想来近期即将抵达。重温三十余年来之旧交，愿大事策划，颇以为快。一〇一（蒋介石）以删电（十五日）命九八（杜石山）"来渝面商"，回电以"家母不肯放远离"（与三二四柳云龙商量后）为由，暂时延期成行。当阅览此书时，可望多少有所进展。其后每每与罗公（领事）会见，四〇四（张季鸾）亦来要求会见进行协商。因正正堂堂之见识依旧，虽略有来不及之感，但最终可成为日中将来重大参考之一卓见。彼亦为代表一方面之大人物，今后有必要与之商量（下略）。一〇二（孔祥熙）来电要点，在电报上已经说明。希给原纯伯①（因日本邮船邮局不使用暗号，故今后称原为《"は

---

① 　前书为原顺伯。

ら"回电》)(日前将其所写带回者),参酌其意进行,务请赐教(有"见到贵案感谢感谢"),即说明以书面形式亦可之意。相烦对此手续问题设法予以考虑。

首先只将上述简单要点汇报。匆匆敬具。

六月二十日夜于北野丸邮局

长知

射山翁史席

己卯六月十一日送射山翁回东

昨夜世尘梦,骊歌又几行;

泾云笼地满,骤雨破天荒;

汽笛数声响,轻烟一片长;

此行多别意,不觉断离肠;

借向重来日,当期好共商;

青山犹在望,遗碣却苍茫。

长知未定稿

《近代史资料》第87期,第119—121页

萱野长知致小川平吉

1939年6月24日

敬启者:其后天气时雨时停,颇有凉意,受益良多。然一旦放晴即变为热带气候,已作好精神准备。

罗公等几度前来,于山边花坛清洗风尘。彼等正期待尊驾之高见,如有妙法,乞赐指教。

利用四八(汕头)既已平定之今日,除急剧转变外别无他途。对此,将品位最高之一〇二(孔祥熙)混入一〇一(蒋介石)内部,以一〇二(孔祥熙)之标签销售最为适宜。总之,我们舍车之后将余毒感染于三九九(宋美龄),三九九(宋美龄)每日去"三"(英国)衙门求助。此种局面不久亦必将突感惊慌失措,唯时间之问题耳。

三三八（华侨）王昨日未到。大概将于下次到达。田公（田尻）亦于昨日来谈，云近期将去三七（上海）。田公（田尻）对三三八（华侨）亦寄于非常期待。三二三（黎耀西）若来港与三二六（张永福）商谈，相信或有从正面打开四二（重庆）二二八（方面）之妙策。总之，对中国事情必须有耐心等待的思想准备。若依照四〇四（张季鸾）有根据之论点而言，今后尚须继续长距离奔走。实际上结论或许如此，但吾人只想走捷径而焦急，其后就有关四二（重庆）关系问题得到确实消息即行报告。匆匆敬具。

又及，有必要对二（中国）输血，盼咐向留守处汇款一事，愚妻或使者可带去数千金。其时相烦将汇款手续告知彼等。

杜石山致小川平吉
1939 年 6 月 28 日

射山仁翁先生有道：自文旌东归，宋女士惑于端纳之说，曰央港督罗，谋扩展纵横之势，诇时久而无成，怅怅返西蜀矣。谏（十六日）日未刻，陈泽霖主任转寄蒋氏电谕。召石山三日间飞渝，适婴儿病危，不克远离，经于篠日据实复呈。比宥日（二十六日）陈主任再电柳兄，嘱劝石山赴渝。乃于沁日（二十七日）沥陈衷曲，并恳以柳兄代，兹已获准，而柳兄定于今晚入巫峡矣。揆蒋氏之用心，无非欲以委曲者求其全。而报答立云、秋山诸翁及吾翁、萱野翁曩年相知之谊，然而委曲矣。何可全耶？况知己二字，自古称其难。此种苦心，深恐无几多人识也。吾翁思深虑熟，用敢揭发其秘耳。青山绿水，正是诗兴，想必吾翁又在吟哦中矣。高人清趣，令孺子日夕思慕者矣。敬此，谨候福安。

石山拜上（杜石山珊印） 六月二十八日晨刻

小川平吉致萱野长知（草稿）

1939 年 7 月 4 日

华翰诵悉。杜先生玉函亦拜读。请代为致意。想来贵地天气炎热难堪，得知贵体康健，可喜可贺。此地少雨多晴，深绿欲滴，每日甚感爽快。

入京后已会见六五（首相）、六六（外相）三次，三一〇（近卫公）两次，六七（陆相）一次，每日进行长时间谈话。

东京视敝人等三六（香港）交涉状况，认为一〇一（蒋介石）无二七三（诚意），正式决定对一〇七（汪兆铭）倾注全力。据此，预料局面将有几分好转，自然有人怀疑对一三三（和平）是否有所冷淡，经敝人详细说明结果，大致亦了解一〇一（蒋介石）之二七三（诚意），又对一〇七（汪兆铭）之前途亦大致了解，洽值一〇七（汪兆铭）、一二六（吴佩孚）于四〇（北京）未能谋面，因其二三七（分裂）愈益证明敝人之所见无误，看来空气有所好转。此外，若一〇七（汪兆铭）有幸得到大发展，则可能变成昔日之西班牙，此亦与敝人告诫之结果大体相符。六七（陆相）不愧为通观大势，对一〇七（汪）不过大视之，于紧要关头如敝人以往之所述，将力量集中于一个部门，看来亦有新〇〇建设之腹案。同时在局面尚未固定之时，切望为大局计，一三三（和平）能有二二四（成就）。

接到一〇二（孔祥熙）电报，充分谅解该人之诚意，今后将充分研究。敝人赴港时曾言：作为一（日本）迄今尚无机会协议一三三（和平），即使空泛抽象提出一三三（和平）问题，必定不能成立。敝人与四二（重庆）之四一四（事先谈判）结果，提出个人意见召开四一三（正式）会议，部分二〇九（异论）必将为之二三二（屈服），以此三七五（顺序）则有充分把握。其他条件认为通过互让即可妥协，或因未将此意彻底通知四二（重庆），终于成为如此情况，不胜遗憾之至。如今之计，仍须制定一项有力之个人方案，用以提出使之召开正式协议，此外别无途径［由一（日本）提出一三三（和平）乃不可能事］。因此请将此意向一〇二(孔祥熙)妥为通知为盼。与一〇二(孔祥熙)须保持联系。敝人之希望:(甲)案:一(日本)承认二(中国)以四一六(领土完整主权独立)作为战争目的之主张;二(中国)承认一(日本)以三七一(排共亲日)作为战争目的之主张;于此共同以一三四(停战)、三七五(互让妥协)之精神开始一三三(和平)一六七(交涉),希望简单明了正正堂堂进行。以此希望虽可使一(日本)、二(中国)同意,而解决问题需要联合努力。此乃最后之事。目前情况下,(乙)案:三七二(讨伐共产)、四一一(密约)亦可。不得不附加四二〇(部分停战)之一八七(条件)。如此则一(日本)勿庸担心。二案皆有研究推敲之余地,故希望与要人会商。考虑赴港之际向一〇一(蒋介石)或其二〇一(代表)提出。因此,将上述条件作为个人方案,采取向一〇二(孔祥熙)直接书面交付之二一九(方法),由老兄作为敝人之意见出示,要求与一〇一(蒋介石)协议之后再行回答如何? 请与杜氏洽谈。此件如未向一〇一(蒋介石)出示,可否暂缓? 总之有关此点,希望探听彼之意向,如大体意见接近,敝人可向东京汇报,或如去年 9 月之使双方二一七(会见)亦可。对上述情况可否向四二(重庆)表示,请以电报示知。

二三日前九三(松本藏次)来京,十四日离京返沪,当直赴贵地。尊嘱之事今已六四(汇款)。于三七(上海)已与七八(和知鹰二)会谈,一致认为九月顷或可成为一三三(和平)之时机。在此之前,应继续一六七(交涉)。据说一〇七(汪兆铭)以故总理之意志为基础而建立国民政府。以上要件大致如此,草草不宣。

又及,香港报纸《立报》、《大公报》只交纳一个月之报费,海关检查后免于没收,悉数准予投递。相烦再交上述两报各半年之报费,此外再交《南华早报》半年报费为盼。再拜萱野老兄侍史。

平吉 7 月 4 日

一、关于天津问题因一三七(军部)与政府意见不一致,事情相当麻烦。

一、等待三二四(柳云龙)之四二(重庆)结果报告。此信阅后乞回一电。

六月二十八日平冢曾发出挂号信。到否？乞示一报。

《近代史资料》第 87 期,第 122—124 页

小川平吉致萱野长知(草稿)
1939 年 7 月 7 日

再启者:一〇二(孔祥熙)之电报意义稍有不明之处。若系将负责官员之书面拿来之意,则一(日本)不可能提出一三三(和平)方案,已如日前交付之备忘录所云。若系出示个人方案,则有本文所提甲乙二案。向一〇二(孔祥熙)出示本文时,除甲案有本文所载事项之困难外,希明确提出此乃敝人之个人方案,并附加说明此事尚有研究推敲之余地。若系一〇二(孔祥熙),则认为亦可能会谈一三五(反共)之事。总之,(一)要探索对方之真意;(二)在需要继续保持一〇二(孔祥熙)之关系期间,尽可能要有二七三(诚意)。

最后,要摆出背水之阵,亦可实现类似去秋军舰事件。

其次,敝人有意使军部攻取三九二(西安)。此外与五(俄国)交战亦有意思。希望早日解决五(俄国)。补充说明上述两项亦包含在内。萱翁榻下。

《近代史资料》第 87 期,第 125 页

杜石山致小川平吉、萱野长知函
1939 年 8 月 3 日

一、柳兄函称:"七月十六日,重庆发表军事委员会之组织及人选。"

(1)蒋委员长有权实施国民政府组织法第一百十一条之规定。其原文为:"国民政府有与外国宣战、议和及缔结条约之权力。"

(2)军事委员会系由八人组织之。计为冯玉祥、阎锡山、李宗仁、陈诚、李济深、唐生智、宋哲元、陈绍宽等任委员。蒋介石为委员长。

（3）军事委员会负担国防之专责。计分为一厅八处:(甲)总务厅厅长贺耀组,负担传达军令及处理会中一般事务之责。(乙)战术处处长徐永昌,其职责为处理国防、绥靖地方、战时军队及空军之动员,及军事情报之处理,并管理陆军大学及驻外各武官事务。(丙)军事处处长何应钦,专司军大、经费、给养、制服、设备、军需之准备及支配等事宜。(丁)军训处处长白崇禧,负担管理各军校及训练新兵之责。(戊)政务处处长陈诚,统制宣传及政训事宜。(己)军法处处长何成濬。(庚)运输处处长俞飞鹏。(辛)人事处处长吴思豫。(壬)海军处处长陈绍宽。

（4）军事顾问委员会主席为陈调元,专负担军事之研讨。备咨询。

（5）航空委员会主席由蒋介石自兼,而以周至柔副之。

二、军事委员会此次之改组,有极重要之注意点。

（1）排除共产党人员,不使参加。(2)委员长有宣战、议和之权力的规定。(3)蒋介石力辞大元帅之职而专任委员长职务。

三、航空委员会被查出积弊甚多。钱大钧受拘押,手足加铁锁,情形严厉,为向来付大员犯罪行为之所未有,故空军委员会亦同时改组耳。因上列种种而观之,蒋氏已有与共产党分离之决心与准备,且已有议和之决心与准备者矣。盖柳、毛、陈等在蒋系既有相当力量,愿合力经营,故有成绩可言也。但检查过去之错误,石山同事者除入狱者二十余人之外,目前同事仅有七名。一则因时日久长,力量渐弱,支持不易。一则因力微未克广集同志,以为柳、陈等声援。此所以迟迟而行耳。亦即过去之错误也。现在除照旧进行外,并邀集武装同志多人,拟别出计划,以促成和平之早日实现。然而成绩如何。胥视先生等之援助程度而后能言之详者也。适接柳兄函,用摘录呈览,幸垂察焉。

石山匆匆敬上　　八月三日

小川萱野　先生台鉴

　　（注）信封上写萱野收,信封背面有萱野所写"三日夜十一时

出航之际收到此信",表面小川注有(八月九日与萱翁书翰同时收
到,杜石山书翰)。想系一同放入萱野书翰中。

小川平吉致萱野长知(草稿)
1939 年 8 月 16 日

敬启者:此地已冷风劲吹,不知翁近况如何? 贵体想必倍加康健,
敬谨庆贺。本月三日之华翰八日收到,同日松本君亦抵达。九日来访
本山庄,已大致了解贵地近况。杜君关于军事委员会改组的柳氏报告
书函亦已拜读,得知一〇一(蒋介石)之深谋远虑。上述军委会改组一
事,上月《朝日》、《日日》两报已有记载,敝人以此向当局大臣指出:此
乃一〇一(蒋介石)之对共准备,今番又有杜氏之书面报告,因而将其
誊写交付各相。

一〇七(汪兆铭)之国民政府亦计划于双十节组织,尽管尚不充
分,可逐渐付诸实行。因此,已如事先所商洽,在其成立以前,希望一七
八(达成)一三四(停战)一七六(协议)。在进行准备期间,季节渐近
秋凉,敝人健康亦将恢复,正欲着手进行之际,九日松本君来访,遂决意
十日离本地赴轻井泽访三一〇(近卫文麿),详谈后当夜赴京,翌十一
日上午与六五(首相)、六六(外相)会谈,夜间与六七(陆相)面议之
后,于十二日夜回山庄。以上不仅为中国问题,因对八(德意志)、九
(东京)问题亦发现多少似有纠纷,虽事先以书面通报六五(首相)、
六七(陆相),尚有必要直接商议,并顺便出京。此问题亦如敝人所
望,六五(首相)严格决定按照六月决定推行到底,六七(陆相)亦趋缓
和。由六五(首相)发表宣言,部分人心之不安亦获解除。六五(首相)
今次坚定不移之态度确实令人钦佩,将来大可信赖。此外有关一三三
(和平)问题,敝人九月尽早赴京亦可进行种种商量(敝人预定九月初
进京约须一周治疗牙病)。大致情况已对松本君说明,请听取松本
汇报。

　　有关一三三（和平）问题于上月十六日已书面报告（一）（二）两方案。关于一〇二（孔祥熙）之恳电，经种种考虑结果，处于四二（重庆）今日之立场，由彼主动派遣要人前来甚感困难一事亦不无道理。作为丙案，斟酌一〇二（孔祥熙）致原顺伯君养电之宗旨，示以战胜国之大度胸怀，令人带去六五（首相）之书面文件，如对方有所希望亦可从之。但此事希于四二（重庆）明确何人前来之后方可。我方在除敝人外最终难觅适任者时，敝人则要求对方派遣一〇二（孔祥熙）或与之相当之人物［当然须经一〇一（蒋介石）承认］前来。此非单纯体面及形式问题，实系复杂微妙需要保持机密之重大案件，为其进行交涉以及取得成功，必须有大人物出面，此点务必向对方充分说明。而且在上述会见商谈席间，如一三四（停战）一八七（条件）意见趋于一致时，则立即举行正式会议，实现一三四（停战）及一三三（和平）一八七（条件）一七六（协议）可同时进行。若一八七（条件）未能全部一致，而双方意见大体接近时，亦可如去年一〇二（孔祥熙）、三一一（宇垣）会见方式，由双方全权会见之后再考究未定之点（确信此种情况必能解决）。敝人愚见，在上述前段之预备会上，确信一三四（停战）一八七（条件）意见必将取得一致。（七月五日书翰甲案秘）故对方亦要求派遣与一〇二（孔祥熙）或能代表他的大人物前来。会见地点，三六（香港）、四二（重庆）、四七（　）、或三三（　）、三四（　）均可。一三四（停战）一七六（协议）达成后，相信一三三（和平）之一八七（条件）、三四〇（撤兵）及其他将无太大困难。

　　毋须赘言，如此次交涉以失败而告终，敝人等将断然与四二（重庆）断绝关系，一鼓作气确立新政权，与之共同维持东洋之和平，而与四二（重庆）继续长期战争，此外别无选择。为日中两国且为东洋全体计，固然极为痛恨，但亦事非得已。在此期间，此次当有断然决定成败之决心。是乃同仁等最后之决意，愿一并上报。

　　其次，日英会谈之动向，四二（重庆）方面似亦予以注意，对此，当然须在相当条件下解决。即使破裂看来亦无大碍。

此外,五(俄国)终无开战之勇气。一经开战,反将成为有趣之结果(预计一年之内即可解决)。

然而,万一四二(重庆)囿于外力主义之陋见愚论,时至今日尚观望三(英国)、五(俄国)、六(美国)之向背,而左右一三三(和平)之决心,则不得不断定彼等已经成为卑劣凡庸之辈,不足与之共论将来共同振兴东亚之大计。敝人等只有向天下谢不明一〇一(蒋介石)之为人,错误信任推崇之罪。

对上述问题,如探知对方情况,务请急速示知。敝人本月中虽滞留山庄,望将信件电报直寄东京。

不知香港之残暑如何?想来今尚酷热,切望善自珍重。草草顿首。

平吉八月十六日

萱野老台侍史

再者,日前一〇二(孔祥熙)有书面文件致八四( ),论及一(日本)、二(中国)皆有一三三(和平)之必要。据闻"如带去七四(头山满)之书面文件,将示以一三三(和平)之一八四( )",已由西村典造向芦津之子处转达希望。七四(头山满)固不待言,敝人等亦断无应允如此蠢事之理,已尽速由绪方氏予以拒绝。一〇二(孔祥熙)何故置香港之老兄于不顾,而向八四( )提出如此要求,殊不可解。望彻底查明。因松本氏亦于上海出发前(七日顷)由八四( )出示前述书面文件(因此信花费二十余日始达),问及松本氏何故未向香港照会时,八四( )云对一〇二(孔祥熙)无论如何要求四二(重庆)派遣相当人物前来等。对此一并附带报告。

　　(注)红笔注有:"八月十六日写毕托付松本氏。二十日自上海付邮。"

2. 土肥原路线

孔令侃转呈樊光致盛昇颐密电[①]

香港,1939 年 1 月 10 日

盛局长勋鉴:密。据202[②]阳晨电称:土肥原于一日回沪,欲会晤。当以汪事出后,莫测渠果取何态度,颇难发言,延未与晤。昨鲍观澄[③]抵沪,急来晤。据云:(一)日方谓汪系自私,已全失败,党政军中要人,既未有盲从,滇、蜀、黔、桂等省亦未略与响应,现不过一平民,即使另组华南政府,亦与华北维新等类,无济于事。(二)仍欲向国府求和平途径,惟有院座诚信素孚,且与委座无隔阂,故土等意均愿诚实向院座联络接洽。六月间,坂垣曾亲书二函,一致汪,当有复函;一致院座,则无答复。问此函是否交到。(三)土特嘱鲍声明,汪事非彼所接洽,亦未赴南晤汪,且并不援助其组织。(四)汪事确系近卫一部份人在沪及今井武夫等在港与高宗武接洽所致。近卫宣言确曾送汪同意,因汪处耽延,故近卫曾称病数日,现彼等秘密勾结已完全失败。(五)鲍意日对国府仍希望有和平办法,如无希望,则与汪联络之徒,必捧汪另组新政府,权以捣乱之计,前途更纠纷,故极望院座能速旋乾转坤,开出和平新曙光。等情。窃意如敌方能确实觉悟,停战言和,未知政府能否允许,即不能允,亦似当与之虚与委蛇,一方懈其军心,一方使彼与汪分化,不致因绝望而捧汪捣乱。此在政策上,有应运用之处,似宜请院座向委座密商核示,以便急速措置。而双方当极守秘密,决不能有所泄露招摇,此则彼亦极所同情,以近卫对汪之声明,为前车之鉴也。如何之处,速乞核陈

---

① 孔令侃,孔祥熙之子,财政部特务秘书,时任行政院院长官邸秘书处驻香港办事处负责人,负责与上海参加秘密谈判人员的联系。樊光,曾任外交部常务次长。盛昇颐,曾任苏、浙、皖区统税局局长,时任行政院院长官邸秘书处第六组负责人。

② 樊光秘密联系代号。

③ 1932 年投敌,先后任伪满洲国哈尔滨市市长、驻日本公使等职。

院座察核为祷。又据齐巳电称:鲍昨来晤,云土肥原等确知汪已无用,且并知以前联汪倒蒋分化政策完全失败,深咎今井等之错误,盖此事全系高宗武二次赴日勾引所致。去年六月间,曾勾影佐与今井来沪,由陈璧君、曾仲鸣同来晤商,因误信汪与蜀、滇、黔、浙军政当局有特别关系,并有旧部军队,及扩大会议时军阀可以勾结利用,故令今井一直在沪、港与之联络。现既发现全系撞骗,决不再被其蛊惑,惟愿向院座联络接洽。等语。已将汪编订勾日倒蒋经过内情,完全披露。鲍实有用之才,既与土均归心于院座,拟尽力设法收归为院座之用。土十一日须赴平一行,惟仍希望得有联络筹议甚切。究竟应否与彼接洽,并拉鲍来港之处,统祈核陈院座察核,速赐电示,俾彼等不失望,别寻途径。等情。即希转呈院座核示为盼。弟侃叩。蒸情705号。

《历史档案》1992年第3期,第66—67页

孔令侃转呈原顺伯致孔祥熙密电

香港,1939年2月8日

院长钧鉴:密。据1126①鱼电称:昨日下午四时,在金神文路一巨厦内与土肥原晤面,职化名为周小泉,参加谈话者为鲍观澄及鲍亲信王承志、樊光、土之翻译。职首先声明立场,谓:非任何方面代表,因土先生曾向樊光先生表示愿直接解决中日战争,故我由港来,土先生有何意见,我愿为中间传话人。土谓:余现在说话,皆代表日政府,蒋先生到现在仍呼最后胜利口号,继续抗战,日政府殊感失望。职谓:此次事件无论由任何方面看,中国均在被动地位,日方不停战,中国方面如何能不抗战? 现在解铃系铃,必须日方有可使中国相信之表示,似才可打开和平门径。土谓:近卫之声明,就是日本对华的办法。惜蒋先生仍不觉悟,主张容共。这次的事件,在日本方面说,实蒋先生主动。日本为整

---

① 原顺伯秘密联络代号。原顺伯曾任中央银行秘书处机要科副主任,时任行政院院长官邸秘书处驻香港情报人员。

个东亚大局计，而使不得不出此途。现在日本公民的公意，欲谋解决，必须蒋先生引咎下野，然后可与代表中国政府的有力人物进行谈判。樊光谓：上次余与土先生谈话，乃鲍先生屡次转达土先生意见时，并未谈到此点。土谓：是的，但现在的民意实如此。职谓：关于蒋先生下野一点，已经成为过去的问题。近卫一月十六日宣言，的确是和平阻碍，但这点已在历次声明里不再坚持。所谓"蒋先生容共是错误的"，但中日战事未发生前，蒋先生曾不惜牺牲与共党作殊死战，蒋先生是【否】容共者举世皆知，土先生犹对中国情形熟悉，话亦说得清楚。樊光谓：此次是共党自动服从三民主义，与国民党合作，并非蒋先生为容共者，不然苏联早已出兵，未必如现在情形。职谓：共党此次出头，间接是日本促成的，好在中国政府权力现在仍是国民党政权，而所以支持国民党政权者，全赖蒋先生。蒋先生一去，必换为共党政权，日本反对容共者，对此如何解说？这一点，土先生一定明白的。土谓：我对蒋先生并无所谓，但是日本民众坚持此议，故此为进行中日和议的焦点，必须先求解决，云云。对于此点，反复辩论约一小时之久。末后，土谓：以余个人意见，应以孔院长为中心对象，俟大局收拾后，再请蒋先生下野，这点能否为日本答应，尚未可定。职谓：除此以外，土先生是无更好办法？日政府对和平是否有决心？土谓：近卫的声明是经御前会议决定的，并非近卫个人意见，也不是得汪精卫同意的。近卫的声明，加上以孔院长为对象，就是日本的办法。在此办法中，略加斟酌则可，原则不能变更，否则，余个人虽有较好办法，日本政府不允亦无用。樊光谓：近卫的声明，汪氏已用过，中国民众一致反对，决不能再用为基本原则。土谓：近卫的声明，在日方看来是得到中国多数拥护的，假使孔院长有好的办法，提出来，余可转达日政府商量，云云。关于天皇下诏一点，土谓：将来谈判成功可以办到，但不能列为条件。末谓：关于此事接洽，务守秘密，希望我们大家努力，等语。职按：樊光言土此次谈话突提出委座下野问题，与以前委曲求全、迫不及待情形大异。鲍亦谓然。王承志密告谓，土近来与重庆已有直接接洽，等语。谨此奉陈。等情。谨闻。职侃叩。

庚情 824 号。

孔令侃转呈原顺伯致孔祥熙密电

香港,1939 年 2 月 9 日

院长钧鉴:密。据 1126 江电称:鲍观澄、土肥原均到沪。今午,职与鲍晤面,鲍谓:我政府中能为国家前途谋永久幸福者,有孔院长。港友来函谓,令侃先生精明强干,能负大责,尤为钦佩,不知对此次和平大业究有意否,故屡由樊参事转达鄙意,今先生来护,对于此事愿有所告。职谓:鲍先生为和平奔走,孔院长及令侃先生均极钦佩,对前由樊光先生转达鲍先生之意,关于可由日天皇下诏撤兵一事,极为注意,以为能如此始有进行余地。鲍谓:此余个人意见,在去年七、八月间即有此主张,惜我与政府当局未相接触,不而知中央真意,故我未敢建议于日方,以免杜绝将来替我方说话之路。并谓,此节亦仅能在我们事先计划,此时作为一个目的,我想将来可以办到。现在第一步工作,两方欲沟通意见,最好令侃先生能来沪,与土一晤,则彼此能互相坦白表示意见。职谓:令侃先生来沪,易为人疑,万不可能,最好土能赴港。鲍谓:土之不能赴港,正与令侃先生不能来沪相同,只好我们多往返几次。我是中国人,决为中国方面着想,凡有所知,无不尽言,但是最好能不令人怀疑,方有效力。今晚当晤土,根据先生所言,与土详谈,俟有结果,再行奉告,等语。谨先电陈,俟明日晤鲍后再行续闻。等情。

　　除电 1126 设法注重探听日本真意,并对于发言须特别注意外,谨闻。职侃叩。佳情 825 号。

孔令侃致孔祥熙密电

香港,1939 年 1 月 23 日

院长钧鉴:密。日前与铃江言一晤,据其私人发表意见称:欲谋迅速解

决中日问题,先决的条件须两方面均能互相谅解,彻底消灭了仇视心理,唯一的路线只有直接交涉的一途。但现在正是走上直接交涉的过渡时期,尚未到成熟时期,所以在这时候我们双方要努力推动,使趋于正途。据我的推测,解决的时期大约要半年的工夫。这在日本方面讲是很有希望的,因为过去日本的设施,如组织伪政权等,既归失败,舍直接交涉的一途外,实在无路可走了。平沼的上台,更明显地指出了日本内部更深的觉悟。(一)对华政策在表面上虽仍继续近卫的方策行去,但骨子里却在改变。因为过去的政策实在太矛盾了,譬如拉汪精卫一事,必与英、美谈判得解决,然后汪氏出来,才能得到同情或进一步的支持。但日本则为提倡东亚新秩序,惑起英、美反感,于是在汪事成熟时期,给英、美援华借款的成立而破坏了。这不啻一面向汪招手,一面以拳拒英、美,结果虽然汪氏出来了,却已等于废物,这就是日本的失策。所以,平沼上台后,在他宣布的施政方策中,我们可以看出,他竭力调整第三国的关系,同时,驻英大使的谈话,更明显地指出平沼改变政策的倾向,在努力与英、美谋求妥协。一方面虽说继续击破排日的国民党政权,但同时又谓中国远识之士愿与日本合作者,日本将请其共同参加此种新秩序的新创工作,云云,较近卫屡次声明更下一步矣。(二)同时,军部在国内的势力将要步步降落,因为对华战争主动力是军部,假使能将伪组织扶持起来,则日本对华战事所受巨大损失当然不难补偿,但结果到非与中国政府直接交涉的程度不可时,则一切自不能如愿以偿。国内见侵华所得的利益即不必战也能得到,军部的纸老虎戳穿,而国内的觉悟将更深一层,军部的势炎当然逐渐没落了。(三)日本的财界本来有两种势力,第一是产业资本,其他是金融资本(可以代表前者势力的为津田慎吾,代表后者的即池田)。产业资本势力虽然知道军部侵华未必有利,但为目前对华发展其经济势力计及目前利益,仍竭力赞助。盖日军势力所及,产业资本势力亦随之发展,完全为利益主义,并非法西斯主义者有目的的帮忙可比,虽受各方唾骂在所不计。至于金融资本势力,则既不主张侵华,反对也力,因为公债信用的维持全靠此派,目前的态度更力主直接交涉。这一派和海军有密切联络,其所主张在战前以迄战起,一直没有变更,近卫的改变对华缓和态度,也是受了这一派潮流的影响。大凡谈和,能得到公平的条件,最要的须两方面势力相等,方易交涉。现在中日两国的情形,可以说要到平等的地位了。日本在中国占领了许多土地,事实上并不足胜利,而中国失掉了许多土地,不说是失败。在这种情形之下,交涉当然易于接近了。上次津田静枝与胡先生的谈话,可以看出津田是能代表海军一面,也可代表政府。他的谈话虽属私人性质,但已将日本政府的真意表露出来,在原则上只希望建立东亚永久和平,在合理的条件下与中国经济合作,表面上订立防共办法。假使能够这样解决的话,在中国方面的伪组织及汪氏等,在日本内部的主战份子,自然可以消灭了。我们在日本方面推动工作,的确已有相当势力,希望中国政府方面能暗地表示出点直接的意见来。等语。谨电密陈。职侃叩。漾情西。

《历史档案》1992 年第 3 期,第 68—69 页

孔令侃为转呈上海樊光与百步秘密接触给孔祥熙的密电

香港,1939 年 1 月 25 日

院长钧鉴:密。据 202 报:百步昨来沪,据云,此次平沼上台,彼与密谈甚久,渠父亦参与其组阁事,平沼有决心,极愿对华早有和平办法,但苦未得与国府联络途径。东京对汪事极不明了,均以为得委座谅解,用苦肉计出来主持和议。故有多人主张以汪为正统与开谈判,惟彼等则力持不可,非先向院座方面洽明,不能上当。因即告以:汪系图逞个人野心,叛国营私,为中央所不容,故全国唾弃,现不过一罪民,切勿为彼党虚伪宣传所惑。平沼新阁万勿稍乱步骤,倘为汪党所愚,必将自绝于国人,近卫前车可为殷鉴。百谓:近卫前为汪、张等所误,遂发不与蒋政府议和声明,自掘坟墓,现确已完全失败,毫无能力。当力拉平沼尚向联络,借求真正和平途径。因告以:平沼既有力,当可趁此时机毅然罢战,已另有人云,可由日皇下诏停战撤兵,是否即能实现?百云:一般军人

恐须先商停战,再议撤兵。告以:日方既屡次声明无领土主权之野心,则撤兵本为原则,能得上谕宣布,或可使人相信。百极以为然,云:即将各情电告本国,尤其对于汪事真相详情,须速有确见真知,俾无再误,有必要时拟即回国面陈。因告以:既可完全为院座效力,经济需要当设法援助。彼颇示感激,然谓:此语须极缜密,不可令第二人闻知,否则身极危险,且易败坏,等语。谨密陈,乞核陈院座察核为祷。等语。谨此电陈。职侃叩。有情765号。

姚文凯[①]致孔令侃密电

上海,1939 年 4 月 27 日

(衔略)密。今晨,经樊参事介绍,与百武一晤。因百武来称,院座曾近发表抗战到底之谈话,与彼历来对平沼等极言院座业主和平之语显有出入,恐东京方面发生误会,特来探询院座对于真意究竟如何,以备向东京解释,急欲得复,即以离沪。樊因未得主任明示,不敢空言敷衍,示人无诚,又不便任百武回国,故与凯商议云:凯回沪未久,颇知院座、主任对中日问题态度及对百武工作方面之重视,就凯个人所闻者,与彼作一私人谈话,先稳住他,使能消除误会,继续努力,再以私人性质与彼交换意见,探取日方对和平真实意思如何。目下汪系活动已臻白热化,吴亦终非不可动摇者,情势日亟,我方若再延误,一旦汪、吴事成,无论如何必多增麻烦。对方既抱至诚而来,若中央能当机立断,密与周旋,则一子之先,全局可胜,否则,来日之事,诚所难言。并据樊氏云,百武去年即言近卫内阁无力,决不能成事,必得平沼接组内阁,始有力言和,因彼历与言对华政策,深知中间症结所在,将绝对侧重和平解决,而进行和平,应就中国重心所归,当以委座、院座为唯一对象,等语。不但极有卓见,且所言者至今皆已历历见诸事实,因非徒托空言者可以同日

___

① 曾任中央银行秘书处储务科主任,时任与日方秘密谈判人员之一。

而语。此次会晤,系樊事前与凯商定谈话原则,由樊权任通译。兹将谈话内容列下:

百谓:鄙人此次来沪,系受平沼、今井等氏密令,来探听孔院长对日之究竟态度,因一年来与樊先生为和平奔走中,深知孔院长为中国政府德性最厚、最诚恳稳健力谋中日友好之人物,日本当局深为崇敬、信仰,同时对于将来解决中日问题,安定东亚大局之工作上,尤抱有极大希望。最近,孔院长突发表抗战到底之谈话,日本当局及一般景仰孔氏之人,莫不自今日起感极大之震动,而格外注意中日在此战事痛苦中所得之教训,实已双方皆有新的认识及觉悟,即中日能早得和平提携,则可共存、共荣,否则必两败俱伤。日本自平沼首相上台后,对华政策无时不在设法改善,以求彻底挽救之机会,经多方努力之结果,终不能使中国政府了解信任,致局势愈陷于僵局,最近且得孔院长发表前项谈话,恐东亚前途之命运殆将益趋黯淡,或至绝望。关于此点,日本方面非常忧虑,未悉能有所见示否?

姚答:先生自始即同见中日危机,而竭力在贵国当局之前痛陈利害,俾保得正当解决之途径,此种卓见伟业,鄙人渖万分钦佩。中国向为最爱好和平之民族,从不对外侵略,此在历史上颇可证明者,此次虽因万不得已而起来抗战,但目的为要求独立生存。据鄙人所知,孔院长向来即为主中日友好互助最力者,当然决不致随便改变其见解。过去对中日关系如何努力,贵国朝野知者不多。对先生历来对中日间之工作,孔院长、孔理事均非常重视,且存有极大之期望。鄙人向来在各方面观察,孔院长个人内心方面,并无更改其原来对日感觉。最近发表之谈话,先生应知其所处之地位及目下内外各方环境上之演进颇不简单,是否本意,吾人可以理解得到,似乎毋庸多说。

百:先生所言使我颇感振奋,但中日战争绵延两年,双方既明知将来结果都是痛苦,何以我们多方努力和平均无法联络?中国政府且始终毫无明确表示,颇使日本疑虑中国恐真无愿和之意。同时,日本亦感觉中国共党势力日益扩大,恐蒋先生心中即有愿和之意,或亦不得完全自由,如此下去,将来如何结局,不胜忧虑。本人虽竭力向内阁及各要人言孔院长系渴望和平者,但彼等总欲得到可以信任之表示,或先得有谅解之联络方可。

姚谓:中国政府当然极盼能获得和平,但纵观日本,至今尚在积极推进分化工作,如政治方面之拥汪、拥吴,军事方面之步步紧迫,安得使我们能信任?日本若是在渴求和平,鄙人意以日本既有真言和之决心,则第一步先应在事实上做出真诚的凭据,即放弃对汪、对吴之活动,停止军事的进攻,使中国政府上下确知日本真有和平决心,那时,中国政府自然会有反应。至于共党加入抗战,本来就以共同对外、争取民族生存为目的。若日本真能有此彻底觉悟,起而实行,我想,中国政府一定有办法、有力量可以负此责任的,故必须日方先有使人可信任之表示。

百谓:关于先生所言,鄙人深为注意,当即转达东京,惟鄙人所知目下对汪、吴活动,乃系日本某些人的一种个人功业的企图,且都已失败,现不过野心未死,欲图死灰复燃耳,并非当局之意。当局因和平既无希望,遂亦任其姑妄试之,若中国当局真能使日本有希望,则此种活动,内阁即可下令一律停止。至于军事方面进展,亦为对国内民众及国际观点上一种不得已动作,因中国共党及苏俄各方面宣传,日方已缺乏军队,经济崩溃,精疲力尽,不能再战等语,迫使日军不得不进。最近,据许多情报云,英大使赴渝,更将积极援华抗战。如此演进,战事宁有停时?故日本痛心处,中国亦应有所知之。万一中国政府始终不肯谅解,则据个人所知,日本于确实绝望之余,将有积极计划,或再进兵宜昌、南宁、西安、兰州、青海等地。总之,日本当局现对于和平确具最真挚热忱,盖平沼欲和之意,确知中日两国不能相离存立,必互相扶持、唇齿相依,方能共存共荣。鄙人观察希望两点:(1)两国均确实觉悟而互相共图生存;(2)极望中国当局真能信任日本之平沼、坂垣、今井等,并使彼等亦能真实信仰蒋委员长、孔院长,使双方当局均能精诚相感。在上述两种要则下,以最明捷之办法来解决目前僵局,凡所谓条件,均不成多大问题,尽可在第二步作善意的商酌。且鄙人以为,英当局对蒋委员长、孔院长若能谅解日本之苦心,同意和平之需要,并不定要表示一定具体条件,只希望对日本所提之诚意能予接受,取得确实之联络,即已足矣。若此点果能达到,则日本方面当尽其在我派何等人至任何地方会晤,均可听中国之便。惟兹事关系重大,为免各方阻难计,双方在未得具体结果前,应绝对保守秘密。姚先生所言,颇使我了解贵国当局诚意之恳切,此种内心实情,鄙人决当立刻设法转陈。我想,双方既同此心,必同此诚,一定极容易接近,何况孔向来就是希望中日和平友好最深的人。姚先生能将此意上达于孔院长,真乃不胜庆慰之美事。鄙人当将今日谈话情形先行电陈日本当局,如孔院长方面有何表示,至盼即行示知,鄙人定后天返国,不知行前能得回音否?

姚谓:鄙人以为,孔院长若能在各方面切实了解贵国当局确具至诚者,自有其开诚布公之表示。惟先生匆匆即返,则鄙人因此间环境关系,对重庆通讯困难,惟恐有不及,或致误会,如能多候数日最佳。

百谓:尊见极是,当再在沪多留数日,专候佳意。等语。

特此电闻,尚祈察核示复。再此事进行,凯切求万勿使原顺伯等得知,致多阻碍。因目下大势于我甚利,如运用得宜,颇有成功希望。人心不同,利害各异,主任前途,荆棘正多,前已详陈,务祈稍纳诤谏,知所防范。因使原等知悉,实有百害而无一利,即谓恐内部隔阂,但在特殊情形下,亦无定要事事公开之必要。凯为主任前途忧念至深,热血奔腾,尚祈俯察愚忠,对轻重稍加分别,则事成不特院座及主任之功绩,亦国家万世之福也。谨附陈。1124①叩。寝。

《历史档案》1992年第3期,第69—71页

---

① 姚文凯秘密联络代号。

3. 胡鄂公路线

（1）胡鄂公与津田静枝等秘密接触

孔令侃于香港转发胡鄂公报告电文
1939 年 1 月 3 日

发报人：孔秘书香港来电

院长钧鉴：

[密]据(201)①报：弟在沪工作约可分为三个阶段，即：一、为依国策，仰体院座意旨，拥护我最高领袖，争取抗战最后胜利，以树立中日政治活动中心势力。二、促成日本和平派势力成立，俾与主战派对立，抨击中枢少数野心者轨外行动，稳定动摇份子，以破坏日本组织统一伪政企图。三、鼓励日本和平派努力发展，以代替日本主战派地位，利用中日在野名流私人和平谈判，使国内在野人物咸隶于我最高领袖领导下，完成全国大团结，而争取中国荣誉和平，以达到最后胜利，复兴中国目的。

自日本政府接受伊藤②等游说，暨唐绍仪、吴佩孚、汤芗铭等各方面关系建立成熟，待所谓工作第一阶段即成过去。

至日本政府十一月三日发表宣言，同月十六日津田静枝③、今井武夫、伊藤武雄等奉该国政府派遣，先后由日来沪，以至十一月二十六日、十二月十九日，弟与津田两次正式谈话暨汤芗铭复电影佐④，江天铎十一月二十九日由沪抵平，吴佩孚表示最后坚决态度后，第二阶段工作亦

---

① 胡鄂公联系代号。胡曾任北京政府教育部次长、南京政府行政院参议等职。
② 伪满铁驻沪社长。日方参加秘密谈判人员。
③ 曾任日本驻福州、上海、天津等地特务机关长，海军军令部第三部部长，驻伪满洲国海军司令官，1939 年日方参加秘密谈判主要人员。
④ 影佐祯昭。

已告一结束。

今后工作即已入于第三阶段。兹先将在第三阶段过程中经过情形说明后,再陈述弟于第三段工作之意见。

甲、与津田等谈判经过

(一)伊藤等赴日活动之经过:伊藤武雄、铃江言一①前赴大连、日本之活动,起于坂垣陆相入阁之前。时石原莞尔尚任关东军副参谋,伊藤、铃江因与石原交谊好,乃商由铃江前赴大连,以与石原同入东京,而作坂垣入阁活动,是为日本和平派活动之关系。至坂垣入阁后未几,伊藤复由沪到大连与石原接洽,即由石原推动关东军,影响日本政府,以改变对华国策。迨石原失败去职,携眷返日,道经大连时,伊藤尚在大连,因与石原商妥,乃由石原在电话中与坂垣计划,继续进行办法。石原因于伊藤返沪时,而使伊藤与津田、柴山②等联络,于是伊藤等之和平运动乃进一步由陆军而侵入海军矣。至十月初,伊藤、铃江等商得津田同意,草拟游说日本政府说帖(见十月廿四日致兄敬七十一电)时,津田病卧福民医院,伊藤乃于同月六日由沪经大连赴日,适柴山亦在日本,乃由石原集合伊藤、柴山、坂西③,将该说帖整理后,由伊藤等面呈该说帖于近卫首相、坂垣陆相时,在我武汉、广州尚未陷落前也。近卫受伊藤等游说影响与坂垣推动,决拟于日军攻下武汉、广州后自动下野,由坂垣出组内阁,卒因海军之反对,而未能实现。于是,伊藤商得石原等同意,于十月廿二日由日飞赴大连,时伊藤于未赴大连之前,乃电约铃江由沪至大连,与彼会晤,以观我方接洽形势有无变化。铃江于十月廿三日由沪赴大连,伊藤已先至,伊藤与铃江在大连晤面后,即于同月廿七日复由大连赴日,铃江亦于十一月二日由大连起程返沪。伊藤至日时,津田亦已病愈由沪到日。因津田为日本海军界耆宿,且日本海

---

① 日方参加秘密谈判联络人员,兼作谈判记录及翻译。
② 柴山兼四郎。曾任日本驻华武官,陆军省军务局长,汉口日本特务机关长。
③ 日本华北军参谋长,兼华中前线总司令。

军界对彼情感极好,于是日本海陆军部因津田之活动,对伊藤等运动之主张,乃能意见渐趋一致。至此,日本对华国策始有剧烈之转变,十一月三日,日本政府之宣言,即此转变之开端也。在日本政府则为对华战争终止,建设开始,在主张对华和平者,则谓新思想之抬头,在对华主战者,则藉建设一语,以企图树立中日伪统一政府。但日本政府于此,自必视其新旧势力之消涨,而为其决策地步,故于土肥原①等积极进行伪统一政府之际,乃又派津田、今井等到沪与我作私人谈判。我若能审彼形势,因利乘变,则胜负之机不难自我而操纵矣。此伊藤等赴日活动与津田、今井于此等来沪之经过情形也。

(二)伊藤由日返沪后,所述日本政府对华国策转变情形。伊藤于十一月十九日由日抵沪,廿二日下午即约弟作私人谈话,时铃江亦在座。因伊藤对于此运动,在日本方面居于主动地位,且与彼个人一身事业有关,深盼中日和平运动得以顺利进行,欲使弟了解日本政府对华国策转变情形后,俾免与津田、今井谈话时有柄凿之虑。于是,伊藤乃与弟有此次之谈话,后并嘱铃江记录其大意如后。

伊藤云:宇垣是直接交涉论者,但是当时的强硬论者,以为中国抗战的主动力是外国的援救,所以只要攻下汉口和广州,抗战自然就解决了。但是,看到攻下武汉、广州的结果,这些强硬论者也已经改变了态度,承认所设长期抗战是说的今后的战争。抗战的主动力,是中国民族意识结果,无论政府表面上行动如何,他的内心里是承认了下面这几点的:(A)为要达到永久和平,必须代表两国人民的双方政府直接商议,因此就发生了将来两国的最高责任者,在适当地点会见必要。(B)要靠战争胜败的结果来决定和议是不可能的。就说要根据胜败的形势来决定和议的条件,那么两国的和议将永远不能成立。关于和议的条件,势必把目前的战争形势以及将来的战争形势等完全置之不理,只研究考虑两国需要真正和平的事实,而且以这为谈判的基础。(C)必须先

---

① 日本支那军总司令、兼国防前线总指挥。

充分研究两国各自的立场,然后使这条件和两国的共同利害一致。
(D)日本希望在原则上以东亚门罗主义为两国和平的基础,尤其是说
希望两国在将来东京的一切问题,由东京自己解决,排除西洋各国的干
涉,这一点上谅解一致。(E)日本称这为东亚的新秩序,除了这个目的
以外,并不想提出过苛的条件。总之,反宇垣[①]派的态度,已经在原则
上和宇垣的主旨一致,现在不过是方法的问题而已。十一月三日的宣
言,是参考了各方面的意见做成的。但是,因为各方面的意见本身不统
一的,所以这宣言也不能表示决定的内容。总之,当宣言表示政府的新
倾向时,为目前国论的不统一,使得政府宣言的内容不能超过十一月三
日宣言内容以上,但是这个宣言的本意,并不曾对外宣言,而是政府开
始了统一新国论的工作。以后的第一次对内宣言,日本在战争前及战
争开始时对于中国的态度及政策,和现在是不一样的,了解这一点,在
考虑日本目前的态度时,是非常必要的。日本觉悟到死争的范围,既然
到了今天这样的地步,就非有百年和平的基础不能结束战争。日本的
意思,认为战争在目前阶段,大体上可告一段落,今后的努力,主要的应
当注意新国论的统一,因为日本政府无论怎样了解现状及将来的实际
情形,似若不把国论统一在政府的故态之下,那就不能开始积极的和议
工作。从上面所说的情形看来,日本目前的基本问题,是国内问题,因
为必须使国民承认这次大战的结果,即使不能从中国得到什么实际的
收入(例如土地金钱等),似若能够得到百年的远大,那也就是最大的
收入,最大的满足了。土肥原等的传统工作,虽然仍然在进行着,但是
这在从前是日本对华政策的基本,现在已经不是基本,不过是政府新态
度的方法工作。因此,最近有些人这样想着,土肥原政策虽然在进行
着,但并不一定由他解决中日问题,这不过是当做过程来进行。这过程
中,也许有另一些人的完全不同的工作出现,而解决了根本问题。一部
份有力的人想着,下面这种情形会是将来两国开始具体交涉的一种方

---

① 宇垣一成。

法：在关于两国共同的基本问题成立了双方的谅解以后，发表两国有力者的共同宣言，当这宣言已经揭示出前面所说的共同的基本问题以后，其他一切内容完全由两国对内政策上的必要措置来补充，等到这个宣言的反响出来了，再由两国政府进行正式交涉。

（三）十一月廿六日与津田第一度正式谈话。津田、今井之由日来沪，时在伊藤谈话后，乃双方开始互作主宾酬酢。至同月廿六下午三时半，弟始与津田、今井正式晤谈，而伊藤、铃江亦在座，由铃江担任通译，故事后谈话记录亦由铃江起草。我方之与津田等之谈话也，弟初意拟定颜惠庆、江天铎、罗家衡、陆子冬、易敦白、陶菊隐、钱纳水等合弟八人为一谈判小组，实际谈判则由江天铎承乏，必要时则请颜惠庆出而担任。弟之如此布置者，盖欲使颜惠庆、江天铎等努力于稳定动摇份子工作也。后以颜、江等对于中日此种接触经过情形及其敏活运用咸感缺乏，且是时土肥原、陈中孚、符鼎一等迫吴佩孚出任伪大总统甚急，弟亦欲江天铎早日北上以稳定吴佩孚，故于江十一月廿二日起程北上之先一日，弟介绍江天铎、易敦白与伊藤、铃江一度谈话，江于翌日即离沪赴平。兹将弟与津田第一次正式谈判记录。

下称：我不是政府暨政府任何个人的代表人，只是以个人的资格说话，不过在实际上我相信我所说的话，是不能离开政府的主张，而且要合于整个国民的真意，因为假若我所说的话完全和政府的主张没有关系，而且和政府及国民的意思无关，单纯是我个人的话，那就是见面一百次也没有意义。中日不要妥协，要没有动摇的真正的和平，因为妥协不过是目前一时的解决，当双方站在这个立场上交换意见的时候，彼此虚心坦白讲话，当然是第一个条件。

津田：我也不是站在正式代表政府或国民的地位，而是以个人的资格说话的，但是我想下面我所说的话是犹政府及大多数国民共有的意见。日本政府在过去只看到两国关系的局部，没有看到两国关系的全面，就是说，或者只看到中日两国的关系，或者只看到日本国内的关系，结果在中日间的各种交涉上，常常不能达到根本的谅解。例如，日本的国体是和共产思想根本对立的,所以政府直到现在,总是极力取缔这种思想,但是政府只把他做为国内的问题来处理,没有在国际的关系上,就是说没有站在全面的立场上来观察这个问题,结果可以说,一方面在国内取缔共产思想,同时对于邻邦中国,却采取使中国政府及国民一步步的接近苏联及共产党的政策。总之,就像在这个例子里所看到的,可以说因为以局部的见地为基础,使得两国间种种问题不能得到根本的解决。在这点上,可以说中国政府也犯了同样的过失。固然蒋介石先生及其他政府各要人,都是中国的爱国者,他们的行动都是从爱国的观念出发的,但是可以说,他们的行动在过去有许多场合,都是从对一个问题做局部的观察出发的。例如,对于日本过去对华种种工作及态度,只是从表面的形式上来观察,结果一味地采取抗日排日的政策,这可以说是缺乏从大局的立场上来根本解决问题的态度。

我:津田先生说的话,我自己是完全同意的。事实上在过去两国的关系上,各种交涉所以不能够圆满地进行,主要的原因就是两国当局都犯了如津田先生所说的错误。但是我想,从来所有的交涉,常常不是由两国责任当局直接进行,有许多场合都有中间人介在中间,也是使双方调处[误]会的一个原因。例如,我们可以看到,所谓中国亲日一派,在日本和中国政府中间来解决华北问题的时候,所谓亲日派对中央专门报告,日本方面怎样强迫要胁,对日本则说,中央的态度如此如此,有许多的地方都是为了他们自身的利益,来利用两国政府。因此,华北的问题常常不能得到解决。

津田:假若从最初就都站在大局的立场上,也许像这次的不幸的战事,可以不致于发生。所以我认为,要根本在此两国的问题达到真正的和平,必须两国共同放弃过去错误的方法与态度,而以东亚全体的和平为基础的全面观察上,来处置一切问题耳。

我:想在过去,中国因本身的内部复杂的对立关系,也是使中国政府对于每一个问题无暇注意,而有许多地方总是埋头于局部的对策的原因。因此,我想要根本解决目前的大问题,将来应该由两国代表国民的政府负责者,直接虚心坦白地,而竟站在中日永久和平的大局立场上,来商议一切,是绝对必要的条件。这条件是能够给与两国以真正和平的希望的唯一出路。

津田:看到汉口的失守广州之陷落以及中国北部的现状,就战争本身说,日本是胜利的。若是遵照历史的惯例,日本可以向中国要求土地及其他的东西,然而日本直到今天还是和屡次所声明的一样,对于中国的领土没有任何野心与要求,只要求确立两国的永久和平,东亚的永久和平,希望中国充分地了解这一点耳。

我:很喜欢在今天的会面里,我得到了前途确实可以成功的信念,而且觉悟到要动员一切有力的同志,向着这个唯一的出路迈进。当然,在进行的过程中,双方在国内关系上都会有种种的困难,但是,我甚愿只要两国的负责者都有上述的觉悟,目的是一定可以达到的。因为除此以外,没有其他可以达到真正和平的道路,我们将按着这个方针去国内尽力奋斗。同样希望津田先生也向日本国内尽最善的努力。

津田:在两国已经都有这样大的牺牲,战争扩大到现在的状态,我想是日本不会因为目前一时的和平和解而息兵的,所以在没有达到真正的和平以前,战争是不会停止的。

我:想在这次战争中,中国可以了解到日本的实力。因此,可以体验到为东亚将来的和平,以日本为友邦是很有力的,同样日本也可以体验到,若不坚定提携中国这个友邦,东亚和平是不能成功的。所以,似若这次战争的结果,两国能够谅解到一切的问题,都必须从大局的立场来解决,而且开始在这新觉悟下面,向着新的提携努力,那末这次的大战争就有意义了。不打不相识,两国在这战争中,彼此可以认识得更深切些。假若能够因此得到真正的长期和平,那么虽然有过很大的牺牲,可是有充分的意义。中国西南派曾经和中央战争,而战争的结果,使中国新统一的形成得到飞跃的发展,像这个事实,也可以说是一个实例。我曾经是蒋委员长政权的反对者,统一西南派内部复杂的意见,诱导西南派和中央战争,这曾经是我过去所努力的工作之一。但是在今天,站在确立新统一的中国、中日长期和平的根本问题的立场上，一扫去我个人对于我国内个人派别的成见，因此，我与津田先生等所谈的话，是不能离开蒋委员长国民政府的意见，我要离开了民众的意见来和津田先生等谈话，是得不到结果的。津田先生最近怎样？在上海住了很久么？

津田：我在中国住久了，从前和孙先生及他许多周围的人们多很熟识，朱执信氏也熟认。我常常回想从前的事情，想起许多杰出（我认识的）年青的人才，都为革命牺牲了，因此痛爱，到非常时，常使可惜的人才大量牺牲的事情。

（四）与津田第二度正式谈话前，同月十三日与伊藤、铃江之准备谈话。当十一月廿六日与津田、今井等一度正式谈话后，翌日今井即乘海军飞机返日本。越数日得伊藤通知，称津田因事，于十二月十二日以后始能作第二度正式谈话。至十二日复得铃江通知，谓须于与津田第二度正式谈话前，同月十三日下午四时与伊藤、铃江作准备谈话，以准备与津田谈话时之范围，且谓彼此须提出具体问题以交换意见。迨弟与津田于十六日第二度正式谈话时，始知津田在十二日以前已飞返日本。盖今井之返日，为向该国政府报告第一度谈话时情形。津田之返日，为奉该国政府电台指示第二度谈话时原则也。兹录弟与伊藤、铃江准备谈话记录如次：（1）确定两国必须无条件承认的东亚和平的基本精神。（2）关于手续上的问题：A、实现两国政府对于第一条基本精神之一致的谅解，同时努力于为要达到这个目的所必要的背后工作；B、努力促成预备会议，这是两国政府正式交涉时的前提，这个预备会议所必须具备的内容和实质是，虽然这个会议，在表面上是采取两国国民间有力的团体的形式，但双方团体都彼此确认，并相信对方团体在实际上是代表政府的，C、总之手续问题的主要点，就是赶快组织这种代表团体（在实质具备代表双方政府的条件），着手进行预备会议，因此双方必须努力，使得在接着第二次会面后的第三次会面时，就能够专门商议关于开预备会议的具体问题。（3）为了使谈话有意义化：A、虽然是个人的形式，但实际上要代表国民的意旨，就着具体的问题来交换意见,目前固然还不是讨论的时机,但在交换的形式上,必须双方毫无隔膜地互相问答;B、因此双方必须在会面以前,关于许多的具体问题准备好,能够在会面时立刻答复,C、在日本方面,至少也要提出排日运动的解决和防共是双方必须谅解的基本精神,当然,日本也未必要在协定的形式上要求这一点,因为这种事情,是和平以后的最近将来的问题;D、无论是关于第一条的基本精神的问题或者关于其他问题,双方都必须站在平等的立场上发言讨论,因为假若是在一方专门主张,一方专门所从的主客关系下,那就很难达到真正的谅解。

再十二月十六日,与津田等二度正式谈话。十二月十三日与伊藤、铃江作一度准备谈话后,同月十六日下午二时半参与津田第二度正式谈话,伊藤、铃江亦在座,仍由铃江担任通译。津田于谈话中忽提出委员长应负责下野,此颇使弟惊异者,因津田此种提议,实超越伊藤等和平运动原有之主张暨弟与津田等一度谈话之范围。盖就良好方面观察,则彼此谈话已由抽象而入于具体,同时津田为顾全日本政府体面计,亦不能不于交换意见中,故意将此一问题提出予以善意让步和圆滑转变。故彼此讨论之后,对于此,枝节乃在如何补救着眼,故结果尚称圆满也。若就不良好方(以下残缺)

《档案史料与研究》1991 年第 1 期,第 2—7 页

情字第 396 号电文

1939 年 5 月 16 日

发报人:750(11)香港转发

(衔略)

〔密〕东渝情 86 电敬悉。关于中日和平谈判问题,弟当切实遵照电示,妥慎应付,望勿为念。五月三日,弟与津田第四次正式谈话记录,业由铃江整理清楚,兹特专电奉达如下。

津田云:最近重庆方面情形怎样?

胡云:自汪离重庆后,重庆情形更安定了。在前所谓维新政府或临

时政府成立时,这种情形的反映,因有汪在中枢的作用,对于中国方面的一部份,还有相当影响,但自汪离渝后,在今日,这种工作殆无影响力量。例如,以后不断的有所谓吴佩孚的运动,汪精卫的运动等问题,最近又有所谓某某运动等传说,但中国方面信吴决不参加这种运动,并信像汪这种离开全国民意的运动,定不成功。因此,对这种运动,并不如前之深感不安。我想此乃二年来之抗战,使人深刻印着离开国民意思的运动不会成功的信念的缘故。

津田云:中国内部情形如何?最近共产党势力扩大的传说究竟如何?

胡云:认为共产势力扩大之说,与事实完全相反的。今日共党在渝只有参政会上发言的权利,虽然毛泽东、朱德、周恩来等干部都到重庆,但除向蒋委员长报告一切事务外,未有其他政治活动。共党的宣传,在战前固很有影响,但在服从国民党的主义与政纲的今天,共党之影响甚小。在别处我等暂且不谈,我们只看在国民党直接支配以外的上海,就是一个有力的证明。上海一切民众运动,是在国民党指导之下进行的,民众对于某种问题,希望有新的指导时,总是进而要求国民党的指导。最近国旗问题,就是一个例。总之,不是蒋委员长国民党与共产党合作,而是共党要在蒋委员长领导之下来作持久抗战。委员长的态度是:当共党来服从国民党政府的主张与国策之时,不拒绝他,而共党方面则是,若不在委员长国民党领导之下来抗战,自身亦就有危险。从此情形看来,共党在今日绝对不会与国民党对立而争政权,即共党在内心中有这希望,但至少在蒋委员长领导下是不可能的。因为蒋委员长过去历史,是与共党对立斗争的历史,他对付共党的知识与经验亦独多。

津田云:虽如此,但是苏联为何还要援助蒋政府呢?

胡云:俄国的援助无论在质的方面或量的方面,都是不彻底的,这原因是在于俄国的国际环境。因此,就是他在江西苏维埃时代,亦未给中国共产军以有力的援助,当时俄国的援助,仅派遣军事教官和补助费而已。总之,苏联援助中国的真意,不在援助中国,不在援助中国共产党,而在援助自己，因他信日本的武力，将来必要对俄的，故俄希望在中日战争中多消耗日本物质与精神的军事力量。就是说，俄希望援助中国一元，而能消耗日本一万元的力量。

津云：这种情形蒋委员长知道否？

胡云：我想他一定知道的。但他在目前中日战争过程中，就是这不彻底的俄国援助也不能拒绝。所以，我想假若认为俄国的援助是有作用与其他目的的，这一问题责任不应属于中国，而是在于日本自己的觉悟，因日本是自己要将积年准备防俄的武力，用来进攻中国。

津田云：日本屡次声明，对于中国领土主权无任何要求，目的只是超乎中日问题之上两国提携，建设东亚新和平秩序。而且，详细考察近卫声明，其中还含有这意思，就是假若中国谅解日本真意的话，也不必一定拒绝与国民政府交涉。总之，我想中国方面已经了解这种意思，但是，中国政府从未表示过对于和平真意，这不是蒋委员长对于日本不以蒋为对手的声明个人意气用事么？从此说来，我想与其向日本要求对于和平的新态度，勿宁向中国自己要求。

胡云：中国情形和日本不同，所以，若要中国拿宣言的方式，对近卫等声明来作答复，而讨价还价，用作谈判和平方法，是绝对办不到的。反之，中国答复近卫等宣言正当办法，就是蒋委员长历次发表的谈话。因中国为和平而抗战，就此次抗战意义事实来说，日本是主动的。若日本无和平决心，一切都谈不到。所谓和平前提，是要我们私人两方面首先确定，中日两国对于和平基础大纲的谅解，亦即中日相互以平等的地位与合理的条件来作和平基础，则我可以肯定的说，中国政府是很愿和日本共同建设中日新和平的。所以，要达到中日和平，唯一方法，是要我们私人双方，首先得到和平基础的条件谅解后，两国政府方能开始直接谈判。还有一最大前提，就是日本应谅解蒋委员长在中国的地位，因中国目前为全国民众所拥护，而代表政府全权的，是蒋委员长。此外我要说的，这是所谓维新政府、临时政府的建设、吴佩孚的起用运动等，对于中日和平建设不能有何促进作用的，因此都与中日真正和平前途，即解决中日战争问题相对立的。最近汪是到上海了,但自他离渝时起,就已失掉政治生命,用同样理由来说,我想不管他今后努力如何,是不会成功的。

津田云:不管蒋委员长如何是中国实权代表者,假若一切都是实权力量而论的话,则只要中国是战败者,日本就不必要和中国站在平等的立场上来谈和平。但日本并不要根据实力来解决何题。日本是离开战争的胜败不管,只希望两国协同建设东亚的新和平秩序。而且,我想中国之非难维新和临时政府的建立是不对的,日本不是作为日华间的新和平对象而造成这个政府的,就是说,日本不是为要和这政府商议日华新和平建设问题而造成这个政府。本来日本在占领区域中,是应当的军事行政的。但日本的真意不是要在征服中国,因此日本不愿在日华间存在所谓战争的形式,日本自己避免军事行政这种直接的政治支配,而以中国人自己来担任维持占领区的秩序的事情,借此来保护居民,不致蒙受因无政府无秩序而发生一切灾害。

胡云:我所说的不是维新或临时政府可否的问题。从这点说来,设若相信依赖所建设的这类维新、临时政府之将来发展,因此来追求中日和平的新建设,是不可能的事。而且,从同样方法手段的观点来说,我想,日本和蒋委员长所领导的国民政府,来谈判中日和平新建设,是最合理的唯一道路。因为不管胜败,国民政府是目前中日战争的当事者,而国民政府与全中国的领导者是蒋委员长。我信除了我所主张的和平手段以外,没有其他能实现中日和平的方法,而且我相信,这主张是可以代表中国政府及全国人民意思的。因此,虽然目前必有许多人,想用种种方法来达到中日和平的目的,但若要违反我这一原则,必全要失败。

津田云:是的。

胡云:是要两国先就和平谈判的几个基本纲领得到互相的谅解。如:(一)承认两国战争的事情的不合理,而对于建设中日和平的精神一致。(二)两方关于中日和平前提,最低限度应当恢复两国在卢沟桥事件以前的状态之原则的一致。（三）关于发展两国合理的经济。
（四）在目前不采取防共协定的形势，而在精神上一致。关于这数点，
彼此先获得谅解，在这种谅解成立时，中日立刻相互就可以发表和平宣
言，任命正式代表，开始讨论建设新和平所必要的具体问题。且这时还
希望日本谅解下述一点，即：因为中国国情特殊，当商议前述基本纲要
时，也非正式地、非公开地来进行，即双方都以我们私人立场来谈判，等
到谅解大体上成功时，再以两个正式代表来承认决定，这种形式是很重
要的，望日本方面对此予以特别注意。我们今天谈的很好，就此告一结
束，数日后再会见充分商谈，等语。尚希鉴核。弟 750 叩。蒸 210。

《档案史料与研究》1991 年第 1 期，第 7—9 页

情字第 389 号电文
1939 年 6 月 17 日

发报人：3309⑫3342⑬香港来电

（衔略）

〔密〕据 750 元 213 电称：（一）前上蒸 210 电暨弟与津田第四次谈
话记录谅蒙察阅。现弟与津田复约定本月十五日作第五次正式谈话，
后即邀赴日。铃江亦拟于是时赴日，届时再另电告。弟与津田第四次
谈话为五月三日，而我兄东渝情 86 指示之电，弟于本月六日始行接到，
想因电报迟滞之故。一俟五度与津田谈话时，弟当遵照来电应付一切
也。（下略）谨此电陈。职 33093342 叩。删情 1166。

《档案史料与研究》1991 年第 1 期，第 9 页

情字第 398 号电文
1939 年 5 月 22 日

发报人：3309　3342 香港来电

（衔略）

〔密〕据 750 铣 216 电称：前上元 213 电第一条计蒙垂察，弟于本月

十五日下午三时,在满铁宅与津田作第五次正式谈话,有伊藤、铃江在座任通译。所谈者为实现中日和平之具体基本原则,以及进入具体谈判之步骤、技术等问题。彼此讨论达三点钟之时间,约有二小时余。因津田对此问题要求中日成立防共协定,而弟对此坚决反对,故结果双方意见未能一致,是此一问题,现成为双方和平谈判进行中辩论之焦点。弟已嘱铃江速将此次谈话记录整理,一俟整理就绪,即将弟应请示各点连同记录一并奉告。谨先电闻。等语。谨此电陈。3309　3342 叩。巧情 1175。

《档案史料与研究》1991 年第 1 期,第 9 页

情字第 4□□号电文

1939 年 5 月

发报人:750 　□□来电

(原件缺前三页——编者)这个问题没有一致的谅解,新和平的建设就不能实现,就是说,只要中国稍许承认共产主义的存在,就不能建设东亚的新和平。经济合作也是一样,日本认为,这也是同样的建设新和平的基础。

胡云:第一、中国认为这次战争是不合理的,中国是为和平而战。因此,也了解中日两国协同从事新和平建设的必要。第二、就中日两国经济说,中国在今后经济的发展上,是需要和日本协调的,因此只要不损害中国之自主与独立,在合理的平等的条件之下,进行经济的协调,中国是欢迎的。但是,在这一名词上,还有注意的必要,中国所需要的名词是中日经济提携,不是合作。第三、在为要达到和平的第一阶段而进行的目前过程中,就要采取防共协定的形式是困难的,因为就中国内外环境,误会这种形式是会阻碍和平成立的。但是中国在防共的精神,是可以和日本完全一致的。因为,在过去中国和共产党主义的关系,比日本还严重得多,蒋委员长及国民政府过去的斗争,全是和共产党及共产主义对立斗争的历史。就是在今后,只要国民党及国民政府的主义

政纲支配着中国,这个对立斗争是不会变动。所以,就是不用防共协定的形式,防共的实践也是会确实进行的。不但是这样,甚至在中日和平成立之后,中国为适应国际形势和中国自己环境的必要,而由中国政府方面,自发地提议订立更积极的协定,也不可知。总之,日本在这阶段不用向中国要求的。且中国一部份人对于这问题,尚有这样不安的感觉,以为日本虽然声明对中国无领土欲望,但其中实含有舍名取实手段的意思。所以,假使日本坚持主张要采取防共协定的形式,那么这些人将又有这样怀疑,以为日本将要以这协定为藉口,而在必要的地方,如西北一带保持支配权。

　　津田曰:就普通解决战争的顺序说,先按历史先例方法解决了战争,即在媾和成立后,再向中国提议新建设及其他的希望,或者还是正常的办法。但是日本现在超越了这阶段而来谈判两国提携、共同建设新和平秩序的。所以,日本从最初,就放弃根据战争的先例所要给与战胜者的一切收入,例如土地赔款等等,而且直接向中国提议协力同建设。中国方面到现在,还不谅解日本这种简明的态度,难道是中国对于日本这种打破普通历史的前例的态度,还相反地感到怀疑吗? 我相信在日本的声明里面,没有什么可感到不安的地方。但是,假若中国的人们站在各个不同的立场上,还感到不安的话,我也没有别的方法。不过,假若中国方面感到不安,以为当俄国侵入,中国防备不足的时候,日本将要藉口防共协定,而派遣军队或者夺取土地支配权等等。那样,日本方面对于此点,也可能这样考虑,即中国承认对于俄国的侵入,实力不足以应付,但是,虽然领土被侵犯,也还是拒绝日本的援助。而且可能作这样的观察,就是因此,中国虽然说是在防共上和日本一致,但是在本心上是不一致的。总之,因为日本确信防共是新和平建设的基础,所以,在这点上不获得一致,新和平建设终于是句空话。当然,我还相信,抛掉这个一致的和平基础,日本政府是不会答应的。对于近卫的声明,日本内部也有种种的意见。但是,不论个人的意见如何,既然被作为国策而声明,那么日本就是站在国家的信用立场上,也不可能再撤去这声明,我相信今后的政策,当然也根据这个声明的。

胡云:中国人并不是对于在实际的情况下,日本援助中国以不足防御的力量感到不安。而是对于与实际的情形没有关系,日本藉口协定而扩大地方的支配权,这一点感到万一的不安。因此,如前所说的,在和平恢复之后,当实际上必要时候,中国也自动的提议,要求日本援助。同时,中国政府不容许俄国的政治势力,因着中俄两国的目前政治关系与经济关系,而侵入中国来。中国政府,无论关于中俄关系或国共关系,都是根据前次会面所误会的基本态度,而不断的在防御着、警戒着。或以日本对于战争开始以来,而中俄关系以及国共关系的现实,了解得不够,假若日本方面,关系这点能够了解的话,那么我关于防共问题的误会,也很容易得到谅解。总之,目前的急务,要达到永远和平。建设工作的开始,即是要达到永久和平建设的最初阶段。因此,首先必要的建设,是要在开始阶段设立之后才能发展。我之所以认为在最初的过程中,最好不要提出防共协定形式,就是因为这种理由。因此,假若把这个协定作为绝对条件来要求的,那么中国国民一方面感到国家独立性问题不安,恐怕因此而阻碍达到和平的第一阶段的危险。

津田云:日本今日已经和德、意两国订立协定者,是以互相都是独立国为基本前提,在中国的场合也是一样,日本对于中国,完全以独立国家看待的,是以向中国提议,和中国协同实行防共的事实的,中国对于协定的疑虑,在我是没有如何方法的。不过假若中国对于日本的真意不能释疑的话,同时,日本方面对于中国的态度可以表示疑虑。例如,中国对于俄国征服外蒙的事情,就未曾表示过具体的反对和反抗。所以,口里虽然说是防共,本心怎样? 是很可疑的。

胡云:中国和德、意两国的立场不同,现在中国有广大的土地被日本军所占领,就是战争目前的形势说,中国是在战败者的立场,当这个时候,若是答应像防共协定这样不免使中国人心不安的条件,那事实上就要成为中国以战败者而被强迫的形势。而且,关于外蒙的问题,我想日本也应负相当的责任,当中国受到俄国和日本双方同时的压迫的时候,中国的实力是不可能同时抵抗双方的。这时候,中国唯一的方法,就是把一方的工作保留在以后作,而以全力转名目另一方面。因此,中国先向督察利害关系最大的事态,最紧迫的方面即日本,这是很自然的事。

津田云:虽然今日双方意见没有达到一致,但是我们必须了解,因为和平新建设是非常重大的问题,我希望阁下为了东亚和平的建设,不论遇到怎样的困难,都不屈不挠的打破一切的障碍而前进。假若中国能去掉,对于日本的真意,以希望实现两国的协作而有新提议的时候,我愿意传达一切于日本政府。

胡云:今日我们意见虽然没有达到一致,但是回顾过去几次的情形,可以知道,我们是在一步一步的接近和谅解,终于到了今天,达到了彼此交换关于和平基础原则具体问题的意见,这是我非常愉快的地方。当然,在解决这样重大的问题上,今后也许还有许多的困难和障碍,但是我以津田先生的信任为后盾,我必克服一切困难,继续为达到目的而奋斗。不过这是两方面的事情,在我一方面努力还是不够的,所以另一方面,还要希望津田先生,努力使日本明了的认识中国内外的环境。同时,在我们上次谈话时,我最后向津田先生所提出的,我今天重复的将他插来,作为津田先生对于我的意见一个参考:(一)承认两国的战争事情不合理,而对于建设中日新和平的精神一致。(二)双方对于中日和平前提最低限度,应当恢复两国在卢沟桥事件以前的状态之原则的一致。(三)对于发展两国合理的经济提携的一致。(四)在目前,不采取防共协定的形式,而在精神上一致。等语。弟750叩。梗221沪机193。

《档案史料与研究》1991年第1期,第10—11页

情字第411号电文
1939年5月27日

发报人:750　　上海来电

（衔略）

接奉养谕情 111 电,敬悉一切,弟自与津田折冲以来,外审日本之野心与其党派之对立,内顾我政府之威信,以及弟所处之地位,而经营之苦心,临事之谨镇,此差堪自信者,盖期以无负于院座我兄者,无负我国家也。溯自去岁十月念六日,以至本月十五日,其间谈话虽仅五次,但以每次谈话所得结果比较而观,则彼每一次之让步即我每一次谈话均有一次之结果,此非弟故作夸大之词,事实俱在实可得,按不得谓为不得要领、徒耗时间也。本月十五日,弟与津田第五度谈话结果,弟于梗 221 电已详细具陈。津田认中日最大之前提,则为防共协定与经济合作,而前者尤为重要。若防共协定可以谈得,则经济合作自较易于谈判,而其它问题均可迎刃而解。弟昨日在正金银行满铁伊藤处与津田便中晤谈,据津田告弟谓,防共主要事实在与用以对付其人民与政府面子者。彼与弟数次谈话结果,所谓日本对于中国领土要求、战费赔偿等固已声明不提,即近卫屡次宣告,不以国民党国民政府蒋委员长为对象,亦已完全放弃不谈,日本在实际上固已一无所获,即在名义上亦将一无所获矣。为此,日本政府不仅在面子上说不过去,即对于日本国民亦无词以说也。故对于防共协定中国为不让步,则一切均谈不到,云云。弟按防共一事,已成为两方面不可通融之焦点,非真有一方面有极大之让步,实难维续谈判,弟于梗 221 电已概切言之。设对此问题得到某一方面让步时,即可继续作较具体正式谈话。在此种具体说话开始时,弟意提议停止双方天空轰炸,俾表示双方有谈判上之诚意,当不难作到。惟日本对我坚持要求成立防共协定,无非欲假此以达到全侵略之手段,我于此究应如何进行谈判,务希来电指示,以便遵循。弟 750叩。有电 228（已发港渝）。

批:查出 221 电后并陈院座核示。

侃

情字第 1223 号电文

1939 年 9 月 23 日

发报人:孔秘书　香港来电

院长钧鉴:

[密]据 750 真 350 电称:战后日内阁动向及对我和战态度,就弟近日与日方接触与个人观察,撮要如下:

(一)弟昨日偕伊藤与津田会谈,津田当告弟:我等此次谈话绝对为私谊,现在回念我等第五次谈话无结果,思之痛惜。盖叹五个月来,国际情形较昔大变,德、苏协定后欧战爆发,所谓德、意轴心与民主阵线,均无形解体,致日内阁因之改组。在日本对英、苏政策未决定前,对华政策自无积极表现,阿部内阁即为此时代应变过渡之产物,除维持现状外,决难有所成绩,一俟对外政策确定,必有强力内阁继之而起,为期当不远,届时当为我等谈判良机,亦即中日和平之驱策,且汪之树立新政权运动,亦为和平谈判之阻碍,因平沼既已支持于先,阿部自不能有所更异,盖必俟其实现时失致乃已也,云。

(二)昨青藤由日到沪,据述坂西此次在日进行和平运动极为努力,坂西与当局接洽,和知亦参与其间,回复上述运动,实为土肥原等一派之主张,土等一派原与影佐等对立,影佐拥汪,土则反汪,青藤在日起程时,土肥原、和知曾嘱其转告藤,原在沪进行此事,应极秘密,不可使柴山知之,盖柴山与影佐甚密也。又青藤言,和知亦当与坂西先后来沪,同时坂西、和知又举二事嘱青藤转达于弟,俾弟得事先考虑:(1)前在沪与胡君交换意见,胡以为双方进行和平事,日汪树立新政权应即停止。惟平沼内阁将来汪树立新政权已认为一种试行国策,现阿部内阁过渡,对此亦不能更动,是否可暂置汪问题于不论而谈和平,盖和平实现,沦陷区所有组织自必消灭也。(2)国际通例,凡谈判和平,必先双方停战,此次问题是否亦停战后谈判和平,或俟和平谈判成立后停战撤兵。按:青藤系和知助手,藤井系坂西助手,凡和知、坂西进行诸事,藤井、青藤均可参与代为。

（三）综合津田及青藤所转述阿部内阁为过渡的及汪树立新政权为既定之试行国策，双方相符所异者：津田谓，须俟对外国策确定及有力新内阁产生后，始可谈判。而坂西、和知等在现状下仍拟积极进行。良以津田为现任官兵，言行不能随时侵入，坂西、和知地位不同，且与影佐等异派，所谓内部斗争实有以致之。至日对国际态度，尚存观望，彼对英、苏无把握，对国策不能作确定，因彼亲英、亲苏必得其一乃能确定耳，且日在德苏协定成立之初，其国策实受严重打击，对外对内不知所措，当时实有急于向我求和之势。逾欧战爆发，彼认为绝处逃生，故对我又复如前。我处环境艰苦更重，一面固宜抱定长期抗战，力图自存之，但一面宜因时制宜，抓住敌人弱点，发挥自主外交，使敌内部和战两派器然并存，尤宜利用和平派，以推动其和平运动之扩大，倘时机到来，在不丧权、不辱国之条件下，尤宜当机立断，完成我光荣和平。鄙见如此，我兄以为如何，等语。谨此电陈，职侃叩。皓情1391。

《档案史料与研究》1991年第1期，第12—13页

情字第1239号电文

1939年9月30日

发报人：孔秘书　香港来电

院长钧鉴：

（密）据750筬357电称，兹将弟与津田第六次正式谈话大要记录如次：

津田说：我们五月十五日谈话后，忽已四月，国际情形已起非常大变化，先生对中日问题较前有很好的新意见，我很愿领教。

胡说：是。近月来国际形势确已大变，但这一种变化于中日前途却甚有益，因已将从前国际间错综复杂整个的形势改变，故我们应藉此机会得一很好办法，以结束中日战争，想阁下和日政府方面定甚同意。

津田说：甚是。但恐在中日和平后，中国人抗日的潜伏感识，至对于苏联和中国共党一般观感，是否可彻底消除，倘仍然存在，乃日本非

常注意的事。须知英、法、苏所谓如何援助中国,完全系一时表面词令,其内心均各怀利刃,以伺中国之侧,此中尤以苏为不可靠,不知中国亦感到否?

胡说:在中日未结束战争先,无论英、法、苏,只要在物质或精神上援助中国,中国自予接受,因这都是中日战争下演习成之结果。若日本一旦放弃侵略政策,尊重中国主权,实现中日真正和平,孰敌孰友,中国甚易认识。总之,在目前形势言,我们应用如何方法实现中日真正和平?

津田说:在近卫内阁发表对华和平宣言后,自平沼以至阿部内阁,均本着近卫宜言之精神,但国民政府始终未公开说句含有与日谈判的话。汪以国民党副总裁地位发表艳电后,同时致电日政府,愿与日政府谈判和平,因此,日政府亦欣然与汪谈判,经数月来之往返磋商,已粗有眉目。现日政府意中,对和平先决问题为国民政府与汪合作问题。设国民政府能与汪合作,则在汪与日政府之谈判基础上,来实现和平,中日问题较易解决。未识尊意如何?

胡说:汪去年在渝逃亡后,日政府居然以国民党开除党籍、国民政府通缉之汪精卫个人为对象谈判和平,且欲以汪为中心,而树立伪统一政府,这在日政府是非常失策,因日政府这做法,无异自己筑一道阻碍中日真正和平的墙。现日政府苟不欲实现中日真正和平则已,若欲实现,最好还是放弃汪与国府合作主张,实于谈判中日和平非常有利。

津田说:关于日政府与汪进行和平,历时数月,且日政府已将其表面化,设日本政府一旦放弃对汪政策,信用上必有相当损失。所以,日政府意希望国府与汪合作来和日本谈判和平。

胡说:日政府支持汪,实非常失策,因汪不仅是开除党籍、被通缉的,且汪在他个人之道德上,也是反复无常的小人,日政府于此应特别注意。

津田说:汪反复无常与其政道德不好,在日本一部份人也有此认识,不过日政府在汪对日不忠实行为未暴露前,为自身信用计,对汪之和平谈判似不便放弃。

胡说:日政府欲达到中日真正和平目的,非与战争对手国府谈判不可,这是事实问题,现汪在国府方面所有地位均已消失,既不能代表国府,又非谈判和平之居间人,日政府实无要求国府与汪合作,参加中日和平谈判之必要。

津田说:先生之意当据以转达日政府,但日政府之意亦望国府加以考虑,至和平谈判事,时机至为迫切,盖汪之政权树立后,我等之和平谈判必愈感困难,我等双方如能保持经常接触,研究提出更具体解决方案,则为时亦未为晚,望先生特别注意。四、五日后当约期再谈。

胡说:阁下所提各节自当注意,惟于汪与国府合作一事,望阁下在日政府方面特别努力,俾日政府与汪不坚持,则谈判当可顺利进行。等语。至此后谈话方针应如何之处,望迅电示为祷。等语。谨此电陈,职侃叩。梗情 1400。

奉批:"抄送委座"。

秘书处办

《档案史料与研究》1991 年第 1 期,第 13—14 页

陈宝言原顺伯转呈胡鄂公致孔令侃密电
香港,1939 年 7 月 1 日

(衔略)密。前接 750[①] 有 255 电第三项称:小川爱次郎昨晨与弟约谈,据称,日本驻华海军司令及川中将倾向和平,颇欲弟交换私人意见,等语。弟当答以俟伊籘返沪时再谈。按:小川系满铁嘱托,与及川颇有私交,小川且与伊籘善,凡满铁与海军间联系,均由小川接洽。弟与小川识,亦为伊籘接洽介绍。小川与弟谈及此,究竟内容如何,俟伊籘返沪询明再告。等语。

以其中错字甚多,未敢转呈,一面发电询问。顷接复电更正,并谓:小川爱次郎现任满铁本部嘱托,年约五十余岁,日帝大政治经济毕

---

① 胡鄂公秘密联络代号。

业,曾在日本教育界任事多年,人极俭约,且甚关心中日和平。在去年七月间,彼曾私拟中日讲和大纲一条款与说明约三千余言,而原则为:(一)中日两国绝对平等。(二)中日两国完全独立自主。至其条款内容:第一,塘沽协定、上海停战协定以及中日间一切不平等条约一律撤废。第二,中日两国缔结经济同盟条约,计有(甲)关税同盟;(乙)交通同盟;(丙)金融同盟。第三,日本在华撤兵顺序:(甲)华中、华南即时撤兵;(乙)华北五年内撤兵;(丙)蒙疆另缔攻守同盟条约,其内容即共同防俄、共同驻兵,而其行政主权完全属于中国。云云。彼所拟以上讲和大纲,在去年七月曾分呈其首相、陆相等,但卒未得有结果。此小川在过去之情形也。彼此次欲弟与及川司令私人交换和平意见,并云伊籐嘱彼与弟接洽。但弟详询彼与伊籐谈话情形,关于弟与津田谈话过程,伊籐并未告彼,故弟亦未与彼谈及。因此弟乃告彼,俟伊籐返沪时再谈也。谨复。弟750叩。艳261。等语。谨一并转呈,敬乞钧察,职3309、3342叩。东午情。

奉批:抄送委座。

《历史档案》1992年第3期,第73页

孔令侃转呈胡鄂公致孔祥熙密电

香港,1939年7月15日

院长钧鉴:密。据750真282电称:(1)伊籐自大连返沪后,弟昨午始与晤谈。据伊籐称,铃江赴日后因病在医院诊治,医生谓铃江一时尚难返沪。(2)弟与津田谈判一事,据伊籐称,彼此次由大连返沪后,津田对彼无若何表示。在伊籐个人之意,处中日目前形势下,在日方担任此种任务之人,非具有特殊才能而敢向政府作建议者不克任此。津田自任华中联络部长官后,以公务员而兼理此种谈判事宜,事事谨慎小心,非如前此之无职守时敢作敢为也。伊籐又称,彼日内晤津田时,当再与详细筹商之。云云。以上系伊籐观察津田情形也。(3)关于小川爱次郎欲介绍弟与及川海军司令晤谈一节,弟昨日晤伊籐时询及此事。据伊籐称,及川近颇倾向和平,因小川、及川主张和平之意以告伊籐,并欲伊籐答以俟及川具有决心且其筹划成熟时,可介绍与弟晤谈。云云。以上即小川与弟谈判之起因也。又据伊籐称,彼昨晤小川,亦曾谈及此事,伊籐当告小川谓,及川此时尚无与弟见面必要,一俟及川在日政治方面略有布置后再说,并嘱小川不时在及川处加以游说促进。云云。等语。谨此电陈,职侃叩。寒申情 1334。

《历史档案》1992 年第 3 期,第 73—74 页

(2)胡鄂公与船津的秘密接触

情字第 48 号电文

1939 年 3 月 30 日

发报人:750　　上海来电

主任①钧鉴:

(密)宥电敬悉。李彤甫系湖北人,生长外国,娴英语,曾任汪精卫秘书多年,至汪在南京被刺赴欧后,李与汪渐疏,专在沪作华洋间经济、政治各项掮客。此次汪党徒在沪活动,因汪派色泽太深,乃由李出面与船津接洽。日来船津受易敦白、彭希民等游说,对汪政给前途渐失望,与李接洽亦渐冷淡。昨船津宴弟于某日本菜馆。易、彭在座,谈话极久,结果亦圆满。弟与船津谈话目的,在使船津放弃汪、吴傀儡运动,从事中日真正和平,弟以为无论何人欲作政治活动,其目的即在借此于政治上找出路而游说者,设欲彼放弃其原有企图,则必予以在政治上较合理之希望,方能接受游说。故弟游说船津亦然,弟说船津可分数点:

(一)说明汪此次失败后,领导权丧失、号召力消灭;吴决不任傀儡。

(二)此次战争,日本在中国之对象为蒋委员长及国民政府,日本欲得

---

① 即孔令侃。

真正和平,应以委员长及国民政府为对象。(三)说明汪、吴傀儡运动与努力于中日真正和平之成果和比较。即是说,从事汪、吴运动决无成功,努力于真正和平运动终必实现,反之即使傀儡运动暂时成功,亦终必失败,努力真正和平,目前虽然困难,终必得最后成功。(四)说彼年已六十七,在中国有五十一年,知交极多,于中国、日本应立不朽盛业,若努力真正和平运动,即为不朽盛业,何去何从,关系至巨。

船津当询弟应如何着手。弟告以应向日本政府当局运动着手,船津又询弟,以日政府采纳彼之建议后,应如何着手。弟告以应从中日私人谈判着手。于是船津告弟,彼即向首、陆、外三省陈议。一俟建议电发后,再约弟及易、彭等讨论。

按:弟对船津此种计划,既可以阻止汪、吴傀儡之运动复兴,日政府方面多一主张和平说客,同时又可避免自称代表政府之某人招摇过市者,作无谓之接洽,至于津田方面,谈判并无抵触,或时加可收殊途同归之效,弟750叩,俭170。

奉批:"抄呈委座"

《档案史料与研究》1991年第2期,第7—8页

情字第207号电文

1939年4月17日

发报人:750　上海来电

主任勋鉴:

(密)(1)弟等与船津谈话经过前上俭170电谅荷。查阅弟等与船津晤谈时,据船津告彭希民曰,彼对汪运动决放弃,但前与胡、易二君晤谈后,即希拟专电条陈东京当局,既思月底因事返东京,且尚有数问题须与胡、易当面接洽,故欲与胡、易二君再作二度谈话,云云,因此本月十一日,弟与易敦白、彭希民复约船津聚餐,船津当向弟等提出三个问题,即(甲)日本政府曾屡次宣言不以蒋为对象,而近卫、平诏最后宣言虽加以渐次让步,但彻底取消此种主张难以办到。(乙)日本一部份

人认为,临时、维新两政府之于国民政府,亦犹党军北伐时国民政府及其他地方政府,取北京政府而自代者同。(丙)一般日人欲企图以吴佩孚或汪精卫组织统一政府,后即以吴、汪视为西班牙之佛郎哥,以国民政府为共和政府,船津提出以上三点后,弟等当用种种事实加以驳诸,使其所持各种议论均不能成立,而归本于日本政府苟欲中日真正和平,除以蒋委员长为对象谈判和平外,一切均无前途,因日政府不还与蒋委员长谈判和平,则中日战争仍然存在故也,云云。此次与船津辩论达五点钟之久,据船津事后告彭希民谓,彼之与弟等如此反复辩论者,盖欲得一有系统理论之根据,俾彼藉此得以向日本政府游说,云。船津已于十二日由沪赴汉视察当地纱厂情形,本月十八日即由汉返沪,并约定十九日与弟等再行聚餐,后既赴东京。

(2)汪精卫确于本月十二日下午四时后到沪,余续告,弟 750 叩,寒 184。

《档案史料与研究》1991 年第 2 期,第 8—9 页

情字第 219 号电文

1939 年 4 月 20 日

发报人:750　　上海来电

主任钧鉴:

(密)

(一)本月十一日,弟等与船津谈话情形前上寒 184 电第一条谅蒙查阅,船津与弟等谈话后,本拟即赴武汉,弟与敦白兄因嘱彭希民向船津再三怂恿,谓彼既倾向中日和平,应速返东京,向该政府建议,以实现其主张而阻遏汪等之傀儡运动,因此,船津武汉之行于此作罢,弟与敦白、彭希民复于今晚约船津聚餐长谈,结果再续电闻。

(二)(三)(略)

弟 750 叩。铣 186。

《档案史料与研究》1991 年第 2 期,第 9 页

情字第 237 号电文

1939 年 4 月 22 日

发报人：750　上海来电

主任钧鉴：

（密）铣 186 电谅蒙查阅，弟本月十六晚与船津①谈话，易敦白、彭希民亦在座。据船津称，渠本拟即返日，因该纺织会由日转来军部电，嘱渠仍赴汉，设有建议，可电陈军部，船津并出示纺织会来电及渠向军部建议电多件。弟观船津建议电最当处可分为二。一、谓该政府若欲达到中日真正和平，应以委员长国府为对象，舍此实无有可言。二、谓该政府设欲在最近将来进行中日和平，而阻碍和平之汪精卫、吴佩孚统一政府等，似当停止进行，云云。船津并谓该电亦已发出，此等电稿及发电收据弟亦见到，船津又向弟谈党国与彼相识者居正等十余人，船津喜饮汾酒，谓每次在院座处，饭后院座必赐彼汾酒一瓶，等语，船津拟简日飞汉，俟由汉返沪当再与弟晤谈。弟750 叩，皓 190。

《档案史料与研究》1991 年第 2 期，第 9 页

（3）胡鄂公与坂西的秘密接触

情字第 1171 号电文

1939 年 9 月 5 日

发报人：750　上海来电

（衔略）

（密）（1）顷藤井告饶、谭二君。称坂西上月杪原拟来沪，因内阁改组未能成行，昨坂西来电，谓彼正与新阁接洽，若顺利，则 5 日准可来

---

① 船津辰一郎，曾任日本驻上海领事，时任上海日本纺织业会长兼上海工部局董事。

沪,(下略)。冬 337。

渝情字第 733 号电文稿

1939 年 10 月 11 日

收报人:750　重庆发上海电

沪处 1124① 亲译,转 750:

(密)鱼西 385 政电奉悉,已呈阅矣,弟三诵之,甚佩周详,弟以为,关于第五项由日请美以第三国立场参加保证一节,办法甚善,此乃为总枢纽,请密切注意。第四项 D 签字一节,似应由两国政府派全权代表负责行之,弟私见如斯,尚祈仍以私人立场继续试探对方真意为荷,弟侃昇②叩,真亥渝情 733.

情字第 1282 号电文

1939 年 10 月 13 日

发报人:750　上海来电

(衔略)

(密)鱼 385 政电谅悉。坂西五日与弟谈话后,七日即赴宁,十日返沪,据谈彼到宁已与西尾、板垣作第三度长谈,于弟所提意见五条。板垣与彼研讨尤详。十一日。坂西复约谭、饶二君谈话,并谓彼将于铣日赴东京,拟于十四日与弟作此谈话之最后交换意见,并向谭、饶提出意见七项,嘱转弟,俾弟考虑后作十四日谈话准备,兹将坂西所提七事列下:(一)国府蒋委员长、孔院长等,自此次湖南战后,对和平主旨有

---

① 姚文凯秘密联络代号。

② 侃:即孔令侃。昇:即盛昇颐,又名盛频臣。曾任中央信托局理事、交通银行董事、资源委员会驻沪代表,负责与沪、港秘密谈判人员联系。

无变更倾向。(二)胡先生本月五日谈话所提意见五条,能否如约负责兑现。(三)蒋委员长在议和过程中,或和议实现时,若其他将领及共军有异动时,蒋委员长之武力能否将此叛变者剿灭,抑需日方助力。(四)日方须体谅华方力之所及而可兑现者始提出,同时希望华方亦同此旨。(五)双方所提原则在未正式谈判前,各宜准备清楚,以免临时变易波折,(六)在中日和平酝酿中,双方对国际政策之决定应予积极注意,其决定之点应分下列二种:甲、由国民政府蒋委员长运用英、法、美外交,以与中日合作而谋世界和平;乙、或由日方运用意、苏、德外交,以与日华成立和平谅解,使世界战争不致扩及东亚。(七)以沦陷区域将来政权移交时,国府应遴选和平与日方可以谅解之人接收,以免发生对日意见冲突等事,同时在日撤兵后用何保障,使不得再发生战事,此外,坂西又谓,自谈判至正式签约揭晓,其间技术问题,及议和期内双方前线缓冲区域亦应事前予以研究,此坂西由宁到沪后大略情形,据以上观察,日欲结束战事,似具诚意,且坂西于此尤为努力,所有关于坂西提出七事,统俟十四日弟与彼谈话后再详告,惟我国自德、苏、日成立协定,及欧战爆发,与汪伪组织进行等,要求于我抗战前途,确已遭极重危机,今虽赖我最高领袖领导有方,国际形势对我未起若何变化,且湘北大胜藉可正世界观听而寒敌奸之胆,差堪自慰,若云危机已成过去,则似尚过早,故我宜趁此把握机会,以争取荣誉和平与最后胜利,迫切陈词,尚希我中央注意焉,是否有当,伏维核夺是幸,弟750 叩,文申391 政。

《档案史料与研究》1991 年第 2 期,第 10—11 页

情字第 1349 号电文

1939 年 11 月 1 日

发报人:8090① 上海来电

---

① 胡鄂公另一秘密联络代号。

（衔略）

（密）俭417政电谅达，弟复坂西意见书已交藤井带日，并告其于九国公约之尊重与双方邀美参加保证等问题。尤特别注重至藤井所谈者：（1）日本对中日和平，内部意见尚未统一，坂西此次返日活动，虽西尾、板垣已电当局，坂西仍未有最大努力，不克奏效，故十一月方能返沪。（2）汪成立伪府与汪日议和问题，必先停战，汪无法做到停战，故其伪府不易成立，此为日方拥护汪者最大打击。（3）九国公约存在，为日方所不愿，为未识将来能调和到使九国公约与新秩序两名词能同时共存否。（4）日方对美参加保证亦极反对，其情形与对于防共问题同，将来若能使此二问题同时实现，亦一解决之道，(5)蒙古驻兵问题，日军部主张极坚决，如不能实现，即无和平可言，势将来若能在兵额多寡、时间久暂觅得办法，亦一解决之道。

弟当可就藤井所言各点力加驳斥，彼谓此系个人闲谈私意，可勿以问题视之，云，兹将弟遵示草成坂西意见书录陈如下：

（一）接阁下十月十七日意见书，非常愉快，因此乃中日间和平迈进之起点，极望彼此私人间今后讨论，提之意见更要具体，富有建设与实现性，我们作和平工作才可完满，迅速到达成功。

（二）阁下谓脱去旧套自新轨道上谋和，诚属当然。经两年余之战争，彼此觉悟谋和，并欲建立永久和平基础，当然系新轨道上，在此共同信念下，改变敌对态度，中国亦必改变抗战建国为和平建国。因凡国际条约、如九国公约等之能作维护和平工具者，仍应共同尊重，中日今后创造之新和平，仍不能不利用条约的方式，和平不可分割，不能私有，必由两国和平成立东亚和平，更由东亚和平而成立世界和平，方真有永久和平之望，此期望亦莫不以中日两国条约与国际条约为保障、故深盼对尊重国际条约一点能以极慎重态度，彻底考虑之。

（三）阁下所提八条中似已含有下列几种信念：（A）日本似确信中国抗战谋和，不外求得领土完整与主权独立，此外并无他求。（B）日本似确信中日两民族只有互相提携，共存共荣，方能确定东亚和平，且必如此,乃是东亚最先进两国之应有态度。(C)日本似确信中日一切问题非武力所能解决,应详细研究、如何始能消除两国在国防、政治、经济、思想、文化诸事之敌对行为,方能得共存共荣实际办法,以永定方策。(D)此次两国之不幸,应以获得永久和平,为此重大牺牲之真实代价。以上四点,因中国方面所共信,且切盼彼此努力,以期此种信念之成立,而早见之事实。

(四)两国纠纷,苟能出以诚意,摒去武力,并消除两国在国防、政治、经济、思想、文化种种敌对行为,则其关键实操之日本,苟能断然行之,即可立时见诸事实,其步骤,似应如后恢复和平,先行协议停战撤兵办法,以期实际恢复和平,在此互不相信局面下,欲一旦转而互相信任,确系难事,此时惟有共同邀第三国,最好如美国参加保障,然后所谈撤兵停战诸事能真正实现,顺利进行,彼此互不信任观念,亦可消除。而永久和平既系消除两国一切敌对行为,应于恢复和平之始议,定专门讨论方法,列于规定中永远遵重力行之。

(五)此意见书请藤井转致阁下。

以上意见书,弟并未署名,因前次弟与坂西往来意见书均未署名故也,并闻。8090 叩,卅 413 政。

《档案史料与研究》1991 年第 2 期,第 11—12 页

情字第 1380 号电文

1939 年 11 月 5 日

发报人:8090　上海来电

(衔略)

(密)世末电所示坂西末提意见八条与前提七事大相径庭一节,弟当时亦曾见及,故弟巧(十八)日与坂西谈话时曾一度询及,彼虽答私人进行过程中应注重之问题,然究不能无疑,弟事后多方研究,或彼在宁因西尾、板垣曾为彼电东京先洽,故有此乐观,事后或系东京复电结果与彼意相左,因彼返沪时,饶偕藤井往迎,彼即询日军湘北之败,中国

于和平进行是否有变,而藤井返曾谓日当时内部意见尚未能统一。两事观之,弟不能无此揣测,总之,诚如尊电所示,日人诡诈不可不防,故今后尤当注意,8090 叩,支申 422 政。

《档案史料与研究》1991 年第 2 期,第 12 页

4. 樊光与百武、今井的秘密接触

情字第 135 号电文

1939 年 4 月 10 日

发报人:751[①] 上海来电　火急

刚父[②]兄勋鉴:

(密)百武[③]由东京来,谈话如下:

百云:此次因平沼总理及今井[④]支那科长嘱联络和平,事关紧要,特由东京赶回。

光云:前次汝极言平沼内阁专向国府求和,乃另方得报,日已接受汪精卫计划与之结约。种种情形,华报均已发表,与汝言完全相反。几疑谎语。

百云:平沼绝无与汪结约事,汪虽有种种活动,而日以汪挺身出言和议之人,不能不与敷衍则有之。但平沼已经仆等详切说明,确知汪系个人,并无能力,何能受其计划,与之结约。且今井现升参部支那科长,一切前情,曾经身历,深知联汪拉吴,均已失败,欲言和惟在向蒋及孔院长觅取途径,方能有效。

---

①　樊光联络代号,樊 1886 年出生,浙江缙云县人,曾任外交部次长,驻日大使,财政部参事,时任与日方接洽谈判联络人员。

②　孔刚父,即孔令侃,孔祥熙长子,具体负责组织对日秘密谈判事项。

③　日本特务机关政务课长,代表日方与樊光接洽秘密谈判人员。

④　今井武夫,曾任日本参谋本部中国课课长,日本中国派遣军总司令部第一课兼第四课课长,日方参加秘密谈判主要人员。

光云:恐平沼等与汪勾结情形极密,汝亦不知,未免上当。

百云:此事系国策方针,仆与内阁书记长均甚密切,当然不能瞒过。仆此次数回谒平沼,畅谈甚久,若实能和平停战,撤兵自可办到。平并明言和平办法,对共同防共、经济合作及伪满事,均可不提,只有一件,但必须和平事实有联络时,方能提出,可谓极有诚意。今井在支那科时往晤谈,其对各方一切报告方案,均排放不动,专待本人来华有无办法,再行决定。

光云:所言能句句确实否?

百云:可发誓愿负责。本人此次到东京欲偕今井同来,因孔院长处既未有确实表示,彼等以所报告与三四月前无异,认为尚未取得联络,心甚懊丧。故此次特赶来请示,只须略有进步或有电允言和平、或令来港面兄,即可认为联络途径已成,代表平沼及今井回来面商一切。本人实酷爱和平,欲效忠于孔院长。如再无办法,日必另筹计划,或即助汪动作,本人亦只可自此不再妄有希冀矣! 等语。

察其所陈,似尚实在,敌方求和心理,亦甚明显。究应如何措置之处? 谨陈鉴察。并请核陈院座察示为祷。751。齐酉(1157)。

《档案史料与研究》1991 年第 1 期,第 15 页

情字第 208 号电文

1939 年 4 月 18 日

发报人:751　上海来电

主任[1]钧鉴:

(密)渝寒电奉悉。查百武为前大隈伯亲信,副岛入十六之婿,两百武大将族侄,亦日世家,战前由小幡介绍来华,兄曾见过,似非全无根据者。昨日又来言,平沼之惟一条件,只对共党问题。据云:"将来俟和议接洽,只须蒋先生或孔院长表明与共党无关态度,平沼内阁即有与

---

[1]　孔令侃担任行政院院长官邸秘书处第六组负责人称谓。

蒋政府言和之论。以前少壮派军人等受汪精卫各派鼓惑,以蒋完全为共产党所包围,故在近卫时代有不与蒋政权交涉之声明。本人在当时即反对其说,确谓中国唯一政府为国府,国府中实权为蒋先生,行政首长为孔院长,倘非向之言和,决不能成立。至共党包围之事,深知决不尽然。当时彼辈均以本人为受华人利用,系反军派,甚被嫉视。今则事实已发现,本人所言并非无据,而平沼与今井等均确信非向蒋、孔议和不可,但前对付少壮派诸人面孔及一般人民视线计,只此一转机,即可有办法也。至前次情形,希望早能得复,本来平沼内阁对本人承经介绍向孔院座处有联络,业已详知,但对于孔院长究竟是否此时真有意和平,则须得可以使平沼等能看得出之处,不必有如何详细确切条件之表明,俾能明了确有接洽,即可引今井及平沼代表来商详情。再本人与平沼、今井等秘密往还,外间绝无泄漏,并乞放心。"等情。

窃谓此人是否可靠,似当一试。彼既云可引今井来华,可否请兄允其来晤,倘今井果来,则彼为参部支那科长,决非轻来,否则嗣后可不必再谈。弟意现当汪正在勾敌时,总当设法使彼方对我言和者不失望。究应如何,仍请核示。751 叩。删申(1181)。

《档案史料与研究》1991 年第 1 期,第 16 页

情字第 229 号电文

1939 年 4 月 22 日

发报人:751　上海来电

主任钧鉴:

(密)百武因见昨报载院座抗战到底谈话,甚感恐慌,谓渠对平沼、今井及各要人所陈院座素志和平之言论,恐已根本粉碎,日方被汪派所勾动,另图极端方法。当告以:此报恐因谣传日方欲以近卫宣言为基础,托英使向国府谋和而发,实则日何不速行表明自动放弃侵略态度,以求和平?证以报载,委座谈话意甚明朗。渠谓即须电政府说明,免生变化。并云确实日政府拟极力向国府谋和,渠曾与平沼谈至数回,甚彻

底,并与今井详谈。今为参谋本部支那科长,对华事均集中其手,甚有力量,前本为连汪主动者,现实已转变觉悟。对国府分化办法,均经失败,故如欲拉吴佩孚之土肥原,业已撤回,对于在华南向做勾引桂系李、白反抗国府之和知,则已停止其经费之供给。今井现转向院座,得有联络,即自来华,仍希望早有办法,免至失望,另生意外,等情。窃前电曾陈政治游击办法,亟须对敌分化,并设法笼络,使不失望,藉资利用。谅邀鉴及百事,究主如何应付之处,拟乞核陈院座核示。再,所报和知向做勾引桂系工作一节,并乞注意为祷。751 叩。皓酉(1191)。

情字第 230 号电文

1939 年 4 月 22 日

发报人:751　上海来电

主任钧鉴:

(密)饶神父来言,对报载委座、院座反对英使调停战事一节极赞成,谓现日政府已极力在谋和,只须我方应允,一切均易商洽,何必经第三者之手,使彼等从中渔利,我多送礼?最好依照前陈办法,先行密派代表就商,一经就商,日决不能再打,诸事必可迎刃而解。俟该时请英、美、法诸国保证,即可能表里兼到。渠实以救世为怀,希望早有复示。因现汪精卫已上当,完全受日人摆布,傀儡登场,不可不速为设法破其奸谋也。再前被捕之日书记官盐野,可否准予交换,俾为和平先导,亦乞速代请示。等情。谨请核陈院座为祷。751 叩。智未(1193)。

情字第 273 号电文

1939 年 4 月 26 日

发报人:751　上海来电万急

(衔略)

有晨 1208 电谅达。百武已于昨晚得今井回电云,一俟对方本人或派使者到上海时,予即来,俟经一次会谈后,再赴港,等情。是今井已决来,拟请兄即回港,并先派一忠实干练代表径到沪,先行接洽,乞察办并立复为祷。751。寝巳(1216)。

《档案史料与研究》1991 年第 1 期,第 17 页

情字第 287 号电文

1939 年 4 月 28 日

发报人:751　　上海来电万急

(衔略)

寝巳 1216 电谅达。何亚农得清水密告,亦已得今井来电,谓可来沪,使我方有切实可负责人到时,即刻飞来。但事极秘密,港方恐耳目众多,须俟第二步,等情。是今井之来,已确可证实。窃谓现值我方战胜时,正可示以实力,为外交政治之运用,关系实极重要,究派何人及何时可来,万乞速赐电示为祷。751。感申(1222)。

《档案史料与研究》1991 年第 1 期,第 17 页

情字第 305 号电文

1939 年 5 月 2 日

发报人:751　　上海来电急

(衔略)

(密)有晨 1208 寝巳 1216 两电谅早邀鉴,迄未见示。顷百武来云,接今井电询,究何情形,谓如过迟,恐将不能来华。故百武甚急,催询究能否有复电? 弟谓,前本云今井可赴港,今井催先来沪,恐其中不无问题。问百武,今井究竟能否通赴港? 百武允即电询。云今井初意不先来港,因恐事未有把握,该处耳目众多,甚于大局不利。但问如今井复电愿直来港,兄是否即可与公晤? 谓此事关系甚大,迟则生变,不可再失事机。窃谓:似此情形,今井来华已极确实,既允其来晤,似当早日决

期,因今井来晤,于我方有利无害。且百武前云,如平沼、今井等认国府有希望得联络,即可将拉吴勾汪等一切枝节正式禁止,则今井之会晤攸关实大。万乞商陈院座,速示遵办,如不便派代表到沪,亦请示知何时回港,嘱其来谒,俾便洽办,千万至祷。751。东未(1228)。

情字第 305 号电文

1939 年 5 月 3 日

发报人:751　　上海来电急

(衔略)

特亲译。港转敬渝情 73 及有渝情 75 电均于昨晚始奉到,已通知百武转请今井速来沪先谈,渠允立转电。惟据称今井既长参谋本部支那科,对华事全归掌握,事务极紧要,不能在华多延,且恐若非确知兄能实在与会晤,未必能来。用急奉达,拟请兄早日回港,一俟今到沪,询得真意,有眉目即当电呈,一面陪同来港面谒。751。冬巳(1230)。

情字第 311 号电文

1939 年 5 月 4 日

发报人:751　　上海来电急

(衔略)

(密)特亲译。百武来称,已得今井复电,定明日飞机飞沪,与弟会晤。但百云今井似有系与平沼商委,意义极重大,其在沪决难多延,务期与弟晤后,即赴港谒兄,若令失望,回东京则前事尽弃。此后变化难测。等语。窃思:今井既能来,足见其与平沼等期望极切,决不致骗我无诚意,兄与见面,使其军部与平沼内阁均视对我中央已经取得联络,据称即可放弃其勾汪及别的阴谋,确系有利。吾兄千秋事业,亦勿坐失时机,万恳商陈院座,准备早日回港约晤,俾毋失望,并径电发沪为祷。

751。江未(1235)。

情字第 313 号电文

1939 年 5 月 5 日

发报人:751　　上海来电火急

(衔略)

(密)亲译。百武来报,今井于今午三时到沪,明晨十时来晤,希望能早日谒兄,除晤谈情形随时急报外,请速准备赴港约晤。并核陈院座察鉴,仍候立复沪。751。支午(1237)。

情字第 317 号电文

1939 年 5 月 7 日

发报人:751　　上海来电火急

(衔略)

(密)特亲译。百武偕今井九时三刻来,晤谈三时余,情形颇佳。渠初以事务至忙,且恐被外间传闻渠赴港求和,云不能赴港,经说明若诚意言和,非与兄会晤不可。渠末云,若兄果有诚意,并和平真有希望,亦可来港。请速电复,约其来港面晤为祷。谈话情形另电陈。751。微未(1240)。

情字第 319 号电文

1939 年 5 月 7 日

发报人:751　　上海来电火急

(衔略)

(密)特亲译。支电奉悉。查今井所表情形已于微电奉陈,谅邀鉴及。百武来云,今井系参谋本部兼大本营支那科长,地位甚重要且有力,此来极诚意,及盼对院长及兄能得到联络。其主张日方先向委座作对手议停战及向院座作和平谈判,系极确实表示,且为煞费苦心之办法。如荷赞同,并得与兄会晤,定可有急速之成功。今井并言,渠实倾心和平,所言决负责任,非为一般浪人萱野等可以随便说话,毫无实际。如所不成,将来当出家做和尚。亦可见其诚意之一斑。至平沼方面,仍系由百代表云,俟见兄后,即当回东筹划一切。平沼内阁表示一节,只须向我取得联络,决不成问题。惟希望速有复音,因今井不能久待。除告以现彼方仍谋勾汪、组织江汉等伪政府,并向各方横施轰炸,荼毒生灵,实系增加我方抗战恶感,万望速催内阁制止,彼亦以为然。特电密陈,乞核陈院座察核,并速示复。751。鱼申(1245)。

情字第 320 号电文

1939 年 5 月 7 日

发报人:751　　上海来电火急

(衔略)

(密)特亲译。鱼申 1245 电谅达。查今井所云,日方先向委座作对手办停战一节,即系取消前近卫宣言不与蒋政府交涉之重要表示。今井原为拉汪及近卫勾合之主动者,现能改变至此,当系实已觉悟,确有诚意,似可予以接受。惟最要尤以兄允与会晤,当极有利。兼百武云,今井之来与渠密代平沼来讲和一节,实系冒重大危险,万一秘密倘有泄漏,不堪设想。当即告以两方自当极守秘密。特急补陈,乞鉴察。751。鱼戌(1249)。

情字第 332 号电文

1939 年 5 月 8 日

发报人:751　　上海来电火急

（衔略）

（密）特亲译。今晨百武偕今井来谒，业经微未 1240 电陈报，兹录其谈话大略如下：

今：去冬晤后，转瞬数月，今复聚晤，不胜荣幸。

光：闻君升任掌理对华要务，仍极主和平，此次能于百忙中来晤，足征诚意，想事权在握，必有法可使中日早得解纷。前闻百武云，君与平沼、坂垣均有密切关系，想此来必已有彻底商谈。

今云：然惟此来，系以个人立场，研究两国和平事究否可能。中国种种困难素所深知，日方困难，亦望中国谅解，因中日双方无论打至何年，终须言和，故欲努力使早实现，固非日本真已力竭财穷，迫不得已。不知国民政府近来对此有何具体表示？

光历述院座和平素愿外，并请其开诚布公表示日本真意。

今：日方意思本已于近卫宣言表示，除前见蒋先生反对外，并未见中国有何对案及希望如何之表示，故日方以为国府已全无意言和。

光云：近卫宣言在中国政府观之，完全系与汪精卫阴谋相呼应的一种配合计划，所谓防共等种种条件，以蒋委座过去剿共政策观之，可谓因果倒置，如中日早能合作，根本自无所谓防共。汪出走后，已成个人，近卫宣言亦成过去，当然无再提之余地。

今云：近卫宣言在日本视为政府宣言，仍继续存在，但未知孔院长愿有如何表示。

光：当经依照敬电所谕办法云：现平沼既接组内阁，谅对近卫声明当有进步之办法，如能明白表示在我不损失领土主权之原则下，予我诺言之保证，并与我国府委座言和，则我方自当不坚持抗战。

今云：对中国领土主权完整自无问题，惟平沼内阁倘未得与国府联络，遽请再发声明，若国府仍无表示，则绝对无意义，惟在确实取得联络后则属。现本人想列一办法，即一、先以蒋先生为对手商停战；二、和平谈判则以孔院长出面为对手。此事是否可行，希转陈孔院长核示。

光云：当设法转陈。惟日本对于撤兵一节亦应不成问题。

今云：须待事实上有办法自能办到，惟不知蒋、孔诸位对和平能否自由处置，及各军队能否完全服从。

光云：此点但须能有荣誉之和平，国府自有权力办理一切，否则不但蒋、孔两位不能办，全国民意尤为不可抗也。前百武曾谓君可赴港谒孔刚父君，俾得当面详谈一切。

今云：对于孔君，前迭据百武君谈及，极为佩仰，甚望能一晤，惟本人东京事务烦忙，不能久离，且香港耳目众多，万一被泄，将全局破坏，不可收拾。

光云。君若确有诚意谋和，当向孔君晤谈，若虑泄漏，双方极守秘密可也。

今云：若孔君果有诚意，对和平确有希望，则本人牺牲亦所不惜，但现在进行各节，务以绝对秘密为最要，否则异常危险。本人在沪仅能住三、四天，希速有回音。等语。

查今井此来似确有谋和诚意，惟谈话中尚不无门面语，想一经晤兄，定可有进步表示，取得解决办次，其对委座谋停战，向院座作对手，为和平谈判各节，亦似为进步之表示。今井云所陈虽为个人意见，但如有办法，以本人现在地位，当可为较有力之推动。光末对今、百武云极佩君等热心，此事若成功，非特两国可免战祸，君等个人亦可立不世之火业，希望更努力。今井、百武均甚欢悦。用急奉陈院座查核，并速赐复回港会晤日期，以便同来为祷。751。微西（1241）。

《档案史料与研究》1991 年第 1 期，第 19—20 页

情字第 333 号电文
1939 年 5 月 8 日

发报人：751　上海来电

（衔略）

顷百武来云，今井以抛却重要地位，冒险秘密来谈和，深恐不得结果，决难多延，特来问是否已得复示，如尚无，则明日是否可得。光当告

以现重庆横被轰炸,交通困难,况如此大事当须商议,恐复音或须稍稽,亦意中。百又称,今井意,或院座处有别方不负责者接洽,以为今所言不与合符,或看轻此事,不加注意,必将稽延赐复,无法进行,不如早回东京为愈。光告以院座与兄向待人以诚,凡日方曾渴晤者,均所共信,此次既允请来华,决非无诚意,必有复音,此事若得成功,系一世大业,务须耐心暂待。百允力向言明。并云,现对华之事,军部全由今主持,而平沼现阁亦以和平为主旨,特由渠等来华联络,若此次机会失去,则将来和平之路将断,至和平谈判,自而待将来从长商议,在现时总以能速得复音及兄会晤期为要。当嘱其务稳住今井外,特再奉闻乞鉴核,速复万祷。751。虞午(1250)。

情字第 335 号电文

1939 年 5 月 9 日

发报人:751　上海来电火急

(衔略)

(密)亲译。鱼电奉悉,查微未、微酉电尚未奉复,甚念。今井亟待复音,云接东京来电,促于明后日回东,事务重要,万难多延。百武云,今井之职位重要,冒险密来,且愿远来港谒兄,确可为诚意之证明,且曾表示极信佩光之诚意,亦可见其实欲于中日事效命。至如现已失败之人,如和知及浪人山田纯三郎等,则又经营汉口伪组织之无聊勾当,影佐则失去军务科长重职,仍野心不死,作勾汪工作,彼等均以己身利禄为前提,不顾国家及东亚大局,言行实不足信,故至中日局势愈演愈坏。今井既处重要地位,已则密代表平沼,决非如彼浪人之流有失信用,以前历主和平,往来日沪,曾被目为反军思想者,几被不测,然得内阁密令保护,无奈彼何益主义坚定,务图努力达的。此次极望成功,故全力稳住今井等。然现东京来电催归,如无希望,恐决难允延,若计划失望,回去后事必有重大变化,总期明日内有复音,俾得与今井来谒晤,则庶不枉费数载苦心。等语。其所陈似确有诚意，即乞鉴察，并核陈院座察核，速复示达沪为祷。751。齐未（1251）。

情字第 337 号电文

1939 年 5 月 9 日

发报人:751　　上海来电急

（衔略）

（密）亲译。今井来沪已六日，确接东京急电，明日不能不回去。但如事有希望，兄可约见，彼可牺牲一切，来港谒晤。百武云，晤时更可推诚，披露一切。万望立赐复示，俾毋失望，以为我方和平之门已关。

窃谓：即使我方尚未言和时机，然在策略上兄亦不妨与一晤，以懈其军心，彼有重要地位，决非胡行，既有诚意而来，彼自身且忧秘密泄漏，更不至别有狡谋，且赴港会晤，一切均可用极密方法办理。万祈鉴核，速电复沪为祷。751。佳午（1252）。

情字第 353 号电文

1939 年 5 月 12 日

发报人:751　　上海来电

（衔略）

（密）根百武来云，今井今早起飞，途中因露雨不能行折回，希望今日有复音，以便接洽。据云，汪精卫恐已到沪，彼派进行甚力，今井现已完全转变，向我方进行，若无希望，将来恐汪派仍将勾搭，甚为忧虑。当以彼方一方向我谋和，一方仍到处狂炸，且仍向汪勾结，实足使人疑和平运动决无诚意，大生障碍。百武云，若一得与兄会晤，向中央取得联络，今井与渠即立回东，可制止一切。今井现处地位极为有力，且与平沼内阁联络一致，决非平常失败军曹及浪人可比，对于复音未到，疑已置之不理,前途恐不堪收拾。等情。

窃思:今井系东京重要官吏,军部亦系重要人物,其来不啻代表日方向我屈服,此亦荣誉和平之初步,如能与一晤,即不和亦于我策略上必有益而无害。否则,我允其来而无之理,恐将公恨并入私仇,于我益加极为不利,尊见如以为然,尚祈鉴察,立赐复示电沪为祷。751,真巳(1255)。

《档案史料与研究》1991 年第 1 期,第 21—22 页

情字第 367 号电文
1939 年 5 月 14 日

发报人:751　上海来电

(衔略)

(密)今井已于今晨回东京,佳 98 青 99 两电于昨午后始奉悉。弟与今井谈时,原曾声明以个人立场,但漏未录入为歉。旋约今、百晤谈,于昨晚六时来会,当妥慎将电意设法转达,且以兄本愿与其一晤,惟以公务冗繁,交通限隔,至港须时,恐有未及,必须俟彼方有确实具体办法时,再行约谈。据今井谓,请美国出任斡旋一节,与日方历来主张东亚事不愿由英美等干涉办法相背,恐无法办到,但亦询华方是否确能信任美国。当告以美国历来主张和平,当可使人见信。至提到确均具体办法,渠以为仍须由我提出。当仍以个人立场告以:

(1)此事由彼方主动,当然应由彼提出确实办法。

(2)且须由彼方政府作明显的表示,予我诺言之保证。

(3)必须停止一切分化运动,专诚向国府委座言和。

渠允回国再商,仍由百武联络。但嗣据百武来言,今井此来满拟可晤兄开诚相谈,乃待至七日,始能得复音,又不允会晤,未免失望,认为我国已无和意,自己系被人愚弄,故不能再延,当告以如此大事,竟不能再留数日商待确实办法,似亦显无诚意。百云,今井如能见兄,作均实洽谈,则多延日期亦不成问题,此次回国恐将别有变化,或益不利。当

告以中国本未求和,不过以渠历次来言平沼内阁主和种种情形,并今井已完全觉悟,确有诚意谋和,故允其来,今其所言仍系空泛,并无确实办法,毫无进步,今能得到重庆复音,表示办法,岂非业已取得联络,大有进展? 现视日方如确有真诚,具体办法仍可设法约晤。彼以为然。云,当赶回东京,免其误会,以致影响平沼对华方针。但飞机须十七日始得有位置,当先去电密告一切云。除仍利用百武与以牢笼外,谨此密闻,并乞核陈院座鉴察。751 叩。文(1258)。

情字第 381 号电文

1939 年 5 月 16 日

发报人:751   上海来电

(衔略)

(密)奉院座文机秘电:孔秘书转呈真已电悉,此间交通阻滞,令侃暂难赴港,且港地耳目众多,殊多未便,今井既有要公,何能久待,即以来电而言,伊已起飞,若非天气不良,来往已东返,亦可证明伊不欲等候晤面也。如确为诚意可靠,即请代表探询商洽可也。等因。当经电呈如下:文机秘要电于昨晚奉到,谨悉。适日间奉到刚父兄佳及文各电,当经约百武以洽谈,告以电意,并言系因交通阻滞,故复音略迟。伊极感动,谓今井可惜已回去,拟即回东与谈。夜间十一时,奉到钧电,以所关重大,又约百武来谈,示以钧旨,伊更感奋。谓今井此来至少得到诸多效果,即:

(1)已知重庆和平有可能;

(2)确信院座及刚兄均极有诚意;

(3)对今井之来颇蒙重视;

(4)重庆方面已取得联络。

确可视为有重大发展,决当继续努力,当向平沼报告,并再向今井详谈,想彼亦当谅解一切。在伊意度若有办法,今井可复来,对中国领土主权完整可为保证之声明,亦可办到。但此事仍在与我方联络,秘密商委后,不过一手续问题。适已向别方通融到飞机位置,明日即飞东京接洽,奉到院座电旨,倍添勇气,平沼方面对此亦可认为有把握,自当遵照商得切实具体办法,再来就商。惟最好我方亦能即得到具体办法,便该时易于治商。当嘱仍由彼方先提出,伊允努力去办。今早得电话,伊已于七时半乘机飞东,约得有办法即早回,谨以奉复。再前饶神父云,曾晤日方重要人员,愿向中国言和,伊可以为人道主义立场,自动向东京各方洽谈,即所言日皇下诏撤兵一节,谅亦可办到。等情。当经电呈,未识可否听其前往,以收各分头并进,殊途同归之效。统祈察核赐示为祷。光谨叩。等语。谅均已洽及,特再录请鉴洽,仍乞复示为祷。751叩。寒午(1260)。

《档案史料与研究》1991年第1期,第22—23页

情字第411号电文

1939年5月24日

发报人:751　　上海来电

(衔略)

(密)筱渝情107电奉悉,自当遵照,妥为应付。惟此次百武遵命邀请今井,抛开重要职务冒险密行来华,等至一周之久,似尚非欺骗举动。至今井之来,原欲与兄会谈,盖认弟不过为联络探询关系,未能作具体实谈,故不愿与弟作空谈周旋,现既回去,前百武原云,恐去之后不能再来。虽百武临行时极作乐观语,但究未知能否说回,兼百武回东时曾言,如我方有确实办法,可以电彼即回,但如此办理,似又有表示我方急欲言和之嫌,实不方便。拟俟其回时探其如何说法,再行请示,再万一今井可再来,兄是否可允会晤?并祈先示为祷。751。马酉(1269)。

奉批:"择要抄送委座参考"。

《档案史料与研究》1991年第1期,第23页

情字第 1194 号电文

1939 年 9 月 16 日

发报人：751　　上海来电

（衔略）

（密）连日各方接洽，近情如下：

（一）今井切盼会晤，因欧战事急电催，已先回，云不久仍来。

（二）百武来称，现阁对汪事冷淡，惟对中央和平须有办法，即将该事完全停火。今井邀渠同来华，确有诚意，仍向中央求和平。彼现主管对华事，比任何人有权，希望速有办法。惜因欧战事急，电催归去，但愿不日回东报商一切，务期早确定具体办法，渠仍欲知中央是否确有和平意及能否不为共党所包围。当告以中央屡次宣示，日如确能撤兵，恢复"七·七"以前态度，自有和平可能。如照前谈办法，由日皇下诏停战撤兵，更于日方有力。中央现完全由领袖全权统治，丝毫无共党干政。百武以现阁正欲确定方针，拟日内回国工作，并邀今井再来。

（三）何亚农称：今井此次来沪，对汪极表冷淡，汪系周佛海诸人大为恐慌，以今井到必邀何来谈，表示器重，因对何备致殷勤，请其向今井说好话，俾能尽力援助，并请其与汪晤面。何因与言，汝辈须先知两事：（1）须知日人对汪是否以之为破阵工具，抑真愿交以独立主权完整领土；（2）沦陷区域是否真能撤兵，商民财产是否真能发还，若各能完全作到，则我国人当然援助，否则如王克敏、梁鸿志辈，现已备尝压迫，深悔失足，余前既不为彼援助，现又何能助汪，恐一经晤谈，彼将眠食不安，不必引烦恼。王克敏曾最难堪者，为日宪兵无论有重要会议及贵客在座，一经召手即须趋承。周等闻之，大为感佩，谓：初时日对汪派诸人甚有礼貌，今渐不佳，故彼等意见以为，如能贯彻主张，撤兵恢复领土主权，自当进行，否则即使汪欲乱行，彼等亦不干，并痛骂陈璧君无耻，只知利己，不顾大局。是汪事已被日人观察甚为明显，附汪诸人亦感惴惴，以为不能成事，其目的无非欲发财，对汪未必真心。日前开国党代表会时，汪拟摄全照纪念，众皆迟迟不前，颇觉不安，后忽倾盆大雨，天亦昏暗,不能再照,众人均喜形于色,如卸重负。后傅式说语人深幸天救,否则将来按图索骥,如何了得。云汪本人身如困重囚,囚禁重重,均由日人把守,惟陈璧君、周佛海能每日见面,连林柏生等见时亦须由日人搜查身体,各人心中均已有敢怒不敢言之概矣。今井极愿向中央想办法,嘱代接洽,随时可电召来沪,中央若派大员负责,并当赴港会谈云。

(四)王成志来谈,鲍观澄两次派人送信表示极愿院座设法谋和,并欲面谒请愿。当告以必须先有确实具体办法。王云,鲍拟月中来沪面洽云。

以上各点请鉴察,并请转陈院座察核示遵。751 叩。鱼申 1424。

《档案史料与研究》1991 年第 1 期,第 23—24 页

情字第 1254 号电文

1939 年 10 月 6 日

发报人:751　上海来电

(衔略)

(密)梗电奉悉。百武现回沪。据称此次回东曾将中国实情详细报告,极得谅解。总理阿部确极希望能早对华成立和平,共向世界发展,其内阁秘书长亦与谈多次,甚为融洽。今井已调华军总司令部总参谋长之下第一高级参谋兼支那科长,专管政治、经济之事,前两日已飞来南京,抱有速与中国成立和平之决心。本人在东谈极详尽,拟明日飞宁约其来晤。今此来握有总司令部实权,因总司令西尾实好好先生,坂垣虽云总参谋长,然因诺蒙坎事引咎下台,威望全失,已无实力。不过傀儡耳。故今实为总部之灵魂,可有作为,此次诺蒙坎益见苏联极大野心。其主因为:(一)因日方将重兵均运前方,兵士亦殊死战,恐日或竟对华停战,全力战俄,势将不支。(二)因中日和平空气甚盛,恐真联和彼之目的不达,或且受祸,故暂诱日停战,使其继续与华相持,两败俱伤。(三)因欲瓜分波兰故,暂对日妥协,德与英、法战亦由俄使奸计,

佯与德和,不用兵力而分波兰,且使德大胆开启战衅引起世界大战,而彼得坐收赤化之功,因日人有识之士莫不疾首痛心,决不入俄圈套,宁愿速与华和,切实合作。对华司令部之股,系藉以统一各方意志,一致议和。报载援助汪政府成立及对华总攻击等语,均系表面文章,今井决去参谋本部支那科长而就此职,抱有极大志愿,惟究未识重庆能否确有和意,故拟约来晤谈、希望能负责作具体洽谈,并希望示以负责之命令或电报,俾彼不致视为徒托空谈。事关迫切,尤望勿失事机。因现内阁意见甚好,但若令对重庆认为绝望无办法,则必至就汪政权事寻出路,使将来更因汪事失败而失败,前途必更趋险恶。盖汪事虽系影佐等一班人成就,已业尽力支持,然日人则以对重庆和平不能联络,不得已亦只好就汪行事。至汪伪政权如果出来,亦甚于中国前途不利,故须急切行事,方能顺利得手。当告以:日人如彻底觉悟,并知国际间之奸计,务须放大眼光,勿再稍有图取目前利益野心,完全撤兵,回国府言和或有商量余地。百以为然。谓:当共同努力。惟今井云:前承电邀赴港,适因欧战急返东京,此次来华,因重务缠身,决难离开赴港,拟请孔公子速来沪一行,藉图面洽,至一切安全问题,今愿负全责,云。当告以:孔君决难来沪,将来如有具体办法,尚须请今君赴港洽谈为妙。百定今午赴南京晤今面洽。令约来月四五日可来沪晤谈,因总司令西尾、总参谋坂垣定廿九日抵宁,今须忙于布置数天,过期即来,本人当于明后日先回报告,希望今来时务能负责切谈,俾无失望,等情。察百武态度极诚恳,确言今井实是决心,其来时究应作如何应付之处,特密陈鉴及,呈请速陈院座察核速示遵办为祷。751。感午1451。

情字第 1262 号电文

1939 年 10 月 8 日

发报人:751　　上海来电

(衔略)

（密）江电奉悉。今午百武来催询复音，谓如无希望，今井现因事务繁忙，恐不能来作空泛谈话，本人亦拟于九日返国。当告以江电意旨。彼云：今春今井特来沪约晤时极有诚意，是晤如得接洽，必可将汪事压止，但到此晤止，伊尚不赞成汪之伪政权成立，虽影佐等一部份人为一己功名计极为活动，而日政府则仍望对重庆有办法，如中央确具诚意，能有相当负责代表密行接洽，决即放弃汪事。但如仍无确实办法，则日方于无办法中只好从汪方活动。当告以：日方既诚意愿和平，则明知汪已无济于事，何不明白表示停止此举，俾中央相信确有诚意谋和，自当接受和平。百云：中国亦须有办法，使日人相信确有和意。当告以：中央已迭有明示，如近日王外长声明，更可了然。百云：本人经种种说明当然谅解，但日政府及军部要人恐尚不能领悟，总希望前谈各节速有办法，俾得引今井前来商谈一切，勿误事机。等情。究应如何应付之处，仍乞鉴察并核陈院座迅予察核示遵为祷。751 叩。鱼申 1464。

《档案史料与研究》1991 年第 1 期，第 25 页

情字第 1321 号电文

1939 年 10 月 25 日

发报人：8093　上海来电

（衔略）

（密）（极密）今井于廿二日与何亚农同来谈话，当告以：君等既支持汪组织所谓新政权，似不必与我们再谈和平矣。今答：不然，汪既云为和平而出来，又曾与我们商谈过久，势不能不赞成而加援助。当问以：彼出来能得和平乎？今答：阁下可不必细问，如彼有十二分把握，则不与阁下谈矣。刻仍继续与阁下谈者，亦可思过半矣。当问以：君已离开参谋本部，现入总司令部，仍有权谈整个和平事乎？今答：因在部尚无权可以下令停战，乃为和平而来，就此确有权与阁下谈此大事。又告以：现虽是个人意见，然不能不问和平究如何谈法，如何方能得和平。今答。彼此均有困难，如中国能顾虑到日本方面苦处，日本亦顾虑到中

国的难处,则商谈自然接近,亦易得和平。何曰:我辈不敢赞成汪组织者,非对人,乃对事,彼现在全副精神所筹划者,为和平之处太少,为个人争权位之处太多,如此则是徒误大局,徒延战祸。今答:我所以百忙中而必欲与阁下辈晤谈,正为此也,望阁下辈从中尽力,能从重庆来一负责大员,且相信阁下辈相信我,我愿诚恳的商谈具体办法,务请共为努力。又告以:日本已可结束战祸,而偏为虚荣体面或目前小利,使前线加多死伤,皆日当局者之罪,以个人之见,从今日起所死之人非死于炮火,乃死于日当局者,当局者应偿其命。今答:我有同感,故速共为努力。并称如有办法,即当再来会谈。等语。日人之意似仍系把住汪精卫,要挟中央谋和,惟其所称两国当各顾虑对方难处,似颇有诚意,究应如何应付之处,仍请密陈院座察核示遵。8093 叩。养酉1490。

5. 樊光与喜多诚一的秘密接触

行字第 68 号电文

1939 年 3 月 22 日

发报人:751　香港转上海来电

刚父兄勋鉴:

亲译。据游捷送函谓,与吉村回京后,将在申与弟商洽各节详细报告。喜多[1]、根本二人极为欣慰,已持往东京相商,正在考虑,因事关重要,尚须详细研究。但彼等观之,极有希望,将为双方幸福。日前根本已由东京回,嘱彼等通知弟,大约四月十日左右喜多南下,彼等随行,当即预备一切材料,可当面接谈。其方案及办法,希望弟预先筹备,否则喜到申后,一切均需向港、渝请示,多费时日。事关重要,务乞注意妥备。待喜一到,即有事可商,万不失我等中间人地位。现做到此地位亦

---

① 喜多诚一,时任日军华北派遣军特务长。

不容易,万恳勿稍轻放,致失事机,等语。前此喜多、根本派游捷、吉村来沪,商洽各节,历次电请转陈。兹据称,喜、根二人已回京,根特通知喜南来会谈各节,似有重大关系,且似系前次提议拉汪条件,因我方驳斥失败之后,放又归诚院座进行。究应如何应付,或须弟先来面谒请示机宜之处,该乞核陈院座鉴察,迅赐核示为祷,751。筱未(1100)。

《档案史料与研究》1991 年第 2 期,第 4 页

渝电第 110 号电文稿

1939 年 3 月 21 日

收报人:751　　重庆发报

港处转 751。(密)亲译。筱未(1100)电悉,先决问题应以恢复七七以前原状。先由日皇下诏撤兵为要旨。请本此原则进行,兄可不必前来,特复。弟〇,感。渝情办。

《档案史料与研究》1991 年第 2 期,第 4 页

情字第 1201 号电文

1939 年 9 月 18 日

发报人:751　　上海来电

(衔略)

(密)(极密)鲍观澄①来称,喜多廿号内来沪,拟面谈。嘱其密来,先为接洽。喜意极望此来对中日事早有办法,并望能谒晤院座洽谈,尤希在汪精卫登台以前得到办法,免得将来既成事实,对汪又生出面子问题。其意甚切实,总期有成,并据鲍谈,此次日之改变在华军事组织,重在对内关系:(1)因各处事权不统一,华北、华中、华南各军间互生问题,即各特务机关间亦多此疆彼界,故非统一无以集事,(2)已证明兴

---

① 又名冠春,江苏镇江人,1897 年生。曾任张作霖顾问、上海电话局局长。1932 年在东北投敌,先后任伪满洲国哈尔滨市长、驻日代表、驻日本公使等职。

亚院并无力处理对华事务,故特设总司令部,无形中替代其职权。(3)西尾与渠甚热,系好好先生,总司令仅居其名,事权当然集中于参谋长板垣,但板垣之来,他人以为将促成汪之伪政权,然板垣系最注重拉吴佩孚之人,此来尚须拉吴,但对中央和平亦所希冀,若能得有办法,亦可牺牲其他一切,其同来者有根本、雨宫等,系反汪之人。喜多此次尚拟详细与之商谈。究之此次在华总司令部之设,未必能总攻,毋宁说以结束战事为职志也。(4)廿日在南京所开临时、维新两伪府会议,汪派已要求参加会议,但亦不过略谈梗概,未必能确实奠定汪政权,盖王、梁等事实尚反对,现最于汪所难堪者,酒井等已于9月1日在张家口成立蒙疆独立自治政府,划京兆、大同、宣化等处各十县,并归统辖,此明明予汪以打击,王克敏明则提文抗议,实则暗中冷笑。汪之前途实尚渺茫云。请转陈院座鉴察,751,删申1437。

《档案史料与研究》1991 年第 2 期,第 4—5 页

情字第 1255 号电文
1939 年 10 月 8 日

发报人:751　上海来电

(衔略)

(密)养申秘电奉悉。喜多中将于廿二日晚由鲍观澄特邀来沪约晤,兹已密会,仅喜、鲍及弟三人。

喜首述别后情感,并对院座致敬,谓现在日本对苏国交渐次调解,国际情形已变,正欲对华有办法,未知中国对和平事究如何。

当告以:前迭经传讯雅意,提倡和平,并欲面谒孔院长晤谈,故本人特赴重庆请愿,孔院长对君感想极佳,相信具有和平诚意,故如有确实具体办法,可允晤谈。

喜问:孔先生办法如何?

答:孔院长因屡闻欲来面晤,必有好意。欲知其详。

喜云:一切办法近卫声明已经说过并变更,实则蒋先生下野一节倘

能办到,其他不成问题,是否孔先生可与蒋一商。

答:蒋总裁系全国爱戴领袖,若下野,何人能收拾大局? 何人能担当讲和大事? 日如真正欲与中国合作,窃谓正宜求蒋联络之不暇,尚可任渠离开乎? 此事经贵国甚多要人谈过,谓日方现已觉悟可不提,此事已成过去,何君尚言及?

喜谓:此系本国人宣传过甚,现一般军民均已深信蒋去然后战事可结束,现在可否由蒋先生声明,俟战事和平后当辞职亦可,藉图和缓日人一般空气。

答:此事系中国汉奸之恶计,君所素知。日人全为所玩弄,近卫举造死锁,已上大当,何贵国人尚有此死想,汉奸原以此有举私地步,但现历经事实证明,不向蒋议和,彼等是否办得了,现在贵国人当亦可明白了,

喜问:此事是否尚有办法可想?

答:前今井使人来言,拟对蒋办法停战,另由代表议和,是所谓蒋下野问题,在贵国人亦已过去,在贵国只须向国民政府议和可耳,不必拘拘对人也。

喜:孔先生对和平诚意究如何?

答:在"八·一三"之时,孔院长在欧洲,闻君亦有主和意,曾屡电主张和平,回时山本先生先来约,谓奉军部命欲晋谒条陈和平办法,孔院长亦允见,伊惜当时山本为谣言所恫吓,临行忽遂中止,但孔院长和平主张迄未终止,只须日本停止侵略中国,能得荣誉之和平,即可有办法,在报纸上亦曾屡有发表。

喜:孔先生对近卫所提办法意见如何?

答:近卫办法当经蒋总裁驳斥,已成过去,最好不谈,惟日方所言和平办法,对中国领土主权完整、撤兵、双方不要赔款各节,想无变更。

喜称是。

光:至所要求者大概可归纳为三项:(一)共同防共;(二)经济合作;(三)取消抗日。其中经济合作,如在完全平等互惠原则之下,以个

人所见,大概中国人可以商量。至防共,则主体之德已与苏同盟,日本现亦已与苏联妥善,对象已失。举不必再谈及,若日本真有诚意能与中国和平,共党一节不成问题,中国共党前经屡次表明抛弃共产主义,服从三民主义,在领袖指导下抗战,已无谓共产党存在,何必将此问题再放在表面上,多生枝节,若抗日则全系事实问题,只要日确无侵华之举、华人又何所抗,真正和平成立,感情日好,仇恨消灭,然此权操诸日人耳。

喜:现有如何好法,使中日和平能实现?

答:前贵国有人提及天皇下诏停战撤兵一事,实为好办法,速令前线停战撤兵议和,则:(一)日本军民可均服从;(二)中国朝野可以相信;(三)世界各国现谓日本无组织、无政治、无统治力者,均可突然改观,不复敢轻量日本。一举而三得,备日之中兴,甚于此。在他人以为,中日双方相持下去,日军必至有不能不溃退之一日,国必紊乱,难以收拾,若日皇下诏撤兵言和,似过便宜日本,然孔院长则以为中日兄弟之邦,彼此牺牲均属可惜,故愿赞成此举,使日方亦能得利也。且为言日本,如确能彻底觉悟,趁此欧战时机向中国言和,将来真正合作,经济提携尽可吸收欧洲经济,向世界雄飞,主盟全球可也,何必仅代东亚举而作鹬蚌之争?

喜极乐闻斯语,颇有眉飞色舞之概。因云:可惜今日必须起程回北,时间不多,所论极所感佩,惟此事体大,非一人所能作主,容回平作详细商量,请鲍将所谈录出,送平细议,并郑重云,实愿讲孔院长面谈一切,务请代为约定时地。

当问:是否愿赴港?(渠首肯。)

末告以:"八·一三"以前深佩热诚和平,此时亦望能努力,一手办成此事,实可进行末,渠请代院座致敬而别。

后据鲍观澄来称,日人对蒋下野一节,实系前在国内宣传太过,无法挽回故。心终不死,开口即以此为言,然实际此一退步已打过,惟日本军人现均系做官者,不肯努力,故如喜多者,欲在其手成就功业,方能拼命去干,必可有成。喜此次到宁,不肯多说话,其意实不愿汪组织政权成立,致成既成事实。将来在和平上多生枝节。此次会谈实有重大关系,因使彼知中央实可有和平希望,对汪事更当压抑,惟渠尚不甚能信院座果否愿意担当,有无和平全力,故如院座在秘密之中与之会晤,相信彼必出全力做成此事。所谓蒋之问题,亦可无形缓和,而汪之政府可消灭,关系中国前途甚大。至日皇下诏一节,如和平果能成,当可办到,现定明日赴平运用一切,俟过双十节再来,等语,当又嘱其回平时查明确情,并说喜等务办到日皇下诏停战、撤兵,方有办法,至喜欲面谒院座一节,能否照允,并示以时地之处,拟请速为核陈院座察核示遵,751叩。敬亥1450。

《档案史料与研究》1991年第2期,第5—7页

渝情字第 1728 号电文稿

1939 年 10 月 12 日

收报人:751　　重庆发上海电

沪处转 751:

(密)(极密)敬亥1450电奉悉,已转呈矣。查喜多谈话,全属空泛之词,仍以委座下野为题,而无切实表示,自无诚意可言,显系试探性质。在兄答话中,则句句着实,诚如代表院座答复,而反示我求和心切,万一为彼方灌音,收去留为话柄,如何是好?鄙见在吾等立场对外谈话,只能多询少答,以试探口气,在其答话中寻觅线索,似不宜大着边际,致中诡计,尚祈密切注意为祷。弟〇叩。真西渝情1728。

《档案史料与研究》1991年第2期,第7页

情字第 1280 号电文

1939 年 10 月 12 日

发报人:751　　上海来电

(衔略)

（密）鲍观澄来急电云，喜多深感前次在沪会谈，现急愿来谒院座面商一切。究否能邀准，并定何时何地，立候复音。等情，查敬亥 1450 电，想早经转呈，究否可行，并应如何答复之处，万乞转陈院座察核。迅示遵办为祷。751 叩。文晨 1474。

《档案史料与研究》1991 年第 2 期，第 7 页

6. 和知路线

孔令侃致孔祥熙密电

香港，1939 年 11 月　　日

（衔略）密。查职与和知方面之接洽，向由孙隆吉及施冀生二人从中往返，孙、施则与一代表和知之何一之①接触。职以对于日方究实态度若何，为求充分明了起见，故于六日午，邀同何君详为深谈，察其所云，尚颇中肯，谨特胪陈如次。

据何表示，目下日方实在确切需要和平。渠谓：日本陆军方面，素分欧美班、俄国班及支那班，大抵优秀者，均入欧美班及俄国班，而程度较逊者入支那班，如石原即为俄国班，板垣、土肥原等即为支那班。当初俄国班力主先准备对俄，对俄战胜后，如欲制华，当不成问题。支那班即主张先行对华，解决华事后再行对俄。迨"九一八"事变，板垣、土肥原等以先行制华之理论、事实，取胜其他各班，故在军部及内阁中之地位势力日增，至最近可称膨胀极顶。在汉口失守时，彼等并发为对华战争同时，并可对俄作战之议论。但中日战事迁延至今不能结束，而一方面与苏联在诺蒙坎一役，损失惨重，感觉苏联炮火威强，设不早谋中日战事结束，培养实力，则将后决不能与敌。对苏不能战胜，则国际地位必落远东霸王梦想矣。所以，日本军部极为焦急，觅求和平与集中力量计，授权与板垣办理。一方面为安慰人民起见，竭力宣传汪政权成立

---

① 何一之原在鲍观澄处当书记，后为和知所用，经常代表和知出面参加秘密谈判。

后,中日即可和平,战事必能结束。盖最初汪变节时,以为某某等各军人均能响应,重庆或能发生政变,而事实却绝对不是。我政府则严斥汪妄为,我军队则愈战愈进步,将日人对汪之迷梦完全击破。且汪在东京晤近卫时,亦曾表示,欲谋真正之和平,仍必须与委座谈判。故现在日人事理较清楚者,如和知等,俱欲与重庆接洽,希望我政府能提出一具体而清晰之条件,俾能考虑而谋早日结束。惟另一方面,则仍拟支持汪成立伪组织,一为蒙骗及安定国内人民,一为借向我国作要求较有利于日本之条件的工具。且汪亦明知,欲和非出自重庆则无别法,今之把戏,亦不过欲借日人以自重,希于将后中央能分与政权,与委座并立。故不愿放弃国民党之章法及党、国旗,而所拟之伪中央及伪府组织,均仿照我中央及国府是也。

职询:何以日人接洽者甚多,不能统一?

据何云:此系日方焦急而无头绪。不过,最近和知偕同板垣飞行广州、海南岛时,板垣曾告和知,现在与重庆方面接洽,除和知外尚有今井,不过和知所接洽者较具体,故希望加以努力。且闻日本政界方面有一长者,名秋山定辅,对于历届内阁更迭,渠均有关系。秋山与委座相识,如此次议和失败,必要时渠愿飞重庆商谈。关于秋山之为人,似可便中询诸委座。日军部以此次甘为戎首,劳师动众,迄今毫无切实之战果,而我军主力仍未能歼灭,深觉不以对民众,将来终有失败之一日,故乘彼等尚能握政之时机,竭力设法结束战事,以便掩饰此次肇事责任,本身可不致失败,故主张进行和平。而内阁之通过支持汪成立伪组织,亦认为军部有结束中日战事之能力,但认识不能透彻耳。职前与今井接洽情形,何已知悉。职为试探彼等各人接洽和平是否为个人成就,仰系背后确有一人能主持而支配者。故询以能否由和知转致板垣,以由渠一人接洽。何允为转达。因若仅为个人图成就邀功之接洽,则多谈亦无效果。

综计此次与何谈话所得印象,职认为和知并不若前萧仙阁所云,如何能代表军部,及中日和议非和知接洽不可等特殊,亦仅系代表板垣接洽和平之一。而板垣所称和知较今井具体,似亦符合,盖和知前曾由萧予以一方案。职默察此次和议,日人现既急迫求和,则胜利关键悉操在我国。我方欲与任何日人谈判均可,而和知既属事理较明,则仍与之接洽亦无不可。但萧君现以事羁渝,似不能因而久悬,且萧君接洽时或有其他用意而含糊应允。职意何一之虽属和知之人,已允来渝面陈,钧座似不妨准其来渝一行,与其一人密谈,想可更为清晰,当否? 仍请钧裁。

何云,日方以此次长沙一役,损失惨重,不敢再作击破我方主力之梦想,此后决不再从事大规模之歼灭战,惟温州等处之登陆,则恐不免。盖对华军队一日不撤退,则不免有相等之军事行动,惟大规模战役不致再有。所云是否属实,自可留供日后事实证明,并可参证其人是否可信,拟请转陈委座注意。又委座所抱态度坚强不屈,最为适切,盖日人亦决不钦佩屈膝日人之汉奸。惟主要者,我表示坚决态度,打断日方使汪组织伪府以示威胁,获有利条件,而汪挟日人以自重之梦。管见所及,谨为附陈,均乞察洽,是所至幸。

《历史档案》1992 年第 3 期,第 74—75 页

孔令侃致孔祥熙密电

香港,1939 年 11 月　日

(衔略)密。顷又晤何一之君。据称,职上次表示各节,和知甚满意,以前历次希望见面,迄无机会,兹极愿与职一晤。职答以无此必要,婉言拒绝。何云和知谓:谈和不能专恃内阁,其枢纽实在军部方面。板垣鉴于中日战事久持不决,极感不了,希望早日解决,确具诚意。关于通讯,因函电往返,恐为副参谋总长及秘书等所知,故已派专员往宁,并拟取得板垣亲笔函件,派和知为代表,以表诚意。和知曾云:日方初无作战之意,例如卢沟桥事件以至南苑失守,中间相隔二十余日,如日本有意侵华,则兵贵神速,何必故延时日,反使中国有准备之机会。盖日本假想敌原为苏联,若对华作战,则不论胜负如何,均属消耗实力,将来一旦对俄作战,何以克敌。至日方愿和诚意,以和知来港月余,而何本

人则抵此已两月有余可为证明。若无任务,何必滞港如此之久。

何又云:至于去年高宗武赴日携返条件,委座认为高报告殊多不切实,故复高之电极为简单,而当时汪则极尽附和之能事。东京因高之挑拨,谓我置彼不理,当时何亦曾告萧,请我注意,可证大风萍末一时之疏,酝成事变,故有近卫去年一月十六日宣言,不以蒋为对象,云云,完全是感情作用愤激之言。要知和平与战争系国与国之事,若以人为目标,实为绝对错误,此种口号早成过去。若我方确有接受和平之可能,和知极愿赴渝面洽一切。职告以:和知虽愿赴渝,惟我方未必欢迎。如须实现和平,首须脚踏实地,不能空中楼阁。现日方既求和心切,一面又在竭力利用汪逆,可见日方举棋不定。须知我国在最高领袖领导之下,一致抗战,必须达到历次领袖宣言所昭示之目的不止。故我中央认汪之登台与否,实不足轻重,若早日上台,则不过傀儡戏剧早日开幕耳。

何云:日之对汪,实因汪曾与近卫切商,要求将沦陷区域日兵撤退后移交与汪,借收人心。同时,桂、粤、滇、川各主将必起响应,届时再由汪氏与委座言和,则彻底和平可以实现。故日方之对汪,其用意亦在求和平也,所错者,乃方向耳。以前各方面之接洽,迄今未能有何具体进展者,均因中间接洽者别有用意,常有颠倒播弄,以期达到私人目的之情事,故无成就。据和知所示,板垣之意,关于停战撤兵一节可以办到,华北方面,日本并无得失之心。其所以注意者,厥为南洋方面。因该地资源丰富,实有积极开发之价值。为防俄起见,恐将来外蒙必须驻兵,并为谋永久和平计,务须合作。职答以:如日方确有诚意,将来双方自当根据切于实际之方案,以诚意磋商,在方案商妥后,非由第三者如美国之参加订约,以资保证不可。否则,不必费时间。

何云:第三国保证一节或可办到,但将来解决办法,仍须军部提议,云。

谨按:板垣等现时对于向我谈和之急,足以代表军部之意思,和战之权,实操之我手。届时拟请钧座指派忠诚可靠、毫无作用(原文如此)之大员,任接洽之职,俟一切妥善后,双方同时请美国出任调解,以免对方妄冀非分。查何一之头脑清楚,虽为和知之人,以任传达似颇相宜,故拟先令何前来详陈彼方实情,俾供鉴考。可否之处,仍请钧裁。

《历史档案》1992 年第 3 期,第 75—76 页

盛昇颐致孔祥熙密电

香港,1940 年 1 月 23 日

院座钧鉴:密。职号晚抵港,梗(二十三)日赴菲。前何一之转达板〔垣〕以下诸干部对于具体方案之意见七项,业经面呈钧察。该数项何君原电云,即系板垣口头上之条件。经职详加研究,关于所谓:

(甲)"委座如能开诚负责解决战事,实现中日全面和平,则日方对委座个人尊严,应推崇备至,不许有不敬之言行"一项。窃我最高领袖为全世界所钦敬,固无须日人之推崇也。

(乙)所谓"中国应放弃容共政策"一项。我国在全面抗战之局,不达目的不止,此乃系全国民众一致之意旨,共党当在抗敌旗帜之下,我国只有"一致拥护领袖,领土完整,主权独立"之政策。既无容共之意,即无所谓放弃容共政策。我政府以前全力剿共,若非日人趁火打劫,早已完成。东亚共党之尚能活动者,实属日人所促成,所谓助共、容共也,乃系日人也。此种事实,世界共知。故欲防共,须先由日人彻底觉悟,放弃侵略政策,立即撤兵,恢复"七七"以前状况,共固领土完整、主权独立之阵线,不足以言防共也。

(丙)所谓"承认'满洲国'问题,如即刻承认感困难,则应先提供再加承认之保障,如商订通商条约等"一项。应以恢复"七七"以前状态为原则,对于"满洲国"问题,暂予保留。

(丁)所谓"经济合作,为中国内政,日人决不干涉"一项。对于此条谅可同意。

(戊)所谓"对汪、王、梁等希望可宽容合作,委座如能谅此,则可完全委诸委座处理"一项。此系我国内政,日人无干预之权。如将来果能和平实现,则我政府宽大为怀,对于汪、王、梁等不咎既往,予以宽容,

自有可能;如与合作,则深信决非全民许可。

(己)"撤兵问题,日人在尊重中国领土、主权、行政之独立完整原则下,由两国共同同意撤兵与驻兵区域"一项。原则谅可同意。

(庚)所谓"日方决定直接交涉,始终反对英美等国之参加,但亦不排斥其应有权利"一项。此点绝难接受。两国交战,由第三国出任调停,历史上颇多先例。即以此次战事而论,前岁日人曾请德使陶德曼从中斡旋,转提条件。兹为双方互有保障,互可证信起见,自应有第三国参加。现时日方对于美国正图结好,自可仿照前岁德使前例,即请美国调停。查美国在不参加任何战争之立场,出作调停者,最为恰当。

以上各点,经陈宝言以国民立场私人意见转达何君转告彼方去后,同时,旋转来何篠目电称:寒(十四)日与和知飞南京见板,板云只要委座肯秘密协商,则彼可负责大体条件与前电相同(即上陈七项),我方如能派遣大员前来,彼可亲自出马,即飞往内地见面亦可。彼劝和速往港进行,彼作后盾,以供推进。综观板,甚有诚意,即总部空气,亦倾向停战。板意只要与渝方正式接头,则汪伪组织自然流产。东京空气则超越此点,如畑陆相等认为,停战协定如能成立,即牺牲树立伪府之计划,亦无不可。拥汪者则迎合此心理,言即停战,亦须在汪府成立之后,因日本与渝方谈判环境实不许可,等语。因此和知此行关系重大,我方不能表示,则彼之主张完全失败,即板亦难应付,至少弟有往渝一行,将情形详述之必要。等语。

窃以既经非正式答复,如前此电,似可置之不理。谨特密陈,仰乞钧鉴。职 1251① 叩。梗。

---

① 为盛昇颐秘密联络代号。

盛昇颐致孔祥熙密电

香港,1940 年 2 月 18 日

院长钧鉴:密。梗电详陈计荷钧察。职日前返港,前途托人转言要求与职晤谈。当答以职因病乞假在港休养,不见客。况与前途实无见面之必要。去后,前途坚请一面。经职考虑之下,为探取情报计,似不宜拒之于千里之外,当约定于昨日见面。兹将谈话情形详陈如左:

问:闻先生最近自南京等处来,日方现实情形可得闻乎?

答:日本陆军原为准备对苏,现以对华战事延长至二年有余,兵力配备至一百数十万人,军费用去约二百万万元,人心厌战,日甚一日,国力长此消耗,将来何以对苏? 故日方亟望于本年六月底前停战。去岁诺门罕一役,日军损失綦重,其负责军事长官如矶谷中将等,均经撤职。最近,彼国内有主张,至某一时期由天皇下诏,自动撤兵,缩短阵线,以图坚壁清野之计,但又恐我方乘机反攻。

问:米内组阁后,对华政策如何?

答:日军部方面知对华战事现尚无法解决,故推由海军方面出面组阁,以为过渡,故米内内阁仍系过渡内阁。若中日和平有把握时,仍由近卫出来组阁,并由天皇派特使来华议和,亦属不成问题。

问:日既无领土野心,急于停战求和,何以此次日汪所订密约,其条件如此苛酷?

答:汪当初对于日方所表示允能办到各事,均无办法实现,故日方对之已失去信任,惟影佐极力支持,设法使其新政府成立,以便总部方面可以交卷。汪最近表示,如其政权成立后,可由其与国民政府谈判和平,故近有由局部和平,以达到全面和平之论调。至高、陶所发表密约,不过大纲,其细则之多,尚数倍于此(该件当由前途带来阅看,因时促未及抄录)。汪政权成立后,日方大约将使其接收沦陷区域,换言之,即用汪代日行使军政而已。惟板垣等则认为,如国民政府愿与日本谈判,达到全面和平,则汪政权可使其流产。

问:日方欲谋全面和平之条件如何? 至于汪组伪府问题,鄙人认为,对于我国抗战前途实属无足重轻。

答:日本元老重臣及军部方面,求得东亚和平之心既诚且切,所提条件力求简明,并顾及委座地位及立场,必须使中国人民不趋向反响,致委座为难为旨。倘委座愿接受和平,立可实现。现时所提,更为简单,即:(1)内蒙因对苏关系,希望驻兵。(2)经济提携,但由中国主持,惟上海为长江门户、华中商业金融中枢,援各国驻兵之例,希望中国与其军事上便利,略如英国在新加坡军港给予美海军便利之例。(3)共同防共。(4)为保障东亚和平起见,华南海岛予以军事上便利。(5)承认"满洲国"一节可不提。(6)双方合组战区交接委员会,并请将王、梁加入委员会,以顾日方面子。(7)第三国参加和约问题,最好英国,因日英邦交最近较善。上开原则可否,即请设法转达赐予答复,即本人赴渝或渝派代表来港均可遵命。

职当告以:此次谈话,纯属以国民资格,个人私意交换意见,鄙人既不能转达,而我国在我最高领袖蒋委员长领导之下,全国上下一心抗战,奋激时会,除非贵国彻底觉悟,先行撤兵,并请美国参加保证,以表诚意外,我政府具百折不回之心,决计抗战到底,绝无答复之可能,更谈不到允派代表四字。

前途问:然则先生个人意见对于上述条件,以为如何?

当答以:鄙人须先问贵国之欲求东亚和平,是否欲谋百年永久之计,抑系仅图粉饰和平,甚至借此为懈怠我国抗战心理之一种策略,请先生直告。

前途答:敝国并无领土野心,根本此次对华战事,纯为防共、对俄而生,故只求能达目的。蒋委员长倘能充分谅解,一切均可商量,实出至诚。先生所谓百年永久和平之计,敢请见告。

当答以:欲得中日两国永久和平,须先求我国上下彻底之谅解,其办法,惟有恢复"七七"事变以前之状态,并立将热河归还中国。日本如能目光放大,自动办理,方能化干戈为玉帛。将来接收战区时,交接委员会应由美国派员参加组织,以期互有保障。先生所云王、梁加入交接委员会一节,查派任人员系属内部行政,我政府自有权衡,贵国无权建议。至将来签约时,以九国公约为根据,对于贵国既有困难,不妨不加标明,但应以该公约之条件精神,为两国和约之唯一大原则(即尊重中国之领土完整、主权独立)。签订和约,自应有美国参加,因美国系中立国,尚未卷入战争漩涡,自较英国为妥也。至于入手方法,不妨由两国有识之分子试行磋商可能实现条件,至相当时期,再行设法转达,先生以为如何?

前途甚表赞同,允即日返沪请示。并云:可携具体之方案来此。

此系谈话之经过也。再,前途业于日前离港,约旬日后可返。又,晤谈时据其云,(1)如对华战事无法解决,畑俊六及板垣等无从对政府及国民均欲支持,势将下台。(2)日方因对华动员兵额至一百数十万人,极感支配困难,亟需复员,以保实力,而谋对俄。(3)现在日本各方均派代表来港,寻觅路线,如头山满等,均派有人在港,有神田正雄者系影佐方面人,不久以前亦在此活动。(4)元老秋山认为,欲求结束战事,非与国府直接交涉不可,故对于畑俊六、板垣等之此次进行,极为赞成,并作后盾。(5)日军厌战思乡心理日益加甚,例如,间有俘获,我军在处决时,日士兵或谓某者面如其戚族,某者面如其亲友。云云。

并请鉴察。职1251叩。巧情特。

《历史档案》1992年第3期,第77—78页

(三)汪精卫政权成立后的秘密接触

说明:在日本的诱降下,汪精卫公开投敌,与日本订立《日华基本条约》,此时中日间的秘密和谈,虚实难辨,双方皆力在套取对方情报。此时的接触仍在多个渠道进行,其中著名的如"桐工作"。

1. 盛昇颐、胡鄂公、易敦白与和知、三村的秘密接触

情字第 1760 号电文

1940 年 3 月 4 日

发报人:8090　　上海来电

(衔略)

(密)感 577 电谅达,兹录敦白①与和知谈话如下:

和谓:久闻大名,早想拜晤未果。刻中日关系虽坏,但彼此朋友关系还应诚恳相交,故今日相会甚为幸运。李宗仁、白崇禧皆我友,"八一三"后,白忽在沪作战,不久李又在徐州作战,那时李有一部下到沪问我有何话告李,我有何可说? 在两国交谊未复前,私人交谊自无从说起,可见国交与私谊相关。如现欲建设两国间个人新关系以影响两国交谊,是否有办法?

易说:办法是有,但个人交谊必须建于国家关系上,个人行动尤须具解决国家问题能力,例如,贵政府领袖与我政府领袖若能恢复正常交谊,自必影响国交。李、白与先生知交虽好,但无单独解决国家问题能力,故与国交无影响。王、梁、汪②等亲日派对日交谊极亲切,不但不能改善国交,且恐反增两国许多困难。王、梁、汪等虽为力唱和平人物,与贵国携手,恐中日复交后,因不得我国赦宥,遂亦难得贵国人称许尊重。两国交战时,利用救国叛逆,乃一时权宜,若直欲恢复国交,则必争取对方真负责国家利害人为友,未知尊意如何?

和说:尊意极是。贵国常语"解铃还须系铃人",实有至理,但数年来日本终不明白,自欺欺人,我深觉害怕。因为如此失败下去,如何得

---

① 即易敦白,行政院官邸秘书处派驻上海与日方秘密谈判之主要成员。

② 王、梁、汪:王指王克敏,伪北平临时政府行政委员会委员长;梁指梁鸿志,时任南京伪政府行政院院长;汪指汪精卫,时已叛离重庆。

了？贵国还有一常语："错从错中改"，确是名言，但我坦白说，错诚不易改盖恐怕越改越错。且布置一错，已不知费多少金钱、生命及宣传力，结果是错非错竟不明白，即有人明白而不办，竟拿不出。有一年前，已有主取消"拒蒋"运动者，忽然来一汪，竟要求加强拒蒋运动，汪说，蒋只有军队而无党，党乃由他统制，且还有一部军队，至少20余师。于是日本认为以汪代蒋最好没有，日希望汪能与日合作又能收拾全局。汪返国后，只见其收拾全局能力步步缩小，仅对接收日合作条件，决心尚差强人意，现木已成舟，谁也难说。目前众议员质问兴亚院，谓对前途究如何？柳川答略谓，估计前途有三：（一）汪政权成立能实行，汪还都改组，将重庆力量悉数吸收过来；（二）实行汪局部和平，分化重庆政权内部，由局部和平达全部和平；（三）能将日占领地整理清楚，渐得中国国民重视，不以汉奸目之。岂非越估越低，犹作自骗之语。我想此错局面规模，改已不能免，不过时机及方法问题实有研究必要。

易说：此点我只可在原则上略供意见：（一）两国负责者相打，必两国负责者议和，对办法不理，方法就简易多矣；（二）中国是被侵略国，除抵抗至死外决无其他计划，抵抗是求生存自立、领土完整，绝无侵犯日本之意，只要日真许中国自存完整，中国必无他求；（三）中日随时可恢复国交，但其机括操在日本，日何时放弃傀儡组织及侵略行动，即恢复国交运动时期。

和谓：照先生论断，日必以蒋为对手，日本亦颇有人同此见解，惟终有顾虑。设日本以蒋为对手，而蒋又拒绝，将如之何？

易谓：当无拒绝之理。（一）中国对日抗战不能不对日议和，犹日本不能不认中国政府一样；（二）中国虽抗战，并未忘和，抗战到底者，即谓要抗到日真诚要和之一日；（三）日政府若能转变到与中国政府折冲樽俎，即中国主权独立存在之表现，亦两国国交开始好转证明，蒋先生必无拒绝之理。

和知谓：闻去年罗斯福有亲笔信致蒋，谓中国若能抗战到明年三月，美国当实际帮助中国。如何帮法，我无所闻，终不外战或和的帮忙，且帮蒋者还有英、法、苏,蒋能急转与日对谈否?

易说:此非蒋先生问题,乃日本运用方法问题,欧美各国同情,帮中国抗战,不足为异,而议和问题不能避开他们,亦自然趋势。况日军深入中国内地,实际能保证恢复战前原状,据个人观察,我政府至少需美参加,以获保证。

和说:英、美、法、苏助华,不过为贸易及利益,中国花钱买物,犹不免有不少密约许与权利。日本为免其占夺权利,故想驱出远东,不但无害中国,且有助中国自强。他们有无保障中国利益诚意?中国是否同意日本见解?

易说:日本善意,中国人当然感谢,惟中国极知自强在自力奋斗,不敢依人。现中国接受英、美、法、苏帮助,只要不危害国家生存,定得国民许可。日本武力已予中国生存极大威胁,故有盼欧美帮助除此威胁以保障生存。若欧美假帮助之名,实有害我生存,则中国决不受其帮助。

和谓:《九国公约》是保障中国领土完整、主权独立一张纸,日本乃欲在实际上保障,且门户开放与东亚新精神及东亚和平有碍,因欧战进到远东,即中国门户开放所引进。就欧战现状论,英、法大有与德、苏作战可能。苏经营中亚,交通、军事并进,显分两途入印度,一由阿富汗俾路支,一由新疆、西藏,图撤尽印度藩篱,俄助中国岂非别有所图?英、法与俄对立,已足使中国左右为难,故只有中、日、满速成东亚自保之局,发挥共存共荣,共同反共,根绝苏俄阴谋,再藉日本兵力共御英、法、美,以保自力求生,干净领域,岂非中日之福?许多日人想提议以蒋为议和对手,而怕蒋定要英、美、法或苏俄参加,如此则与日本策略太冲突,不知有救济办法否?

易说:这点观察,中国人有显然不同处。中国认开放门户为欢迎任何友邦通商,而危害中国者是不平等条约,只要条约改善,东亚局面就可改观,门户开放不足为修改条约障碍,此其一。日人因夺取欧美人不平等条约特权,却向中国用武,中国比较所受欧美人及日人压迫,群感日本毒辣,故反向欧美表同情,尤怕日用武力取得不平等特权后永不归还,因日本可藉口以武力得自欧美,除非中国再以武力夺回,如此岂有永远和平?此其二。中国不顾欧战扩大及远东,惟愿与各国作友好平等通商,互相调剂,助我开发,否则反于有害,此其三。若苏对英作战,苏军有侵入中国领土,则中国对苏友谊决无维持可能,实行反共,然亦非帮助英、法,实与今日抗日自卫意义同,此其四。中日必须造成英、法相亲之局,才能真正共存共荣,互相顾存,欧美日本在中国通商,中日间运输较低,已足压倒欧美,何用外力夺取中国?门户开放与日无害,故甚盼日能改变独占观念,此其五。设日能改善以往不妥观念,则中日和议美国参加,日本亦借此可调整其国际关系,此其六。上举几点未知有当于事实否?

和说:两国在极端纠纷时欲求亲善途径,应彼此树立共同目标,一切皆获坦然相与,自能永化干戈为玉帛。中日能共同造一东亚新局。岂非极堂皇目标?蒋先生能共认此目标,则再好充实其内容,是否可有办法?

易说:此目标能否得蒋先生共认,尚重在内容。日本解释谓图共存共荣,岂有反对,惟中国未谈此问题,且未与日商量,故不能谓共同目标。日本片面提出一目标,要中国赞同,中国不明内容,当然无能赞同。贵国对此最好先决定几条可以实行之内容,直接向蒋提议,只要无害中国独立、生存、完整,必可相谅相商。

和说:现尚有数问题讨论,即经济提携、反共及满洲问题。我意经济提携比较易谈,中国在原则上不至反对。反共问题能否获蒋先生痛快解决否?

易说:(一)中国共党自援助信奉三民主义后,政府已不认有真正共党存在,至少已对其控制。(二)中国真剿共者仅有蒋先生,其他皆不可靠。日以为汪能反共,则汪要反对重庆,还做共党与重庆间挑拨工夫,或犹须用共党,故真反共惟蒋先生可靠。再中日战事若不停止,国共不会分裂,内战决不发生。

　　和说：满洲国问题蒋能否承认解决，若不能正式承认，能否利用中、日、满经济提携方式为变相承认。

　　易说：满洲问题当由两个途径解决：(一)现要解决"七七"事变，不将满洲牵入，待将来别求合理解决；(二)如定要合并解决，在不失中国宗旨主权原则下，求一合理的暂定处理。

　　和说：我前有一西南好友(惜已死)曾说，此问题中国可慢慢承认，只要使中国日久淡忘，而日本对中国全部又有帮助，即可俟机承认。他谓如中日直接交涉，决不至成立"满洲国"(恐指胡展堂)。还有一要人现在重庆，也说"满洲国"可承认。先生以为直截承认难办否？

　　易说：我以为历史均有其必然路线，成败在人群揣得宜与否，满洲问题何独不然。例如，中国人说日本此战牺牲必求一得，中国牺牲亦大，即大亦必求一得。设日所标新秩序真能退出华北、华中、华南，取消不平等条约，废除租界及内河航行特权，而专力经营所谓满蒙生命线，中国得日倡导于前，亦可向欧美取消不平等条约于后，则对满洲何尝无壮士断腕可能？中国看满洲亦为生命线，山东向满洲移民，每年即近百万，如日本只顾己夺人生命，当不合理，如此则必求合理方法。

　　和说：我极喜坦白谈话，今彼此相见以诚，关系东亚前途或大。我尚有一小问题要谈，蒋先生不会遽与日谈判，现代表孔先生向日活动者也有多人，如贾存德即其中之一代表，其他要人亦有，宋子文近亦与我们接洽，说是代表蒋先生议和，不知均是真否？日人研究中国问题，总隔一层，宋子文与俄共有密切关系，又为著名英美派反日者，不知究竟如何？

　　易说：中国方唱抗战到底，且为被打国家，日本又声言不以蒋为对手，除非中国真被屈服，蒋孔两先生决不会自相矛盾，向日本自寻没趣。不过日本如与中国作正式议和，推动应发自日本，蒋方有接受可能，第一步蒋不会出面，孔先生有代为斡旋可能，他俩都是行政院长，乃是当然负责者，此外无假借招摇。如日方认对蒋议和时机已到，我当介绍有作为、有主张、有办法朋友，与日方先作私人交换意见谈判，待有结果，再请双方政府派代表谈判,这是技术问题。总言之,蒋孔两先生现决无代表在外活动。

和说:先生所谈甚是,而且谈了很多,此次会谈或即东亚局面转变的基础谈判,我明日赴宁,二三日即回,时机一到尚须多多约谈。今日事务须守密,以免阻害。等语。

和知去后,三村告敦白谓:三日后和知升少将,或将长驻上海,可多研究此问题,我看时机仅时间问题,汪上台后即开始,请注意云云。8090 叩。东 582 政。

情字第 1777 号电文

1940 年 3 月 10 日

发报人:8090　上海来电

(衔略)

(密)据和知、三村之翻译林绍雄谈,日政府中现对华国策有极严重两种动摇倾向:第一、即对汪信念动摇。当日军部决定利用汪作傀儡,也谓为结束对华战事唯一方法,对国民亦以此为宣传号召,国民深信之。迨二三月前,日政府一般人知汪组府实于结束对华战事毫无影响,即积极支持汪之军部亦感动摇,但政府及军部对汪信念变迁,又不便公布于国民前,故拟另捧李宗仁以代汪,二三月来,和知等奔走香港两广间,即为此,然结果失败。第二、即不以国民政府及蒋委员长为对象信念之动摇。盖日政府暨军部初拟速战速决,未成,乃拟利用汪结束战事,现对汪信念动摇,运动李宗仁又失败,故对不以国府及委座为对象决策不得不动摇。上月二十六日,和知与敦白谈话,日政府拟放弃伪组织计划,与我中央直接谈判动机。现和知已返东京,约二十日可来沪,临行并致意敦白,届时再晤谈云。就此而论,则对华国策实已徘徊歧途。谨闻。8090 叩。齐 594 情。

情字第 1741 号电文

1940 年 3 月 26 日

发报人:8090　　上海来电

(衔略)

(密) ＊615 电谅达。二十二日敦白兄赴三村寓,约偕晤和知,谈话如下:

和说:别后一月,汪政权本月底成立,先生对其估量如何?

易说:汪政权既成立,似无再作估计必要。以中国人看,对和平运动绝无价值,对中国抗战阵容反有益,因汪若在中政府内部散布和平毒素,扰乱抗战精神,或于大局不利,现彼等寄食日人,中国阵线等于已消毒。中国历史先例南宋之亡,即以朝议和战太杂,内奸太多,忠良无能为力,不亡何待? 甲午中日之战亦然,结果日本以一国与李鸿章一人战,中国那有胜理? 此次战事已将不稳份子扫除,使蒋先生领导下之中国抗战阵容反彻底坚固,足以争取最后胜利,故日本拥汪计划,岂非有助中国抗战?

和知点首者良久乃曰:我在港曾见一位盛先生,闻彼与孔先生有深切关系。

易说:先生曾与他讨论何问题?

和说:因会见时间短,未有重要谈话,且与色彩太显者讨论此等事总不甚便,或误论某点有隔膜太远时反致断绝路线。我和先生皆以国民姿态出现,在友谊立场尽量讨论,总希有相合一天而需要实行负责者谈谈。现想提出一问题,汪政权成立后一月或一月内,日本会首先承认,承认后则以蒋为对手谋和平计划将无法谈。就环境论,这事能否在二、三月内办出头绪? 蒋先生是否有准备? 俾一谈即得。

易说:尊意极表同意。惟闻最近汪向日要求首先承认。日本答以两点:(一)承认有国际惯例可循,无须预为约定;(二)用还都改组名义,原以各国承认不生问题,计划是否需要日本承认,应视政府成立后相机办理,更无约定必要。不知此说确否?

和说:有的。因汪再三向日要求承认,设不承认,则伪府之无力量,将诿过日本支持不力,故日政府发表谈话,日本要首先承认。我想这允许总有兑现一天,惟非预约。

易说:我想日本承认与否不在有无许诺,乃在汪能否偿日愿望。设汪不过如王克敏、梁鸿志辈,日将何以自解?若汪必借日本承认力量方能办事,则力量不在汪本身已显然。故推测日本口头表示乃促汪快开幕,唱得好,承认甚便,否则(犹是王、梁也)谁参加之或竟延至无期,日本尽有对付汪办法,断无以国信殉汪之理。如我推测近理,则两三月内能办与否不生问题。至蒋先生有否准备,因我非政府中人,恕不能作答。惟战不忘和,事所必然,对战有准备,对和当同,亦即战时决不轻言和,亦犹和平时决不轻言战也。准备不在中国乃在日本,因中国抗战目的单纯,日本谋和特别,计划大多进攻、谋和双管齐下,矛盾发展日盛复杂,几失事件重心。故在寻觅合理和平上,日本应准备者实多于中国。

和说:先生之话甚为客观,辙欲明白下列几点:(一)中国需要最低条件是何?中央政府是否可提出一具体原则?(二)谈判方式问题:①公开谈判是否需要第三国参加?可否不要?②公开谈判前必有秘密交换意见阶段,惟对此我亦顾虑,因日本环境不许有此谈判,在未到可谈时期前,即算犯法。我等谈判如有泄漏,我便失败,他人亦然。我知中国恐怕摇动抗战精神,对此尤甚于日,故实感困难。

易说:第一条事,我能以私人资格估量,政府人民所能接受者,先提出些原则,作友谊讨论,有结果时,彼此密向政府建议,不知先生便否?第二件事之第二点,彼此研究谈判技术,要严密切实,遵此原则进行,不必共同讨论各人办法。至第一点,公开谈判对第三国参加,在中国非常需要,因中国并非侵犯日本,乃日军侵入中国内地,故日本撤兵由第三国出来保证,是最合理妥善办法。中日和平,中国至少要得保障生存独立及复兴机会之把握,日本如能提供此保障,中国自然欢迎。

和说:我想蒋先生将和平之门仍然紧闭,只令一极秘密者掌管门钥,蒋先生左右愿开此门者总非少数,万一有人恨此管钥者,欲俟机诋毁之,例如我与先生谈话转达于管钥者或蒋先生方面,万一被蒋左右探悉,竞向日方说和知向某某讨论某种问题,即会败事。蒋先生能保其左右广泛的伸手否?且能拒绝其最亲信者帮助?假如我举一宋子文或宋子良为例时……

易说:尊虑固周到,但请勿过虑,因不能顾全彼此利害,何能当今日中国局面,这种情形,中日均同也。

和说:现希望提出具体轮廓,俾从中追求日本近卫声明大体轮廓,确保全中国领土主权。

易说:近卫声明由汪这次叛国结果,中国决不能同意。保全主权领土原则,要客观的从方法上表现才有用处,此乃要求先生努力者等语。

同晚敦白接三村电话,称与和知所谈暂守密,详情明日告。二十三日易见三村云:和与敦白谈话后,当即在沪宁长途电话中告板垣,板当嘱此种进行仍须稍缓;二十三日晨板垣到沪,告和知以汪政权成立实际尚未成功,故此时与渝谈判尚早,否则必受空前打击,昨得报告,日本臣民自汪政府名单宣布后大感苦闷,现人民心里虽属可用,但对影佐及海陆军将领须切实作联络,运动方有把握等语。三村又谈,板垣谓汪政府名单发表后,不仅日本国内大感苦闷,即上海日人亦甚失望,即以新政府主席发表林森一节论,设他日日政府承认伪政权或公布与伪政权缔结条件时,林森发表宣言否认或将日政府加以指斥,将何堪?云云。又谈和知此次运动实以板垣、石原莞尔等为中心,现板垣将此事极力拉拢影佐合作,因影佐为少壮派中心人物,有相当力量,现对影佐拉拢已到相当成熟时期。设影佐将来能与彼等行动一致,则兹事进行更有把握。云云。弟按:自"七七"后,弟策动伊滕、铃江等所作和平运动,即以板垣、石原为中心,后关东军部对立与板垣任陆相,皆此运动过程中所著事实也。石原主张失败,弟乃转与津田、坂西等谈判,然津、坂等均属个人活动,故不久咸告失败。今板垣、和知等进行此事,着手即注意联络各派领袖,且当日臣民对于汪大感失望后,或亦日本对华政策一大转捩时期钦。8090 叩。敬午 617 政。

《档案史料与研究》,1991 年第 3 期,第 7—9 页

四月六日、八日 1251① 与和知谈话记录
1940 年 4 月 8 日

1251 问:先生此次带来办法与上次所提,虽较具体,但同时今井所提东京大本营之九条儿戏文章,真是大开倒车,自相矛盾。可见贵国求和心理固属一致,但各派意见纷歧,认识不清,以致举棋不定,实为贵国危焉。请与我国之上下一心一德,惟最高领袖蒋委员长之政策是从,止知抗战求生存图幸福来相比较,不啻霄壤之别矣。上次先生要求鄙人将贵国所提真相转达当局,而鄙人之始终不肯允诺,仅愿先以私人意见相互交换者,老实说,鄙人深知贵国内部之复杂,而贵国人士又大都是目光浅近,止知作片面之梦想,举棋不定,实在鄙人意料之中。倘能皆如先生之见识高超,目光远大,真以求两国幸福为前提者,鄙人何必如此坚拒哉,今日先生亦可谅解矣。

和答:我国国民方面有识份子,金以为对华作战太无意义。至今日为止,占领地域虽逐渐增多,但国力之损失亦随之逐步增加,而外交方面又屡屡失败,如再蛮干到底,直将不堪设想,纷纷以如何结局为责询,故元老重臣及军部方面(如秋山、近卫、平沼、广田、畑俊六、板垣、石原莞尔等),一致亟求停战,确属出于至诚,切勿见疑。阁下之不肯转达及上次提议,在此时期,重庆任何方面,决无允诺派员接谈之理,止能彼此由洞悉国情者,以国民立场先行交换意见,至意见接近时再行转达,获得相当保障后,方有互派代表团之可能一节。本人回去向板垣陈述后,即飞东京,各方面认为:欲求真正和平,非与重庆谈不可,最好办到由孔院长或何部长出来主持,开始正式谈判,如确有困难,则先取非正式之交换意见,亦无不可。当即集合具体办法返宁,不料一到南京见板

---

① 盛昇颐秘密联络代号。

时,板垣则兴高采烈云:"现已有宋来找我们了,据铃木报告,因有
○○○之斡旋,可与汪合作,共图全面和平,现已由今井赴港,你可稍
候,不必前去。"本人即谓:"恐靠不住"。隔不多日,即接港电报告云:
"与宋会谈结果,原则大致可以接受,宋允即日携带所开条件飞渝报
告,一星期即返港答复。"当时总司令部空气紧张得很,于是影佐等拥
汪派喜形于色,即板亦力主贯彻汪线,既符天皇固定国策,而彼将来亦
有交代。惟本人则独持异意,终以为决无如此简单,并立言蒋汪合作绝
对不可能,但板等均谓宋系至亲,决然可靠的。后接第二次港来报告
云:"接张钧由渝来电谓,'除承认满洲国一条绝对不可能外,大致无甚
问题'。"不料接踪又来报告云:"张钧电称'因事机不密,不能再谈'。"
其时汪已上台,板接电后懊丧万分,终夜难眠,影佐更为懊恼,当时密商
结果,决定仍采本人弃汪政策,言下大有疑我透露消息之意。并促本人
来港赓续交换意见,但板谓:"对汪务须做到使其出国,以策两全"。当
时我即敬谢不敏,后经一再敦劝,故允前来。其所以迟迟吾行者,阁下
实不知有此一段经过在内。要知军部及板垣等原主支持汪者,既有贯
彻之机,焉肯轻轻放过。至于东京方面,近卫、平沼以秋山为幕后策动
形成之主张,完全为本人此次回国鼓动之结果也。

1251 曰:先生所述经过,恐系受汪派所愚弄,须知汪派在港者甚
多,宋君素来谨慎老练,我决难相信有此举动。至于○○○素系主张抗
战求生存,不避艰险,屡在前线后方往来从事救亡工作,报章时在记载,
谓其从事斡旋,更属无稽。总之,贵国当局者固不乏识事份子,但缺乏
诚意之野心份子,希图粉饰和平,得寸进尺,仍占多数,侵略之念欲盖弥
彰,固毋怪我全国民众之不能信任也。

和笑而不言,有顷即谓:"中日事变,日方损失可观,倘无弥补之
方,何以对国民交代。至于侵略野心,断无此念,改移对外政策,以求东
亚百年和平,确系一致主张,既诚且切,毫无异议的。"

1251 曰:要讲损失,两国相同,此账无从算起。鄙人以为取价之道
其惟趁早,在欧战未停以前先得真正的和平,共图繁荣,方为合理。对

于亲美联英之外交政策，同趋一途一节，鄙人认为甚为恰当，则第三国参加保证一条，亦可迎刃而解矣。先生以为如何？

和谓：第三国参加一节，最好免除，万不得已，我想亦只能在双方条约秘密直接讲妥后，再请第三者参加，以免横生枝节，而不失两大国自主自决之权。阁下所提双方取偿损失，以赶早于欧战未停前先行停战，共图繁荣一节，意义实深，我此次回去先至北平，再赴东京，然后到沪，自当尽力推动，并请元老重臣联合军部，另组对华议和核心团体，以便与阁下间接不断交换意见。一方面运用倒汪工作，至汪倒时，立即重行组阁，派出特使团正式议和。此事为图两国前途幸福计，务请严守秘密。惟至其时，贵国当局有接受之可能否？

1251答：先生主张，个人甚为赞同，惟系铃解铃全在贵国，我国之能否接受一节，纯以贵国之能否先有真诚之表现为断。上次我个人所提先由贵国撤兵，除恢复七七事变以前状态外，自动提议交还热河，以表诚意，而使我全民彻底信任，共结百年和平，而成真正亲善一节，究属如何？

和答：撤兵恢复，当有步骤，将来当由交接委员会办理。至于交还热河问题，查热河地势甚关重要，不仅为满洲国之屏障，且与对〇军事上亦有莫大关系，此节如非贵国外交方针能确定改变，并能予满洲国以承认之保障时，实有困难也。将来回沪后，希望至港再与阁下见面，但为通讯便利计，我虹口电台可以让阁下在沪友人利用，但请将重庆台呼号见告。

1251答：我素常往来港渝，下次再见，在个人方面固所愿也。至于欲知电台呼号一节，先生当另有用意，此项呼号本人无从知道，不能相告。如虹口方面之电台呼号，先生能予见告，则自当设法运用也。

和答：阁下未免机警太过，我纯为便利通讯而言，毫无其它用意。但在此作战时期，亦毋怪阁下之疑忌，既有困难，不必勉强可也。云云。当即各道后会有期，握手而别。

附一：今井所提条件

根据东京大本营少壮派之起草,而经南京总司令部所同意,在现阶段下,重庆政府如肯考虑左(下)列诸条件,则可与蒋委员长领导下之国民政府全面停战媾和,速谋东亚和平之实现。

一、承认满洲国；

二、参加防共协定；

三、日军得驻内蒙及华北军事上重要地点；

四、国民政府停止抗日及宣言放弃亲共政策；

五、中国内地居住日侨之平等待遇及自由通商之保障；

六、华北及长江下游之资源开发赋与日本以自由权；

七、保障撤兵后之安全及秩序之维持；

八、容汪等参加新改组之政权；

九、海军方面关于华南沿岸将来赋予种种便利。

本案为现军部所极力支持者,板垣及拥汪工作者尤甚。

据和知表示,上列条件系今井所开,华方如肯考虑,大致可以让至左(下)列之限度：

一、满洲国承认问题可延期实行,但须予以事实上之保证,如先行通商等；

二、防共协定已名存实亡,所谓参加；不过外交上之形势或可以外交一致替代之；

三、驻兵可完全限于内蒙及平绥路沿线,如照石原莞尔之解释,则以防共为驻军之依据,不限定地点,防共军事结束,即可完全撤退,此点与板垣亦可商；

四、中国本无亲共政策之宣言,此项不难解释；

五、中国内地日侨之平等待遇及自由通商之保障,在中国取得完全独立自主及领土主权行政之完整,并取消治外法权后,应可商谈；

六、华北资源开发,应顾虑日方资源要求之迫切,则长江下游之资源开发,可与各国平等待遇；

七、保障撤兵后之安全及秩序之维持,在蒋公完全领导下,相信可以办到;

八、可运用手段逼汪下野出国,而无损于日本名誉,则拥汪派即无能为力;

九、海军并无占领根据地之要求,万一有对外之军事发生,则华南沿海得与日海军以便利即可。

以上所述原案及让步内容,华方如肯考虑,则立时可以进行谈判。

此外,因对华战事结束无期,元老重臣及军部中人皆甚忧虑,以致速谋全面停战媾和之主张浸润人心,而一般先觉者迭有意见之吐露,已渐形成强有力之舆论。不过实现步骤,尚有待于环境之促成或人事之推动,否则,不能立时成为日内阁之政策,一变既往,而见诸实行耳。

附二:重臣如近卫、平沼以秋山定之辅为幕后策动形成如下之主张

一、以重庆政府为对象,与蒋委员长成立停战协定;

二、取消汪组织,完全交与重庆政府,不过对汪可宽容;

三、一致对俄与防共;

四、中日共同亲美;

五、对英取敷衍态度。

附三:军部石原莞尔中将之主张公然发布小册多种其内容如下

一、与蒋公速行停战;

二、一切占领区交还中国政府;

三、驻军改为防共驻军,不可限定地域,而完全为对付苏俄共产之用,事毕即应撤退;

四、中日共同对苏动作,中国收回外蒙、新疆,日本掠取沿海省;

五、中日缔结东亚联盟,取消协同体新秩序之主张,而为完全平等自由独立的立场之结合;

六、奠定东亚百年和平大计,以答此次事变死伤数十万人之牺牲,方有意义。

其他如矶谷廉介主张日皇派钦使到渝,则可使中日停战。板垣本人亦谓："汪府虽成立,然不外两邻家吵架,一方虽侵进他家破坏一切,然能如数修理补造,恢复旧观,还给原来主人,则此事有何难哉。"一般希望事变急速解决者,则望日内阁政策速行改变,其改变之张本,军部将不出头,而由元老如广田、秋山等先行接头,确认蒋公之诚意,则此难局将行打开云。

综之,对于中日事变解决之方式可分两种:

(一)利用现握实权之日本军事当局,内心感觉困难,而由元老重臣多方鞭策,促其让步,一面略事敷衍,不使过于难堪。则就东京大本营所开九项条件进行折冲,未尝不可得一彼此较为接近之结论,以为恢复和平之张本。

(二)对于元老重臣之主张全面和平者,密切联络,以便加强其政治上活动力量,俾能根本推动日阁改变现行政策,以实现其澈底和平之主张。大约三数月后,拥汪试验弱点暴露,则此种主张定能抬头,当可一新局面,共纳和平于正轨。

《档案史料与研究》1991 年第 3 期,第 9—12 页

情字第 1906 号电文

1940 年 4 月 30 日

发报人:8090　上海来电

(衔略)

三村前日晤敦白,据谈:和知本月十一日抵沪后,因其驻汉某旧部所遗交替手续未完,故翌日须赴料理云。至此次未与敦白晤谈原因,据三村谓:和知意以阿部方到,此时似非谈话机会,两三月后再当约谈云。又三村昨返长崎晤佐佐木,约二星期返沪。三村谓佐佐木、和知、石原等均主与国民政府直接谈判者、彼此去原与佐佐木有所接洽云。弟按:前藤井告弟,称日政府密令在华活动份子,对中日和平,最近不得活动,今三村如此,藤井之言诚不假也。8090 叩。艳午 655。

《档案史料与研究》1991 年第 3 期,第 12 页

情字第 1938 号电文

1940 年 5 月 11 日

发报人：8027　上海来电

（衔略）

（密）和知已面洽两次，据谈日皇现最关心重庆之和平问题及我委座之态度，今井前周为此曾飞东京，报告所谈和平之经过。现日方所认为和平工作之途径有三：（一）今井与子良之路线；（二）和知所接谈者；（三）其他不关重要者。板垣认定和知路线比较正确，但渠本人期望过奢，欲一蹴而成。和知则以为应慎重密议，并先确立实现和平之原则，其方式不外：（一）博得我方完全信任后，先由日方表示诚意，自动局部撤兵，在完全谅解下，我方不作夸大宣传，以谋全面停战之成立；（二）由日方下大决心，抛开过去立场后，从大处远处着眼，为保全东亚全局，谋中日妥协方案。此事已为多数有识者所考虑，必要时由日皇发动，再由非军部之大员负责折冲。至今后军事，俟襄樊方面反攻告一段落，将不致有大会战。盖国际变化日益深刻，日方将移其目光于保全东亚全局之大问题，对我作战增援已无可能，即长期延长亦所不许，故除谋全面和平外，更无他途。汪伪府届时不难一挥而去之，现日本朝野无一人信汪能解决此事变者。日方前派阿部来华，本拟与汪签订条约，现以汪名称代理主席，无此资格，枢密院亦否认其有签约之权。故此后影佐、汪逆欲再图欺骗其国民，已不可能矣。8027 叩。蒸沪情 0002 号。

《档案史料与研究》1991 年第 3 期，第 12—13 页

情字第 2025 号电文

1940 年 6 月 3 日

发报人：8090　上海来电

（衔略）

（密）艳日敦白晤和知，谈日本对我情形甚详。弟于陈述此谈话前，尚有数事应告兄者：（一）敦白性情较柔，遇事少决。（二）无争取情

报技术。故弟在旬前忽得日方情报,称有川本者谓:"敦白代表某方与日接洽和平"。当告敦白谓,中央得东京、南京情报称,日方谓兄为代表中央与日方接洽和平等语,此系日方对我外交攻势,且于彼个人安全及人格有绝大影响,此不能与和知辨明云。及至接我兄敬渝电,弟以为争取对方情报,即应如兄所言,提出某种问题,以侦查日本意向所在。故弟于敦白此次晤和知前,因开列四项,嘱其由侧面刺取和知意见:(一)自动撤兵问题,(二)东四省交还问题,(三)美国参加或保证问题,(四)中国叛魁汪等引渡问题。故敦白此次与和知谈话,即根据此。兹录如下,尚希赐教。

和知谓:别已两月,我在港会见你一个朋友,他飞返重庆后,本月十二日又到香港,你知道否?

易说:不知。

和知:(笑笑并未说出名字)

易说:我有友接重庆来电,说从东京、南京日人方面得一消息,易敦白代表行政院与日方谈和平等语。这个消息来得甚奇,我只以个人立场谈过,并未向其他日人谈过,何传出消息,竟说我代表行政院。汪方和共党听到了,我竟要发生安全问题,重庆闻后,又发生人格问题,何能冒充代表,充其极我须受国法制裁。我等谈判,你曾向日方何人说么?

和知谓:那消息说出日方何人? 并说出你谈话的对象没有?

易说:没有。

和知谓:奇哉,我除向板垣说过大概外,未向任何人说过,且仅云有友易先生,更未说系代表何人,惟板垣是知道你的,他也不说出去。我举易先生有理由的几点供他参考,何得谈和平谈判。我日方近来努力和平工作,想在重庆着手,只有今井、臼井、铃木能与板垣谈话,板垣所了解,是中国目前不会有正式代表谈和平,何能指出一个行政院代表来。有一天今井在板垣处,我亦在座,板垣对今井说:勿随便认一要人,即认为可代表中国政府,并谓,究竟你闻该易先生说,中国目前有谈和平之代表否? 虽已将你姓举出,但何以传易某为某人代表呢? 今井你认识否？

易说：不认识。

和知谓：此甚可怪，除专谈指定某人之事，没有姓名全举出来的习惯。今井你不认识，他尽管听其姓，不举其名，板垣不会与别人说，便反转过来亦不会有何人说某人为代表的。我于日前在港会见郑先生，郑先生问，你在上海见着易某否，我说见过，话只如此。我之推想，他到港你总知道。

易说：我确不知你在港会见中国别的要人，谈过话否？

和知谓：没有谈过，我们的事，譬如杜月笙和某某等，均可飞渝找办法。但我可以说，郑先生虽系私人立场，然其见识高超，谈谈不妨。其他我未在港注意谈过和平的事。

易说：我闻你在港见过宋子良，确否？

和知谓：宋要找我，但我未接见。他和今井、臼井、铃木办了一件事，听说不好，蒋先生不感兴趣，日方亦然。今井往后也不会再做这样工作了（事后问三村，三村说：现在日有密令，要汪负责重庆和平事的责任。有一个蒋汪合作的口号，用意有肃清日方泛滥接洽，现在日有许多人想来做这和平工作，因此也不能来，例如荒木、真崎等，恐怕只能派代表，不要做其他名义，派来亦无用）。这样情况，不独日人步调难整齐，就中国亦一样，前者宋子文，现在宋子良不是同样要活动吗？这事我们两月前谈过了，确应想出谨严而切实的方法，一步一步做去。两方代表须俟和平途径平坦时，才能实际出面。故此，电报来源应检讨清楚。忆我直接谈过你我见面，只有板垣和郑先生两人。我闻板对今井提出先生一次，其论点要今井慎重去找中国代表。中国现在并无代表，和实际情形相反，我们往后随时商讨。

易说：我还要声明：（一）这传说并未能威胁任何国事，也不能威胁中日将来的和平，只威胁我个人，若从此不会谈，就可减个人的威胁了。（二）但我仍鼓起勇气，因我未代表何人谈话，而同时又不能否认我们只是个人谈天，政府无禁止必要，所以，我希望着重在代表，我们必须将

"代表"二字消灭。(三)我们这样谈话又有何用处呢？我以为我们不代表何人，才能尽量说实话，如此讨论得一合理之结果，我们各人将合理材料设法贡献政府，以备两政府之采取或参考。故我以为，值得好好认真的谈；(四)从此谈话，除三村、林绍雄外，外人决不知道，你在日方固定一人或二人，由你慎重组织，永远不泄，常谈无妨。(五)我的姓名写在电话簿上，汪方或其他误会是极易对付我的，我虽勇，但不愿作事幼稚而失败。同时，也是我们彼此均失败。

和知谓：这话已领会，我们就这样办。你今能否提出几条作讨论材料？

易说：材料不但要中国方面，也要日本方面的。不过，我们应共认定一条原则，中日和平固好，万一失败，我们谈话技术不要他失败。

和知谓：这里还没有领会清楚，就是指那秘密技术吗？

易说：秘密为对外技术，而我们两人对内技术问题，值得研究，这就指谈话的技术：第一、我们不要相信一方面自定的原则，否则就找不到双方共认的真理。第二、我们绝对防止谈话发生附作用，如欧战前各国和平，其附作用即战争的前躯。中国政府本历次宣言抗战到底，日本要在重庆作和平运动，以利摇动中国战线，这是和平攻势一种作用，仍然战争比汪运动更进一步，何能真和平。最近，中国见日本奔走和平的事实，而认为战争攻势，不信有真和平。第三、谈话两方面目的，只要对方各交来几个条件相互交换（假令中国提出解放朝鲜、收回台湾，日提出占领华北、割让满洲等类，你能说两方绝对无此希望吗？）仅均以最高条件试探罢了，交了卷，任务即完，毫无用处。所以，我们要用科学家探求彼此可共认的真理，于是中日和平的著作，可以讨论出版方法。此三意见，你以为如何？

和知谓：此需一长期之讨论，不偏见，不为别的作用来谈和平，不要找几个条件就算了，这是对的，但要讨论最要条件。

易说：假使我们条件讨论好了，在中国方面有由抗战领袖决定利害而执行之可能，在日本方面究由谁负责决定。

和知谓:最后负责,当是日政府,我方现能负责的还是板垣,板垣直达畑陆相,我直接板垣。不久,国内或还有一人来参加讨论专门技术问题,板垣当随时作专门研究的、组织的。

易说:甚善,但能作公开的专门研究吗?

和知谓:看研究的事态发展的进展如何,当秘密还是有秘密方法的,我想这双方应同样的。

易说:当然,但中日情势冀一,定要看到和平的真面目是什么,才能推进政府对和平之兴趣。至专门研究,是政府决定和平政策后,才会发生,日则不必如此。

和知谓:双方都写出数件东西,同拿去详密研究一番,双方拿研究东西再交换意见,甚短的时间就有眉目。不然,我想不合适的地方很少,譬如日本方面要自动撤兵,而中国方面寻不到谈话的人,日本就无从计划起;又譬如,日本要向中国发动和议,而中国的面孔总拿不出来,日本又何从计划呢? 我敢断言,日向蒋先生谋和与向汪谋和不同,但日将如何表现出来呢? 必先请蒋先生持出不同的面孔,日自有与对汪不同的响应,若先由日方提出,就难拿出对汪不同的东西。不然,国民就问你们拿出东西的根据何在,这是今井交宋子良的九个条件:(一)承认"满洲国";(二)参加防共协定;(三)日军驻屯内蒙及华北军事要地;(四)国民政府宣言中止抗日、放弃联共;(五)在中国内地之日本居民,须受同等待遇并保障自由通商;(六)赋给日本以在华北及长江下游开发资源之自由权;(七)保障撤兵后的安全,并维持秩序;(八)协力于汪兆铭等及新政权之组织;(九)在华南沿岸及岛屿设定日本海军根据地。

上述当然是与对汪无异的意见,蒋先生自不感兴趣,我明知无法,只得让今井等去试试罢了,但终要失败。你曾听见说过宋吗?

易说:我也有所闻,又闻中国有某人提出的东西(但并非宋),下列四个问题:(一)日自动撤兵问题;(二)东三省交还问题;(三)美国参加和议及保证问题;(四)汪逆引渡问题。提交何人我不知,但我想这也许是蒋先生的真面子。

和知谓:我现给两本书你看,一是《东亚联盟论》,一是《昭和维新论》。联盟论序言是石原莞尔做的,书是宫崎正义做的。石原经营满洲的,是著名的对俄亲华论者,他是真注意东亚大局的人。这书已寄六份到重庆去,想蒋先生不久要看见,我想说,蒋先生对石原印象甚好。又中国在汉口未沦陷时,日方曾有一要人(我不必说他名字)到汉,以中日两国共同创造东亚大局的意见征询蒋先生,当时蒋先生答以那是极光荣的,日方遂以为蒋先生不是不能合作的,尤其石原一派。还有一点,日人久又认定,蒋先生是东亚的大英雄,当板垣任陆相时,日正盛倡不以蒋为对象的口号,却有一个日人到渝谒见蒋先生,他说:我日人实崇拜蒋先生为一大英雄,我们希望你和我国板垣、多田两个英雄携手,东亚大局就解决了,蒋先生很有首肯的。那人回国说:天下多事,就是英雄不识英雄,若英雄能携手,何事不能解决。我想蒋先生并不是对东亚大局没有兴趣的,并不定要美国参加和议,不怕无保障。其日本必事实不侵中国主权领土的。所以,我以为那四个提出的问题,也不定是蒋先生的真实面孔。

易说:如此,东四省问题,会依据不侵主权领土均无条件解决了,那中日间的误解就易理清。

和知说:这总应附带一个既成事实问题,日对满洲问题,纯系对苏为基本条件,是防止国际赤化的第一道防线。

易说:日本承认一个原则,同时又以既成事实空泛取消这原则,这就是中国要取得第三国之原因。我们最要一个条件,必须有服从真理的心,我们才能谈有用的话,否则徒托空言。

和知谓:我们计划一个继续谈话的办法如何,还是我们每天研究几个钟头呢?还是隔几天一见呢?地点问题如何规定呢?我有一所房子在杨树浦,易先生能住进去就好。

易说:我看不必这样,和知先生比较忙,我没有事,那一天和知先生愿谈,就约谈好了,不过,地点最好不约在同一处。

和知说:我虽事杂,我可请人代理。我还有供先生参考的意见:

（一）我知道，必须日本以诚意去提起蒋先生的兴趣，才能谈到和平。
（二）中日两国共同建设东亚大局，我想蒋先生不会全无兴趣的。
（三）防共问题，在中国有表面与实际两种情况，与日本殊异。日本拿防共口号宣告国内外必须和平时，防共影子还在中国，则和平成立后，防共会成实际问题，最后总是同一目标。（四）目标如同，则多种问题好解决，将来共同的发展无穷，如中国要收回安南、缅甸，日本可以协助；要收回外蒙，亦可协助。就是日本目前要挟驻兵，不过为目前防共问题，当与华军同驻一处，并不要独驻地点，随时协商好了。（五）和平以后，日本保持四百万军队，中国保持六百万军队，这一千万军队，当能支持东亚大局。海军在中国，则要三十年经营才能像样，目前日本在中国海岸，暂时作些防御工作，两方彼此无猜疑，是无妨的事。（六）日本的工业资源太缺乏，就说重工业，日本要求中国协助一些矿源，中国自用有余，总要销售于世界市场的，多售点给日本，想亦于事实可办，于自己无碍。（七）第三国利益，我们并不一定要排斥，大家多为东亚保持一切，就算一切。（八）汪之问题，最好不究既往，予以相当位置，否则，也不必重办。事实上，置诸不生作用之地，而日本面子还占一份好处。所谈这几点，希望先生与朋友研究后，如把我说这些写成几条或一篇文字，给要人商量商量，设法提起蒋先生的兴趣，是至好的。

易说：改天再谈。

和知说：和平后，中国对华北的收拾，大大困难是免不了的，所以防共问题，中国真不可放松。

以上系敦白与和知谈话情形，内中有可供研究之处甚多，希查照是幸。8090 叩。东午 705 政。

《档案史料与研究》1991 年第 3 期，第 13—16 页

情字第 2026 号电文

1940 年 6 月 4 日

发报人：8090 上海来电

（衔略）

东 705、政冬 706 情电谅达。昨午三村偕林绍雄访敦白，据称：上月二十九日和知与敦白谈话后，翌日板垣即由宁来沪与和知晤商，其内容据和知告三村谓。（一）板垣此次来沪，与彼所商进行中日和平情形，在板垣及日方之情势，大有急下之势。关于今后与华方进行谈判事，板垣拟委由和知接洽，一俟东京军部派人到沪时，会同和知进行一切。（二）和知告板垣云：此次与华方谈判，设由彼负责进行，彼当可同意，惟不能踏前辙，于彼接洽一路线外，同时有多方面接洽，致启华方疑误日本无诚意。又与国民政府进行和平谈判，自与汪之谈判性质不同，因国民政府系战争当事者，非若汪由日本一手制造，毫无实力者可比。（三）和知嘱三村，约敦白今日下午三时再晤。以上三事，系和知嘱三村转告敦白者，一俟晤和知后，再电告。8090 叩。江午（708）政。

×字××××号电文

发报人：8090　　上海来电

（衔略）

（密）六日敦白复与和知晤谈，有三村、林绍雄在座，由和任通译。惟敦白因性情柔弱，不能固守弟所指挥原有立场，致使谈判阵容日方立于主动地位，然就结果论，所得情报资料已属可以，惟于今后日人之就我范围又增若干困难。兹先将谈话录下，再陈述弟个人对此事之态度与意见。

和知说：我江日赴宁，与板垣晤谈二日，昨晚始归，特将在宁会谈状况及板诚意奉告。我对板说，我所接洽之中国人，当守约不将姓名告你。他说，我们该可认事不认人。如何认事，他先从中日双方代表分析起，他说：中国对日本的代表没有认识方法，因日派代表的主张究是谁，无法表现，中国则蒋先生有总代表大中华民族的实权。纵令蒋先生想派代表出来，向日本谁接谈为正确？他说，中国人要具有中华民族特性而无汪特性的人,总可站在蒋先生所代表的范围内说话的,但数目太多,应组织一特别机构,此机构研究两件事:(一)研究由日本发出之和平运动是否诚意,抑或和平攻势;(二)研究和平材料是否直驱两害的战局变成两利的和局。最后以研究结果取决于蒋先生。日本现在主持战局者,决定化战为和,应组织一个阵容,能于和议决定之日几分钟内取得国民之拥护,则日本最后决定方法已有把握。中国亦可相信。将中日如此组织配合,才能得正确的接谈。板垣说,这甚合情理,但姓名何以要守秘密?我说那是配合技术问题,仅有机构而配合失当,仍要失败。现在不是正在作战,那有和平?凡公开所谈的和平,自为战术之一种。只可双方此时真有意转战为和,势必双方秘密制造一番,到决定时期才能公开。因此,他认我们的配合,犹如两国国民秘密组织一和平制造工厂,他和我不过双方各用一技师,只可明白是技术,不要管他姓名,加强秘密性表示。他并以技师态度起草三件东西:第一件是工厂缘起,名曰谈话前双主应互相了解而互相配合之要点;第二件是工厂章程,名曰谈话规约;第三件是工厂计划书,名曰计划恢复中日和平之要点。关于第一件,中日战争情况各异,对于将来和平如何获得,亦观察各异:(甲)日本方面以武力在华造成各种既成事实,即欲以保留各种既成事实为和平目的,故日本随时可以谈和平。(乙)中国方面对他方法,则要使日本武力所成事实无法造成,自始即估计彼此实力,而作努力长期抵抗计划,故中国目前不信有和平可言。因此,双方距离甚远,不经极诚恳的相互讨论,和平不易成功。否则,条件作用不过征取情报(下缺)。

《档案史料与研究》1991 年第 3 期,第 16—17 页

情字第 2053 号电文

1940 年 6 月 20 日

发报人:8090　上海来电

(衔略)

（密）佳电敬悉。日方阳假和平之名，阴行政治进攻策略，诚如尊电所示。非俟其觉悟自动撤兵时，决不与彼谈判。弟已落示转嘱敦白停止谈判。今后往来，咸以争取情报为中心工作。谨此电复。8090叩。文午（718）政。

《档案史料与研究》1991 年第 3 期，第 17 页

情特字第×号电文
1940 年 6 月 24 日

发报人：8027①　　上海来电

（衔略）

（密）板垣近派其亲信秘书辻政信少佐来沪奔走和平，经和知介绍，昨在六三园晤谈。彼声述板垣之心情与态度，要求设法转达渝府及委座，以求得速决事变之途径。彼随从板垣四年有余，历次板垣发表的文字，概出彼手，彼认板垣、石原、本庄三人为日军部之核心，又华事变之解决，全操于彼等之手，而彼等之对华认识，实远出其他军部顽固派。发起战事至此阶级，板垣确已钦敬委座之伟大，并盛赞中国民族之不可轻侮，此际中日两国如能澈底合作，则东亚解放当不在远。日方深知有此重任，非与委座握手，实无其它可能之方法。欲与委座握手，日方除板垣外，亦无其他适当之人物，盖板垣深得军部政界元老与实业各派之拥护，为将来总理大臣之有力人物，现彼已觉悟。非与委座握手，不能重奠中日和平之基础，此实为解决事变之良机。盖收拾现局，只有东亚两雄握手而已，吾人须知板垣并非坚持拥汪到底者，亦并非否认渝府作战到底者，特在未觅得解决途径以前，不得不支持现状，而支持现状，实非板垣之愿。又加欧局日趋严重，影响及于东亚，此时两国无谓之牺牲，不但力应避免，且须将眼光放展于全亚之将来，使两国坚苦卓绝之

---

① 沈养吾联络代号。沈又名沈翊青、沈庆圻。中国电力制钢厂股份有限公司常务董事、行政院官邸秘书处派驻上海办事处工作人员，时任上海秘密电台负责人。

将士化为防备全亚之壁垒,并为补偿三年来所受之损失,共同策划两民族之对外发展,造成将来子孙万世之福利。板垣、石原、和知等因此断然变计,以领导其国人,使其不过存奢望,而将事变之解决归纳于两项原则之下:(一)承认"满洲国"。此项为日本最低限度之要求,希望中国能予以谅解,日本可在他处补偿与让步。此项如不能谈,则日本政府实无法应付其国民,战事只有任其无意义的延长而已。换言之,此次事变将以承认"满洲国"为条件而终结,不过承认要有方式,而办法则尽可磊落,日本当尽量容纳中国方面之意见,务使中国政府不受国民责难,为谈判之原则。至其他一切条件,将不再提出,以免枝节。(二)组织东亚联盟。此为结束善后之会议机关,中日两国以完全平等、自由、独立之立场,互商政治、军事、经济等问题之解决,务期握把时机,彻底合作,以奠定中日两民族百年之大计,以慰答双方死伤数十万人之英灵。该氏复坚决声明,目前内外之象征,已不容吾人之犹豫,彼与和知可全权代表板垣,并以最大之努力向前迈进。希望此间能有相当表示,则其他路线可完全断绝,彼等即本此路线继续工作,以达成功。否则迁延愈久,日本国民鉴于军部对事变无办法,将迫使政府于一两月间承认伪满,则前途之障碍愈多,而解决事变之希望更少矣。该氏又重言申明:解决事变之关键,务须设法推动委座,使能确信板垣之诚意,了解以往之误会,彼此心心相印,开诚商谈,则僵局立可打开,惨剧即可闭幕。彼为说明板垣衷情及日方情势起见,要求设法赴渝面陈委座,以表赤心,并携带板垣手函以昭郑重。只要能将板垣心情达于委座,即被渝府枪决,本人决死而无怨。至赴渝方式,或化装仆役,或伪充俘虏,亦在所不辞。万一赴渝之行为环境所不许,则希望能得如郑君者来港晤谈,彼当将板垣心情及其亲笔手函托由郑君转辗上达,亦无不可。总之,该氏对解决事变实具有最大诚意,觅盼我方能于最短期间予以明确之表示,当于言和前途裨益非浅。卓见如何,务祈慎密考虑,早赐裁复为祷。8027 文,沪情 0016 号。

×字第××××号电文

1940 年 6 月 21 日

发报人:8027　　上海来电

（衔略）

（密）板垣现将各方路线完全停止,和平事委托和知及其亲信秘书让政信负责进行,至其他民众方面之活动不关重要,好在亦系鼓吹和平空气也。现因德、法停战,欧洲和平有望,东亚如长此火并,将受他人所乘。板垣已悔悟一切,决心与渝府谈和,而将初步责任付托和知与让政信接头。彼等原定二十号飞粤,嗣因在沪尚有工作,至迟月底定到港、澳。嘱转约兄务于月底来港,以便商讨一切。如何? 请速电复为盼。8027 叩。巧沪情 0020 号。

《档案史料与研究》1991 年第 3 期,第 18—19 页

重庆发报文稿

1940 年 6 月 18 日

发报人:1251　　重庆发报

8027:

（密）易敦白君为胡鄂公兄单位内之一员健将,曾于六日与朱先生晤谈,兹将要点录告:应组织一特别机构,研究由日本发出之和平运用是否诚意,抑或和平攻势一件;研究和平材料,是否直驱两害的战局变成两利的和局;最后以研究结果,取决于蒋先生。日本现在主持战局者,决定化战为和。应组织一个阵容,能于和议决定之日几分钟内,取得国民之拥护,则日本最后决定方法已有把握,中国亦可相信。将中日如此组织配合,才能得正确的接谈云云。弟意此项之组织,如吾兄愿与胡君合作,弟当即电胡知照,兄如以为不妥,则仍分别进行,请考虑电复为盼。1251。

《档案史料与研究》1991 年第 3 期,第 19 页

情字第 2068 号电文

1940 年 6 月 25 日

发报人：8027　　上海来电

（衔略）

（密）板垣近对渝府直接谈判日趋积极，态度已完全转变，有如下述：(1)日内阁将对华事变之处理，完全交与军部，军部又完全听命于现地总军部，板垣为总军参长，即彼可左右军部及内阁之政策，彼之立场以石原为里，拥畑俊六为表，左右手则为土肥原与多田，再加本庄、近卫、秋山等作幕后策动，故解决事变之实权完全操于彼手，彼之政治生命将完全寄托于此。(2)板垣过去误听影佐、今井之献计，致受汪伪之欺，形成现在之还都伪府，现彼对影佐、今井之活动已不感兴趣，对汪亦抱不理态度，对和知主张则日加信任矣。(3)板垣最近谈话，盛称委座统制力之伟大，足与斯达林、希特勒等相媲美，如能迅速解决此次之事变，完成中国复兴与东亚建设之大使命，则可称为世界英雄而无愧。现在欧局变化瞬息万变，为应付此新环境，东亚应有早日成立和平之必要，然除委座肯负责谈判，则实无第二人可以收拾残局，甚望渝府能了解彼最近之心理与愿望。在日本方面，只须彼本人握有成算，认为可能，则内阁随时可以更迭，政策立即可以改变，彼有出任总理之野心，或拥护本庄、畑俊六为过渡，或使其表面负责，彼固有种种办法可以操纵自如也。(4)板垣所提和平条件只有两点：(一)承认伪满；(二)东亚联盟。此素为石原之主张，彼近完全采纳为自己意见。彼谓，只要委座能与彼谈判，则僵局立可打开，并希望能与渝府负责者择地会面，则对彼误解当可冰释。(5)和知奉板垣密令将往港、澳活动，甚望渝府能以板垣为对象，开始接谈。所谓具体方案，当可简单化，不致如过去之苛刻。由板垣等负责，事实当然可靠，非如空泛之活动可比。至微特电所称日军部将派专员来华及板垣电召余某作通译等等，皆无稽之谈也。8027 叩。删沪情 0019 号。

情字第 2070 号电文

1940 年 6 月 25 日

发报人：8090　　上海来电

（衔略）

（密）文 719 元 720 政两电计达，删午后一时，弟已与和知在虹口见面，参加者日方有迁少佐（以下略称少佐）、三村、林绍雄，我方有易敦白、陶菊隐（陶事前与闻此事，此次任我方记录）。事前和知告敦白谓：少佐参加，系奉板垣之命，观看我方情形。并说明板派和知负责对我议和决心，先生与渠晤谈后，再改在某地，我与先生谈判，少佐即不参加云云。届时弟等与少佐、三村、和知见面，由林任通译，谈话如下：

少佐谓：英伦沦陷亦将不免，此诚快意之事，英以煽惑他国为能事，中日之战亦然。本人前服务满洲时，板垣将军任关东军参谋长，曾下令限五年禁绝鸦片，而鸦片之害中国，皆鸦片之役有以致之。本人追随板垣有年，一切个性本人无不深知。八年以前，板与本人皆以为中、日、俄三国之战斗力，日居第一，俄次之，中国最弱。然自张鼓峰之役以至中日之役，经实验之结果，观念为之一变，现觉日仍为第一，华军则优于红军，倘华军有优良之武器及设备，其力量犹不止此。我黄种人既有此优越之力量，何故受白种人之煽惑而自相残杀？宁不能联合一致，以推翻白人势力耶？板垣告将士书一文华军作战之英勇，所言皆出诚意，与近卫宣言性质不同，盖近卫系向全世界宣言，容有外交上烟幕弹作用，而板则不能欺骗其袍泽也。中国方面或有误解板垣之诚意者，良以渠为制造"满洲国"之要角，又为支持汪之有力份子，然此为日本国策，汪接受近卫原案，故不能不任其一试。此际已知中国、日本欲求实现全面的和平，非蒋委员长莫属，倘蒋委座愿与日本协力，日本自无不愿释嫌修好之理，现在板垣将军特委和知先生负责，与公等谈判，公等倘有诚意者，不妨披沥直陈，本人愿作详尽之解释。

胡谓：过去种种，板垣将军系根据其国策，倘今后根据其一切经验，谋与中国正式政府建永久和平之基础，则中国人对之，自无不信任之理也。

少佐曰：中日和平有一不可变易之条件，即中国应承认"满洲国"，然后中、日、满三国同盟关系可成，盖两国同盟不若三国同盟之基础稳固而利于提携共进也。

胡谓（少佐谈至此弟急止之，另作下述之声明，盖恐彼提出联盟方案而影响我方所计划之步骤也）：吾人谈话前，应作如下之声明：第一、我等纯系私人资格，绝对无代表政府方面或政府某当局个人之性质，且我等认贵方诸位亦系私人资格，对于贵方所采方式，一切的非所问。第二、吾人工作为建立中日和平之桥梁，无论有无成就及其他结果如何，无害我人之友谊。第三、为希望桥梁易于建立，且他日易于通行起见，双方宜设身处地考虑对方环境及其困难之点，以免发生阻力。第四、既非代表何方，板垣对我等地位请勿再加以考虑，否则，枝节横生，转与谈话之原意相左。第五、为郑重将事计，我方设有提案，由我亲手交付和知先生，日方若有提案，亦由和知先生亲交我（弟说至此，少佐迫不及待）。

少佐谓：此桥梁何日可告落成乎？本人认为有加工赶造之必要。本人愿携板垣将军亲笔函，偕同胡先生飞渝，谒见蒋先生、孔院长，剖陈一切，亦事半功倍之一法也。

和知谓：日本有若干方面与中国友人接触时。辄言板垣之意见如何如何的，非板垣之真意，惟少佐真能代表之。日转变国策之前，必有充分之把握，充分之准备，而以加倍努力之方法促进之。倘对中国方面漫无把握，即无由推进，而促中日和平之实现。少佐赴渝一节，本人亦甚赞成。

胡谓：此一问题言之尚嫌过早，将来或有水到渠成之一日，惟我人现宜研究者，乃谈话之技术与步骤等问题（弟言至此，为预防少佐提出其他意见计，即起身与之作别，另就和知等约晤于同样预定之地点，除少佐外余均参加）。

三村谓：少佐我亦初次见面，十分军人本色，说话未免越出范围。

胡谓:少佐此种谈话,正可见其为人坦白(弟说话时和知已到,因对和知备作誉扬赞美之词,乃为采主动地位,使彼方深入我预备计划计,因作如下书面之提议)。书面提议如下:为进行结束中日战事及建立两国间真实而永久的和平起见,双方绝对以私人资格开始研究性的谈话,此项谈话之结果,亦可视为建立两国正常外交关系之始基,故双方谈话时所采态度,应尽尽觅取双方政府与人民所能同意之步骤,然后根据其结果,设法贡献于双方政府,以求事态之发展。为实现此目的,厘订下列之方案:(1)谈话初步讨论一般的和平基本原则。(2)基本原则已获得谈话人双方同意而告一段落时,应由双方谈话人作一假定之签字。(3)完成以上步骤后,中国方面谈话人以私人资格,为觅当局之信心,拟与日本方面领导战争之现当局(按:指板垣)作一非正式之晤见。(4)晤见时,讨论双方负责当局直接晤见之地点及技术(按:此系暗指院座与板垣见面而言)。(5)此项规定由谈话两当事者签字日起发生效力。(6)此项谈话不受任何拘束。弟将以上所提书面交付和知后,并声明今后关于各方案内容讨论,由易敦白与和知磋商,而提案与最后决定,仍由弟与和知当面解决。盖弟意在使敦白作两者间斡旋也。

和知接阅上述提议后谓:事无大小,均应取得板垣同意签字后始可决定,板为我备有专用飞机一架,供我往来宁沪云云。

以上系弟与少佐、和知见面情形也,一俟和知有答复时再详告。又弟正拟起草一和平基础原则,俟脱稿后专电呈请核夺,盖以便和知答复后进一步与彼折冲也。弟一切当如尊电所示,以谨慎严密态度处之,知注并及。8090 叩。筱(723)政。

《档案史料与研究》1991 年第 3 期,第 20—21 页

情字第 2073 号电文

1940 年 6 月 26 日

发报人:8090　　上海来电

(衔略)

（密）弟所拟和平基础方案,经数日之考虑,方始脱稿,盖因:(1)必适中国之环境,无害于领土、主权之完整,使政府过去抗战、今后谋和之苦衷,为国民所极端拥护。(2)使日本对内对外之困难皆得解除,并予以保存颜面之机会。(3)于欧战结束后未来之国际形势得以配合。(4)中国对于友邦,尤其对美以及对俄之关系,不至因中日言和而稍有变更。(5)该案提出后,必予日方讨价还价之余地。根据以上五点,特拟具中日恢复和平之基本原则七条如下。

（一）中国为领土完整与主权独立而抗战,故亦愿为领土完整与主权独立而谋和,苟中日双方均能注意此点,中国自愿立即谋和。适用此项原则应行下列二事:(1)以恢复卢沟桥事变以前局面为恢复中日和平之基础。(2)为谋中日间永久和平,应改善卢沟桥事变以前种种不安状态及不安适事件。

（二）满洲问题为中日关系恶化之一大症结,使此问题获得合理解决,乃中日间谋永久和平之必要努力。基于此种认识,中国对于恢复辽、吉、黑、热四省之"九一八"以前原状一项主张,愿予放弃,日本亦应放弃承认满洲为独立国之主张,而以下列方法处理之;(3)中日合组"处理满洲问题委员会",以同等额数委员共同管理满洲,以十五年为期,期满由满人民投票解决:(A)仍属中国;(B)满洲国独立。(4)为适应中日双方国际环境之需要,关于满洲问题之解决,应请九国公约主要国之美国参加保证。

（三）中、日、满同盟一事,中国对此绝无考虑余地,且满洲国未经中国承认,又未具备独立国之任何条件,即退一步言,仅由中日两国成立同盟条约,亦非所能接受。但中国为中日和平实现后增进中日友好计,可适用下列方式处理之;(5)中日商订"互不侵犯条约"或"中日友好条约"。

（四）中国现在以三民主义为政治上之中心思想,凡违反三民主义之政治主张,皆不容予以存在。自德、苏签订互不侵犯条约后,国际上之防共集团已失其真意义,况最近日本苏俄间关系亦正日谋接近,是防共协定一事已非中日当前之急需,且中日两国政治思想并无绝对矛盾之处,现在中日两国既谋永久和好,为增进今后中日两国文化思想为瞻仰发展计,得以下列之方式行之;(6)中日商订关于文化思想交换之外"文化协定"。

(五)中日两国壤地相接,经济关系本极密切,和平恢复后,中国之广泛经济建设自更需要各友邦予以合作,日本以比邻关系,较其它各国对中国之合作尤为便利,双方应基于平等互感原则,以谋两国之经济利益。基于此种认识,应以下列二事行之:(7)中国对于日本工业之原料需要,应在不妨害中国经济发展下予以注意;日本对于中国工业之机器及其他材料需要,应在不妨害本国经济发展下予以注意。(8)为谋中日两国经济上之友谊互助,在无损于中国之主权与无损害中日双方国际关系下,中日两国得商订组织"中日经济互惠会议"。

(六)以上各原则于双方同意后,应即办理下列各事:(9)决定双方全权代表秘密会谈之地点、日期及方法。(10)双方全权代表会晤后,即签订停战协定,双方同时宣告停战,并各派全权代表团组织中日和平会议,依据以上各原则商求具体和约。(11)自停战之日起,双方前线军队各就现在驻地撤退十公里至二十公里。(12)双方合组善后委员会,办理日方撤兵、中国接收事宜,所有日方占领区域内一切临时组织概行随日军之撤退而取消,华南、华中日军应于停战之日起三个月内撤完,华北日军应于和约签字之日起十日内撤完。

(七)中日双方既图和平恢复,对于议和原则尽可先以直接方法谋意见之接近,但因战争三年,双方的屡有宣言,互相表示不信任,对于两国国民认识不无影响,为免除此种障碍,在双方对于基础原则同意后,似以两国均能容纳之第三国参加停战撤兵协定为得策,尤以美国出而参加为便利,此举并无妨于双方之直接谈判。

以上系弟所拟和平基本原则也,计七条内分十二细则,惟有须说明者:关于第二条之满洲问题,为中日关系恶化之一大症结,但日本之欲我承认其独立,此我断难接受者。中国对此似宜以壮士断腕之精神,表示最大让步，但必以不违反九国公约之精神为基点。故弟于该条拟以投票方法解决，因收复东北已为抗战口号之一，中央最近且已任命四省主席，况英、美、法、苏亦未承认伪满，此为我困难之点，若以原则第二条解决，我即可解除对内对外之困难。至该条所云合组处理满洲问题委员会一节，盖恐日方得寸进尺，使我有退让余地也。关于日方所提中、日、满同盟一事，我对此应考虑余地，故于第三条下，允与彼商订互不侵犯条约或中日和好条约，设彼不同意时，我可让一步，与彼订立互助协定，此亦留有盘旋余地也。至第四条与彼订立文化协定者，即为代彼防共协定之要求。按我对苏联外交与中国共党应认为两事，设与日本谈判顺利，和平可以实现时，我中央对于共党红军似宜以发动内战、破坏统一抗战阵线之罪名，而用最迅速之手段加以剿灭，则我与日本言和必更可得国内外之同情。但与苏联外交关系，必仍竭力予以维持，又中日经济合作，为彼一贯之企图，故第五条组织经济互惠会议，以代彼所要求之经济协议会。此弟所拟原则之大概意义也，是否有当，尚希迅予核夺，因和知返沪后，我方即应将此案提出，与彼讨论，否则我即沦于被动地位。望即复电指示，以便遵循。弟8090叩。皓（725）政。

《档案史料与研究》1991年第3期，第21—23页

×字第××××号电文

1940 年 6 月 22 日

发报人：8090　上海来电

（衔略）

（密）奉渝佳各电，尽筹周详，无任感服。此后往来机要各电，自当遵示严加谨慎，以释系念。弟佳（716）政电列述敦白与和知谈话情形谅悉。是晚，和知赴宁复板垣命，八日板垣复令其来沪，与敦白作更进一步谈判。弟当嘱敦白与彼见面时：（一）对于日本进行和平谈判仍表示怀疑，（二）表示中国继续持久抗故决心，目前并无与日本谈判和平之意。时三村亦在座，和知聆敦白上述意见后，表示非常惊骇，当称俟

彼与板垣通电话后,约期再晤。和知去后,敦白对三村于上述二项意见又复作种种解释补充。九日,板垣因亲笔书就和知委任状一通,令秘书辻少佐飞沪转达和知,谓此事系表示日方真意者。辻少佐到沪后,和知知此事已成彼之责任问题,故于敦白处,是日下午以林绍雄继以三村往返三、四次,要求敦白再作谈判,并要求我方增加谈判人数。谓日方谈判阵容业举以相告,中国方面如不再派人参加。似不合阵容形式。且谓,和知前提日方各方案,尽有商量余地,中国自有主张合作与不合作,谈判亦无运动云云。弟以我方运动策略之目的已达,因嘱敦白于十日下午二时与和知见面,三村、林绍雄均在座,和知向敦白声明,其要求我方增加人数谈判种种情由,后双方决定,俟辻少佐再来沪时,我方当有人参加,惟系绝对私人性质,此又敦白十日与和知谈判情形也。一俟弟与和知等见面后,再详告。又十日敦白与和知、三村谈话记录,俟整理后再电达。惟连次谈话原文皆甚长,因事关大局,为使我兄暨院座了解整个情形计,故不敢遗一字,敬祈谅察是幸。8090。

附(译文)

谨启者:

阁下年富有为,对东亚全局闻有远大之抱负,不胜敬服之至。中日两国之和平为敝人之宿望,不幸目下虽在交战之中,然此不过是一时的现象,最终之目标不用说,固在东亚的永久的和平。然关于战争之停止,相信除两国直接交涉外,别无他途。

深愿为救生灵于此惨祸,增进中日两国人民之幸福,曷胜企望阁下之奋斗。兹于此证明,和知鹰二君为敝人之代表,全权委任。彼当直接交涉之,望十分给以信任,一切与同君恳谈,以谋本工作之圆滑进行。对其成果,实悬有绝大之期待。最后祝

阁下之健康

敬具板垣征四郎(签字)

《档案史料与研究》1991 年第 3 期,第 23 页

×字第××××号电文
1940 年 6 月 23 日

发报人:8090　上海来电

(衔略)

(密)皓 725 政电计达,和知于皓日飞宁晤板垣后,当晚即行返沪。彼昨日下午约敦白谈话,据称我方所提谈判步骤书,除第五条外,全部均表同意云云。又谓板垣对于我方和平基本原则,亦望早日提出,因日本现正酝酿更换米内阁,在下月十日后定当实现,因现在伪满溥仪尚在东京,设有倒阁风潮,殊与日本颜面有关,盖溥仪七月十日即返满洲云云。又谓板垣意,和平基本原则在下月十日前,双方讨论能告一结束,如可与新内阁相配合,盖此机一失,将必再俟一新内阁也。又谓此次谈判,设基本原则双方可以一致成立时,日本继任首相或即由陆相出任云云。弟按:和知催促谈判甚急,弟皓电所拟原则七条十二细则,一俟奉到我兄复示后,即与彼约期晤谈也。又寒铣两电均已奉到,容明日另电详复。8090 叩。728 政。

《档案史料与研究》1991 年第 3 期,第 24 页

情字第 2071 号电文
1940 年 6 月 27 日

发报人:8090　上海来电

(衔略)

(密)昨日下午,敦白复与和知见面,据和知称,昝晚,板垣以电话告彼谓,有二事须告知胡君:即一、此后中日谈判决与胡君接洽,凡过去日方所有接触关系概行停止;二、关于此次谈判,彼此应开诚相见,凡过去日人与华方接洽之,可坦白告知胡君,以免扰乱华方阵容,云云。又和知当交一函,请敦白阅看,系大公报张季鸾由渝致和知者,函中系张约和知于本月中旬在香港见面,并谓彼事前当由渝乘飞机到港,望和知

亦届时到港云云。同时,和知又交两密电敦白阅看,系萧振瀛[①]致和知者,第一电略称张季鸾日前在渝谒见委座,张谈及和知主张中日和平等情形时,委座当告张谓:和知此种主张极光明而具有正义,望其继续努力云云。第二电谓中日和平之不能实现,日本每以防共问题为藉口,中国共产党乘中日战争之机会,以发展红军,现在河北省各地皆红军之势力,山东亦大半在红军之手,在山西之红军为数亦不甚少,近且侵及长江流域,倘非日人进占中国,何得有如此现象?是日本要求中国防共者,转为中国制造共党也。日人若有此觉悟,和平不难实现云云。敦白阅后,当询和知对此意见如何? 和知谓:板垣已决定停止与各方接洽,对张设置之不理,又恐张在渝知悉我等进行和平情形后(和谓张与张群一派,或于中枢处得悉),设法破坏,则转为不妥。现拟派夏文运(即化名何一之,此人曾任和知翻译)于有日赴港,与张见面,以为敷衍之计。惟夏为人不可靠,凡我机密之事均不使彼知之。但复到港晤张时,如萧振瀛、钱新之、杜月笙、王伯龄、王季文、陈向元等均亦与夏见面,尤为萧须预为防范,恐渠利用夏作彼政治资料故也。望转告胡君,夏赴港时我究应如何嘱咐云云。弟当嘱敦白转告和知:于夏赴港时,告以二事:一、嘱夏于听取张季鸾意见后即行返沪,对张不能发表任何意见;二、嘱夏到港后,于见张外不得与别人晤谈,因恐传出和平谣言后,中国政府必又发表声明,谓日方造谣,时在日政府将我负责(即和知)云云。以上系张季鸾与和知间情形也。弟按:张季鸾此种行动,当与张群有密切关系,因张群前者利用王克敏以进行中日和平,现因王已失势,故又使张与和知接洽,此政学系一贯行为,有堪注意者,合电奉闻。弟 8090叩。养(729)情。

---

① 又名萧仙阁,历任行政院驻平政务整理委员会委员、察哈尔省政府委员、四行联合办事处监察、外交政策协会财务委员会委员等职。

×字第××××号电文

1940 年 6 月 26 日

发报人:8090　上海来电

（衔略）

（密）? 马(730)情电计达。敦白今日晤和知时,因沪报载有宋子文飞美消息,和知谓:尚有一事须补告者,日前朱光沐随宋由渝飞港后,朱曾派人持函来沪,询我(和知)对中日和平目前有无进行办法,并询日方对和平意见如何,且告以朱、宋由渝到港等情形。我当谓以宋意见如何? 彼(朱派之人)谓,宋当不日赴美。我答,宋既已赴美,而又探询日方和平意见,是否宋欲请美国出任调停,彼语塞,无结果而散。但李择一①亦由港来沪,谓在港曾与宋见面,设中日和平有进行可能,彼可拉宋暗中负责云云。我问李采取何方面进行? 李谓:可在港开一非正式之国际会议,除中日两国人外,英美人亦可参加,关于中日和平讨论有结果时,中日两国人可各向其政府游说推动,而第三者之英美人,亦可向中日两政府游说推动。此第一次李与我见面时情形也。李又向我提议:谓中日和平第一步,双方应以私人资格谈判,俟双方意见接近时,则由双方政府代表谈判云云。我问私人谈判者,中国方面是否即宋子文? 李知我此意对宋不善,乃徐答曰:宋怕不够罢。此李第二次与我见面时情形也。我之对宋当然无好感者,实日本人之公意。因宋任财长时,日政府特派员数人到沪与彼讨论中日经济提携办法,宋一次见面后,称赴宁数日再来谈判,日本特派员久候宋不至而罢。第二次日政府又特派儿玉为全权代表到沪与宋谈判中日经济提携,宋见儿玉时突谓日本处心积虑,以侵略中国为能事,中国尚能与之谈判中日经济提携乎? 卒使儿玉一言不发而散。是中日恶感之深,宋实作俑也。凡日人未有不知此事者,故日人对宋独无好感云云。以上系和知所述宋、朱、

----

① 李择一,福建福州人,历任福建省政府高等顾问、行政院驻平政务整理委员会参议、行政院参议等职。

李等情形也,谨特电闻。8090 叩。梗 732 情。

《档案史料与研究》1991 年第 3 期,第 25 页

×字第××××号电文

1940 年 6 月 29 日

发报人:8027　上海来电

(衔略)

(密)连日与和知晤谈之结果,可将日方最近求和之动机归纳为两大因素:(1)由于内因者,板垣为陆相时,曾向内阁提出日、德、义三国军事同盟之案,平沼内阁开会讨论达五十余次,卒因元老及海军之反对与英大使之破坏,而未能通过,酝酿至德苏携手,平沼下台而告终了。今米内即为当时之海相,因此获得反对同盟派之拥护。阿部辞职,内相汤浅力阻畑陆相组阁,而荐米内以海军而制陆军,故陆军恨汤浅等元老刺骨。而今环境变迁,昔之反对同盟者既未博得英、法之同情,而美更以废止商约相威胁,予军部以口实。此次德军对法之胜利,益证明军部主张之正当,板垣之声誉因之日隆,但板垣本人受军部之重托,在中日事变结束以前,势不能实现其出任总理之欲望,此其一。(2)由于外因者,欧局演变日趋尖锐,影响之大已超越两国之争,日方亦觉悟在两国本身互求补偿远不如对外发展之为有利,故认为此时双方应有迅速媾和之必要,同时应放大目光,以保全东亚全体之祸患利害,为解决中日事变之最高原则,此其二。总之,板垣对汪已看穿,对影佐已失望,确认委座为惟一之对象,表示十分热望与诚意,条件方面一变其过去对汪之政策,除承认满洲及建立东亚联盟两原则外,其它均可让步,汪更不成问题。只要委座肯有表示,则彼可负责提出具体方案,彼已委和知为代表,希望渝府能派员出面,则谈判立可开始。观其内心之急迫与其态度之诚恳,确已至日方真正求和之时,又幸得一有系统及全权之人物,负责折冲。我方应如何利用时机,慎与周旋之处,务乞酌夺,密示为荷。8027 叩。漾沪情 0021 号。

《档案史料与研究》1991 年第 3 期,第 25—26 页

情字第 2072 号电文

1940 年 6 月 30 日

发报人:8090　上海来电

(衔略)

(密)(1)昨日敦白与和知见面,和知谓:仍恐中国方面对日有所误会之处,兹有二事须转告胡君,请其对日注意谅解者,即:一、过去在华日人与中国方面接洽者,此等人对于中国所提条件,或系彼私人杜撰,或系藉此刺探中国方面真意者,因彼等既非负责之人,而在战争敌对形势之时,殊所难免,此次与胡君谈判,虽属私人资格。但日方已一再声明,系板垣主持,且渠对我书有亲笔信任状,与以前情形绝对不同,此应请胡君注意者一。二、在过去,中外报纸连次宣传和平空气,而每次中日两方政府均各以声明否认,在中国以为系日本和平攻势,此亦不足声辩,惟中国与日本接洽和平者,亦各个不同,此为过去事实,今后日方对于此类现象已完全肃清,决以诚意负责与中国谈判,此应请胡君注意者二。以上所述二事,希即转达胡君是幸云云。(2)养(729)情电所陈张季鸾、萧振瀛与和知等情形,谅蒙查阅,昨据张廷谔、申梦奇①告其乡人称:张季鸾代表政府与日议和,业于本月晋日由渝乘飞机到港,同行者并有和议代表萧振瀛等三四人云云。但同时香港共党前日密电延安、上海两地,据称:顷在大公报馆内探悉,谓重庆决与日本议和,并拟由张群任和议总代表,张季鸾为副总代表,现张已于晋日由渝到港,准备与日方谈判,但日方代表究系何人,尚无法侦知云云。上海共党得到此讯后,正召集干部开会,讨论对策。特闻。弟8090叩。有(737)政。

《档案史料与研究》1991 年第 3 期,第 26 页

---

① 申梦奇曾任中国农民银行总处专员、国会议员等职。

情字第 2076 号电文

1940 年 7 月 1 日

发报人：8090　　上海来电

（衔略）

（密）此次与和知谈判，弟事前在板垣左右之布置，有亟应告兄者，兹分述如下：（1）二十七年夏，弟与刚父兄在港秘密策动日本和平运动，时刚父兄谓：院座与板垣间精神之一谅解，应藉石原莞尔以为枢纽。时板正任陆相，石原莞尔任关东军副总参谋长。弟返沪，因嘱伊藤、铃江前赴大连，与石原密商，石原极表同意，是以石原于满洲日人军政各领袖会议讨论对华问题，石原坚主承认委座为对象，无条件撤退在华日军，失败后，几愤而与之相弃。故是时相传有石原弃家为僧者。因此板垣精神上与院座谅解一事，亦中止而未进行。至和知此次与敦白见面后，弟于月前乘伊藤返日之便，与石原旧事重提，昨得伊藤来电，称石原已专人密函板垣矣，伊藤亦于本日即可抵沪。（2）昨日天雨，敦白未与和知见面，下午六时，和知嘱三村至敦白处，称石原派有代表至板垣处，业于前日抵宁，并有石原致板一函云云。弟意和知所称石原代表者，即伊藤电中石原所派至板垣处之专人也。惟弟于此事并未告知和知、敦白，因此等事愈秘密愈有效也。同时弟暨敦白与和知谈判，伊藤亦不知之。（3）江竞庵①对于日人方面甚有信用，目前日人之视江以为无任何之政治关系，故江每有所言，日人则不疑也。弟此次与和知见面之先，板垣数使其机要秘书仓持及其翻译余某到竞庵处，叩以弟之为人与政治能力、诚信等等，竞庵知其意有所属也，咸郑重以对，但和知、敦白不知也。昨日仓持复由宁到沪至竞庵处，复相与谈及弟时，仓持复谓：板垣亦推重弟之为人，惟不识在何处，有谓在香港云云。竞庵知其意，亦不与辩，此又板垣、仓持与竞庵等情形也。弟欲兄详悉弟处整个情形

---

① 又名江天铎，广东花县人，1878 年生。历任众议院议员、农商部次长、内务部次长、司法部次长等职。

计,特略电相陈,以便参考。弟 8090 叩。宥(739)政。

情字第 2077 号电文

1940 年 7 月 1 日

发报人:8090　上海来电

(衔略)

(密)(1)梗青电均敬悉,一切当遵我兄指示,谨慎进行,以释远念。惟和知连日催促与我方讨论和平基本原则甚急,彼谓日本内阁改组在即,彼与板垣均希望在事前将基本原则讨论就绪,因新内阁上台时,国策转变所关云云。昨日和知约敦白见面,亦以此为请。弟皓(725)政电所拟原则方案未识收到否? 望来电指示,以凭进行。(2)昨日和知谈:夏文运当日启程赴港,与张季鸾见面,关于与我方此次谈判事,彼决不令夏知之,因彼前者与各方接洽,均夏任翻译,故有声明必要。(3)又谓昨晨吴勋泰(吴俊陞之子)宴彼,席间有戴某称:张季鸾等由渝到港,与日方谈判和平,先生(和知)知之否等语。应请中国注意,此系张等自不秘密,实与日方无关云。谨闻。8090 叩。?? (748)政。

情字第 2071 号电文

1940 年 6 月 30 日

发报人:8090　上海来电

(衔略)

昨日敦白与和知见面,据和知谈,彼极希望我方即日将和平基本原则对案提出讨论,并盼在下月二日三日以前讨论告一结束。设谈判结果,双方意见可以一致时,日方并愿双方主要人物(按:系暗指××与板垣)在下月七日约定地点见面。其所以必欲在下月二日三日以前谈判基本原则告一结束者,因若双方对于谈判意见一致时,板垣于下月七日以前,尚须赴东京与该政府作最后决定故也,云云。又谓板垣此次对华系绝对诚意,其所以急急者,因欲配合下月十日后日内阁改组新内阁开幕时之国策也,云云。弟按:板垣、和知此次之要求我方谈判,就种种观察,确系出自诚意,将来条件若何? 虽不得而知,我似宜乘此早日提出方案与彼谈判,以观其究竟。好在弟所提出之谈判步骤书,系绝对私人性质,盼兄来电指示一切,以便进行。弟8090 叩。迴(756)。

《档案史料与研究》1991 年第 3 期,第 27—28 页

2. 萱野长知路线

陈布雷抄呈张季鸾1940 年 2 月 20 日来函

1940 年 2 月 26 日

钧阅:

　　到港半月,体气渐好。日人山崎,弟前日特与长谈一次(此人业已离港),颇可参考,兹撮要报告如下:

　　(一)关于和战:(甲)一般日本智识分子,现对中国表敬意,决不轻视。上层阶级,实际亦知必须与国府言和。(乙)多数已知拥汪为徒然,但形势已成,不能放弃。(丙)彼此次来港,今井曾托其查询国府有无言和之可能,彼盛称今井与武藤之明白(谓今井实军部之神经中枢,现任派遣军司令部第二及第四课长,与影佐作风背道而驰),而诋板垣无脑筋也。

　　(二)关于日本今后趋向:(甲)彼说明日本情形如下表,即有三派主张也。

共同认识(对华战争无聊)
{
(一)对华结束战争 { (一)藉汪之力为之 / (二)与国府议和 }
(二)另发动新的战争(对英美)
}

(乙)彼陈述日本内部情形,有渐成革命之可能。暴动之事日多,但因无中心理论及组织,故革命之演进不能迅速。第一步恐是法西斯,更主

张强硬对外,然后几经演变而成为革命。总之,现状不能持久,故大有发动对外新的战争之可能。(丙)日本社会至今多不明中国事变之意义。过去两年,商业甚好,一般有钱人奢侈享乐,毫不紧张,近来始渐感觉困难。总之,日本人若吃苦到中国人现在之程度,自然尚能坚持几年,只以意义不明,人心不振,政治上思想上无出路为可忧耳。(丁)彼特别陈述一点,即日本及英美关系,近来非常紧张,有一触即发之势。海军也跃跃欲试,盖日本海军甚为充实,四万吨以上战舰有两三只已下水。据闻今年不知在几月即可达到与美国及英法在太平洋一战之程度。故英美若以新的刺激与日本,则诚恐有不顾一切而爆发之可能。(但彼附言一句"自亦须看欧洲形势如何"。)

(三)关于中日关系,彼特别置重数点:(甲)一般日人确深切闻念亚细亚民族之前途,对中国亦确无恶意,而中国似以亲英美为政策。(乙)日本军部所号召之标语,军部做法虽不好,但标语中所含之真的意义则确为日本国民一般之愿望,如"东亚新秩序"。(丙)战争一场总须得一结果。说至此,彼特举出海南岛,谓如使该处撤兵,恐十分困难。

(四)关于欧美问题:(甲)彼观察欧战亦有议和之可能,其主因为苏联太享渔人之利。(乙)对美国副国务卿赴欧事,亦甚重视。

(五)日本政情:(甲)米内组织之经过如下:军部拥戴近卫,是深知近卫决不上台而故作宣传,其所以然者,军部明言反宇垣,反池田等等,自不能不说出所赞成之人,所以宣传要近卫,实则要陆军内阁也。然因其未曾说反对海军人组阁,故宫中重臣,举米内以应之。假令陆军组阁,则将投德苏而立刻向英美冲突。重臣畏此,故破坏其谋。(乙)海军在宫内向有特别关系,而宫内则与三井、三菱等友善。(丙)重臣等赞同拥汪以为可收拾时局,然汪出台后,日本与英美关系更不能改善,故此中在政策上有矛盾也。(丁)彼又说明日本海军人头脑,有时较陆军更简单。盖海军全体皆技术家,不接近政事故也。

以上其谈话大概也。弟向彼说明几点:

(A)中国人甚关切东亚民族,只因日阀在台湾、朝鲜及满洲皆绝对剥削人民自由，使成为无人格之奴隶，故以为日阀侵华政策如成功，则亚洲文明之灭亡，因此不能不抵抗。现在中国的口号为东亚民族总解放，此含日本在内者（彼表示完全同感）。

（B）我们对日本人民绝不仇视（举俘虏情形告之，彼欣然也）。

（C）世界大势，弱小民族不能保其独立，但中国为大国，我们深深自觉，以为此大的民族，苟能守住国家核心，团结奋斗，绝不至丧失独立（彼表示同感）。我们要打倒日本国民觉悟之日为止，即凡以保护国待中国之企图，一定失败是也。我们并深信迟早日本必有觉悟之一日，但亦望其不可太迟耳（彼同感）。

（D）关于和战问题，则告以（1）中国经二年半之战争，更有了自信，现在大家只是镇定工作，事实上亦无困难。（2）最要须明了我们今日国家、政府、领袖，三者不可分。所有分裂我们的任何企图，绝对无效。（3）当前的问题，汪伪府出来，战事必更延长。（4）弟因其谈今井之言，答以香港并无国府要人，而在重庆，则私人谈话中，亦从未听到以议和为话题。假若日本想和，则必须彻底检讨政策，下真正决心由日政府诚意发动，其他试探手段，皆无效果也。（5）关于彼所提海南岛事，表示诧异。但告以最好将满洲问题解决，还我主权，如此则易于谈政治性质之话。而将来如日本能使朝鲜独立，则中国当可赞同成立东亚国际联盟（但告以此皆系弟个人意见）。（6）因其问战后保障，弟告以原则一点，即政治性质的问题，必须完全尊重中国之要求，而经济问题，则在合理的范围以内，中国定能顾及日本今后立国之需要，而有以使之安心也。（7）最后告以汪事务须停办，至少应使之无限延期。同时告以中国有一部分希望战事之无限延长者毋宁盼汪伪府之成立。

（E）关于外交问题，告以中国与英美，只是办传统的外交，而战时注重外交战乃当然之事。中国不做他国工具，亦不忧日本以外任何国家之侵略。同时相信，果中日和平之后，中国与欧美，无困难不能解决之问题，且并无人来压迫日本也。随批评彼强硬对英美之话，告以据我观察，日本对美对苏外交，皆不能成功，而对美一战，亦为日本上层阶级所终不敢为。盖对华侵战期间，日本断不堪再作海上之孤注一掷也。彼对此言，苦笑而已。

根据上述，有数点可注意：

（一）此人为反资本主义而亦反共之学者，思想不彻底，但似系老实话。

（二）可证明日人在精神上已承认失败，但其内外之危机犹未到使其真正向中国求和之程度。

（三）日本前途只有恶化。我正宜乘军事缓和之时，而积极刷新政治，建设经济。

（四）日本如此重视海南岛，甚可注意。

（五）日本现在，显系盼欧战扩大而作南进之企图。

山崎又谈及石原莞尔在京都演说之事，经过如下：

去年十月，石原新任第十六师团长，到京都莅新，府知事在帝国大学开欢迎会，学生教授全体到会。石原演说要点为：日本对华战事彻底是失败的，长此以往，有亡国之危。假若使彼主持，则三日内可以解决之，即尽撤侵华军队，而与国府重新订立平和之新关系，此为日本唯一的道路。随痛骂军部，谓现时军部之一大部分人，应军法审问，而其中之一大部分皆应处死刑也。府知事甚震惧，请听众守秘。石原□起言"我头脑十分冷静，凡我所言，皆绝对负责，务请各位尽量宣传。"

《近代史资料》第 93 期，第 242—246 页

杜石山致萱野长知电
1940 年 6 月 29 日

二十四日收到一〇一（蒋介石）二十一日正午发出之密电。即命吾请先生来三六（香港），拟就有关一三三（和平）事宜进行一七六（协议），不知先生何时起程？一俟接获通知，即派代表来三六（香港）恭候先生。为慎重处理在静观演变期间接获曾政忠氏二十六日自四二（重庆）来电，判断如下情况：一〇一（蒋介石）接到曾政忠进行一三三（和

平)经过详细报告,表示后悔之意,言及由于以前未领会先生之诚意,以及当时情况不明,情势有所不许。今情势转变且一〇七(汪兆铭)等宣布若一三三(和平)实现,彼等自当引退,死而无妨。是即除去一三三(和平)之障碍,一三三(和平)之实现自有可能。故于二十一日电令吾请先生来三六(香港),以推进一三三(和平)事宜。现今三(英)与八(德)正同室操戈,我等于此时若乘机推进新建设,必能事半功倍获得奇功。一〇一(蒋介石)有相当实力。若使一〇一(蒋介石)负担我等新建设之部分责任,必将造福双方,且将成为幸运之基础。此乃变无用为有用,挽救时局之良策也。一〇一(蒋介石)已命吾请先生来三六(香港)一事,乃消除损害,导向有益之良机也。务请先生急速前来。何时起程请电告,以请一〇一(蒋介石)派代表来三六(香港)恭候。郑介民已抵三六(香港),是否作为一〇一(蒋介石)之代表尚未获得确切表示。谨此一并报告。

杜石山

《近代史资料》第 87 期,第 131 页

萱野长知致松本藏次电(抄件)

1940 年 7 月 2 日

由蒋介石发来请到香港来之电报,可与七八(和知)商谈。其余保密。

《近代史资料》第 87 期,第 131 页

松本藏次致萱野长知电

上海,1940 年 7 月 2 日

接电报即会见七八(和知)。考虑明日去二六(南京)为时尚早。于七日一一八(王子惠)之二八二(密使)自三六(香港)来。七八(和知)、二人三(渡日)。详情明日汇报。

《近代史资料》第 87 期,第 132 页

松本藏次致萱野长知电

上海,1940 年 7 月 3 日

三六(香港)目前一三九(共产党)之一三三(和平)谣言盛行。据七八(和知)谈已提醒レセハマトヌ(张季鸾)多加小心。七八(和知)等待商谈二八三(渡日)。

《近代史资料》第 87 期,第 132 页

萱野长知致松本藏次电(抄件)

1940 年 7 月 4 日

(共产党)(张季鸾)无关。陈诚之代表(郑介民)及(柳云龙)已抵达香港。蒋介石之代表即将来到。故各方面为进行研讨皆去香港。和知何时来,希立即见复。

《近代史资料》第 87 期,第 132 页

杜石山致萱野长知电

1940 年 7 月 5 日

已收到先生何时能来之照会。唯恐夜长梦多,事宜乘机速行,立即着手今将成功。而知先与为主乃为政之宝,功望先生以此为念。敬希有所电示。　　　　杜石山

　　(注)香港发电。有小川的红笔注明:"对此回电月底前往。"

《近代史资料》第 87 期,第 133 页

松本藏次致萱野长知

上海,1940 年 7 月 6 日

径启者:四二(重庆)方面一三三(和平)运动其后亦日益活跃,一○一(蒋介石)派与一○二(孔祥熙)派两派互相争功,对两国皆为困难之事。今晨与七八(和知)商谈后,七八(和知)亦云在两派之间进展

困难。一〇一(蒋介石)一派勇往直前,而一〇二(孔祥熙)派却小心翼翼,不见轻易行动。尽管如此,此事不能任其放弃。若谓两者孰有可能,因一〇二(孔祥熙)系亲自出马,故一〇二(孔祥熙)方面可能性较大,情况大致如此。今犹有为难之事,〇五(板垣)受今井等煽动,指示若在三七(上海)之四二(重庆)方面之辈皆为(新政府)之(扰乱)者,即将其全部(逮捕)。因此普遍引起(恐慌)。前曾报告一三九(共产党)之事,谓一三九(共产党)分子潜入三六(香港)大肆宣传一三三(和平)谣言,出于不为此等谣言所乘之用关心,七八(和知)已提醒四〇四(张季鸾)多加注意。若先生去三六(香港)之结果亦恐为此等所利用。七八(和知)二八四(来华)将在中旬过后。彼曾提出,果如此,则先生一度来沪了解当地诸般情况之后,暂且返回,而后再去三六(香港)如何? 此亦一策。今日约定与一一八(王子惠)三人聚会,详细商洽之后再行电告。现一并附上来华证明书。此致萱野先生

松本藏次顿首
七月六日

松本藏次致萱野长知电
1940 年 7 月 8 日

一〇一(蒋介石)之二八二(密使)已来三六(香港)。今日七八(和知)前往,十五日归。一一八(王子惠)之二八二(密使)昨日归来与七八(和知)等进行三六九( )。已会见秦氏。据云一俟有飞机即归。详细致函八八(绪方)。

松本藏次致萱野长知函
1940 年 7 月 9 日

径启者:一一八(王子惠)之二八二(密使)已于七日自四二(重

庆）、三六（香港）两方面抵达，自当夜九时与七八（和知）等会见，听取一一八（王子惠）说明详细情况。据称一〇一（蒋介石）、一〇二（孔祥熙）等之决心坚定，考虑定将坚决进行一三三（和平），须密切注意对内对外关系，正派宋赴美、邵去苏联，均与一三三（和平）有关。先行赴美之宋对美提出强硬要求，事如不济，则提议除一三三（和平）外别无他法，现似正为使一三三（和平）后经济问题之好转作准备，以及运用离间英、苏之策采取行动。若英国坚决援助抗战，如无最后与英抗战之决心则不能实现一三三（和平）。一〇一（蒋介石）是否亦有此决心正在着手准备？派赴苏联之邵要求苏联援助抗战，以及停止支援中共运动。若苏联亦无意听从，而以从来之理由采取体面分手之方针，如此对外问题纵易处理，对内问题则至为困难，因为一〇一（蒋介石）之意向对外部尚未作任何表示。虽与一〇二（孔祥熙）进行过多次计议，因一〇二（孔祥熙）对外虽有成效，对内则远不及三二七（陈诚），不能达到三二七（陈诚）策划之程度。据称一〇一（蒋介石）尽管无视三二七（陈诚），而在目前情况下，对内问题无论如何亦难以解决。此外，如前函所述，在一〇一（蒋介石）、一〇二（孔祥熙）允许之下，在与一一八（王子惠）进行一三三（和平）问题之今日，而三二七（陈诚）方面对此毫无所知，如何单独进行此问题。又据称一〇一（蒋介石）之意志若将此问题向外部发表之际，纵有六小时内断然实行大二四九（占领）及镇压反对派之决心，亦必须依靠日本之援助。日本果否有此决心，以及有无合作之人尚属疑问。若有此决心，无论采取何种手段，提出任何条件均可。〔一一八（王子惠）称：亦将问及一〇二（孔祥熙）及宋美龄之人质问题。〕又据称：宋美龄、宋蔼龄两女氏亦极热心于此运动，切盼其成功。一〇二（孔祥熙）之出山已不成问题，无论何时只要日本下定决心即可成行。下定决心后即来一〇二（孔祥熙）指定之场所，通过一〇二（孔祥熙）之电报由一〇一（蒋介石）向三二七（陈诚）发布命令，一举决定。唯一〇一（蒋介石）等考虑日本之决心与人之问题，若愚蠢至轰炸重庆、逮捕要人，对方则有理由怀疑我方之诚意。据称此乃当时在京之八〇（影佐）等一派定要行使之手段。无怪（今井）（臼井）等通过宋子良进行重庆工作皆以失败而告终。为掩其过，宋子良直接会见一〇一（蒋介石）听取其意向后称：一〇一（蒋介石）断然无意一三三（和平）。〇五（板垣）闻此报告心情为之一变，决心进行镇压，遂命令将在租界之重庆要人作为阴谋扰乱分子全部予以逮捕。七八（和知）虽极感遗憾，在当前情况下亦无可奈何。〇五（板垣）决意采取打一方拉一方之手段，但对方并不理睬。七八（和知）原定昨日去三六（香港），因飞机脱班改为今日，盖得悉一〇一（蒋介石）之二八二（密使）将回四二（重庆），故急忙前往。昨日电告见面后即回。鉴于上述情况，窃以为先生之起程问题，可否于七八（和知）晋京后与之探谈再作决定？七八（和知）返沪前，四二（重庆）之二八二（密使）第二使者将来此。此外，我正与一一八（王子惠）进行七八（和知）根据三六（香港）方面情报晋京之工作。

　　虽与畑氏见面，但毫未谈及七八（和知）及一一八（王子惠）方面问题。只提到由于〇五（板垣）关系方面之八〇（影佐）等策动，给〇五（板垣）心情发生变化。对此方面之消息详细报告。见七六（）后，如拟秘密改变此等错误事情与处理事变，必须从根本上决定人事，为国家而将只顾面子不要国家之辈尽数予以更换，否则，即如等待百年海晏河清终无成功之日。此点业已为之详细说明。据悉，岩崎翁乘十三日到达之船前来，公子是否同来并未提及。转眼已届 15 岁矣。

　　秀三[①]先生是否与您同归？请与之深谈。

　　此致
萱野先生

　　　　　　　　　　　　　　　　　松本顿首　　九日

《近代史资料》第 87 期，第 134—136 页

---

① 即头山秀三（1907—1952），为头山满之子。曾任日本大政翼赞会参议。

王子惠致萱野长知电
1940 年 7 月 27 日

十三日,据一○一(蒋介石)之(密使)于(澳门)对七八(和知)(谈话),断言一○一(蒋介石)(不知)其事,乞请勿对○五(板垣)(有所伤害)。

(注)上海发电。以下为小川所书。

七月二十七日萱野致电和知,内称:"我等为君奔走,由于种种情况不能立即实行,暂待时机。板垣与重庆方面会见是否确实?"二十七日松本致电王子惠:"东条由青岛来,携带野村之介绍信。又称,受板垣、和知之命,正在运动各方面,青岛会见是否确实?"

二十九日回电,会见未定。

《近代史资料》第 87 期,第 136—137 页

小川平吉致板垣征四郎电(草稿)
1940 年 7 月 29 日

数日前由重庆经香港对萱野发出邀请电报。慎重协议结果,萱野于八月二日乘浅间丸直航香港。今后经过将一一汇报。小川平吉。

《近代史资料》第 87 期,第 137 页

板垣征四郎致小川平吉电
1940 年 7 月 29 日

已见一四三(希望)。板垣。

《近代史资料》第 87 期,第 137 页

小川平吉致板垣征四郎电(留底)

虽有七四(头山)秀三致九二(萱野)一四三(希望)二一一(延期)一五六(出发)之电报,一七六(协议)结果,希望务必一五六(出发)。请根据赴三七(上海)前之一八○(意见)决定去留。是否有二○九(异

议),乞二九一(示知)。小川

（注）致南京军司令部板垣总参谋长。另有小川附笔如下：

二十九日军务局通知萱野延期赴华,通过电报与板垣联系已获谅解事,得到萱野回答。

三十日头山秀三申请延期出发(致萱野)。此前,因萱野曾有上述电话,余主张在军方正式阻止之前应继续前进,萱野已承诺。由于秀三之电萱野颇有踌躇之色。余主张不论对重庆或对近公、对畑,在道义上均不可不前进。

三十一日晨余致电照会板垣。夜军务局要求萱野延期数周,取消渡航证书(交与和知的),一并通知乘船不可能之事。

头秀致电萱野称:薄弱儿(板垣)又变卦。继而秀三氏又以长途电话告知:板垣不许渡华。另有上海和知致萱野电报。来询问香港打电报者。萱野回电,通知杜石山、柳云龙等以前之关系。详见附件书面说明。八月二日萱野。

《近代史资料》第 87 期,第 137—138 页

萱野长知致小川平吉
1940 年 8 月 1 日

敬启者:其后已如电话报告,陆军军务局中西中佐几度以电话阻止香港之行,结果只决定到上海与板垣、和知等协议之后再去香港。本日又接军务局电话通知(板垣命暂缓数周赴华)。又有警告称,和知之渡航证明书无效,拒绝其在神户上船。因有今后希于军务局办好手续后再行渡华之传达,故不得已打消渡华之念。昨夜因突接秀三君"暂缓渡华"来电,已电询该意见为"秀三本人之意见抑他人所代打者"? 今晨以长途电话告知:〇五(板垣)态度屡有变更,不许九二(萱野)香港之行,先逗留上海与〇五(板垣)等商谈再行决定今后方针。经联系后决定今晨九时先令松本出发,弟下午乘火车(富士)出发。虽已令松本出发,但不久陆军军务局中西中佐又以电话通知:"板垣来电,数周内

阻止渡华云云一如前记",且秀三君亦对昨夜之电报发来回电称:此非我之意见,乃意志薄弱儿又一次改变意见。至此情况业已判明,结果只能延期出发已如电话所报告。遵嘱以电话告知畑前陆相,因彼外出旅行未能通报,深感遗憾。弟意须致电四二(重庆)停止赴华,而又不便以电文通告事情真相,因电文无适当词句,现正研究中。一二日内想出良策再发电通知真相,拟暂居山中湖等候。若彼等达到目的固好,若以"不可能"告终而后悔时,或许想起我等。在此之前,只可静观,别无他法。今后我等决不主动出面商谈,可与彼等断绝关系。仅先做如上报告。匆匆。射山我翁左右

长知 8 月 1 日

《近代史资料》第 87 期,第 138—139 页

板垣征四郎致小川平吉电
南京,1940 年 8 月 2 日

四二三(主席)之一八〇(意见),一五六(出发)希望二一一(延期)。　　板垣

《近代史资料》第 87 期,第 139 页

小川平吉致板垣征四郎电(存底)
1940 年 8 月 2 日

九二(萱野)一五六(出发)已二一一(延期)。

小川

《近代史资料》第 87 期,第 139 页

3. 桐工作

同重庆直接商谈"和平"的意义

在中国大陆的日军,于一九三八年十月底相继攻占了广州和武汉

三镇。伴随占领地区的日趋扩大,守备兵力的增加,造成作战兵力的不足,因而给大规模作战逐渐带来了困难。如一九三九年的作战,算起来,只不过是在华北为维持治安的山西作战和华南为切断敌方运输线的南宁作战而已。从这一点就可以说明兵力不足的情况了。

在这期间,开战当初拥有二百一十余万人的中国军队,自从初期作战以来,连续战败,蒙受了重大打击,一时曾锐减到九十万人。而日军亦因受盘踞在满蒙北边苏联大军的牵制,对于调动大量兵力到中国大陆则一直踌躇不决。就这样,随着时间的推移,以抗战情绪日益旺盛的中华民族为对手,在辽阔无垠的大陆上,以派遣军的有限兵力,欲期急速结束事变,几乎被认为是不可能的事了。反之,拥有四亿人口作为后盾的中国军,却作出不懈的努力,进行无限的补充,逐渐恢复了战斗力。一年后,即从一九三九年底起至第二年一月,终于在汉口北部和南宁两个战线上,竟敢积极地进行了一场从开战以来无与伦比的大规模反攻,给日军以很大的冲击。当时,把中国军这次反攻,叫作"冬季反抗",这却成了日军对中国军战斗力重新认识的一个机会。战争越来越趋向持久战的迹象更加浓厚了。

日方部分人士,在中国事变初期,曾抱有一种想法:经过一个回合,就可使中国军订立城下之盟。然而,如今这种幻想,犹如白日做梦般地幻灭了。既然结束事变的前途难以预卜,在国民当中,反映出急躁的心情也是理所当然的。更何况身负国家重任的执政者和领导阶层,为了早期结束事变,更加决心要作出一切努力的尝试,也是不言而喻的。

……

再看,一九三八年十二月脱离重庆的汪兆铭一派所推行的和平运动,是以国民党为核心,并由各党各派及无党无派,在南京成立了国民政府。因而,日军对解决事变的方策,自然也就从武力第一转移到重视政治策略方面了。

然而,汪兆铭从重庆逃出后,经昆明抵达河内,其真正的目的是在于实现和平,这根据他迭次发表的声明,是显而易见的。但是,重庆政府对这事的反应却报以恐怖手段。汪氏迫不得已只身逃出险地,来到上海,在他从来就避而远之的日军占领区内,自己改变了决心。穷途末路之余,实现了国民政府还都南京的最后方案。所以,从在南京悬挂起反共和平建国的青天白日旗这件事来看,是绝非出其本意的。

另一方面,从汪兆铭脱离重庆前,我就担任和他的同志一行人的联络任务。当汪兆铭放弃了最初想去云南、贵州等西南地方成立新政权的企图,突然改变初衷,决心在日军占领地区成立国民政府时,我立即产生了疑问:这个新政府果真会向日华全面和平方面推进一步么?或者,会不会反而成为实现和平的障碍呢? 不过,汪氏内心并不怀任何私念,为了诱导重庆政府放弃它的抗战主义而转向全面和平主义,南京政府就成为日华协作的"实验台"。并且在全面和平之际,又可作为日华媾和的媒介,确是抱有舍己从人的决心。所有这些,都是我所深知的。因此,在其政府成立时,只是姑且寄予希望,不惜给以协助而已。

毋庸说,从本质上不能不这样考虑:成立南京政府自然还不是其目标,而是与重庆政府间实现全面和平才是最终的目的。在南京成立国民政府,无非是从侧面推进的策略,只能看做是一个阶梯罢了。

汪派的活动是为了成立政府,首先进行了慎重的准备,并历经了各种渠道,计划在组成政府,等到政策获得成功后,再进行劝促重庆政府阵营的转化工作。不过这样就需要较长的年月。其间,原来计划实现全面和平工作的目标,就会被束之高阁,陷于无人过问的状态,这也是无可奈何的事。

综如上述,鉴于南京政府成立的过程,今后南京政府将致力于与重庆政府间的全面和平,乃是它的当然职责。我们认为,今后应以其结果如何,来论定成败。因此,自从一九三九年秋季以来,在建立汪的和平政府的同时,我还努力开辟与重庆政府间的联络路线。

《今井武夫回忆录》,第122—126页

铃木卓尔与"宋子良"的接触

铃木卓尔与"宋子良"的四次接触及今井武夫的介入见《今井武夫回忆录》,第 328—335 页。

参谋总长对桐工作的指示

大陆指令第六六一号

四份中的第一号

对桐工作的指示

参谋总长载仁亲王致中国派遣军总司令官西尾寿造阁下

昭和十五年二月二十一日

指示

中国派遣军应按附件《桐工作指导纲要》进行私人会谈,在进行会谈之际,希特别注意下列各点:

一、本会谈在表面上应始终作为派遣军总司令部的谋略而进行。

二、在确定新中央政府成立日期之后开始会谈,特别应注意按既定方针建立新中央政权的根本工作不能使之动摇。

三、鉴于微妙的内外形势,参加整个会谈过程的人员应绝对避免对其成功表示焦虑或流露出我方迫切盼望其成功的态度。

因此,应根据情况做好随时均可中止会谈的思想准备。

四、鉴于对派遣军总司令部内外影响的重大,应充分注意不得给人以正在商议停战协定的印象,并须在防谍上做到万无一失。

附件:桐工作指导纲要

第一,方针

一、日华代表在协商处理事变时,可同意中国方面的提案,藉此引诱重庆参加乃至进行分化离间工作。

第二,纲要

二、各自分别派遣所需的筹备委员前往香港,召开圆桌会议,以探听重庆方面的真意。为此,我方的条件如另件所示。

三、上述日华间的会谈，应选择适当时机，取得汪精卫方面的谅解。

四、以汪精卫为中心建立新中央政府的工作，与上述日华谈判的成败无关，可按预定计划进行。

五、如在圆桌会议上日华双方的主张达成一致，应立即派遣正式代表。

另件

桐工作的先决条件

一、重庆政府应保证放弃抗日容共政策。

二、重庆政府应保证与汪精卫派等适当合作，重新建立中央政府，或与中央政府合并。

三、重庆政府应保证上述新中央政府按照下列调整日华新关系的原则，正式调整日华邦交。

调整日华新关系的原则

日、满、华三国，以建设东亚新秩序为共同目标，善邻友好、结成东亚和平之轴心。为此：

一、日、满、华应实现善邻友好、共同防共、经济提携。

二、中国承认满洲国。日本应尊重中国之领土及主权。

三、相互协作，共同防共，缔结日华防共协定。日本得派所需之军队驻屯于华北及蒙疆之要地，并将蒙疆地区划为特定区域。

四、在华北、长江下游地区，应秘密地实现经济合作，特别是在开发利用华北资源中的地下埋藏资源方面，应对日本提供特殊之便利。中国倘能保证履行上述中国方面的义务，并且在治安恢复后，日本始能在短期间内撤退协定以外的兵力。

附记

一、为日华提携合作，日本得应中国方面邀请，派遣顾问。

二、中国保证允许日本人在中国内地享有居住、营业之自由。日本可考虑废除治外法权及归还租界等既得权益。

《今井武夫回忆录》，第335—337页

桐工作香港会谈的经过

极密

　　五份中的第一号

昭和十五年三月

　　　　桐工作圆桌会议的经过概要

中国派遣军总司令部

第一,代表

一、日本方面代表:

今井大佐、臼井大佐

在总司令官分别指挥下作为筹备委员列席

铃木中佐

二、中国方面代表:

陈超霖(重庆行营参谋处副处长)

章友三(原驻德大使馆参事,现继曾仲鸣之后任最高国防会议秘书主任)

宋子良

张汉年(预备代表)陆军少将、侍从次长、香港特使

张治平(联络员)

第二,代表的集合

日本方面今井大佐经由广东于三月四日到达香港,大本营臼井大佐预定乘船于五日到达,但由于气候关系,延至八日到达。在此之前,中国方面陈超霖、章友三、张汉年等均于二日由重庆到达香港等候。

另外,宋美龄于五日到达香港,据称宋逗留该地将对此会谈大力支持。

第三,会谈准备

根据中国方面将此次会谈置为重点,故此次会谈将触及和平条件的原则问题,且可观察蒋介石的独裁处理之充分发挥。

因此,我方对此次会谈的方针亦决定如下,分别进行了准备。

方针：

应坦率论述原则性大纲，正确理解双方实质性的要求，努力诱导，从而达到一致的结论。

会谈中应避免强行要求理论的完整或在枝节问题上进行争论。

第四，第一次会谈

三月七日晚上九时开始

于香港东肥洋行

一、相互出示身份证明书

我方分别准备了总司令官及陆军大臣所开身份证明书，当场出示传阅。中国方面第一天未带来委任状，第二天出示由张群颁发的证明书，双方相互确认。

二、会谈经过

日本方面发言：

本会谈系对日华停战会议有无召开的可能性进行商谈，因此仅限研究两国停战的原则性大纲。因此，本会谈即或在细节方面，彼此不能达成一致意见，亦应以诚意努力理解彼此的立场，以供决定能否召开正式停战会议。

中国方面谈到，在出发之际，蒋介石曾提出下列注意事项：

1. 应取得日本撤军的保证；

2. 应明确日军的和平条件；

3. 应使会谈在极端秘密中进行。

以上三点希望日本方面充分加以考虑。

此后，日华双方就一般问题，以交换意见为重点。日本方面就善邻友好、共同防共、经济提携三原则予以原则性的说明。

中国方面特别指出：上述三原则，历来即为日华双方共同希望者，对今日说明的主旨毫无异议。当运用此原则于具体实施时，虽预料到在细节方面将来尚会发生困难，但愿为本会谈的成功共同努力。会谈在欢快气氛中结束。

上述会谈中的要点如下：

1. 日本方面指出：妨碍善邻友好之症结所在是中国之抗日及满洲国问题，故要求放弃抗日政策，进而与满洲国修复邦交。中国方面指出：如实现了和平，抗日自然停止。但建议对"满洲国"应签订特殊协定，由两国共同保护。

日本方面排斥保护国的提议，结果中国方面希望保留。

2. 关于共同防共问题，中国虽同意缔结防共协定及内蒙特殊地区化，但对防共驻兵问题则表露难色，并一再强调说，如此将遭到国民的误解，蒋介石也绝对不能认可。我方则阐述了在满洲对苏加强战备，实为绝对必要，并强调指出，如不驻兵则共同防共即无意义。

中国方面提出，当撤兵之际，在具体方法上，日本军可在必要地点，相当长期地延缓撤兵。

3. 对经济提携的宗旨，表示完全同意，且希望明确以中国为主，日本为客。并提出应考虑在长江一带尚存有各国权利问题。

第五，对企图揭露此次会谈的处理

八日正午过后，张治平及宋子良对日本方面提出如下事项：

昨七日夜，蒋突然紧急派遣特使前来香港，对宋子良提出以下警告，即蒋于七日晨接到上海某中国人的急电，据说该中国人是由和知〔鹰二〕大佐处获得情报，拟在上海报纸上披露会谈情况，前来征求同意。对于上述消息虽难于骤然置信，但中国方面极端狼狈，且神情异常紧张，特来恳求采取善后的对策。

由于上述情况对会谈进展影响极大，故要求立即电请总司令部严加取缔。

第六，第二次会谈

三月八日晚九时开始

臼井大佐自本日起参加

日华双方在全体代表参加下继续进行会谈，大致取得一致意见，估计在十日前，可望完成预备会谈时双方的备忘录。

会谈的要点如下：

一、关于承认满洲国问题，中国方面要求再保留一日。

二、对于防共驻兵问题，中国方面虽高唱依靠自力解决，但对我方所说对苏战备的必要，决定愿以延期撤兵的方式解决。另对我方关于秘密协定的提议，答称有考虑的余地。

三、关于汪、蒋合作问题，对我方所提妥协的必要性一节，中国方面表示了解日本方面的诚意，但要求在尽速停战之际，尤其不要为日华和平制造障碍。且对国民政府必须发表放弃容共、抗日政策的声明一事，答称当以诚意处理之。

第七，第三次会谈

三月九日晚九时开始

日本方面将前两天会谈的结果进行文字修改整理后，交给中国方面。

就上次保留的关于承认满洲国问题的意见提出质询。

对此，中国方面的意见如下：

满洲问题已为既成事实，如今并无干涉之意向，特别是蒋介石对表示承认毫无异议。但当前予以承认，则将在国际上失去信义，影响借款。因此，拟采取缄默态度，亦即事实上等于承认，容在日后逐步正式承认，故提议留待日华正式代表会议上解决。我方表示，此系我方至关重要的问题，有明确的必要。如对我方的主要方针不予承认，则正式代表会议即不能召开。中国方面约定明夜回到重庆，明确传达日本方面的意图，一俟得到指示即作答复（约需四天光景）。

日本方面表示，十二日必须暂行回国汇报，因此，不能容许中国方面更多的拖延时日。关于正式代表，须待此问题答复后始可决定。会谈于晚十一时半结束。

中国方面声称，日本方面修正的会谈记录，经讨论后，到明晚再提出意见。

第八，备忘录的决定

中国方面于昨九日夜就日本方面写成的备忘录,似已进行彻夜研究,于三月十日正午送来中国方面的修正方案。

其主要不同点如下:

第一条将"中国承认满洲国"修改为"中国以承认满洲国为原则(恢复和平后)"。

第七条将"停战协定签订后,国民政府与汪精卫派等进行适当的合作,重新组成新政府"改为"停战协定签订后,国民政府与汪精卫派等合作,但日本不得干涉中国内政"。

由于对其它各条款亦做了相当修改,而日本方面复对所改各处再进行修改,制定相应的方案,通过张治平得悉中国方面亦大致无异议。

第九,第四次会谈

三月十日晚九时开始举行第四次会谈。中国方面一开口就提出:本日上午十一时左右收到蒋介石的长篇电报训令,对于日本方面所作备忘录的原来方案提出意见。中国方面将在上述蒋的意见书上签字,希望日本方面亦在日方的备忘录上签字。我方主张:日本方面的备忘录,系依据日华双方协商的结果制成的,应由日华双方签字;而蒋介石则主张,日华双方代表一致通过的备忘录作为参考意见予以保留。对此,双方互不让步,争执约达两小时之久。然而中国方面代表表示了如下的诚意:蒋介石的意见仅为对会谈第二天前的意见,彼等将亲自前往重庆向蒋介石说明,以后日本方面的主张及会谈的空气,努力使之成为备忘录性质的文件。日本方面始对此暂予谅解。结果,中国方面将日本方面的备忘录作为日本方面针对上述备忘录的意见,日本方面则作为中国方面的和平意见,互相交换接受,停止签字。

中国方面的和平意见如附件(附件从略)。

以后,日本方面提出要求,希在海南岛的海军军事设施方面承认日本方面的设施,中国方面欣然表示接受,并称,对此将立即向蒋介石提出意见。会谈至此结束。另就举行正式代表会议交换了意见,日华双方一致认为地点在香港不适宜。中国方面代表宋子良定于十一日凌晨二时许,章友三及陈超霖于十二日凌晨二时左右,分别搭乘飞机前往重庆,宋子良并约定于四天至一星期内返回香港,带回中国方面的正式答复。

日本方面代表除铃木中佐留在香港外,今井大佐及臼井大佐于十一日由香港出发经由澳门、广东、台北,然后今井大佐于十三日返回南京,臼井大佐于十四日返回东京。等候中国方面的答复。

《今井武夫回忆录》,第 338—343 页

参谋总长关于实施桐工作的指示

1940 年 3 月 17 日

大陆指令第 676 号指示

决定由派遣机关与重庆政府代表会见,商谈停战谈判事宜。当停战谈判确有成功之望时,预先奏请后向该机关长颁发全权委任状。

在商谈停战的基本要点(附件二)时,海军方面亦应参加。

允许停战的基本条件,见附件一。

关于停战纲要,见附件二。

处理本工作与建立新中央政府工作之关系,见附件三。

附件一:允许停战的基本条件

一、日华两国应以互惠为基础全面合作,其中以善邻友好、共同防共、经济提携为调整两国邦交的基本原则。

二、中国承认"满洲国"。

三、中国放弃容共抗日政策,且在停战之同时发表声明。

四、日华两国缔结防共协定,日本可将必要之军队驻扎于蒙疆及华北重要地区(驻兵一项,在不得已时无妨保密)。

划蒙疆为防共特殊地区。

五、在华北及扬子江下游地区实行经济合作。

另外,关于华北重要资源的开发和利用,给日本以特别方便。

六、在华南沿海特定的岛屿上(包括海南岛),实行海军军事上的

合作(无妨秘密进行)。

七、为了日中提携合作,中国可从日本招聘军事及经济顾问。

八、中国允许和保证日本人在中国内地居住和营业的自由。

九、和汪精卫等新中央政府组成分子协力合作。

当中国接受我方上述要求后,日本将尊重中国的主权和领土,不干涉其内政。

另外,日本考虑撤销治外法权,归还租界。

日本在恢复和平后根据另外的规定,迅速撤回派遣到中国的兵力,中国则确保撤兵后有关地区的治安,并保证履行条件(关于第四项的驻兵事项需要秘密进行时,本项亦在秘密中进行)。

附件二:关于停战纲要

一、允许停战条件签字后,两政府代表继续协商和决定停战基本纲要。

要点

(1)停战协定的有效期间定为,自实行停战的第一日起的四周间。

(2)在停战期间,除停止战斗行动外,禁止通过宣传、声明等进行的一切敌对行为。

(3)停战协定适用地区,定为能够彻底执行蒋军权所发之停战命令的地区,共军所在地区除外。

在停战期间遭共军攻击时,日华协力予以讨伐。

(4)停战的实行大致以现在的态势为原则。但需要在两国军队之间划定一定距离(区域或地区)时,不得使最前线的日军后退。

(5)舰船除不得炮击对方国家的领土外,在海上的行动不受限制。

(6)此外,对方另有提议事项时,其属于国际公法有关停战的通则所允许者,双方相互承认。

二、命令现地军司令官(舰队长官)根据以上各项与中国方面负责人进行协商,商定停战协定,付诸实行。

附件三：处理本工作与建立新中央政府工作关系要领

一、停战协定的签字，在新中央政府建立的前后均可。

二、不能以中止或延期建立新中央政府作为停战条件。

三、在建立新中央政府之前举行停战协定签字时，应通知汪精卫，祝福和平运动的成功，并促进对重庆的合作。

汪在此时若以善意提出延期或中止建立政府时，可予以承认，但我方丝毫不要使之感到强制中止或延期建立政府。

四、如建立政府先于停战协定签字时，则要尽最大努力使重庆方面予以接受。为此，不妨暗示对方，我方对于承认新中央政府的时间有保留之意。

五、建立政府与停战协定签字不管哪个在前，都要从内部进行指导，促进汪、蒋合作，在可望实现时，开始正式和平谈判。

《中国事变陆军作战史》第 3 卷第 1 分册，第 126—128 页

澳门会谈前的形势及会谈的指导方针

4 月 11 日，宋子良从重庆回来，向香港机关报告综合如下：

（一）交涉拖延的原因是，重庆内部存在着障碍，特别是共产党的反对。今后重庆政府有压制它们，促进和平的意图。此后应注意胡宗南的动向。

（二）反对和平派有周（至柔）、孙（科）、孔（祥熙）、冯（玉祥）、于（右任）、马（占山）等人。条件中成为问题的是，满洲和驻兵两点。

（三）赞成和平派有戴（季陶）、宋（子文）、陈（立夫）、何（应钦）、戴笠、胡（宗南）等。一般说，中央军系统是赞成和平的。

（四）李（宗仁）、白（崇禧）不表示意见。孔、宋则意见对立。

（五）重庆不把司徒雷登工作当作问题。一般说，第三国没有参与和平工作。

总军当局静观重庆方面高涨的热情，并让香港机关注意对方对举行要人会谈的意向，及准备议论对共产党的对策，可以按照以下原则给

宋子良以暗示。

重庆于事前进行反共,有很大困难。重庆政府究竟有没有实行的勇气呢? 如果有的话,事情将是很好办的。进行反共就是实行近卫三原则中的一个原则,意味着和南京政府的政策是一致的;不作为对手的问题、新旧政府感情问题等,都会自然消除,有使局势一举好转的可能。而以此作为实施方针,则可采取调动兵力、出动部分兵力讨伐、日华两军相互策应、政变等各种方案。

中国后方国共关系日益恶化,苏联大使于4月23日拜访蒋介石,要他注意重庆政府处理国共关系的方针是与抗日统一战线及中苏邦交有很大的影响。25日,又向蒋介石建议按延安的要求调整人事……

4月26日,汪精卫对全国广播,阐明和平诚意,促使中国反省。29日,总军公布《告中国派遣军将士书》,使日军明确对事变的根本态度。新政府的答礼使节陈公博一行,于5月21日到达东京。

宋子良仍继续和香港机关紧密接触。按照他请求,从5月13日到17日,在香港进行了预备会谈。今井参谋前往参加,他报告重庆方面的意向如下:

(一)重庆方面的备忘录具有诚意,特别把承认"满洲国"和驻兵两事作为问题。蒋介石曾嘱托代表向日本表示他衷心希望和平。

(二)关于满洲问题,蒋虽决心希望在实现和平以后再通过外交途径加以解决,但周围环境还有困难。

(三)关于华北驻兵问题,不作为当前防共措施加以公布,而暂作为秘密协定,愿以后根据防共协定实施之。

(四)对共产党的工作,实质是正在逐步准备讨伐,不久即将会有事实可以证明。

(五)现在和平障碍是共产党、冯玉祥和第三国。对冯玉祥或者以理服之,或者收买他的部下。

(六)与汪合作,虽然多少有些困难,但并不是不可能。可是,蒋对汪的问题,又说日本方面将会有困难。

（七）重庆一旦面临要人会谈，绝对不致破裂。但因很难保守秘密，一开始就举行要人会谈是有困难的。但是，如果实现了停战，同时发表和平反共宣言，在签署协定时，由要人出面是可能的。

总军当局根据以上情况，认为在原则上有商妥的可能，应具体地促进停战问题，并于5月28日拟定第二次预备会谈的指导要领如下。当前对新政府，为便于开展事后合流的工作，有更加密切联络的必要，这样一方面去掉它们的疑虑，一方面使其一致协力于这一工作。

第一　要领

诱导他们商妥停战条件，拟定停战议定书。随着这一工作的进展，对合流问题和开始议和的大概要领等交换意见，如果可能，应力求取得一致，以至达到要人会见和签署协定。

为此，特别应掌握对方对这次会谈的诚意，根据他们在这次会谈中已有最后妥协的诚意和预期有下次会谈的可能时，对待条件和其他问题的深入程度自应有所不同。无论怎样，应当防止急躁情绪和不要过早降低条件。

（备考）

关于停战协议书的完成、处理有关停战重要事项、对合流问题达成最后的协议及议和等最后的协商，均预定在要人会见时加以处理。

第二　停战的条件

一、以拟定的备忘录为基础，只求原则上的一致，防止涉及细目。

二、应明确停战条件与议和及停战与和平的区别，对备忘录的内容的表达上，应力求避免发生疑问。

三、为了应付对方对备忘录的意见，我方也须准备修正意见以备回答，尽可能的力求贯彻我方的方案。

四、对备忘录修正意见及对于对方和平意见的答复事项和让步范围，按附件处理。

五、在我方让步范围以内，没有达成妥协条件时，可只把那一部分一并保留，至于是否保留要人会见或应在这次会谈中超出以上界限达成妥协,应当慎重考虑。不管怎样,对于对方不满之点,有必要指导并示意其留待要人会见时仍有商讨的余地。

六、超过以上让步范围的妥协,只有在对方确有以这次会谈为结局、并有继续进行要人会见和签署协议的诚意时,待由最高机关决定后执行之。

第三　停战议定书

一、根据附件,求得关于大纲的意见一致。

二、关于停战要领,是在要人会见的同时进行,还是分作两步进行的问题,要考虑到要人会见的性质、随员组成、有无保密的必要以及对第三国的关系等来决定,不过原案是后者即分作两步进行。

三、停战期间,中国方面特别是由于这次停战所引起的内部形势,和从处理汪、蒋合流等问题观点出发,以不由我方限定为原则。

四、关于议和问题,开始即向汪转达议定书本文求得谅解,并了解汪精卫方面意见。关于具体问题,留待要人会见时决定。

第四　合流的问题

一、在现阶段,为使汪、蒋双方理解停战与合流的相互关系,以先实行停战,并导致合流为本旨。

二、合流与停战及与议和相互关系的各种方案(了解重庆方面以后,再发表):

1. 停战立即合流—议和:

2. 停战—重庆,议和—汪;

3. 停战—合流—议和:

4. 停战—议和—合流;

5. 停战—议和—排汪;

6. 停战—议和或根据情况妥善处理。

三、合流方法的各种方案:

1. 由日本方面从中斡旋;

2. 由汪精卫方面提出建议;

3. 由重庆方面提出建议；

4. 由第三国斡旋。

四、合流形式的各种方案：

1. 用宣言形式合流；

2. 用参加议和的形式；

3. 由大批要人的合流来具体表现之；

4. 并用以上各种方案。

五、关于日本方面干预合流的限度，应以造成气氛，指示方法，必要时根据委托进行斡旋为主。关于具体的事项应作为内政问题，避免干涉。

六、日本方面对于合流的要求，在于期待中国的两个政府合作一致收拾时局，中国方面并保证以后对于新政府有关的重要人员作为爱国志士，不当作汉奸处理，以期达成很好的国内团结。明白告诉他们，此外对任何内政不加干涉。

七、明确指出在合流的过程中，由于国旗问题、国民政府还都问题、中央政府组织大纲、对重庆政权工作等的处理和正式承认新政府等，因为尚在开始，都存在若干困难。

八、听取对方的合流方案和现行政策，并要求严禁反汪活动。

第五 其他必须特别注意指导的事项

一、提倡以重建东亚为共同目标，具体问题是结成联盟。

二、阐明以道义精神解决事变，作为收拾时局的根本理想。

三、当前为了证实双方的诚意，应充分明确我们对他们有什么要求和他们对我们有什么要求。

四、以彼我双方相互的要求，作为履行协定的保障。

五、在具体进行反共时，彼我双方应采取的改变局势的方案。

六、对待蒋、汪两者将来的地位问题。

七、关于收拾时局问题，对方所希望的时期及其真相，和究竟什么是打开局面的真正阻力。

八、他们对汪精卫政权，是希望加强还是希望削弱？又对新政府的正式承认问题采取什么态度（汪以必死决心争取承认，而他们对此所以不关心的理由）？

九、拉拢第三国的企图，以至对第三国权益有关的看法。

十、对欧洲战争的看法。

《中国事变战争指导史》，第 411—417 页

桐工作澳门会谈笔记

第一日六月四日晚于张治平租赁的房屋（自晚九时至十一时半）

一、双方相互出示委任状。

二、继而由陈代表根据笔记就第一次会谈后重庆方面的经过情况及第一次会谈的成果（该会谈对各方面的影响）做了详细的报告。其要点如下：

蒋最初对日本抱有怀疑态度，但为证明日本方面的真意而采取会谈的措施以后，才得知有与日本实现和平的可能，因而下定和平的决心。然而通过第二次会谈在表面上未见有任何成果，且在第一、第三条及蒋、汪合作问题上亦未能取得完全一致意见，但在以下五个方面却取得了较大的成果，即：

1. 日华双方的心情本来隔阂极大，但如今却显著缩小了距离。即中国方面发现了有和日本接近的可能性。

2. 中国青年将领一向怀有日本企图彻底征服中国的错误观念，而今获悉了日本的诚意，即得知日本确有永久和平之意图，从而走向愿同日本一道研究有关较大的和平组织，对促进和平表示赞同。

3. 过去两国在外交方面互抱怀疑，认为言外别有用心。因此，每次提及和平的话题，具遭委员长的拒绝。

此系由于缺乏对日本的信任所致。第一次会谈后，得知事变的结束完全在于板垣参谋长（总参谋长）的双肩之上。过去不少路线虽曾遭受拒绝，但认为现在我等的路线，应属最确实、最简捷（最直接的），

且系最足以信赖的独一无二的途径。

4.关于国共摩擦。"共"深知国民政府在实现和平之后企图彻底消灭"共"。而"共"则在抗战中亦秘密从事扩张。

第一次会谈后,各要人的心情在防共问题上翕然一致,并开始向前迈进。

委员长已派遣可靠而具有魄力的要人数名前往西北,负责防止"共"的反抗,最近已经布置就绪。

5.反对和平的冯玉祥及其他主张抗战的将领,最近(五月二十八日)进行了商谈,探知彼等已有和平之意,心情确有转变。

彼等有意拟利用欧洲大战扩大的时机,迅速结束战争,并恢复邦交,但条件不应苛刻。

过去的障碍既被排除,抗战到底的口号亦随之消灭。

三、针对上述谈话,今井大佐讲述了我方内部的情况,大意如下:

1.日本在事变爆发后不久,即确定结束此次事变应从大局着眼,以调整日华邦交为目标,因而发表了近卫声明,但结果并未见到中国方面有反省之意。为此,我部分国民对上述从大局着眼的政策产生了怀疑,以至在今春的议会中出现了质询演说。

为了将国内民心的动向引向和平,我方亦有不亚于中国方面的困难。

2.因此,日华同志不应斤斤于诉说各自的苦衷,而必须以善意和同情之心,尽量减轻对方同志的困难。

四、继而今井提出:此次会谈应以第一次会谈的备忘录为基准,进行讨论和研究。接着,章友三立即提出:关于第一、第三条,中国方面不能接受,如日本方面能予以谅解,希望首先讨论汪精卫问题。

即中国方面鉴于重庆正在高喊着"有汪无蒋"、"有汪无和平"等口号的情况下,坚持希望在停战前通过日本方面的斡旋,使汪精卫流亡国外或进行隐退。

对此,日本方面阐述了对汪的道义观念,如汪下野,则必将引起日本国民要求蒋下野。同时反复地进行驳斥,指出:当此中日两国期望道义地结合之际,蒋、汪同为中国人,无不能合作的理由。从而对中国方面阐述顾全大局,以道义为重,劝说重庆方面应以善意的态度,从开始停战到达成和谈之间,与汪精卫方面通过协商解决。但意见不一。在议论分歧情况下,根据日方提议,于晚十一时半散会。

五、当夜由于宋美龄由重庆抵达香港,发来电报,于是宋子良于凌晨三时出发赴香港,接受了蒋介石的训令而返。

第二日六月五日于张治平租赁的房屋(自晚八时半至十一时半)

一、继昨日的会议,章友三就汪问题提出建议,发言如下:

中国方面希望日方从下述两个方法中选择其一。

1. 在对汪保持道义的范围内,日本方面通过一定的手续,使汪主动在签署日华和平条约前发表"为日华两国的和平与幸福计,自愿进行隐退或出国外游"之声明,暂时出国。关于其部下的处理问题,可令其足资信任的人士主持。

2. 蒋委员长派遣大员于中立地带和汪本人会面,就和平及其部下安置问题进行协商。

然而中国方面附带表示,汪在滞留河内期间,曾拟派遣顾孟余前往蒋处商谈,被蒋拒绝。以后仍再三拒绝,可见如今有了显著的进步。再者,蒋所派遣的大员,定然会是与汪院长地位相等的人物。

二、日本方面强调,在蒋派遣的大员和汪本人会面之前,双方应先派代表进行协商,并指出蒋派遣的大员必须与汪具有良好关系者,且绝不能将汪精卫作为汉奸看待,而应保证汪的身份。中国方面对此表示同意。

三、关于备忘录第三条,中国方面虽同意缔结防共协定的原则,但坚决主张对驻军问题,当然应在恢复和平后缔结和平协定之际,以军事秘密协定加以解决,故希在事前避免触及此一问题,其理由为:(1)难于取得国内将领的同意;(2)为维护对苏联的信义。

四、日本方面主张,既然实行防共,则对苏联不存在信义问题,且即使认为以秘密协定方式解决,但必须承认日军在华北和蒙疆的驻兵,并应予以保证。对此双方未能达成一致意见。

最后,虽然中国方面承认防共驻兵,但应仅限于默契的程度;而日本方面主张,在停战前的协议中应予保证。因此未能达成协议,终于暂且停止了本日的会谈。

第三日六月六日下午于倍拉比斯特旅馆(自下午二时至四时)

宋子良偕同张治平到倍拉比斯特旅馆访问了日本方面的代表,进行了如下的对话:

一、由于宋询及日本方面对此次会谈的真意如何,今井答称,尽可能在达成协议后立即签字或继续派遣大员进行签字。宋则表示务必使此次会谈达成协议,他个人已尽最大的努力,且万一不能达成协议,对他将是极大的打击,故切望日本方面能作出让步。对此,今井答称,日本方面已完全无讨价还价的余地,再让步碍难从命。

二、宋表示对防共驻兵问题已做过请示,回示内容极为明确,日华意见难于取得一致。继而他提出建议,今后的交涉重点是否可按下列方式进行。

即:1.由蒋派遣大员与汪本人会见,会商解决汪精卫问题;

2.希在重庆举行蒋和板垣的会谈。

因此,今井提议将上述顺序颠倒过来,首先使板垣前往长沙,但宋未应允。今井又提议板垣、蒋、汪同时会谈,宋回答估计这样可行,予以接受。

三、为此,商定会谈至今晚暂行结束,将日华双方不一致的意见如实地分别记录,做为日后的参考。

第三日六月六日晚于张治平租赁的房屋(自下午六时至十时半)

一、关于备忘录第一条阐明的日本方面最低限度的要求,日本方面主张,虽万不得已,备忘录亦应以秘密协定或其它形式予以保证。中国方面则主张,在目前形势下绝对难以承认。

二、对备忘录第一条及第三条,日华双方的主张,记录于附件,双方互相交换(附件从略)。

三、今井提出在上次会谈之际,所商谈的关于日本拟在海南岛附近岛屿设置海军军事设施以保护日华两国海上交通的建议,要求同意设置日本海军设施并允许利用。宋对此答称:本问题已向蒋作了传达,蒋指示应于恢复和平后,在讨论互不侵犯条约中进行协商,但亦可在派遣大员之际商谈。

四、今井提出,为调整日华邦交,应指导两国国民逐步以结成东亚联盟为目标。中国方面答称:应向蒋介石请示后再作决定。今井提出,在大员会谈之际,希中国方面亦对此问题的处理予以研究。

此外,由今井将板垣总参谋长的"告派遣军官兵书"的日、中文本交付中国方面,要求转交蒋介石。

五、本会谈结束,中国方面代表于今晨三时到达香港,立即前往重庆。日本方面代表决定于后天八日由澳门出发返回任所。

《今井武夫回忆录》,第354—359页

促进巨头会谈

在欧洲战场,5月下旬德军取得佛兰德大捷,6月10日意大利参战,14日德军占领巴黎,17日法国宣布投降,战况有很大进展。

总军当局为了策应政略上的措施,企图对中国内地实施战略进攻。即自5月初至7月上旬,击败优势之敌,占领入川的要冲宜昌一带。与此同时,在6月以后更加紧对重庆的轰炸,并于6月下旬切断了香港和法属印度支那的国际交通线。海军也于7月以后加强了对华中、华南海港的封锁。

6月初的第二次预备会谈,从停战问题进展到要人会谈,预定于7月中旬由板垣总参谋长和蒋主席两人在长沙举行会谈。以后继续指导香港机关进行这一工作的同时,于7月上旬派堀场参谋直接到香港,努力促其具体实现。在此期间,日华讨论的协议事项如下:

一、关于停战条件特别是备忘录内容(调整日华新关系的原则),

中国方面应逐渐深刻地予以理解，接受日本方面着眼大局的真意。并就关于满洲问题与撤兵问题等留待要人会谈时作全面的政治解决一事，也取得了谅解①。

二、关于地点问题，由于要人会谈的性质而有各种困难。中国方面避讳在重庆举行，不论在洞庭湖上或战线中间地区，中国方面都感到危险。于是按照对方的希望，把会谈地点放在中国方面的战线以内，即长沙北侧的机场。本来若是按照要人会谈的精神，以板垣、汪、蒋三者共同会谈为上策，但是因为地点不好选定，汪、蒋双方都是派代表进行的。因此，按照既定方针，先由板垣和蒋介石间协商停战，再由汪、蒋派代表协商合流问题。

三、关于进入长沙的方法，中国方面也抱有极大戒心，因拒绝使用军舰，故而改用飞机，且因希望限制架数，于是就定座机1架，警卫机3架，并指明只许座机1架降落。另外要求修理机场和准备会议场所，作为判定对方诚意的资料。

四、中国方面，为了进一步加强安全保障，希望在长沙正面实施局部停战，并相互派遣联络人员。总军当局同意了以上要求，以便藉此做为观察蒋介石是否对这一谈判具有诚意的佐证。至于局部停战问题，由该正面上两军参谋长在战线中间地点进行协商；事前派遣联络人员问题，由总军派遣参谋到长沙机场去。

于是，总军当局于7月上旬就事前的联络、会谈随员、飞机、通讯联络及会谈失败时的处置等，一切均已准备完毕。但是对长沙机场进行空中侦察的结果，并没有看出按照要求修理机场或设备的迹象。7月中旬，中国方面又提议把会谈日期推延至8月上旬。这样，陆军中央部就怀疑重庆方面有无诚意，认为到长沙去是危险的。但是，总军当局这次进入敌区的企图，本来是作为处理事变的突击队的前进行动，认为

---

① 总军当局对以上要点，考虑到在要人会谈时对承认满洲的现状，以及撤兵和保障驻兵问题，均可按照实行撤兵的规定，分别达成协议。

"不入虎穴,焉得虎子",确保安全是次要问题。若是在敌区的工作终于不成功时,这就证明中国方面没有和平的诚意,日本只好更加下定10 年战争的决心。为了进行威力侦察,具有重大意义的突击队员虽冒生命的危险岂不也是值得的吗? 总军当局于是决定努力促进会谈的实现,至于中央部的决定尤其关于受领委任的时机,在实行局部停战并交换联络人员以后,乃至在第一次会谈或会谈完了以后,并得到东京的同意时为宜。当时在国内,7 月 16 日米内内阁倒台,22 日成立了第二次近卫内阁①。

8 月初,重庆方面提出希望近卫内阁声明以蒋介石为对手和废除与汪精卫所订的密约。关于作为对手的问题,日本政府在 1938 年 11月 3 日声明里是明确的。备忘录是以近卫三原则为依据的。废除密约,不仅从根本上有否定近卫三原则的矛盾,而且混同了停战与议和及密约和正式协定的问题。把停战原则的备忘事项具体化为密约的程度,可以在议和阶段通过协议将其内容作一次正式的修正。但要交换双方的亲笔信,便于认清重庆方面有无诚意。总军当局再次确认近卫三原则,把近卫首相信任板垣总参谋长的亲笔信交给对方,并要求把蒋介石的亲笔信交给我方。

其次,重庆方面提起他们一向轻视的汪、蒋合作问题,并提议保证不把它作为停战条件。本来这个问题是内政问题,采取避免干涉的方针,适当地促进他们合作,并要求不要把新政府的成员当作汉奸处理。只要对以上精神取得谅解,板垣总参谋长同意提出"为了有助于中日两国尤其是中国内部的圆满和平,虽有时要提出善意的意见,但不把它作为一项停战条件"的亲笔信。

经过双方反复的酌商,到了 8 月中旬,重庆方面提出准备工作一旦

----

① 1938 年初,统帅部怕近卫内阁倒台,曾对自己的主张作了让步,近卫内阁的不以国民政府为对手的声明,已经过了二年半了。这个期间换了五次内阁,近卫又重新组阁,而国民政府仍在继续抗战,这真是一种讽刺。

完成,即派张群到汉口去迎接板垣总参谋长。8 月 17 日,总军当局拟定的桐工作处理要领如下:

一、以前的决心不变,按照近卫声明问题、局部停战问题和张群出迎问题等,逐步加以处理,以便边证实边加以促进。

当处理上述问题时,如判明对方没有诚意,或者没有迅速进展的可能时,可暂时停止这一工作。

二、关于近卫声明问题,同意先在香港交付近卫的亲笔信,然后取得蒋介石的亲笔信。但如可能,应争取同时交换或到重庆面交的方案。

三、同意板垣总参谋长在亲笔信中提出的不把汪、蒋合作问题作为停战条件。

四、关于局部停战问题,应努力使当地两军参谋长会同正式签署协定;不得已时,也可以作个君子协定。特别是在拿到了蒋介石的亲笔信以后,更可如此行事。

注:8 月 22 日,近卫首相以最大的希望写了亲笔信。所谓局部停战的君子协定,是由于念及重庆方面害怕一旦命令停战则不能再打的顾虑而来的,因为当时第一线的情报,常常报告说敌方的抵抗力量显著地减弱。

周佛海说重庆酝酿和平的空气很盛,蒋介石有抑制抗战派并导向和平的统治能力。同时提供 8 月的情报如下:

(一)孙科不顾重庆的再三招致,仍在香港。重庆要人都准备逃走。

(二)戴笠和他联络,愿意讨论和平问题。

(三)陈立夫和他联络,说蒋有要汪下野的要求。周的回答是:要么两者并立,要么共同下野。

(四)陈果夫先说 8 月间可望达成和平,最近又说年内可实现和平。

　　　　　　　　　　《中国事变战争指导史》,第 417—421 页

重庆同意举行长沙停战会谈

中国派遣军总司令部一面为会谈作准备,一面在香港继续由铃木中佐和宋子良进行交涉。6 月 16 日,从重庆回来的宋子良暗示重庆准备接受板垣、蒋、汪三人会谈。但蒋介石认为有关三人会谈及和平条件等问题,需要事前取得中央执行委员会的同意,所以确定的答复目前还不能作出。数日后,即 20 日得到了回答。当日,铃木中佐所报告的宋子良回答的内容如下:

"一、板垣、蒋、汪会谈可以接受;

"二、准备提前于 7 月上旬召开中央执行委员会,现在大致可以肯定三者会谈在 7 月中旬举行,准确时间待中央执行委员会确定时再决定;

"三、地点定为长沙。

"如果日本方面同意,水路或机场的使用决不会发生阻碍,准备在会谈前进行清扫或修理。"

中国派遣军总司令部接到上述报告后,22 日电告铃木中佐,要求把会谈地点从敌战线内的长沙改为洞庭湖上。翌 23 日,今井大佐和影佐少将一同向周佛海传达了这一工作的内容;24 日板垣总参谋长访问了汪兆铭,敦促其参加三者会谈,汪以善意对此表示愉快和赞成。

陆军中央部接到上述香港电报后,为使之一举实现停战,省部首脑们初步决定撤回过去日本方面的主张,全面接受在澳门会谈时重庆方面的意见。为指导现地坚决按省部决定行事,泽田参谋次长于 6 月 24 日急飞南京。对这一情况,《畑日记》中有如下记载:

《畑日记》(6 月 25 日)

"在桐工作上因对方已肯定答复于 7 月中旬举行三巨头会谈,参谋次长已赴华指导总军:应借此机会尽快导致停战,而使这一转变适应国际形势的变化。

"一、承认满洲国问题,不一定作为此时的条件,可改在缔结和平后协商。

"二、驻兵问题也不一定作为此时的停战条件,可提出如缔结日华互助条约这样的条件,必要时亦可从归还租界等问题发展到日华军事同盟。

"对于以此等条件迅速导致停战的用意,大体已无异议,但在细节问题上对总军提出那么多的意见,勿宁说是干涉总军。为此,向次长提出请适当给予指导。次长昨晨已前往现地。"

这是激变的欧洲战局给陆军中央部带来的谋求迅速解决事变的焦虑。然而,这一决定只不过是消除了陆军方面和重庆方面有关和平条件的障碍。

尔后,在香港继续围绕保障会谈场所的安全等问题进行了协商,直到 7 月 22 日夜才正式交换了如下的备忘录:

备忘录

下记日华代表关于进行停战会谈事,系分别遵照板垣总参谋长及蒋委员长意旨,并互相确认各自上司有关进行会谈的亲笔证件后,约定事项如下:

一、时间:8 月初旬

二、地点:长沙

三、方法:板垣征四郎及蒋介石商谈日华停战问题。

代表铃木卓尔印

代表宋士杰印

昭和十五年七月二十三日

关于这种实现日华停战的可能性,每天均向天皇作了报告。天皇特别关心这个问题,连离开东京也表现出犹豫,6 月 24 日去叶山,7 月 23 日去吴时,还问宫内大臣木户幸一,去好还是不去好。

另一方面,这些日本方面的情报,使得汪政权内部在极其动摇中议论着。7 月 14 日夜,周佛海、梅思平、陈公博等汪政权的首脑集聚一堂研究了形势。谈论中甚至提到,在全面和平后的一年内,为了对日谈判,蒋介石会重用我们,但一年后恐怕就要遭到暗杀等等。

恰好 7 月 18 日滇缅通道被封锁,援助物资的运输被切断,美国通信社驻重庆记者已毫不讳言地说,由于英国封锁了滇缅通道,中国人中关于对日和平问题的议论急剧上升,战争将在六个月内结束,政府将还都南京。

在这昭和十五年六月中旬以后约一个月时间内,的确出现了似乎事变行将解决,日中两国最接近的一刹那。所以如此,应该说在八年的日中战争中,蒋介石感到危机最严重的,实际上是在宜昌失守的时候。中共察觉到日中进行和平谈判的危机,突然发动了如下节所谈的"百团大战"。

然而,正如 7 月 22 日日本在香港的机关打来的电报所说,"综合判断昨今的会谈气氛,可以查觉这样一种情况:重庆方面对近卫内阁的态度和德国对英国的行动,抱有极大的关心,而且愈发神经过敏"。随着曾声明"不以国民政府为对手"的近卫内阁再次登台,重庆政权的态度又迅速强硬起来。

《中国事变陆军作战史》第 3 卷第 2 分册,第 53—55 页

桐工作的失败

如前所述,陆军把最大的希望寄托于在香港进行的对重庆和平工作上,自去年底以来拼命地抓住不放。7 月 22 日夜,在日方的要求下勉强交换了"为协商日华停战问题,8 月初旬在长沙举行板垣、蒋会谈"的备忘录。然而,这时也已看到这样一种征兆:重庆方面在近卫内阁再次出现后态度有所变化。在交换备忘录的前一天,即 22 日,驻香港机关以第 361 号电报告说:"综合昨今会谈气氛判断:重庆方面对有关近卫内阁的态度和德国对英的行动抱有极大的关心,而且愈发神经过敏。"但是,陆军不考虑这些,一心要为日方代表深入敌区的安全保障问题继续进行谈判。

到 7 月 31 日,重庆方面突然提出了两项难以解决的问题,要求板垣中将亲笔答复。一项是由于近卫首相再次上台,要求以某种方式表

明撤销以前的不以蒋介石"为对手"的近卫声明;另一项是在板垣、蒋会谈时不要触及蒋、汪合作问题,并把日、汪之间的条约废除。交涉难以进展,陷于困境。但是,对这一工作的期望并未减退。8 月 21 日铃木中佐回到东京后同东条陆相一起拜访了近卫首相,取得了如下亲笔信件:

"蒋介石阁下:

"顷悉阁下所派之代表与板垣中将之代表于香港就日华两国之问题交换意见,已半载有余,其结果是,最近阁下将与板垣中将会见。

"余深信:此次会见当能确立调整两国邦交之基础。

近卫文麿 8 月 22 日"

另外,板垣中将的亲笔信内容如下:

"关于蒋汪合作问题的保证

为了有助于日华尤其是中国内部取得圆满的和平,对于蒋、汪合作问题,应有提出善意的建议的机会。但基于不干涉内政的原则,不作为一项停战条件。

"兹保证如上。

板垣征四郎
月　日"

铃木卓尔中佐携带着以上亲笔信于 8 月 28 日回到香港,向宋子良提示了近卫的亲笔信,宋满意地说:"这就不成问题了,重庆会满意的"。

然而,到 9 月 5 日宋子良回复说:"近卫亲笔信仍然没有直率地取消不以重庆政府为对手的声明;同时对板垣参谋长出席的长沙会谈,不是全面支持,而是旁观态度。万一日本内阁再度更换,将会把长沙会谈后的执行问题,完全推到板垣个人负责而不承担履行义务",表明了对日本的不信任。这后面一段话特别指出了汪兆铭一派所曾尝到的日本给予的痛苦教训。

中国派遣军总司令部的今井大佐 9 月 12 日出差到香港,他根据宋子良留下的书面询问看,认为还有一线希望。此书面询问是试探在承认"满洲国"问题和驻兵问题上有无让步余地,据说宋子良因出席13日召开的讨论和平问题的会议前往重庆,五六天后回来。

今井大佐16日回到南京报告说在9月8日前一直在纠缠近卫亲笔信问题,而到12日就完全不再提及。近卫亲笔信的问题,在重庆方面也许基本上解决了。而且从重新提出和平条件来看,也可以认为终于走上了和平本题。因此必须看到,如果能成,重庆将可立即作出决断;如果不成,事态将要拖延。预定铃木中佐要在9月16日、17日和宋子良会晤,因此铃木的报告将成为决定我方根本态度的要素把最后希望寄托在香港发回的电报上。

《中国事变陆军作战史》第3卷第2分册,第81—82页

中国方面对桐工作、近卫亲笔信的意见

1940年9月

关于近卫首相亲笔信的内容,通过各方负责人员的详细研究,尚未能取得十分满意的结果,兹将全文转交对方。

一、该信内容,对于纠正近卫首相不以重庆政府为谈判对手的宣言一点,意义含蓄,并未坦率言明,有随时加以推翻的可能。

二、该信内关于和谈问题并未明确表示和板垣参谋长(总参谋长)的主张一致,仅以旁观者的地位加以赞同。故倘若日本内阁再次发生变更情况,则日本方面对板垣的长沙会谈结束后的具体实施,得归诸由板垣个人负责,从而不予履行条约。

三、根据以前的报告,经过多次商谈的结果,板垣认为必须接受天皇的任命,以代表日本全国的资格出席会谈。但综观现今近卫首相亲笔信的内容,则言辞暧昧,恰似此事完全系板垣参谋长个人的主张,首相本人处于第三者的地位对此表示赞同而已。如此,我方岂能妄自从事会谈。

基于上述各项理由,确定我方的要求,作为我方当前的对策,特尽

速向对方提出三项意见如下：

1. 近卫首相亲笔信,必须表明取消和更正不以重庆政府为对手的声明;

2. 近卫首相应以当事人自居,而不应退居于客观地位,回避此次重大责任;

3. 近卫首相在亲笔信内必须主动表明对和平的诚意。

日本方面如以缔结日汪条约来对我方进行威胁,以求得迅速讲和,则其结果必将适得其反。

日本方面对此问题(媾和谈判)附有一定的时间性,但此时间性殊不适合于中国现在所处的环境。

如对方不能了解我方的诚意,则一切交涉暂将不能求得尽速的进展。

《今井武夫回忆录》,第380—381页

参谋总长指示中止进行桐工作

1940 年 10 月 14 日

由土桥(勇逸)少将传达此项旨意(半正式)

参谋总长致〔中国派遣军〕总参谋长

政府计划在十月份内与重庆进行直接交涉的措施,如无成功的可能,打算通过德国为居间斡旋,继续促进和平。

对此,军方已决定与政府的此计划进行协作,决定中止影响此项工作的谋略。为此希中国派遣军总司令部亦根据此项意旨,停止进行和平工作。

以下为供参考文件:

大陆命令(昭和十四年九月二十三日)

为了促进抗日势力的衰亡,应加强有效的策略性压力。

大陆指令(同上)

中国派遣军总司令官担当对全中国策略的实施工作。当前依照附件适应时局的第三期对华谋略计划执行。

第三期谋略计划

大陆指令第六七六号（昭和十五年三月十七日）

中国派遣军总司令官着即饬令有关机关按照附件"桐工作实施纲要"与重庆政府代表进行停战谈判。

根据大陆指令六七六号的停战谈判，应立即停止进行。

《今井武夫回忆录》，第381—382 页

堀场一雄回忆桐工作中止

……8 月 31 日提出近卫亲笔信以后，宋说："重庆满意应无问题。"以上是香港机关来电汇报的。总军当局给板垣总参谋长准备了会谈一开始发表的声明（或者交给张群的声明）如下：

建设东亚新秩序的理想，在于使东亚各个国家和民族各安其所，亲睦近邻，互相协助，各按其条件求得兴隆发展，以重建东亚的道义文化。因而作为东亚核心日华两个大国，首先应该在道义的基础上，相互尊重国家的独立，建立国防和经济各方面的新的国家相互间的协力关系。所以，以前所提出的"睦邻友好、共同防共、经济提携"三原则这个信念，是始终不渝的。

日华兄弟两国虽然不幸发生了战争，这乃是重建东亚的历史过程，唯有希望东亚尤其是日华两国尽量少付出牺牲。现在世界形势变化很大，重建东亚的历史的转机似已成熟，兄弟之争也应有恻隐和宽容的态度。

过去半年多，日华两国代表就日华问题在香港谈判，相互交换了意见，已经明确了双方的真正意见和诚意。原定于 8 月上旬我和蒋委员长的会谈，只由于准备各带亲笔信把以前约定的日期多少推延了一些。这次会见，一定能肝胆相照，阐明日华两国最高当局的意见，大义分明。现在，我们期待共同确定日华两国的道路和东亚的百年大计。

但是，9 月 4 日重庆复电，对张群的出迎、板垣的亲笔信、局部停战

等都没有意见,而对近卫亲笔信的内容不很满意。其电文说:"近卫亲笔信的内容是空洞的,近卫和板垣是否一致,值得怀疑,更没有取消'不以蒋为对手'的声明,表示遗憾。"宋子良等为了解释沟通,往返重庆与香港之间。这次只是蒋介石一人不满。9 月 12 日,宋子良和香港机关长会见,探问和平条件的第一条(满洲问题)和第三条(驻兵问题)还有没有让步的余地,限度怎样,然后就回重庆去了。9 月 12 至 15 日,重庆举行了首脑会议。宋子良于 17 日回到香港,他传达重庆的情况说:

这次会议是讨论是否马上举行长沙会谈的最后会议。孙科和孔祥熙没有到,可是召集了一些其他重要人员。经过各方面讨论以后,得出不能马上举行长沙会谈的结论。其主要理由是,在和平条件上,认为主要当局和板垣路线有很明显的不一致。并接到由蒋所信任的汪精卫方面的代表发出的报告,说把秘密会议和蒋的亲笔信均已进行拍照。重庆对会谈工作怀疑是否搞什么合作谋略,不明了日本方面关于蒋、汪合作的真意。甚至纷纷议论说重庆尚有很大的抗战力量,没有去屈服求和的必要。

9 月 19 日,总军当局接到香港关于以上问题的电报,认为重庆方面缺乏和平的诚意和能力,决定中止这一工作[①]。

于是,总军当局召香港机关长听取他的详情汇报。9 月 28 日拟定以后对重庆工作的处理要领如下:

一、除了关于解决事变处理对重庆的正式建议以外,一般保持静观态度。准备就绪时正式承认新中央政府,按照持久作战方略,采取对重庆加强压制的态势,尔后随形势的发展,对重庆争取或者进行使之垮台。

在持久作战中,对重庆的工作以通过新中央政府为主,其他则置于策应的地位。

---

① 在 9 月前后,总军当局整理的情报如下:(一)宋子文的借款,可能在 9 月底或 10 月初达成。(二)重庆方面由于英美在远东的合作,认为将对日本施加压力。(三)蒋于 8 月中旬去新疆,和苏联要人商谈加强对华援助问题。(四)孙科和英国大使会谈。(五)9 月 15 日,有各国大使在重庆会谈的情报。

二、桐工作应掌握重庆到现在的真正意图和他们有价值的情报，以期尔后的发展。或不特别加强策划，只限于保留现有程度的情报路线，以对中国方面暂保持备而不用的形式。

特别要监视重庆方面长期以来从桐工作中所掌握的日本方面的真正意图，它将把这个结果引向什么方向？它的方向可能有以下几种情况：

（1）仍继续桐工作，乃至努力加强；

（2）把桐工作的结果移给事务当局，以正式路线出面；

（3）把桐工作的结果移给第三国，加以利用或逆用；

（4）以从桐工作中一向获得的情报成果为满足，因而中止。

三、随着桐工作的停顿，日本方面对类似的直接工作，一齐调整为静观的态势，我方停止采取积极措施，除了重庆真诚地、积极地对待桐工作的结果以外，我们暂时可置之不理。

这时，特别应戒骄戒躁，当重庆有所表示时，我方应以先弄清其路线的真相为先决条件。

四、关于兰工作①也应根据前项的精神，即使在确认重庆的诚意与热情下促进这一工作时，也不讨论桐工作的条件与内容，在桐工作条件谅解下，以实现要人出面为出发点。

五、作为利用桐工作的综合成果的最后尝试，并为了对内的团结，下决心进行持久作战，并在正式承认新中央政府之前，对重庆解决事变的建议作一次正式交涉。其方法有以下几种：

（1）利用目前世界形势，由德国出面斡旋（已经提出建议）；

（2）利用目前出现的南京和重庆的下级联络渠道，让南京政府对重庆提出和平建议（如果以前没有提过时）；

（3）把日本方面的直接建议作为正式承认新中央政府以前的说明（实施方法有困难，有容易再陷于不以蒋为对手之弊）。

---

① 日本中国派遣军总司令部成立之后，总司令部派和知鹰二大佐以开展西南派中国将领为主的反蒋和平工作的代号。

六、在条约准备完了后,应毫不迟疑地断然正式承认新中央政府,并转入持久作战指导。

在持久作战中,不要过早地急于求得对重庆直接工作的进展,应根据战争方略按照我们的决心和办法,随着时间的推移以对重庆实施压制为主,整个形势发生变化时才开始推进工作,否则不采取积极措施。

七、在持久作战时的对重庆工作,应以通过新中央政府为主,使其适应我们的战争方略,加强对重庆进行破坏和争取工作。

为此,应加强新中央政府的实力,我们更要加强对他们的指导,使其能按照我们的战争方略协力一致。特别当正式承认新政府的时候,必须使它也有实行持久作战的决心。

八、对现地错综复杂的各种对重庆工作路线进行分析研究以后,应对不符合处理事变方针者特别是起有害作用者,加以整理;其留用者,要根据以上方针,全部隶属于总军的统一部署。

以后凡上述工作没有通过总军者,应一律禁止。

自年初以来不断努力解决的合流方针,始终没有结果,遂进入了持久作战的局势。桐工作虽然经过了迂回曲折,但由于总军对新政府坚持了一贯统一的方针,所以,始终没有发生错误。10 月 8 日,中央部指示桐工作暂行停止。

《中国事变战争指导史》,第 422—425 页

4. 钱永铭路线

华南谈判失败日记

十月十七日

午前八时半,西义显①氏来访,面交松冈外相②的亲笔信件,其中极

---

①　日本南满铁路株式会社南京事务所所长,多次参予对蒋介石政府的诱降活动。
②　即松冈洋右,当时为日本第二届近卫内阁的外交大臣。

其恳切地向我拜托道："此次由于西氏与张竞立①、盛沛东②二氏直接对重庆进行和平工作，务请大力协助！"

午前九时，张竞立、盛沛东二氏来访，不久即告辞。继有松本重治③氏来访，转告近卫总理、松冈外相的话，衷心希望予以协助。接着谈到重庆工作，我特发表拙见，大要如下：

"日德意缔结三国同盟之后，英美尤其是美国的对日态度显趋恶化，命令侨居东洋的妇女儿童撤回本国，甚至有早晚断绝邦交的趋势。与此相反，对于重庆却表示要更加给予积极的援助和同情。而苏联对重庆的态度也与以前一样，毫无改变，益加同情（至少重庆方面是那样宣传的）。因此，从国际环境方面来看，我认为重庆政府的立场最近反而有利。如果那样，重庆方面只要是关于外交问题，就要事先了解苏、美、英的态度；只要日本不彻底让步，恐怕就不会容易地接受日本方面的提议。因此，日本在这种情况下要动摇英美的态度，究属困难，但至少也应抓紧进行适当的工作。通过德国使苏联极力劝告重庆接受日本方面的提议，这是绝对必要的。否则，我认为最后不会有成功的希望。另一棘手的问题是，一般认为日本做重庆工作时，如不以渝（重庆）宁（南京）合作为先决条件，那末对汪政权来说就不合乎情理。关于这一点，我相信南京方面将会贯彻我曾亲自从汪精卫先生那里所听到的意图，大概没有异议。但是，重庆方面拘泥于微不足道的体面，究竟是否轻易接受则颇有疑问。"

（备考）

关于渝宁合作问题，在后段钱、周二君④致蒋介石的信件中作了何种程度的说明，虽然不得而知，但是根据我在同二君会谈中所得的印象

---

① 国民党政府铁道部前主计司司长。
② 张竞立的外甥。
③ 日本同盟通信社上海总局局长，为日本对中国国民党中各派政治势力开展诱降活动的活跃人物。
④ 钱、周二君，即钱永铭，中国交通银行总经理；周作民，中国金城银行总经理。

是极其暧昧、极其含混的，可以认为几乎没有明确表示渝宁合作的意思。

松本氏对于拙见，简要回答如下：

"对德、苏的工作，松冈外相已在各方面周密地着手进行。又，渝宁合作当然是先决条作。这一点已经取得汪精卫、周佛海、陈公博和梅思平四氏的谅解，问题在于重庆方面意向如何。我认为这也会顺利地进行。而且，关于这次工作，也有周佛海氏直接致松冈外相的敦促信函。加之，周作民氏也致函本人（松本氏），热情地表示希望和平。松冈外相此次决然出面同重庆进行和平工作，完全是根据以上的情况。另外，周佛海、陈公博、梅思平三氏特意联袂来沪，在亲自会见周作民氏以后，决定速赴香港与钱永铭氏会谈，请其从中斡旋予以协助。而我方内部关系，由于近卫总理、陆、海、外，即四相会议结果，决定这次谈判事宜完全委任松冈外相处理。也就是说，松冈外相接受委任状后，内部完全一元化。签订日华新条约承认汪政府问题，由于要完成种种内部程序，如与满洲国协商、召开枢密院会议等等，估计要到十一月中旬进行。所以要利用这一期间，以图实现全面的和平。如能顺利进行，则是日华两国的一大幸福，也是整个东洋的幸福。万一不幸以失败而告终，那末，这次就决定按照加强援助汪政权的坚定政策向前推进。总之是要加紧处理事变问题"云云。

另外，松本氏又让我看了周佛海氏致松冈外相的信函抄件，以及周作民氏致该氏的信件。我原相信处理事变问题以蒋介石为对象进行谈判是为捷径。然而，这一方法曾通过德国驻华大使陶德曼氏从中试探，结果失败，不得已才决定采取第二良策而与汪精卫合作。虽然今天一方面仍在进行拥护汪政权的工作，但是另一方面又在暗地进行重庆工作。对于这种两面政策，我断然不能赞成。逐二兔者，终将一无所获。事到今天，采取由我方向重庆献媚求和的策略，不论从以前所声明的：如果蒋介石方面来求我们，也决不以蒋为和谈对象这点来说，还是从对汪氏的信义来说，都坚决不能赞成。这就是我一贯坚持的论点。不过最近国际形势急剧变化，如果说当此之际推进重庆工作非常有利，那末我也不辞犬马之劳。总之,我想在离开上海之前,务必与周作民氏面晤一次,听听周君的意见。因与中日文化协会理事长褚民谊约定二十日将出席理事会议,所以回答说想在会后动身。而松本氏认为,因便于搭船或其他情况,周作民、张竞立氏等大概也定于二十一日以后从当地启程。所以我认为那样就太好了。

同日午后三时,在某处与周作民氏会见,张竞立、盛沛东二氏也在座。昭和十二年八月十三日爆发第二次上海事变。大约在一周以前,周作民、钱永铭、徐新六[①]、杜月笙、王晓籁和我六人为避免日华之间在上海发生冲突,曾通过张群和其他人向南京政府几乎夜以继日地不断做出特殊的努力,但是不幸,终未成功,于是酿成今天这样的全面冲突。以后,约有三年半的时间未与周氏会晤。今天相隔好久以后才得见面,彼此都无限感慨。我向周氏谈到这次应松冈外相的恳求,为与重庆和谈,决定不日即赴香港。遂问周氏:"听说阁下也很赞成,已经决定亲自出马,不知阁下预料如何?"周君答道:"鉴于现在的国际形势,日德意三国同盟成立后,重庆方面的立场当然较两三个月以前有利。虽然英美方面对重庆的援助可能没有实质性的重大效果,但只要苏联对重庆的态度依然不变,即使日苏之间签订互不侵犯条约,重庆方面是否能够立即接受提议也颇有疑问。"我把对松本氏所说的意见照样讲了一下,周又附言:"在今天的情况下,希望极为渺茫。恢复两国间的和平是自己(周)所希望的。因此,按照日本方面和南京各位要人的请求决定去香港。然而还有各种事情要办,将比阁下等晚两三日动身。"会谈大约一小时左右即行别去。

十月十八日

乘早晨八时的快车去南京会见阿部大使[②],当晚出席汪精卫氏的

---

① 浙江兴业银行总经理,中日贸易协会副会长。

② 即阿部信行,日本前首相、陆军大将。曾任日本陆军次官、代理陆相、第四师团长、台湾军司令官、军事参议官,1940 年 4 月至 12 月,为日本驻汪伪政权的首任"特命全权大使"。此后,还担任过日本驻朝鲜总督。

招待宴会。宴会后,我独自留下与汪氏面谈约半小时。汪氏谈话大要如下:

"全面和平是自己所渴望的。听说阁下与周、钱二氏一起从事这项工作,祝愿必定成功! 但同时希望勿为重庆方面所利用,以施展其拖延日本承认南京政府的政策。据说这次日本方面的提案中谈到暂且不提承认满洲国问题,将来在适当机会由满洲国政府直接向中国政府请求其承认;而且日本在华军队除为防共外,全部在一年内撤退等等,这对重庆方面极为有利。但是,重庆方面在同日本方面进行谈判时一定先要取得英、美、苏的谅解,如果美国或苏联反对,这次和平工作恐怕也会以失败而告终。"

十月十九日

应今井大佐①的邀请,在总司令部访问了该氏。该大佐谈到鉴于他过去的经验,与重庆的和谈工作终究无望。我也认为不做幕后工作,只是向重庆直接做工作,恐怕也没有希望。

十月二十日

昨天以来,两次出席文化协会的会议。午后三时乘快车返沪。

十月二十一日

午后九时半乘"埃姆普雷斯·奥布·埃西亚号"去香港,儿玉氏同行,张、盛二氏也同船。船中,我装作毫无所知的样子,没有和他们交谈。

十月二十四日

正午到达香港。儿玉氏去千岁饭店,我住在半岛饭店。午后去千岁饭店与先期到达的田尻参事官②和西氏会合,商谈各种问题。

---

① 即今井武夫,当时为日本中国派遣军参谋。1944 年起,任中国派遣军副总参谋长。

② 即田尻爱义,日本外交官,当时为日本外务省参事官,此后还担任过外务省调查部长,驻汪伪政权公使以及大东亚省次官。

十月二十六日

根据拙见,重庆工作须要考虑汪精卫、周作民二氏的谈话,只向重庆做工作,效果不大。因此,这时急需做适当工作,以使德、俄和其他方面从幕后施加压力督劝重庆。关于此点曾问到是否需要向本国当局问个明白。田尻参事官说他自东京启程前曾就此点做了各种安排。

十月二十七日

本日当地中英文报纸都以华盛顿来电进行种种报道,说日本正嗾使德、苏两国劝告重庆接受和平建议;或说前德国驻华大使陶德曼氏带着同样的使命不久将去重庆。我想象到这反映了我方当局已经按照我的希望开始做各种工作。

十月二十八日

午后九时,田尻、西、周(周作民君前天抵港)和我四人在某处会合,关于和平工作进行种种商谈。另外,田尻、西、船津等互相交替并异口同声地对周君谈到:这次日本方面的提案极其宽大而且公正、妥当。所以此刻希望周君从中斡旋,使重庆方面迅速决定态度,尽早达成协议。如果失掉这次机会,将会引起严重后果。两国之不幸,不,东亚大局之不幸莫过于此。并且反复表明,希望周、钱二君为之努力奋斗。午后十一时互相告别。

十月三十日

午后五时左右盛君前来报告说:几天以来,由于钱、周二君非常努力,现以此次日本方面的提案为核心,正在拟定详细的报告和意见书。由于须要极端保密,不能假他人之手,而由钱、周二君亲自来写,今夜将能完成。

十月三十一日

张、盛二君来访(去千岁饭店),报告说好容易才写就带往重庆去的详细信件,已命特使(为金城银行重庆分行行长某,是特意为此目的而从重庆请来的)乘今晨二时的飞机携信启程,因此下月五日左右可能收到重庆一些回音。

十一月一日

午后三时,按照周作民君的要求,我到张、盛二氏的同志楼望讚①家中访问(楼君前几年同徐新六君一起乘飞机返回上海途中,曾在澳门附近遭日本飞机的袭击,只有他一人活下来,其他乘客全部罹难),周君请张、盛二氏退入侧室,与我面谈,大要如下:

"上海动身前,我曾想象钱君尚未开始与重庆方面进行任何预备性会谈,因此对来香港一事并不太感兴趣。可是由于阁下也来,又有日本方面和南京一些要人的邀请,遂不得不来。但上月二十七日,来此一看,果如所料,尚未做任何准备。所以上月二十八日晚,我便坦率地说道:'若是那样,钱君就是骗人了。'因此西氏很生气。但那是因为西氏与钱氏之间未能充分交换意见造成的,当然并无任何恶意。总之,我认为既然东京已有提案,那末早日着手准备与重庆方面的谈判乃是当务之急,而且也是最重要的一点。在详细报告情况之同时,决定把我们自己的意见也转达一下。遂即着手进行,几乎是夜以继日地努力撰写,结果总算准备就绪,已于昨夜深更时分命特使携往重庆。钱君认为最初是代表王正廷参与此事的,所以希望等候王君从马尼拉回国。但是本件事关重大,同时又须迅速处理,所以我主张没有必要等王氏回来,遂使之迅速进行。总之,此事今后前途未卜,目前则处于既不能乐观也不能悲观的状态"云云。

同日午后十时,根据钱君的请求,该氏特为避免外间的注意,由李北涛②引路,与田尻氏和我三人来到已经准备好的某公寓二楼进行会谈。钱君所谈大要如下:

"今年三月初曾面晤西氏。因为是初次接触,没有深入谈话。其后,八月左右,西氏又来会晤。闲谈的时候,自己(钱)谈到如果恢复到卢沟桥事变发生以前的状态,日军能够全面撤兵,或许能同重庆进行谈

---

① 为张竞立、盛沛东在香港的友人,其生平情况不详。

② 为钱永铭的秘书。

判。由于这次西氏在东京大力奔走的结果,大体上带来符合我所希望的正式提案。所以数日前即与周作民君商量,详细地写了一封信,加上我们的意见,派人乘昨夜(即今晨二时)的飞机送往重庆。对方有任何消息时,立即请李君向阁下等报告。"

钱君所谈与周君大同小异。午前零时半告别。看来钱君宿疾未愈,策杖步行仍很吃力。三年半以前与我一别,这次再晤,与日前同周君见面时一样,彼此都无限感慨。

十一月二日

与田尻、西、儿玉三氏会合,共进午餐,报告昨日以来的经过。

十一月六日

与张、盛、田尻、西、儿玉诸氏共进晚餐。席上,张君微有醉意,对我说:我们同志当前的工作,如假以时日,确信必将成功。所以在此之际,希望以阁下的名义,明日电请务必将承认汪政权一事延期到十二月十日左右。彼此都是三十多年的故友,所以有些强求于我:"这点事可以替我办一下吧!"我当然不会反对。可是我回答说:"一俟从重庆方面得到更多的消息就立即电请,大概不迟。"

十一月十一日

访西氏,问重庆方面是否有消息。答说还没有。我不禁有些焦躁情绪。午后七时左右,盛君谈到重庆方面极有希望。西氏那里有内部消息传来,据说张群氏已来电。

十一月十四日

昨日又派特使去重庆催其答复。

十一月十六日

听说周作民氏要离港返沪。本日午后八时半,与西氏同道面晤周君。周君谈话大要如下:

"的确上海有许多重要事情。原想乘上次的总统号船①返沪,因想

---

① 即美国柯立芝总统号轮船。

听重庆的消息,所以延期了。然而,香港派去的特使本月三日到达重庆,但不凑巧,蒋介石氏不在。可是听说蒋氏决定六日去成都,我方特使立刻又去成都等候蒋氏到来。不知甚么原因,蒋氏终于没有到,特使不得已于六日返回重庆,好容易才把这方面的信件交上去。由于这种情况,重庆的回信或许稍有迟延,这也难以估计。因此自己暂先返回上海,愿阁下等继续做出充分的努力"云云。

十一月十八日

楼君来访,再三陈述苦情,其大要如下:

"此次与重庆谈判要绝对秘密,这一点无须赘言,而且规定在谈判具体化到某种程度之前也要绝对保守秘密。因为一旦为南京方面得知,就会马上传到重庆方面蒋氏以外的人士耳中,恐怕引起种种障碍。然而,日本方面在同重庆方面对话以前已经泄漏给南京方面。又,根据昨天当地报纸的报道,有消息说日本已经决定在本月三十日前后承认汪政权。果真如此,则日本当然是在玩弄两面政策,这是非常不妥的。而这一旦成为事实时,则与重庆的谈判就会立即中断,短时期内没有重新开始的希望。日本与汪政权发表新条约,结果就会暴露这是一个卖国的条约(当然这是从重庆方面来看),汪政权的信用也将永远失去"云云。

我对以上所述答称:"如果能从重庆方面得到更确切的消息,那末延期承认汪政权决不是不可能的。还有,当向重庆提出这一问题时,先求得南京方面的谅解,这是出于日本尊重国际信义的皇道精神,即由于东洋的道义感,而不是有任何其他意思。"

十一月二十日

据说将介石的特使陈布雷氏昨日由重庆来此。因此重庆的答复已由钱君转达给田尻氏。田尻氏立即报告东京电请促进办法。钱君不知何故把特使为陈布雷一事严加保密。我等是从张君那里获悉的(事后判明此消息是假的)。

十一月二十一日

按照钱氏的要求,我在午后六时去张君宅邸会见钱君。钱君谈话内容如下:

"前天,蒋介石最信任的特使已从重庆来此。根据重庆方面的要求,希望暂勿发表其姓名(指陈布雷)。如按他所带来的蒋介石氏的话讲:以前由许多日本方面的人士带来一些话,但都是间接的。而这次听到松冈外相的话,则是第二次直接听到的日本当局负责人的谈话(第一次是前几年德国大使陶德曼氏提到的)。可是对于日本方面的诚意,现在仍不免有所怀疑。首先一点,如在重庆方面适当期间内没有肯定的答复,日本方面就要按预定那样承认南京新政府。诸如这种类似威吓的言辞,重庆方面是非常不满的。因此第一、无限延期承认汪政权;第二、无条件全面撤兵。如果日本方面答应以上两个条件,那末重庆方面就没有异议,同意开始进行这次谈判。但是,坚决希望日本不要采取以城下之盟相待的态度。蒋介石决不效法李鸿章(这恐怕意味着一方面与日本对话,另一方面利用第三国)。这说明一旦同意决不变更云云。若按拙见(以下是钱氏的推测),这次真要开始正式谈判,以后日本方面如提出种种条件,或在蒙疆驻兵,或把上海的三角地带作特殊处理,依然施加压力,那末,重庆方面就会非常担心,怕在那时被英、美、苏三个友好国家所抛弃而陷于非常困难的境地。今后的谈判相当困难,尚不能乐观。这时,最应注意之点在于当前要极为慎重,而且要极其秘密地进行,同时不可过于性急。希望不要重蹈前次德国大使陶德曼氏进行斡旋时的覆辙。另外,如果自己从事于银行业务,那是有信心的。但是对于这样重大的外交问题,完全是门外汉,不习惯。如果谈判进行到某种程度,将请重庆速派一位适当的代表,自己希望尽早退出。自己目前是当地居民,因此不太引人注目,可是周作民君来访,非常显眼,稍有不便"云云。

原来重庆的答复,昨天已由钱君转达给田尻参事官,我想恐怕没有必要再特地向我来讲,但又觉得我与钱君历来特别亲近,由于此事幸而顺利进行,所以为了先使我放心,并对我表示一些敬意,在这种意义上便反复地、郑重其事地给我讲了事情的经过。总之,我对以上所述,回答大要如下:

因为和议是由战胜国日本特意提出的,所以,这并非一般情况。如今更疑其有无诚意,当然会使日本方面感到非常意外。总之,我相信田尻参事官如果尽快把蒋介石先生的意向电告松冈外相,那末就会立即得到回电接受重庆方面的要求。关于蒙疆驻兵问题,现在阁下好像仍在担心。根据我个人的推测,可以看出最初日本方面所以提出上述条件,是因为军部中有一部分人鉴于中国军队的现状和外蒙及新疆方面的苏联势力很大,遂认为不在蒙疆地方驻屯一些日本军队就不能放心。可是作为本人(船津)个人意见,我认为如果签订防共协定,甚至能够成立军事同盟,那末一旦有必要时,任何时候都能从满洲方面派遣军队,这样,大概就没有常期驻兵的必要了。如上海附近三角地带特殊化问题也是如此,如果真能出现经济合作,大概也没有必要。然后又加上几句不必要的说明,表示希望钱氏在这次谈判有些眉目之前还要进一步努力斡旋,遂即告辞。临别时,钱氏极力希望一起共进一次晚餐,但第一由于时局关系,第二由于自己健康上的原因,未能从命,表示实在遗憾。于是钱氏赠我一箱"日冕"牌雪茄烟。

十一月二十三日

楼望讚君来访。他表示:听说重庆工作进行得很顺利,实在为我们共同庆幸之事! 遂即告辞而去。他大概是从张竞立那里听到的消息。

十一月二十四日

接到回电,同意无限延期承认汪政权和无条件全面撤兵两个条件。田尻参事官面晤钱君,转告上述电报。理当更进一步会晤重庆特使陈布雷,商谈停战及其他问题,但陈氏已于昨日返回重庆。其原因据说是陈常在蒋介石身边,任其秘书,是个一天也离不开的人物,因此急速返渝。

十一月二十六日

根据盛沛东君的报告，陈氏所以急促返回重庆，当然是由于他是蒋介石身边一天也离不开的人物。但是二十一日钱君与我会谈结果，给钱君这样一种印象，即诸如无条件撤兵这样的重大问题需要与军部商量，可能不会那么快地得到回音。据说由于这个原故，陈君便决定暂且返渝。果然如此，则在这种时候，哪怕迟延一天也会有极其重大的影响。所以我认为有必要赶快会见钱君，解除其误会。遂与田尻参事官相商，得知周氏昨天面晤钱君时已作充分的说明，望其对此不要误解。所以早已无此必要，就没有再去会见钱君。

十一月二十七日

新任总领事矢野①到任。据他所说，关于承认南京汪政权问题，东京正在稳步进行。如兴亚院政务部部长铃木中将②，好像把本地的重庆工作完全没有放在眼里。因此我托矢野总领事提醒田尻参事官注意，如有必要，劝告田尻参事官采取迅速而适当的措施。

十一月二十八日

午前九时半楼君来访。说到日本方面承认重庆条件一事，早在二十三日即电重庆。另外又详细地写了一封信，拟请杜月笙于二十五日携往重庆。但不凑巧，当天香港当局除政府官员外，对一切旅客所携物品都严加检查。想到万一所携密函被其发现、没收，后果可就严重了，遂未动身。但第二天飞机又停航，以致这样极其宝贵的时刻白白失掉，非常遗憾！但大体上诸事正在顺利进行，实在不胜同庆之至！另外，重庆传来消息，为开始预备性谈判，已决定派许世英氏（原驻日大使）作

---

① 即矢野征记，日本外交官，当时为新任日本驻香港总领事。曾任伪满洲国外交部政务司司长、伪满国务院外务局参事、日本外务省情报部第三课长、兴亚院政务部第三课长和中国一等书记官。后来，还在外务省南洋局和大东亚省任职。

② 即铃木贞一，日本陆军中将和兴亚院高级官员。曾任日本陆军省军务局员、内阁调查局调查官。1937 年升少将，1938 年任第三军参谋长、兴亚院政务部长。1940 年升中将，兴亚院总务长官。1941 年转入预备役，并出任过企画院总裁。

为正式代表来香港。这样一来,重庆和平工作已有真正的进展。确实,只有为两国而高兴云云。

十一月三十日

午前十时左右去领事馆时,知昨天本省来电称确在今日承认南京政府。听说田尻参事官已电呈松冈外相引咎辞职。电文谈到:因尚有一些时间,虽极力设法延期承认(指日本承认南京汪伪政府——译者),终未成功。这样一来,我等驻外人员便欺骗了中国方面,非常抱歉。两三天前曾听矢野总领事谈:虽已想到万一不能延期,但不幸这终于成了事实。即使不是无限的延期,哪怕只延期一周左右也好。正当和平工作达到具体化的时候,出现这样一种结果,实在令人遗憾!遂决定尽快由张、盛二君把情况通知钱君。另外听说田尻参事官为了亲自表示遗憾,曾通过张君要求会见钱君,但遭拒绝。我已通过盛君要求会见钱君告别,但无任何回音。

十二月一日

从香港回九龙饭店途中遇到盛君,但在街上不便谈话,遂以目示意,把他请到饭店问道:"昨晚钱君谢绝同田尻氏会晤,究竟发生了什么情况?"对方答称:"因认为事已至此,会晤也无济于事。相互交换不愉快的客套话实在无聊。不是有什么重要的理由。"其实,我是想在动身前为了告别而会见一下钱君,如果是那样一种心情,我也没必要再强求会晤。就此返回上海。于是请他顺便代我向钱君问候!说罢而别。

午后三时楼君来访。已经知道昨天以来的详细情况。他说作为这次恢复全面和平的前提条件,第一、无限延期承认汪政权;第二、无条件全面撤兵。这两个原则虽然刚刚在四五天前予以同意,但其中第一个条件已经不予履行,这一点则说明日本内部至今仍不统一,就连松冈外相也不能排除军部方面的压力。因此,全面而实际地调整日华邦交,当前已经无望,实在遗憾!如果松冈外相这时引咎辞职,将来也许还有机会同蒋氏对话,否则,如不通过第三国,重庆方面就会对日本方面提出的直接谈判一概拒绝,可以说是非常遗憾云云。

我对此应酬了几句,大要如下:

虽然一度约定无限延期承认汪政权,但至最后一瞬间突然改变,无论怎么说这究竟是一种失信的行为。由于不了解东京的情况,很难解释清楚。同汪政权之间的新条约在三个月前即已谈妥,现在只是未完成签字手续,再要延期,恐怕对汪政权不守信用,不免受到非难。日本政府已陷入非比寻常的苦境,终于落到今天这种地步。东京的情况完全不明,连我也不能了解。可是拙见认为承认汪政权问题实质上并不会给重庆政府带来任何影响,恰恰与以前承认维新政府或临时政府的做法没有任何实质上的不同。勉强来讲,只不过是稍微有损蒋介石氏的体面。此刻实质性的重要问题是日本无条件全国撤兵。如果能够停战,实行全面撤兵,这时,日华之间的和平就会全面恢复。在那种情况下就可渝宁合作。如果蒋氏希望的话,汪政权可以自行取消(汪氏已经表示,为了和平,必要时自己在任何时候都可下野),蒋政权将会重返南京,蒋氏的体面也能在这时得到理想的恢复。因此,作为蒋氏来说,这时就应尽量把度量放宽,抛弃与汪氏对立的那种不快的情绪,从大处、高处着眼,依然与松冈外相继续谈判,尽快谋求日华邦交正常化,以期确立东方和平。

十二月二日

我真不愿意就这样地与钱氏告别。所以没有通过张、盛二氏,而给钱氏的秘书李北涛君挂了电话,要求会见钱氏。回答说钱氏高兴早点见面,请在午前十时来访。我即按李君指引来到钱氏寓所。钱氏说:

"当初提起这次和平工作,是从各种关系上考虑的,是否真能成功,没有信心。可是后来随着谈判的进行,逐渐有了希望。对于上月二十日重庆提出的无限延期承认汪政权及全面无条件撤兵两个条件,二十三日,东京很快即回电同意。既然日本连这两个重要的条件都能同意,本人也就有了信心,认为恢复日华邦交必会成功,的确非常愉快。我立即把其内容电告重庆,并且详细地写了一封信,特烦杜月笙携往重庆。不过在准备写信和动身之际,由于香港当局检查过严,虽迟了两天,但这对大局没有任何影响。然而至上月三十日,两大重要条件之一未能履行。因此,这次谈判全面陷于绝望。结果变成自己欺骗了蒋介石氏,现在更不知如何解释才好。自己的苦楚姑且不谈,而调整日华邦交当前已经绝望,实在遗憾之至! 想到三年半前曾与阁下等一起为阻止日华两军在上海冲突,费尽心血付出很大努力,但终于失败,更加使人感慨万分"云云。

我对此说道:

"虽然阁下非常遗憾欺骗了蒋介石先生,可是同时我们也欺骗了阁下,实在抱歉! 我们也曾相信这次的和平工作定会成功,但不知东京方面发生了什么情况,两条件之一没有履行,结果到了这种地步。我们和您一样,实在感到遗憾,尤其是我特别感到责任重大。在上月二十一日会见时,阁下曾谈到日本方面当初的提案中有蒙疆驻兵一点,当时我的说明曾使阁下误解,认为日本方面对重庆所提的原则恐怕不会很快给予回答,重庆特使陈布雷氏不等日本回电便急忙返回重庆。为此,在上月二十三日日本有了答复时已不能迅速进行谈判,终于失掉时机,结果落到这种地步。一想到这点就感到自己的责任极为重大。"

钱氏对我所说的又回答如下:

"那完全是误解。陈布雷君是常常守在蒋氏身边的秘书,片刻也不能离开。但当前这次谈判须要绝对秘密,蒋氏不过是从这种见地出发才特地派遣自己的心腹陈君。因此,不在于日本有无答复,陈君必须赶紧返回重庆。而且,该氏即便在香港逗留中得到日本的回答,他也只是蒋氏的使者,并没有权限和使命促进本次谈判。我接到日本的答复后,立即将大要电告重庆,并以书面详细报告。因此,陈君不等日本答复即返重庆,对这次谈判之进行不会造成任何障碍。所以我认为阁下没有任何必要感到负有特别的责任。"

最后,就承认汪政权问题实质上对重庆政府没有任何影响这一点,我讲了一下自己的意见,与一日对楼君所说的完全一样。我们对这次失败并不失望，希望今后共同为东方和平更加努力奋斗。谈罢告别。最后决定当天午后二时乘太古轮船公司的"琼州号"离开香港。

十二月七〔八〕日

到达上海。第二天八日会见周作民君，报告他从香港动身后的情况。周君说：

"我（周君）自香港动身后，从钱君那里接到简单的通知，说和平工作正在极顺利地进行，感到非常高兴。但又获悉上月三十日日本政府承认了汪政权，颇为失望。不过，自己至今感到不可理解者，一方面从香港钱君处接到极有希望的信件，另一方面我又在上月二十五日接到情报，说日本已决定在十一月三十日承认汪政权。为此，周佛海氏原预定暂在日本逗留，现在则提前回国，另一个使我感到遗憾的是，尽管据我了解这次和平工作是在极秘密中进行的，但却相当广泛地为人所知，而且有许多人连从事这一工作的人员是谁都知道。对此非常吃惊。不知是为了此事还是别的原因，我的住宅和银行不断收到各种类似威胁的信件或纸条。现在就收到上月二十二日寄出的纸条如下，而这种东西，当地不用说了，还广泛地寄给了其他各地的商社和银行，使人感到非常难办"云云。

（纸条所写内容如下：）

日方委任金城银行董事长周作民为南京中央储备银行副总裁。

另外，周君最后附言如下：

重庆方面从一开始好像就对这次日本方面的提议有些怀疑，不知是否能够严肃认真地谈判，也不知日本方面是否真能一元化。再加上收到的情报说，十一月三十日承认汪政权一事是确实的。从东京和上海方面来的这一消息已经传遍重庆，所以重庆大概是为了核实日本究竟是否实行延期承认汪政权的约定，故意在十一月三十日以前不决定其态度。

后来才弄明白，松冈外相计划的重庆工作，其失败的真正原因还是由于与军部一伙合谋的阿部特派大使一派猛烈反对所致。实际情况是：与重庆谈判一事从一开始就完全保密，松冈外相并没有通知阿部大使。而阿部大使这方面，自交换日华临时基本条约以来大约已有两个月之久，尽管提过几次要求，可是政府方面总是不决定正式签字的日期，于是便派人去东京调查，才知道有重庆工作这件事。阿部大使非常气愤，借口参加二千六百年建国大典，于十月上旬自行回国，强烈要求正式签订日华基本条约。并与松冈外相面对面谈判，表示如果政府不接受他的意见，只有立即辞职。对于阿部大使的这种幼稚的理论，连松冈也不能不加以考虑，遂同意正式签字。但那时，松冈正在通过德国与重庆政府之间暗地进行协商，根据种种情况，知道谈判不易成功，这才明白重庆政府方面的真正心意，未必像田尻或船津所讲的那样能够好好地进行谈判。所以坚持和平谈判的松冈也不得不下定决心，只有停止重庆工作。

《近代史资料》第 69 期，第 247—264 页

5. 司徒雷登工作

司徒雷登传言之一

那时在重庆有英、美、法大使在探听蒋介石对日和平的动向，在北京也早有燕京大学校长司徒雷登博士在建立汪政权之前，为谋求日华和平而对临时政府主席王克敏积极地进行工作。王克敏将司徒雷登博士的意向随时转达给华北方面军司令官多田及华北联络部长官喜多。多田司令官也把关于收拾时局的意见通过汪兆铭、王克敏，或直接地拜托司徒雷登博士在今年 2 月赴重庆时转达给蒋介石。

关于司徒雷登博士的和平工作，兴亚院华北联络部长官喜多诚一中将回到东京，于 2 月 26 日直接向畑陆相作了报告。其内容如下：

一、美国驻华大使詹森前几天去了重庆，并曾和英国驻华大使卡尔（Archibald Clark Kerr）聚会，现已返回。据称卡尔大使很担心重庆政府被赤化。

二、因为日本不打算由英、美来调停,所以用王克敏搭桥谋求日华和平不大合适。

三、司徒雷登所知道的蒋介石的八项和平原则是:

1.首先日本要以蒋介石为对手。

2.以近卫三原则做为和平的基本条件。

3.华北、蒙疆的防共有必要(但不意味驻兵)。

4.调整经济合作范围。

5.可搞文化提携,努力改革教科书。

6.原则上日本须撤兵,但在华北、蒙疆暂时留下亦可。

7.为经济提携希成立委员会。

8.必须和欧美维持友好关系。

此外,满洲问题希在和平后妥善处理。

四、上述要点总军也同意。司徒雷登于 2 月 19 日从北京出发去重庆,估计三月四五日可有回信,但是,果真成立汪政权的话,恐怕重庆就不会有回信了。

陆军省军务科中国班长石井秋穗中佐听了喜多中将的报告以后,感觉到这一工作确实有希望,但也只是听听而已,并未采取特别措施。然而,在 2 月 27 日畑陆相看到影佐少将的梅机关关于司徒雷登的言行报告后愤慨地说:“真真岂有此理”。事情是这样:司徒雷登顺便到上海会见周佛海时说:“做重庆的工作,并非出自英、美大使或王克敏的要求,而是日本方面有此希望。日本要是盼望和平,就后退到卢沟桥事变以前的状态,停止建立新政府怎么样?”

《中国事变陆军作战史》第 3 卷第 1 分册,第 120—121 页

司徒雷登传言之二

如前所述,燕京大学校长司徒雷登博士自去年以来积极进行中日和平活动,他传言的蒋介石的和平方案,于 5 月 23 日报给了畑陆相。

《畑日记》(5 月 23 日)

田川大吉郎到上海曾与司徒雷登博士会谈,今来访报告司徒雷登与蒋介石会晤的情况如下:

一、虽然重庆方面也想以《近卫声明》为基础,而日本却不实行此声明,看不到实行此声明的证据。

日本要压服中国,几乎没有承认中国独立和尊重中国主权的意思。

二、蒋介石没有说日本不撤兵就不答应和平解决,也没有说不撤兵中国就不能实现和平,也没有说不撤兵就不进行和平谈判。

三、蒋介石希望根据《近卫声明》处理时局,但是日本是一副占领者的姿态,不尊重中国的独立和自由。

蒋介石对于《近卫声明》的内容还有模糊之处,但对其宗旨是明了的,希望做到名实一致。

四、蒋介石希望达成和平协定,并相信早日和睦地合作建设东亚新秩序是符合中日两国的利益的。

五、司徒雷登认为,给人的印象是日本战胜了,但暂时必须有所控制。现在需要的是双方都站在平等的地位,谋求东亚的永久和平与亲善,即可实现和平。

六、蒋介石对蒙疆及华北抱达观的态度。

陆军省军务科员石井秋穗大佐战后作了如下的回忆:

司徒雷登的工作很有希望。但由于(后面将谈及)桐工作的开始,日本方面担心因此造成混乱而未积极进行司徒雷登希望日本放弃建立新政府,但由于已预定3月底建立新政府,到了夏天就不声不响地中止了这一工作。这样,日本脚踏两只船的对汪政权和对重庆工作,都没有获得成功。

《中国事变陆军作战史》第3卷第2分册,第47—48页

周佛海日记摘录

(1940年)

2月12日

9时起。影佐来,谈司徒雷登晤王克敏,谓将赴渝,望王出任汪、蒋

及重庆、东京调人。多田提议托司徒赴渝转达两点：一、如蒋有诚意，根本变更容共抗日政策，肃清重庆政府共产分子，而与汪先生合作，汪先生或可接受；二、蒋对于收拾时局若有意见，最好与汪径谈，否则王可从中传达，并盼渝派密使来谈，询我方是否同意余答可照办，并谈商其他问题。旋报告汪先生，亦同意。

3 月 28 日

晚，心叔①来谈统税及情报等问题，并出示北平傅某②致何亚农③函，盖司徒雷登自渝电渠来沪晤余，渠托亚农先约也。事干全面和平关系甚大，惟其缄系 18 日所发，恐中政会开后，渝方意思又变也。

4 月 26 日

下午，偕公博谒汪先生，商派人赴日答礼，及余赴沪晤司徒雷登事。

4 月 28 日

抵沪后，士群④来接，报告上海最近特工情形。据其所云，蒋今仍逞意气，不顾大局，实可浩叹；听司徒谓美国出面调解，蒋或可接受。余仍告以吾辈决不作和平障碍，如和平成功，吾辈下野，亦所不惜，而蒋对汪，仍不谅解，未免意气用事。谈二小时。虽相约努力，恐前途仍属悲观也。

4 月 29 日

犬养来，告以司徒雷登谈话情形。犬养谓：日、美间最近空气极恶劣，不惟美国不肯调解，即出面调解，日本恐亦不能接受。余告以日本切望和平，而不能稍受委屈，实属矛盾。

---

① 即岑德广，清末两广总督岑春煊之子。后蛰居上海，日本占领上海后，充当汉奸。
② 即傅泾波，燕京大学教授，时任伪临时政府行政委员会参事。
③ 系周佛海朋友，具体情况不详。
④ 即李士群，1938 年秋逃往上海投敌，在上海组织特务机关，时任伪特务委员会秘书长兼特工总部副主任。

5 月 1 日

散会后,与汪先生及公博谈司徒接洽情形。公博提议与余赴沪约周作民一谈,请其赴渝一行。余告以蒋先生仍意气用事,全面和平前途辽远。至吾辈对重庆说话,似乎尚早,必须做出几件事,表示吾辈并非无办法,然后再与之谈。公博亦表示赞同。汪先生反谓不妨同时进行。汪先生如此热心,殊出余意外。

6 月 1 日

赴心叔家晤亚农,据云,司徒雷登缄谓其赴北平。不知何故,岂重庆有和平之意欤! 不可期待过大也。

《周佛海日记》上册,第 245—314 页

(四)抗战后期的秘密活动

说明:抗战后期,中日之间仍有一些秘密接触。从本节所收录的东条英机、胡文虎会谈记录以及重光葵有关缪斌事件的记载来看,这些接触并没有国民政府官方的授权,它从一个侧面反映出国民政府已对中日和谈失去兴趣,而日本的一些人则依然怀有某些幻想。

东条英机、胡文虎会谈要旨(纪录稿)

1943 年

(开始,双方寒暄问候)

胡:目下,支那民生非常困难,蒋方、汪方皆同。而普通救济方法已无法救之。予不欲中华民众再受更多的苦难。如得阁下指示解救之法,幸甚。

大臣:民生困难之事乃世界性之问题。而纠其原因,实乃受正在扩大之大战影响所致。但余亟愿在日支之间努力减少其影响,且对此甚为忧虑。久闻大名,深知阁下所抱之心志,故特邀阁下来京、商谈有

关具体问题,聆听阁下高见。

从根本上说,只要战争结束了,上述问题当然也就解消了。诚如所知,目前支那已有一半的有识之士了解了帝国的真意,正在与帝国提携行事。由此可见,日支之间的战争原本就是兄弟阋墙之争。而日本与英美之间的战争是毁灭性的,不打垮对方不会结束,这二者之间有着本质的区别。我常在国会和其它场合讲,尽管我们与重庆政府目前尚处于战争状态,但仍可称为兄弟之间的争吵。如果重庆政府能认识到由于他们甘充英美的走卒而自陷本国民众于涂炭之中,并对此有所悔悟,则日支战争明天即可结束。对帝国来说,大东亚战争乃是一场被迫进行的自存自卫的战争,同时也是为了东方各国各民族的解放战争,这场战争的目的之一就是使各个民族各得其所。帝国对支新政策的基调亦即源出于此。想阁下对这点亦当十分清楚。我认为,日支间的战争问题,只要重庆方面能够理解到这一点,并有所反省,则战争问题自可迎刃而解。以上就是我的根本论点。在目前的形势下,我首先考虑的是尽一切手段解决支那的民生问题。

胡:南洋华侨了解帝国的真意,对此表示感谢。但汪政权是依恃日本的力量支撑的,就其当前政治而论,似尚有值得考虑之处。即是说,现在上海的财界人追求金钱,南京的政治人也追求金钱,而广东政府又有任人唯亲之感,都没有充分体现出日本的真意。民生极度困苦乃是实情,故深愿设法予以救助。

大臣:南京政府成立之日尚浅,譬之人生,不过三岁孩童,不可勉强与大人同样要求之。如要求南京政府在政治上完美无缺,实乃要求过于勉强。必须协力扶育,使之茁壮成长。又,采用有能之士为政府要员,乃世界之原则,广东政府之阵容或许因袭了贵国的风习。总之,应该使之逐步改善此等不好之处。

阁下有关拯救民生之提案实乃今天我想谈的主要着眼点。久闻支那民众生活极端穷困,致有饿死者。然,缅甸有剩余大米。帝国为救助缅甸民众,已购进其大米并予储存。帝国考虑到一面缅甸虽有剩余大米,而另一面是支那民众为无米所困。我认为,为了确保大东亚10亿民众的生活,必须设法善用之。我于此处发现了阁下的使命,想请您努力为之。

目前日本正处在战争之中,需要钨、棉花、桐油等战争物资,很想借助阁下之力将以上物资从内地运出,日本无偿地以缅甸剩余的大米作为交换代价,以物易物。这样,支那民众就可得救。关于运输船舶事宜,只需您开动智慧当可解决。支那像阁下这样的先知们如果站出来,肯定会有许多好方案,比日本亲自干效果要好得多。东方的道德观与西方的道德观原本就有很大的差异,尽管相互之间以武力相加,但使民众生活陷入困苦之境,却不是我们东方人的本意(举上杉·武田对阵之际赠盐及婆罗洲燕窝的故事为例)。对于南洋华侨,帝国的政策永远是希望得到你们的协助,如果华侨与帝国为敌,就毫不客气地镇压,这也是不得已之事。对南洋华侨的现状,不能不使我觉得如有物垫齿,难咀难咽,不知阁下对此有何看法,希能直言不讳。当前最大的大事,一是支那民众的复甦,一是利导南洋华侨。此两点乃贵国民众之大问题。这两个问题是应该作为政治解决的事项。然作为阁下常念之大慈善事业,想必亦不会默然置之,如何?

胡:华侨最富爱国之心,当初受英、美压迫,一心唯盼早日挣脱羁绊。满洲事变爆发之际,陈果夫逆用华侨爱国之心,曾向华侨募捐20万圆,中饱私吞,予曾大加攻击,迫使其退还余下之3万圆。但以此为动机,导致民心转向抗日,直至大东亚战争发生。我想如能释放现在被拘留的有力华侨中之良善者,加以教育训练使其理解日本之真意,必有充分可利用之价值(胡举例说他是多么讨厌白色人种),予自信有指导华侨之能力。之所以不曾向香港的英国总督屈膝,而向日本总督致意,皆因我等均是黄种人故也。大东亚战争爆发前夕,予赴南洋,被推举为一千二百万华侨之代表。予认为极有必要解救这些华侨。

大臣:予亦认为华侨问题颇有研究之价值,希望通过阁下的努力,使一千二百万华侨协助大东亚战争达到目的。

胡:关于华侨问题,阁下尽可放心。

大臣:关于用缅甸剩余大米救济民众一事,阁下意见如何?

胡:予以为船舶问题尚在其次。首先需要考虑根本原则问题。日支间的战争,支那无论如何努力,亦无胜算,此点已很明了。但予希望贵国不要再继续进攻重庆。贵国如继续进攻支那,则即使运来缅甸大米,亦无法解决民生问题。如形势得以缓和,予将为与内地的物资交换而尽全力。

大臣:攻击与否乃统帅上的问题,说不再继续攻击重庆,已非在此可言明之事。如重庆像现在这样把支那领土租与美国,使之轰炸日本占领地区及法属印度支那,随英、美之后为非作歹,当然要彻底击灭之。关键在于蒋介石要能否完全痛改前非,能否停止上述行动。又,关于钨等物资问题亦如此,予意并非要阁下与重庆谈,让他们拿出这些物资,只是想诉诸阁下的慈善之心,请阁下与朋友们谈谈,看可否实现。予目下完全没有请阁下作中间媒介与蒋连络的考虑。

胡:获取内地的物资,是与贵国及蒋双方的势力都有关联的问题。如不在双方谅解之下实施,中途定会遇诸多障碍,难题殊多。此外尚有对英美的问题,实现起来相当困难。再者,恐怕要重庆方面立即转变也很不易,尚需时日。

大臣:依帝国所见,汪政府百分之百绝对不会受英美的欺蒙,而重庆方面却跟随英美牺牲东方人的真正利益。两个政权已大相径庭。

胡:就予本人所见,在日本尚未采取现行政策以前,支那与英美携手亦有其不得已之理由。然而,时至今日,支那若得见贵国之新政策,其态度亦会改变。

大臣:近百年来英美在东亚之所作所为究竟如何?自鸦片战争以来,英美不仅利用一切藉口榨取支那民众,且新加坡、菲律宾岛等悉为彼等所夺,已成为彼等称霸东方的据点。帝国身为东方盟主,自不能袖手旁观,支那事变之因,源出于此。大东亚战争亦不外源此崇高之精神。帝国精神始终如一,特别于此二三年中,已明确显示无遗。

胡:此点蒋介石亦知之,且必亦为此而痛恼。英美表面美其名曰援助,实则欲置支那于其重压之下,对于白种人的如此居心,支那民众知者匪鲜,此即支那民众的痛苦所在。

大臣:帝国过去亦并非曾未被英美甘言所惑,但现在已完全解脱了。蒋内心虽然有所了解,但他缺乏为支那民众及大东亚民族的利益而断然痛改前非的决心,诚属遗憾,而决断是最大的问题。即如前述,日支战争之本质与对英美战争的本质有根本区别。如帝国屈服于英美,则10亿东亚民众就会成为英美的奴隶。帝国决心战斗到最后一个人,不获全胜,绝不收兵。为何支那没有认识到这一根本之点呢?

胡:阁下的真意已充分了解,但愿为蒋开一进路,蒋目前进路已被堵绝。

大臣:帝国与蒋方虽为兄弟之争,但现在彼已完全成为帝国的敌人。蒋应首先悔悟前非。蒋如能来敝处认真交谈,了解帝国之真意,则一切均可解决。帝国与英美之间则不会如此简单。关于日支间的关系尚有从各种角度探讨的余地。关于这些根本性问题是否暂时搁置一下,现在我想听听阁下对用缅甸米救济民众之事是如何考虑的。

胡:阁下虽把与重庆的和平以及支那民众的生活救济分为两个问题,但在今天,本人却认为这二者实为一个问题。予乃华侨,不忍见民众继续痛苦如斯。予相信,如能唤起华侨民众,使汪先生、蒋先生均能知此民意,就能将这两个问题作为一个问题解决。

大臣:理论上或许如此,但目前帝国全面支持汪政权,没有必要再与阁下议论此根本问题,而且在此也无法就此问题得出结论。

因此,还是请阁下坦率地谈一谈如何解救支那民众于水火涂炭的具体方案。

胡:最关紧要的是,在两国都不再受障碍,本人更担心的是蒋方的障碍。今日已获日本政府的支持,且已了解阁下的真意,回国之后,可与对方(蒋方)试行商谈,以期实现此举。

大臣:予绝无拜托阁下与重庆方面商谈之意。迄今所谈之意亦然。

此点尚请千万不要误解。阁下回国之际,我方将会提供一切便利。如
阁下已了解予之真意,如欲再来日本,我方亦将予以充分考虑。

胡:本人当然只想站在自己个人的立场上来寻求解决本问题的途
径。因予实在不忍见支那民众之苦难。

大臣:予之本意亦在于拯救中华民国民众之痛苦与涂炭。(胡尚
欲就有关支那南方的问题,向大臣提出某种要求,但经次官提示说具体
问题可由大西来谈,大臣允诺,遂止。)

大臣:所谈尽已知悉。正因为有此等事,予方才提出可否用缅甸米
予以解决之事,望善处之。

胡:幸南洋尚有与本人相知甚深之华侨,可设法用舢板从安南等地
将大米运来,希望得到日本的援助。

大臣:细节事项可与军务课充分协商后实施,阁下亲自准备舢板运
南方米当属可行。但请记住,在办事手续上,即使是在日本也必须先与
海陆军密切联系后方可施行。

胡:本人目下尚在被软禁之中,为今后活动方便,软禁之事不知阁
下将如何处理?

大臣:予尚不知阁下遭软禁之事。此次是因有必要,才请前来日本
的,阁下软禁之事,当有香港总督府的情况,但为本案实行之便,予将通
知该地当局,令其给与方便。阁下如需会见上海经济界人士,亦将提供
方便。

(大臣还鼓励胡要为支那民众积极奋起,胡亦深表谢意,辞去。)

《近代史资料》第 85 期,第 112—117 页

重光葵手记——缪斌事件

一

缪斌(周㵾)是曾在日本私立大学求过学、能讲流利日语的五十岁
左右的男子。他在中国蒋介石政权之下作为国民党党员,过着政治商
人的生活,同重庆政权的情报组织戴笠等人保持着关系。

可以认为,缪斌其人是蒋介石退却重庆之后布在日军占领地区进行活动的一着棋子。他在表面上同日军合作,而实际上是一个手腕毒辣的人,目的是搅乱和削弱日本在"和平地区"的力量。在中国这样的人一向是不少的。当日军在北京组织新民会以取代国民党的时候,他成为新民会的一名首脑,从新民会内部为重庆工作。当南京新政府宣告成立,汪精卫任主席"还都"之际,日本军方主张不准汪精卫一派实行国民党一党专制。于是,非汪系分子缪斌作为立法院副院长参加了政府。他在上海拥有无线电台,不断地同重庆通讯。日本方面则想尽力利用他对重庆进行和平工作,搞重庆方面的情报。在这样的背景之下,缪斌充分地加以利用并达到了目的。这主要是,向重庆准确无误地反映日本方面在"和平地区"的内幕;其次,离间汪精卫南京政府同日本方面的关系,搅乱日本方面的行动,进而全面按照中国方面所期望的那样解决日华事变,予以结束。他们为达到这一目的,深深地打入了日本方面。

……

二

……

为收集情报而成为缪斌事件的始作俑者,是《朝日新闻》驻沪通讯员田村(真作),一个职业情报员。他是极为单纯的热血汉子,是感人的民间有识人士。他为日本军方一部分人所宠爱。与东亚联盟派的《朝日新闻》社社会部记者出身的御(美)、土路(昌一)等属同一类型的人。田村依靠缪斌搞到反对南京的特大情报,更进一步对重庆工作发生了兴趣。当国务大臣兼情报局总裁绪方竹虎主持《朝日新闻》的时候(绪方入阁前为《朝日新闻》社副社长——译者),他前往南洋旅行路过上海,经田村介绍会晤过缪斌。缪设筵招待绪方,大事欢迎。《朝日新闻》同支持南京的一派《每日新闻》相对抗,愈益成为"上海派",遂被缪斌所利用。

三

小矶内阁成立后,小矶想着手搞的就是他生性喜好的谋略外交……

小矶对重庆工作表示异常关心,非常重视这个问题。其策划的谋略之一就是缪斌事件。小矶在听了绪方的谈话之后,表示有意使用缪斌开展重庆工作。但笔者和陆相、海相都表示反对。小矶多次说:"如果今天不专心致志地搞重庆工作,必将遗憾百年!"

四

小矶及其左右任意插手外交事务,试图推行其谋略外交。……在今年昭和二十年二月中旬,小矶突然对笔者说:总之要叫缪斌到东京来一趟。笔者回答说:这需要考虑。请你征求陆军大臣、海军大臣的意见。因为我认为陆海两相不可能赞同。但到了3月21日,小矶首相突然召集只有最高会议成员参加的会议,提出了缪斌问题。绪方国务大臣也特别列席这次会议。

小矶首相就重庆工作叙述了自己的意见。他说:为了积极推行这项工作,与绪方国务大臣协商之后,考虑邀请缪斌到东京来,想听听外相、陆海两相的意见。他们虽不感兴趣,但认为邀请缪斌到东京来,听听情况是可以的。因此,邀请他来了。缪斌在四五天之前已由相内陪同来到东京,但因为没有带无线电机和无线电技师,不能同重庆直接通讯,因此想让他从上海把无线电机和技术人员都弄来,同重庆直接通讯,搞清楚重庆的意图,进行工作。据绪方国务大臣同他会谈的结果(据缪斌后来亲口透露,他已经同小矶首相会晤,交换了意见①。这一点尽管已经清楚了,但小矶在会上特别秘而不宣),缪斌说蒋介石不信赖日本方面,特别是日本军部的话,因此日本方面必须先解散南京政

---

① 缪斌提出的"和平条件"是:一、关于处理满洲问题,另行协商;二、日本从中国全面撤军;三、重庆政府暂在南京设置看守府,三个月内还都南京;四、现南京政权要人由日本政府收容;五、日本与美英讲和。

府,单方面从中国撤兵,这样才能承认日本方面的诚意,才能接受同日本的协商。最要紧的一点,就是要搞清楚这是不是蒋介石的真实意图,如果搞清楚这是蒋介石的真实意图,就通过这一渠道进行工作。为此认为让缪斌把他所使用的无线电机和技师弄到东京来,用以同重庆直接通讯,这是适宜的。希望有关部门支持。小矶提出这样内容的文件,要求最高会议讨论。

绪方国务大臣补充了首相的说明,谈了他在《朝日新闻》社时期在上海同缪斌晤谈的经过。

杉山陆军大臣对此表示反对。他说,不搞清楚缪斌同重庆的关系如何就着手此项计划是危险的。本来缪就被看作是重庆派来的间谍。

接着,外相说,战局发展到了今天的阶段,当然外交上的施策有缺欠,但是对丧失大义名分的做法必须充分注意,本人对首相刚才的说明因事关过分重大,对其影响之深刻感到不安。即使这样,也有必要将自己的立场明确一下:我对邀请缪斌一事一贯反对。而且最高会议已经决定,重庆工作必须由首相同外相商议进行。但首相今天邀请缪斌进行如此重大活动的提案,必须明确说明:迄今为止我没有参加任何协商,从辅弼天皇的责任出发,必须明确指出以上情况。(外相)又朗读了日本驻华大使谷正之拍来的三封有关重庆工作的电报。

其中第一件,乃小矶内阁成立之初决定通过南京政府进行重庆工作,趁柴山(兼四郎)就任陆军次官之际,以卸任南京政府军事顾问告别致意的名义访问了南京。当时他按照政府的意图,向南京提出了和平意图及条件①。当时南京政府秉承其示意,派遣一名叫做周文隆的人前往重庆。这份电报就是蒋介石对于这一问题的回答。报告的日期

---

① 柴山于1944年9月14日向陈公博、周佛海传达了日本的"和平条件":一、中国宣布中立,使美英撤军;二、同意蒋介石返回南京,汪蒋直接谈判;三、废除日汪同盟条约;四、如美英撤兵,日本也撤兵;五、不改变满洲国的现状。

是 1 月 6 日。蒋介石的回答是:他同美国之间已缔结盟约,事到如今已不可能同日本媾和。

其中第二封电报是汇报(日本驻华大使馆)秘书清水(董三)在上海会晤缪斌(周泐)的谈话要点,如实地披露了缪斌的见解。第三封电报是反映谷大使从大局着眼的意见书,缕缕陈述这样搞"重庆工作",不要为日本和中国的政治掮客所乘。

外相谈完"重庆工作"后,(小矶)首相讲歪理说:重光君所说怪矣,并借此又说:最高会议是决定"重庆工作"由首相同外相商量进行,但我也明确表过态,关于收集重庆的情报,我自己也搞。外相因为要讲的话已经说了,就没有回答。

海军大臣米内(光政)说:既然是一国的首相,竟同这样的人为对手谈重要大事,这是什么问题?对方可就此得到有力的情报。但就我方而言,再没有比这样做更危险的了。接着,参谋总长梅津(美治郎)反对说:现在一撤兵,美国军队当然要跟踪追击,其后果不堪设想。军令部总长及川(古志郎)未表达意见。

首相因有它事退席,只剩下外、陆、海三相,大家都为小矶的过于轻率而感到吃惊。大家认为:作为一国首相如此无谋;实在令人不安。陆相补充说,缪斌对柴山次官泄露说,他除了已同绪方国务大臣会晤之外,还会见过首相。小矶却特别隐瞒了这一情况。

外相质问究竟什么人提供了飞机。杉山陆相说,小矶不好向他提出,屡次托柴山次官。柴山没有办法,只好从中协助。柴山后来解释说,他听首相讲,外相、陆相、海相都是赞同的。

日本议会重新召开。在议会议事堂里,外相同陆、海两相就缪斌问题作了交谈。大家意见一致,尽快将缪斌送回上海。内阁书记官长石渡(庄太郎)和绪方情报局总裁就此共同达成协议。绪方在我们有关四人面前明确回答说:在二十六七日用飞机把缪斌送回去。为此笔者也就放心了。

五

4 月 3 日是神武天皇的祭日。好久没有休息,我在三番町家中静静独坐在书斋里思索。忽然有宫中召见之事,心想不知为了何事。进入吹上御苑的防空室,俟侍从长到来询问,始知陛下对缪斌问题感到特别担心。圣上日理万机今日连这类事情都要烦扰圣聪过问,实惶恐之至,亦对首相的态度为之叹息。

拜谒时,陛下赐坐。

陛下说:别无他事,是那个缪斌的事情。

我将谷正之大使大约一周前报告从事"重庆工作"的政治掮客名叫周泐者来日的电报呈请御览。上次觐见时,陛下垂询周泐系何许人。我答称恐怕就是缪斌,并说明缪斌的来历,附带表示:首相邀请这种人来日实属轻率之举。但对最高会议情况以及和首相的关系,我什么也没有讲。然而此次陛下忽然问及我缪斌的事。

陛下说:究竟把认为是重庆间谍的人找来干什么呢? 无论日本军队怎样忠诚,在目前没有船舶的情况下,要在三个月之内从中国撤兵是不可能办到的。而且取消南京政府、上海市长,有违国际信义,必须从大义名分上考虑。昨天已经见到小矶首相,谈了这件事。首相竟敢顶撞,说就此把缪斌送回去太可惜了。于是,今天(上午)召见了陆、海军大臣,听取他们的意见。陆军大臣说利用缪斌这种人,真是岂有此理,表示强烈反对。海军大臣说一国首相竟会邀请这种人进行重要谈判,实乃无谋之甚。天皇垂询:外相是怎么考虑的? 意见如何?

外相说:关于缪斌的事,据重光所知,此事已作处理。在议会将闭幕时,大家已经谈好,把他送回上海。小矶首相也已同意。绪方国务大臣也知道。尽快使其(缪斌)回国。

陛下说:事情并非如此。据海军大臣说,在四五天以前(小矶)又犹豫起来。

外相说:是这样吗? 那就不知道了。臣诚惶诚恐。重光认为,本来对外问题必须一致,否则一定要失败。对陆、海军其它方面都已联系,正在采取统制的方针。邀请缪斌问题,原来是小矶内阁成立之初提出的,由于了解其为人,故一直表示反对,遂决定通过南京政府进行"重庆工作"。尽管如此,缪斌不知何时到了东京。

如果战局进一步恶化,结果不得不解散南京政府并从中国撤兵,届时也应仪态大度地按正常途径进行,为了国家的未来应该如此。今天如为缪斌等人的阴谋活动所乘,丧失国际信义,不顾大义名分,我认为终将陷入不可收拾的局面。

陛下说:很清楚了。关于这个问题,我想召见首相,强硬地同他谈一谈,或者由三大臣(陆海外三相——译注)同首相谈,促其反省,怎么样?

外相:重光已经明确拜聆陛下的意向。我立刻去见首相,使其按照陛下的意志处理此事。

……

陛下经过——了解,于是4月2日在首相觐见时作了严肃的批评。首相同绪方一道似乎在与缪斌进行谈判。在4月2日觐见天皇之际尽管受到陛下的批评,但首相仍然说就这样让缪斌回去太可惜了。陛下向内大臣和重光讲,对首相抗言争辩极为不快。木户内大臣说:陛下说有人对其抗言争辩,尚属首次。陛下认为田中义一首相、宇垣外相和这次的小矶首相是同一类型的人,不能信任,而以此次最为严重。

木户4月3日同笔者在皇宫走廊的候见室会晤时,听说我马上就去同首相谈判,促使其遵从陛下的意思行事。木户说,此事无论如何也必须请陛下对小矶予以严厉的训示。我判断,木户同重臣一样,认为小矶不行,决定让小矶下台。

4月3日傍晚,笔者去访问小矶首相,劝其对缪斌问题不可以那样办,应该立刻把他送回去。小矶答道,上午陆、海两相来访,得知天皇垂询的经过,我已经打电话给陆军次官柴山,商定4月6日用飞机把他送回去。

翌日,4月4日,陛下召见首相,对陛下的再次垂询,小矶答称缪斌已送回去了。由于他对此事件以极其轻率地态度处理之,圣上神色为之愕然。

六

4月3日奉答天皇垂询之后,笔者在思考。这样使陛下担心是谁之罪过? 不言而喻,这是由于小矶和绪方的轻率之举。作为外务兼大东亚大臣,我始终努力于防止此类事态的出现。然而事情终于发生,有劳陛下操心。尽管这是小矶擅自行事所致,重光亦难脱无能之责? 国家处于危局,出现此种事态烦陛下忧虑,身为有关大臣有辅弼之责,岂能默然处之。就笔者而言,此际如求推卸责任而自保,非笔者愿为。自己只顾个人而不顾国家,如何能谈得上大臣的辅弼责任? 道不立无政治可言,有狎君恩,非为臣之道。缪斌之事左思右想,必须遵循为政之道。我认为军人时有狎君宠,不惧天意,我绝对不能持此态度。因此我想按照自己的决心促使小矶反省走上正路。于是写了如下措辞的辞表:

"臣葵曩拜承大命,当辅弼重任,以期报效于万一,直至今日。然最近中国人缪斌之来日事件,有烦圣虑,而拢宸襟,作为主管大臣,实臣无能所致,惶恐之至。兹谢罪于阙下,并乞赐骸骨,望圣上解除臣之重任。诚惶诚恐,谨奏。

昭和二十年四月　日
外务大臣兼大东亚大臣　重光葵"

4月4日,经同内阁书记官长石渡国务大臣相商,定于5日召开仅限会议成员参加的最高战争指导会议常会,公开事件的经过,明确大义名分所在。在宫中枢密院走廊见到米内海相,我把自己的决心告诉了他,得到赞同。

4日傍晚,小矶决定内阁总辞职。其表面理由是同陆军的关系不融洽。其真实原因则为上下积累下来的对他的不信任;关于缪斌问题又触怒了陛下,终于引咎辞职。